法官谈维权系列

刘玉民 总主编

法官谈
怎样处理
公民权益损害赔偿

刘玉民 孟娜 王宁 徐征征 编著

THE JUDGE TALKS
ABOUT RIGHTS PROTECTION
SERIES

中国民主法制出版社
全国百佳图书出版单位

图书在版编目（CIP）数据

法官谈怎样处理公民权益损害赔偿/刘玉民等编著
. —北京：中国民主法制出版社，2023.3
（法官谈维权系列/刘玉民主编）
ISBN 978 - 7 - 5162 - 2808 - 1

Ⅰ.①法…　Ⅱ.①刘…　Ⅲ.①侵权行为—赔偿—案例
—中国　Ⅳ.①D923.85

中国国家版本馆 CIP 数据核字（2023）第 006033 号

图书出品人：刘海涛
责 任 编 辑：逯卫光

书名/ 法官谈怎样处理公民权益损害赔偿
作者/ 刘玉民　孟　娜　王　宁　徐征征　编著
出版·发行/ 中国民主法制出版社
地址/ 北京市丰台区右安门外玉林里 7 号（100069）
电话/（010）63055259（总编室）　 63058068　63057714（营销中心）
传真/（010）63055259
http： //www. npcpub. com
E-mail： mzfz@ npcpub. com
经销/ 新华书店
开本/ 16 开　710 毫米×1000 毫米
印张/ 23　**字数/** 319 千字
版本/ 2023 年 6 月第 1 版　2023 年 6 月第 1 次印刷
印刷/ 三河市宏图印务有限公司

书号/ ISBN 978 - 7 - 5162 - 2808 - 1
定价/ 86. 00 元

作者简介

刘玉民 男，北京市密云区人民法院党组书记、院长，二级高级法官，法学博士。曾任北京市高级人民法院组织宣传处处长、办公室主任，北京市西城区人民法院党组副书记、副院长。出版著作100余部，参与省部级课题12个，发表理论文章52篇，获得学术调研奖项33次。

孟　娜 女，1982年12月生，法律硕士，四级高级法官，2005年进入北京市密云区人民法院工作，先后在组宣科、干部科、溪翁庄法庭（保水法庭）、民六庭、民五庭、综合审判庭、太师屯法庭工作，现任溪翁庄法庭（保水法庭）负责人，审理过婚姻家庭、涉未成年人、道路交通、医疗损害、物权保护等各类民事案件，审理的案件数量近4000件，具有丰富的民事审判经验，多次获得嘉奖、优秀，荣立个人三等功，曾获得密云区人民满意政法干警、密云区工会优秀先进班组、北京市法院系统优秀党建工作者等多个荣誉称号。

王 宁 女，1981年11月生，大学本科学历，法学学士，四级高级法官，2003年进入北京市密云区人民法院工作，长期从事婚姻家庭、侵权纠纷、劳动争议等普通民事案件的审理工作，具有较为丰富的各类民事案件的审判实践经验。撰写的多篇案例被收入法院年度案例选，撰写裁判文书亦获得北京市法院裁判文书三等奖，多次受到市、区两级荣誉表彰，荣立三等功3次，是北京市法院系统模范法官。

徐征征 男，1983年5月生，法律硕士，四级高级法官，曾先后荣获个人三等功3次、嘉奖5次。工作以来，始终坚守共产党员的信念，将司法为民、公正司法融入审理的每一起案件当中，共计审结各类民商事案件4000余件。2021年建立"律法征言"学习论坛，致力于司法实务研究。此外，徐征征法官先后在《法治日报》《人民法院报》等各类媒体先后发表稿件百余篇，撰写的论文《司法实务中的股东知情权》荣获"全国法院2021年度优秀应用法学论文评选活动"优秀奖。

总序

习近平总书记指出："依法治国是坚持和发展中国特色社会主义的本质要求和重要保障，是实现国家治理体系和治理能力现代化的必然要求。我们要实现经济发展、政治清明、文化昌盛、社会公正、生态良好，必须更好发挥法治引领和规范作用。"党的十八大以来，以习近平同志为核心的党中央从全局和战略高度定位法治、布局法治、厉行法治，领导全党全国人民解决了许多长期想解决而没有解决的法治难题，办成了许多过去想办而没有办成的法治大事，开辟了全面依法治国的新境界，推动法治中国建设取得了历史性的成就，创立了习近平法治思想，实现了马克思主义法治理论中国化时代化的历史性飞跃，为全面依法治国提供了根本遵循和行动指南。党对全面依法治国的领导更加坚强有力，健全了党领导法治建设的工作机制和程序，建立起党政主要负责人履行推进法治建设第一责任人职责制度。宪法得到全面贯彻实施，设立国家宪法日和宪法宣誓制度，宪法制度已转化为治国理政的强大效能。法律规范体系更加完备系统管用，坚持科学立法、民主立法、依法立法，统筹推进"立改废释纂"，修改宪法，编纂民法典，加快重点领域、新兴领域、涉外领域立法，以良法促进了发展、保障了善治。法治政府建设迈上新台阶，颁布和实施了两个五年《法治政府建设实施纲要》，深入推进"放管服"改革，持续深化行政执法体制改革，法治政府建设推进机制基本形成，依法行政制度体系日益健全，严格规范公正文明执法水平普遍提高。司法体制改革取得历史性突破，司法质量、效率和公信力持续提升，人民群众对司法公正的认可度明显提高。法治社会建设取得实质性进展，全社会办事依法、遇事找法、解决问题用法、化解矛盾靠法的法治环境正在逐步形成。涉外法治工作开辟新局面，运用法治手段维护国家主权、安全、发展利益的能力显著提升。依规治党实现历史性跃升，党内法规制度建设推进力度之大前所未有，依规治党取得成效之显著前所未有，为世界政党治理贡献了中国智慧和中国方案。法治工作队伍建设成效卓著，忠于党、忠于国家、忠于人民、忠于法律的队伍逐步建成，法治工作队伍的规模、结构和素质更加优化。

法律是神圣的，但不是神秘的。深入开展全民普法，大力弘扬社会主义法治文化，让法律走出神圣的殿堂，来到人民群众中间，是习近平法治思想的重要内容，也是法律职业者重要而光荣的职责。作为首都基层法院，我们自觉履行"谁执法谁普法"的主体责任，通过庭审直播、新闻发布、"法律十进"、"法院开放日"等形式，线上线下有机结合，积极开展普法宣传。开展庭审网络直播，方便人民群众足不出户"在线学法"；全面推进新闻发布月例会制度，针对热点问题梳理典型案例、总结类案特点、作出法官提示，召开发布会；组织法官送法进机关、进学校、进社区、进企业、进军营等"法律十进"专场，精准开展"定制普法"；在国家宪法日等重要节点举行"法院开放日"活动，邀请社会各界近距离参与司法实践。通过官方微博、微信公众号、今日头条等新媒体平台，发布原创普法漫画、视频、公益广告，借力互联网让法治宣传深入人心。同时，深挖"密、云、法、院"四字内涵，建立"密之语"心理工作室，创办《云之声》院刊，打造"法之谈"培训品牌，树立"院之人"集体群像，努力形成"水云深处"书香密法的浓厚氛围。与中央民族大学、北京航空航天大学、北京农学院等高校密切联系，共同开展实践调查、理论研讨、课题研究，促进法学教育与司法实践良性互动、有机结合，不断提升各项工作水平。

法律的生命在于适用，案例是法律适用的结晶，是活的法律。马克思曾言："法律是普遍的。应当根据法律来确定的案件是个别的。要把个别的现象归结为普遍的现象就需要判断。法官的责任是当法律运用到个别场合时，根据他对法律的诚挚的理解来解释法律。"可以说，人民法官正是通过公正审理各类案件，向社会解释着法律、传输着正义。每一个司法案例都蕴藏着法官的判断和思考，都体现着法官的经验和智慧。运用司法案例进行普法宣传，既贴近实际、贴近生活、贴近群众，又案法交融、前沿权威、通俗易懂，具有强大的生命力和重要的现实意义。有鉴于此，我院与中国民主法制出版社反复研究论证，策划了这套"法官谈维权系列"丛书。

　　该套丛书包括未成年人权益保护、公民权益损害赔偿、婚姻家庭与继承权益守护、务工人员权益保护、妇女和儿童权益保护、消费者权益保护和老年人权益守护 7 册内容，15 名优秀法官参与编写，很多案例改编于他们审理的真实案例。丛书内容全面系统，案例新颖精准，体例和谐统一，分析透彻简明，相信必将成为广大学法、用法者的良师益友。在此特别感谢中国民主法制出版社给予的难得机会，为我院持续抓好审判主业、着力提升工作质效、全面培养人才骨干提供了坚实抓手和有益载体，也实现了我院与出版单位全面合作、协同共进的多年愿望。

　　奉法者强则国强，奉法者弱则国弱。我们将时刻牢记职责使命，以党和国家大局为重，以最广大人民利益为念，坚守法治精神、忠诚敬业、锐意进取、勇于创新，与广大法界同人携手奋进，努力为中国特色社会主义法治国家建设作出更大的贡献。

　　是为序。

北京市密云区人民法院
党组书记、院长　刘玉民
2022 年 10 月

前言

随着科技的进步和社会的发展以及人们的权利意识的增强，现实生活中各种类型的侵权纠纷逐渐增多，尤以人身损害赔偿案最为突出。在面对这类纠纷时，由于相关的法律知识具有一定的专业性，很多受害人在如何维护自身的合法权益方面感到困惑。为了普及相关的法律知识，增强人们的法治意识和依法维权的本领，编辑一本公民权益保护方面的普法读物，确有必要。这样一本读物应当采取通俗易懂的活泼形式，同时尽可能涵盖人身侵权方面的各种法律知识，具有实用性和指导性。在这种想法的基础上，我们策划和编写了这本《法官谈怎样处理公民权益损害赔偿》。2009年12月26日，第十一届全国人民代表大会常务委员会第十二次会议审议通过了《中华人民共和国侵权责任法》，对保护自然人、法人和其他组织的合法权益，明确侵权责任，预防并制裁侵权行为，化解社会矛盾，促进社会公平正义具有重要意义，此法标志着我国人身损害赔偿制度的成熟和完善。2020年颁布的《中华人民共和国民法典》，在第七编"侵权责任"中对原有的侵权责任法进行了"大修小改"，积极回应了社会问题并提供制度供给，吸收既有立法和司法经验，又结合时代发展更好地平衡自由保障与权益保护，加之我国与公民权益保护相关的《中华人民共和国消费者权益保护法》《中华人民共和国国家赔偿法》《中华人民共和国产品质量法》《最高人民法院关于审理人身损害赔偿案件适用法律若干问题的解释》《最高人民法院关于确定民事侵权精神损害赔偿责任若干问题的解释》等单行法律及相关司法解释的相关规定，均对人身损害赔偿制度作出不同程度的补充和尝试，为全面建立完善的人身损害赔偿制度打开了通途。

本书密切结合新出台的法律、法规和司法解释，从人身损害赔偿、精神损害及相邻纠纷、医疗美容损害赔偿三个维度，选取了一批公民权益保护方面的典型、疑难案例，通过"以案说法"的方式，结合当前司法实践中的热点、难点案件，结合学理观点以及法官的创造性实践，从不同层面、多个角度予以评判分析、发表见解，以期为读者提供有价值的参考。本书的每个案例分为"维权要点""典型案例""法官讲法""法条指引"四个部分，在案情陈述上力求新颖实证，在观点论述上力求犀利敏锐，在评析上力求严谨务实，立足现有的法律条文，对具体的案件有的放矢地进行探讨，以求在普及的基础上有所提高。

我们希望本书中的这些努力能够为以法律武器保护自己合法权益的读者提供帮助，但囿于作者的民法学，尤其是侵权行为法方面的理论修养有限，且时间紧迫，书中难免存在某些不足之处，恳请广大读者和专家学者予以批评指正，并对资以参考和借鉴的相关学术成果的创造者致以崇高的敬意和感谢。中国民主法制出版社编审逯卫光、北京市密云区人民法院教育培训科负责人杨雪做了大量的协调工作，在此一并表示衷心的感谢。

编　者

2022 年 10 月

目录 CONTENTS

第一编　人身侵权赔偿权益保护

第二编　精神损害赔偿与邻里纠纷

第三编　医疗损害赔偿及美容纠纷

第一编
人身侵权赔偿权益保护

第一章　一般规定

1. 为获得报酬主动为他人卸货受伤，能否要求货主承担赔偿责任？

【维权要点】

劳务关系中，提供劳务人发生人身伤害，能否要求接受劳务的一方进行赔偿，关键看他们之间形成的是何种法律关系，如果是雇佣关系，雇主应当承担赔偿责任；如果形成的是承揽关系，定作人不承担赔偿责任，但定作人对定作、指示或者选人有过失的，应当承担相应的赔偿责任。在实践中，需要劳务服务的一方，为避免损失，可以将劳务发包出去，与提供劳务的一方订立承揽合同，这样，提供劳务者在劳动过程中受到的伤害自己可以免除赔偿责任。提供劳务一方，可以同需要劳务的一方订立明确的雇佣合同，这样就可以使自己的人身安全得到保障。

【典型案例】

曾某从一位商人处购买一汽车麸皮。由于货站所在地在装卸货物方面已经形成习惯：无论谁家门市有货物，当地人都可以主动去卸货，而货主不论卸货人有多少，仅按实际的货物吨数以较为固定的价格，给付卸货人费用，由卸货人自行分配。当日，尹某等人看见曾某有货物需要卸，便自行共同为曾某卸货。曾某看见尹某卸货，并未阻止。在卸货过程中，由于货物堆放过高，一麸皮包突然掉落，砸伤正在车斗边扛地上麸皮的尹某。后尹某领到 100 元的劳动报酬。尹某受伤后，在医院治疗。出院后要求曾某赔偿其各项损失，双方因协商未果。尹某向法院起诉，要求曾某赔偿其损失 13500 元。

【法官讲法】

民法典第 1192 条规定："个人之间形成劳务关系，提供劳务一方因劳务造成他人损害的，由接受劳务一方承担侵权责任。接受劳务一方承担侵权责任后，可以向有故意或者重大过失的提供劳务一方追偿。提供劳务一方因劳务受到损害的，根据双方各自的过错承担相应的责任。提供劳务期间，因第三人的行为造成提供劳务一方损害的，提供劳务一方有权请求第三人承担侵权责任，也有权请求接受劳务一方给予补偿。接受劳务一方补偿后，可以向第三人追偿。"考察劳务关系是否成立，主要看以下几点：其一，双方是否有书面或口头合同；其二，提供劳务者是否获得报酬；其三，提供劳务者是否以提供劳务为内容；其四，提供劳务者是否受接受劳务者一方的控制、指挥和监督。民法典第770条规定："承揽合同是承揽人按照定作人的要求完成工作，交付工作成果，定作人支付报酬的合同。承揽包括加工、定作、修理、复制、测试、检验等工作。"承揽合同中，提供工作成果的一方为承揽人。在实践中，应当依据下列因素来区分劳务关系和承揽关系：第一，工作对于雇主的商业行为而言是否"完整"和"不可缺少"。如果是，就意味着这些工作不是临时应急的，应当认为是雇员。第二，报酬的给付以工作时间还是工作效果为标准，劳务关系通常以工作时间的长短作为工资的依据，而承揽人的报酬则以工作效果来判断。第三，工作地点、工作时间、工作进程是否由劳务提供方自行决定。如果其能够自行决定，自然是承揽人。如果需要根据需求方的意思来决定，则为雇员。第四，是谁提供工作的工具和设备。雇主一般会为雇员提供劳动工具和设备，但承揽人则是自备工具。第五，领取工资的方式是固定的还是一次性的。雇员领取工资的方式一般是比较固定的，但承揽人则比较自由，一般是在完成全部工作后一次性领取。第六，雇主中止或者解除雇佣关系的权力大小。雇员一般受到法律更强有力的保护，雇主的权利小一些。第七，工作的性质。如果以完成工作成果为目的，提供劳务仅仅是完成工作成果的手段，则为承揽；如果该工作的目的只是单纯地提供劳务，则为雇佣。

本案中，原告主动临时为被告卸货，一次性结算报酬，双方之间不存在监督、管理的关系，不符合劳务关系的法律特征，而是独立的合同关系，同时根据当地已长期形成的此种卸货、付款方式的情况考量，应当认定卸货人与车主之间形成承揽关系。民法典第1193条规定："承揽人在完成工作过程中造成第三人损害或者自己损害的，定作人不承担侵权责任。

但是，定作人对定作、指示或者选任有过错的，应当承担相应的责任。"第1165条规定："行为人因过错侵害他人民事权益造成损害的，应当承担侵权责任。依照法律规定推定行为人有过错，其不能证明自己没有过错的，应当承担侵权责任。"本案中，双方之间是承揽关系，原告尹某造成自身损害，被告曾某没有过错，不应当承担赔偿责任。

【法条指引】

中华人民共和国民法典

第七百七十条 承揽合同是承揽人按照定作人的要求完成工作，交付工作成果，定作人支付报酬的合同。

承揽包括加工、定作、修理、复制、测试、检验等工作。

第一千一百六十五条 行为人因过错侵害他人民事权益造成损害的，应当承担侵权责任。

依照法律规定推定行为人有过错，其不能证明自己没有过错的，应当承担侵权责任。

第一千一百九十二条 个人之间形成劳务关系，提供劳务一方因劳务造成他人损害的，由接受劳务一方承担侵权责任。接受劳务一方承担侵权责任后，可以向有故意或者重大过失的提供劳务一方追偿。提供劳务一方因劳务受到损害的，根据双方各自的过错承担相应的责任。

提供劳务期间，因第三人的行为造成提供劳务一方损害的，提供劳务一方有权请求第三人承担侵权责任，也有权请求接受劳务一方给予补偿。接受劳务一方补偿后，可以向第三人追偿。

第一千一百九十三条 承揽人在完成工作过程中造成第三人损害或者自己损害的，定作人不承担侵权责任。但是，定作人对定作、指示或者选任有过错的，应当承担相应的责任。

2. 雇员遭到他人伤害，雇主和致害人应当如何承担赔偿责任？

【维权要点】

第三人造成雇员人身损害，雇员既可以向该第三人（直接侵权人）和其雇主、所属法人等赔偿义务人请求赔偿，又可以请求自己的雇主进行赔偿，即雇员可以直接向有赔偿能力的人提出赔偿请求。需要注意的是，属于《工伤保险条例》调整的劳动关系和工伤保险范围内的，不适用上述规定。

【典型案例】

2021 年 4 月 10 日上午，村民郭甲受雇在郭乙的建筑工地上劳动。郭乙租用郭丙的吊车施工，该吊车装有 380 伏的发电机作为动力装置，郭丙亲自操作吊车施工。当施工至大约上午 10 点半时，正在施工的民工发现吊车漏电，立即通知了开吊车的郭丙。郭丙草草检查了一下，又重新开机施工。当施工到上午 11 点多钟时，郭甲在卸吊车吊上来的灰浆时，被电击倒昏迷，后经抢救无效死亡。郭甲的亲属作为原告，要求被告郭乙及被告郭丙承担赔偿责任。

【法官讲法】

民法典第 1192 条规定："个人之间形成劳务关系，提供劳务一方因劳务造成他人损害的，由接受劳务一方承担侵权责任。接受劳务一方承担侵权责任后，可以向有故意或者重大过失的提供劳务一方追偿。提供劳务一方因劳务受到损害的，根据双方各自的过错承担相应的责任。提供劳务期间，因第三人的行为造成提供劳务一方损害的，提供劳务一方有权请求第三人承担侵权责任，也有权请求接受劳务一方给予补偿。接受劳务一方补偿后，可以向第三人追偿。"本案中，郭丙作为直接侵权人应当承担侵权赔偿责任，同时郭乙作为雇主对于雇员郭甲的人身安全负有保护责任，雇员在为其工作中受到伤害，雇主亦应承担赔偿责任。这就是说，雇主和直接侵权第三人都应承担责任，但二者承担责任的原因是不同的。原告既可以基于郭丙的侵权行为向其主张权利，也可以基于雇员同雇主之间的雇佣关系向郭甲主张权利，这两个请求权是分别独立的，但只要其中一人向郭甲履行了赔偿义务，郭甲就不能再向另一人求偿。作为直接的侵权行为人是最终的责任承担者，雇主郭乙在履行了赔偿责任后，可以向郭丙追偿。

【法条指引】

中华人民共和国民法典

第一千一百九十二条 个人之间形成劳务关系，提供劳务一方因劳务造成他人损害的，由接受劳务一方承担侵权责任。接受劳务一方承担侵权责任后，可以向有故意或者重大过失的提供劳务一方追偿。提供劳务一方因劳务受到损害的，根据双方各自的过错承担相应的责任。

提供劳务期间，因第三人的行为造成提供劳务一方损害的，提供劳务一方有权请求第三人承担侵权责任，也有权请求接受劳务一方给予补偿。接受劳务一方补偿后，可以向第三人追偿。

3. 义务帮工致人损害，被帮人应否承担赔偿责任？

【维权要点】

无偿提供劳务的帮工人，在从事帮工活动中致人损害的，被帮工人应当承担赔偿责任。被帮工人承担赔偿责任后向有故意或者重大过失的帮工人追偿的，人民法院应予支持。帮工人在帮工活动中因第三人的行为遭受人身损害的，有权请求第三人承担赔偿责任，也有权请求被帮工人予以适当补偿。被帮工人补偿后，可以向第三人追偿。如果一名帮工人受到另一名帮工人伤害的，不属于第三人侵害，应当按照帮工人致人损害来处理。

【典型案例】

孙某与郭某同为某中学教师，交情甚好。2022 年 7 月 25 日，郭某因其子考取大学而设宴，孙某和郭某之侄同为郭某帮忙，其后均在郭某家中饮酒，酒后处于醉酒状态的郭某侄子手持菜刀而出，在行至院中时与孙某相遇，将孙某砍致重伤，后孙某在医院经抢救脱险，支付医疗费25000 余元，其伤经法医评定为伤残八级。2022 年 9 月，郭某侄子因伤害罪被判刑，孙某于 2022 年 10 月向法院提起民事诉讼，请求责令郭某赔偿医疗费、误工费、营养费、残疾者生活补助费及精神损害抚慰金等。

【法官讲法】

《最高人民法院关于审理人身损害赔偿案件适用法律若干问题的解释》第 4 条规定:"无偿提供劳务的帮工人,在从事帮工活动中致人损害的,被帮工人应当承担赔偿责任。被帮工人承担赔偿责任后向有故意或者重大过失的帮工人追偿的,人民法院应予支持。被帮工人明确拒绝帮工的,不承担赔偿责任。"第 5 条规定:"无偿提供劳务的帮工人因帮工活动遭受人身损害的,根据帮工人和被帮工人各自的过错承担相应的责任;被帮工人明确拒绝帮工的,被帮工人不承担赔偿责任,但可以在受益范围内予以适当补偿。帮工人在帮工活动中因第三人的行为遭受人身损害的,有权请求第三人承担赔偿责任,也有权请求被帮工人予以适当补偿。被帮工人补偿后,可以向第三人追偿。"由此可见,帮工活动中帮工人致人损害的,在对第三人责任的承担上,原则上适用无过错责任原则,即由被帮工人承担赔偿责任;但帮工人对其加害行为存在故意或重大过失的,则被帮工人有权向帮工人追偿。

本案中,郭某因其子考取大学而设宴,郭某之侄为郭某帮忙,其行为显然属于无偿帮工。实践中,在帮工的事务完成之后,通常被帮工人都会设宴招待,以示感谢。从这一意义上讲,依据我国民间通常的风俗习惯,该过程是帮工活动的自然延伸,其显然与帮工活动存在内在联系。再者,孙某和郭某的侄子在郭某家中饮酒,其并未脱离帮工地点,而且基于帮工人与被帮工人之间的身份关系,在此情形下,被帮工人往往还有一定的支配帮工人的权利。因此,虽然发生侵权行为时,宴会已经结束,本案的情形仍应当认为构成帮工活动,故而,应当由郭某作为被帮工人承担赔偿责任。郭某侄子致人伤害的行为是出于故意,郭某在承担赔偿责任后还可以向其侄子行使追偿权。

【法条指引】

最高人民法院关于审理人身损害赔偿案件适用法律若干问题的解释

第四条 无偿提供劳务的帮工人,在从事帮工活动中致人损害的,被帮工人应当承担赔偿责任。被帮工人承担赔偿责任后向有故意或者重大过失的帮工人追偿的，人民法院应予支持。被帮工人明确拒绝帮工的，不承担赔偿责任。

第五条 无偿提供劳务的帮工人因帮工活动遭受人身损害的，根据帮工人和被帮工人各自的过错承担相应的责任；被帮工人明确拒绝帮工的，被帮工人不承担赔偿责任，但可以在受益范围内予以适当补偿。

帮工人在帮工活动中因第三人的行为遭受人身损害的，有权请求第三人承担赔偿责任，也有权请求被帮工人予以适当补偿。被帮工人补偿后，可以向第三人追偿。

4. 幼儿被其他幼儿伤害致残，监护人和幼儿园应当如何分担责任？

【维权要点】

幼儿在幼儿园被其他幼儿伤害致残的，由致害幼儿的监护人和对损害发生有过错的幼儿园共同承担责任。致害幼儿的监护人承担的是无过错责任，只要自己孩子致他人损害，就必须承担赔偿责任。而幼儿园只是承担过错责任，幼儿园对损害的发生确无过错的，可以免责。致害幼儿的监护人和对损害发生有过错的幼儿园承担的并不是真正的连带赔偿责任，双方对责任的分担是有比例的，一般先由有过错的幼儿园承担责任，剩下的由致害幼儿的监护人承担。

【典型案例】

某幼儿园午休时，一名保育员赵某趁此时间回家给孩子喂奶，另外一名保育员去卫生间，育儿室内短暂时间内无人看管。幼儿贾某与幼儿陈某未睡着，自行在一起玩耍，贾某将陈某的右手食指砸伤，经法医鉴定，构成10级伤残，造成各种损失共计20余万元。因此，陈某将贾某及幼儿园诉诸法院。

【法官讲法】

民法典第1188条第1款规定："无民事行为能力人、限制民事行为能力人造成他人损害的，由监护人承担侵权责任。监护人尽到监护职责的，可以减轻其侵权责任。"根据此规定，无民事行为能力人致他人损害，其监护人应承担民事责任，也就是说，监护人在这种情况下的民事责任，是由法律直接规定的，而不考虑监护人对被监护人平时教育、管教是否足够，也不考虑无民事行为能力人本人的年龄、智力及其判断能力。民法典第1199条规定："无民事行为能力人在幼儿园、学校或者其他教育机构学习、生活期间受到人身损害的，幼儿园、学校或者其他教育机构应当承担侵权责任；但是，能够证明尽到教育、管理职责的，不承担侵权责任。"根据此规定，幼儿园这类对学龄前幼儿实施保育和教育的单位，对在园生活、学习的幼儿致他人损害的，以过错原则来确定其民事责任的是过错推定责任，即只要幼儿园不能证明自己尽了教育、管理职责，那就推定幼儿园有过错，依法承担赔偿责任。孩子在幼儿园意外受伤，老师能够证明尽到教育、管理职责的，不承担责任。无民事行为能力人在幼儿园生活期间受到人身损害，幼儿园应当承担侵权责任；但是，能够证明尽到教育、管理职责的，不承担侵权责任。（1）幼儿园有保护孩子的义务，如是幼儿园的疏忽造成的，幼儿园承担全责；未成年人保护法明确规定，学校与学生之间是法定的教育管理关系，学校对未成年学生负有教育、管理和保护职责。如果孩子本身并无过错，作为负有安全保障义务的幼儿园如存在管理上的疏漏，应该承担全部的赔偿责任。（2）如果是其他小朋友的过错造成的，则幼儿园与小朋友的父母承担连带责任。小朋友的父母是其监护人，对小朋友造成其他学生损害的，由其父母承担赔偿责任。学校监护不利，存在疏忽管理的，也需要分担责任，二者之间是连带责任。具体的比例划分，则应根据实际情况，再予以明确。原则上，幼儿园承担主要责任。（3）如果小孩摔伤纯属意外。双方皆无过错。应依"公平责任"原则处理。如果老师和保育员未擅离职守，已尽到了相应的注意义务。有时，小孩的跌倒属于瞬间发生的意外事件，如果幼儿园及时通知家长，并在第一时间将小孩送至医院进行治疗，说明幼儿园已积极采取措施救护受伤学生。

本案中，保育员赵某擅离工作岗位回家，造成育儿室内出现短暂无人看管的情况，保育员未能发现事故苗头和及时制止事故的发生，是保育员在保育、教育职责上的严重失职行为，也就是幼儿园的过错，应当承担主要赔偿责任。无民事行为能力人贾某致他人损害，应由其监护人贾某的父母承担部分民事责任，但这不是由贾某的父母平时对贾某教育不够这个事实原因决定的，而是一种无过错责任。

【法条指引】

中华人民共和国民法典

第一千一百八十八条 无民事行为能力人、限制民事行为能力人造成他人损害的，由监护人承担侵权责任。监护人尽到监护职责的，可以减轻其侵权责任。

有财产的无民事行为能力人、限制民事行为能力人造成他人损害的，从本人财产中支付赔偿费用；不足部分，由监护人赔偿。

第一千一百九十九条 无民事行为能力人在幼儿园、学校或者其他教育机构学习、生活期间受到人身损害的，幼儿园、学校或者其他教育机构应当承担侵权责任；但是，能够证明尽到教育、管理职责的，不承担侵权责任。

5. 儿童在幼儿园中因食物致死，责任应当由谁承担？

【维权要点】

无民事行为能力人在幼儿园、学校或者其他教育机构学习、生活期间受到人身损害的，幼儿园、学校或者其他教育机构应当承担责任，但能够证明尽到教育、管理职责的，不承担责任。

【典型案例】

庄某（4周岁）就读于某幼儿园。某日上午，老师组织全园儿童做早操，庄某也参加了做操。上午9时左右，老师们突然发现庄某倒在地上，即将其抱到附近医院，但经抢救无效庄某死亡。事后在死者父母的要求下，公安局解剖尸体发现庄某咽喉部卡有一颗荔枝。经鉴定，死者系异物阻塞呼吸道窒息死亡。经查，该荔枝并非幼儿园提供。因协商赔偿问题无果，庄某的父母将该幼儿园告上法庭，要求赔偿死亡赔偿金、丧葬费、交通费、误工费等。

【法官讲法】

民法典第1188条、第1199条、第1200条、第1201条是关于学校、幼儿园或者其他教育机构对在其就学的未成年人受到人身损害或致他人人身损害时，应当承担何种责任的规定。其旨在解决教育机构的责任性质究竟为监护人责任还是一般的过错责任的问题。依据上述规定，教育机构对在其中就学的未成年人所承担的并非监护义务，而是法律、法规所赋予的教育、管理、保护义务。在违反此种义务的情况下，即应当认定教育机构存在过错，应就其过错承担责任。

具体而言，一方面，教育机构在因自己的过错造成未成年人人身损害或者未成年人致他人人身损害的情况下，应当就其过错，承担相应的责任；另一方面，在未成年人因第三人的行为遭受人身损害，学校未尽到保护义务时，承担补充赔偿责任。因此，从现行立法来看，其明确强调教育机构仅对在其就学的未成年人承担教育、管理、保护义务，而没有明文规定教育机构负有与监护人相同的监护义务，也没有明确受监护人委托而承担起监护义务的人负有与监护人同样的责任。

综上，学校承担的并不是监护责任，而是违反职责义务的侵权责任，学校依其过错确定责任。本案被告幼儿园应对无民事行为能力的幼儿照顾和看管，尤其是饮食方面。虽然原告庄某吞咽的荔枝不是幼儿园发放的，但被告应对幼儿园里的幼儿吞食物品的行为予以照管。被告幼儿园不知庄某吞咽的荔枝从何而来，也不知其何时吞咽，说明其未尽到妥善照管的义务，具有过错，应当承担相应赔偿责任。因此，认为被告幼儿园对学生不具有监护义务，其应当承担的是教育机构的职责义务，幼儿园未尽职责范围内的相关义务致使未成年人遭受人身损害的，应当承担侵权责任是正确的。

【法条指引】

中华人民共和国民法典

第一千一百八十八条 无民事行为能力人、限制民事行为能力人造成他人损害的，由监护人承担侵权责任。监护人尽到监护职责的，可以减轻其侵权责任。

有财产的无民事行为能力人、限制民事行为能力人造成他人损害的，从本人财产中支付赔偿费用；不足部分，由监护人赔偿。

第一千一百九十九条　无民事行为能力人在幼儿园、学校或者其他教育机构学习、生活期间受到人身损害的，幼儿园、学校或者其他教育机构应当承担侵权责任；但是，能够证明尽到教育、管理职责的，不承担侵权责任。

第一千二百条　限制民事行为能力人在学校或者其他教育机构学习、生活期间受到人身损害，学校或者其他教育机构未尽到教育、管理职责的，应当承担侵权责任。

第一千二百零一条　无民事行为能力人或者限制民事行为能力人在幼儿园、学校或者其他教育机构学习、生活期间，受到幼儿园、学校或者其他教育机构以外的第三人人身损害的，由第三人承担侵权责任；幼儿园、学校或者其他教育机构未尽到管理职责的，承担相应的补充责任。幼儿园、学校或者其他教育机构承担补充责任后，可以向第三人追偿。

6. 放学后学生在校内摔伤，学校应否承担赔偿责任？

【维权要点】

学生在放学后未离校期间，其仍在学校控制的范围内，此时发生的人身损害，应当根据学校过错的大小要求其承担相应的赔偿责任。

【典型案例】

某小学放学后，学生陈某与同学孙某、刘某（均已年满10周岁）未按老师要求及时离校，而是到校内操场内设置的单杠上玩耍。三人在互相拉扯过程中，陈某从单杠上摔下，学校老师路过时发现，陈某随即被送往医院治疗。经医院诊断为"脾破裂、巨脾症"，并进行手术摘除了脾脏。陈某的伤情经法医鉴定为伤残5级。此后，陈某家长就赔偿事宜经与孙某、刘某家长以及学校协商未果，故陈某家长以陈某名义向法院起诉，请求法院判令孙某、刘某和学校三被告赔偿其医药费、住院伙食补助费、护理费、营养费、伤残赔偿金等各项损失。

【法官讲法】

民法典规定了教育机构侵权的民事责任。该法第1188条规定："无民事行为能力人、限制民事行为能力人造成他人损害的，由监护人承担侵权责任。监护人尽到监护职责的，可以减轻其侵权责任。有财产的无民事行为能力人、限制民事行为能力人造成他人损害的，从本人财产中支付赔偿费用；不足部分，由监护人赔偿。"第1200条规定："限制民事行为能力人在学校或者其他教育机构学习、生活期间受到人身损害，学校或者其他教育机构未尽到教育、管理职责的，应当承担侵权责任。"第1201条规定："无民事行为能力人或者限制民事行为能力人在幼儿园、学校或者其他教育机构学习、生活期间，受到幼儿园、学校或者其他教育机构以外的第三人人身损害的，由第三人承担侵权责任；幼儿园、学校或者其他教育机构未尽到管理职责的，承担相应的补充责任。幼儿园、学校或者其他教育机构承担补充责任后，可以向第三人追偿。"

学校对日常事务及其场所和秩序有管理的义务。学校对其所在场所正常秩序的管理，不仅在工作期间，也包括非工作期间。学校既然占有和控制着一定的场所及场所上的设施设备等，依法就产生了学校对自己的事、物的谨慎管理的职责，同时也产生了学校对任何第三人利益的保护义务。本案中，学校在放学后对其控制区域内的正常秩序仍须严于管理，特别是在其服务对象为无民事行为能力人和限制民事行为能力人情况下，更加重了其管理特别是对特定对象人身安全保护的责任。本案中，作为体育运动器械的单杠本身具有一定的危险性，学校将单杠放置于操场内，明知会有未成年学生攀爬，并应预见可能会摔伤，却疏于管理，存在一定过错，故学校应当承担相应的责任。陈某与同学孙某、刘某在玩单杠时互相拉扯，可能失手摔伤自己，也可能把他人扯下单杠致他人损害，这种危险性是其不能完全意识到的，学校对这种危险行为有管理责任。但本案中并未见有人制止这种行为，即应推定学校疏于管理，应对陈某受到的损害承担一定的责任。因此，刘某、孙某和学校三被告应当共同赔偿原告陈某的损失。

【法条指引】

中华人民共和国民法典

第一千一百八十八条 无民事行为能力人、限制民事行为能力人造成他人损害的,由监护人承担侵权责任。监护人尽到监护职责的,可以减轻其侵权责任。

有财产的无民事行为能力人、限制民事行为能力人造成他人损害的,从本人财产中支付赔偿费用;不足部分,由监护人赔偿。

第一千一百九十九条 无民事行为能力人在幼儿园、学校或者其他教育机构学习、生活期间受到人身损害的,幼儿园、学校或者其他教育机构应当承担侵权责任;但是,能够证明尽到教育、管理职责的,不承担侵权责任。

第一千二百条 限制民事行为能力人在学校或者其他教育机构学习、生活期间受到人身损害,学校或者其他教育机构未尽到教育、管理职责的,应当承担侵权责任。

第一千二百零一条 无民事行为能力人或者限制民事行为能力人在幼儿园、学校或者其他教育机构学习、生活期间,受到幼儿园、学校或者其他教育机构以外的第三人人身损害的,由第三人承担侵权责任;幼儿园、学校或者其他教育机构未尽到管理职责的,承担相应的补充责任。幼儿园、学校或者其他教育机构承担补充责任后,可以向第三人追偿。

7. 学生在与教师进行对抗性体育运动时受伤,学校及教师应否承担赔偿责任?

【维权要点】

学生在校期间,与教师进行对抗性体育运动时受到损害,学校及教师应承担赔偿责任,学校在赔偿后可以向责任老师进行追偿。为减少因意外伤害给青少年及其家庭带来的损失,学校应该为每一名学生上保险,这是有效处理学生意外伤害的好办法。但保险公司与学校或老师的赔偿责任并不冲突,受害人可以同时申请。

【典型案例】

原告小刚系某小学六年级学生(已年满 12 周岁),被告刘某系该小学体育教师。2021 年 11 月 29 日上午第二节课间休息时,刘某与其他教师在学校操场上踢足球,小刚等同学见到后即参与到踢球队伍中。在踢球过程中,刘某的踢球行为致小刚小腿受伤,刘某等教师随即将小刚送往医院救治。后经医院诊断为胫腓骨骨折（右）、胫骨远端骺损伤（右）。当天医疗费由刘某垫付。经鉴定小刚目前伤残等级属 10 级。小刚的法定代理人向人民法院起诉称：小刚是未成年人，在学校学习期间，学校不仅没有尽到应尽的责任和义务，反而发生了由其教师直接造成的人身伤害。要求判令学校和刘某赔偿有关损失。

【法官讲法】

民法典第 1176 条第 1 款规定："自愿参加具有一定风险的文体活动，因其他参加者的行为受到损害的，受害人不得请求其他参加者承担侵权责任；但是，其他参加者对损害的发生有故意或者重大过失的除外。"第 1200 条规定："限制民事行为能力人在学校或者其他教育机构学习、生活期间受到人身损害，学校或者其他教育机构未尽到教育、管理职责的，应当承担侵权责任。"第 1201 条规定，"无民事行为能力人或者限制民事行为能力人在幼儿园、学校或者其他教育机构学习、生活期间，受到幼儿园、学校或者其他教育机构以外的第三人人身损害的，由第三人承担侵权责任；幼儿园、学校或者其他教育机构未尽到管理职责的，承担相应的补充责任"。

参与对抗性是具有一定危险的体育活动，属自愿承担危险的行为，参与人在这种活动中受到人身伤害，在合理的范围内，加害行为人及活动组织者免责，故而在侵权损害赔偿诉讼中，自愿承担危险是被告享有和可以主张的免责抗辩的正当理由。自愿承担危险要求受害人具有能够意识到危险的存在，且具有参与此项危险运动的一般人所能具有的防范、避免一定危险的技能，并能够亲自作出自愿承担危险的意思表示的行为能力。而且在具有人身接触和冲撞行为的对抗性竞技活动中，一般要求在一定年龄段的自然人之间进行，这正是考虑到自然人的智力、体力及生理发育的相互适应程度，因而在这种对抗性竞技活动中，自愿承担危险应当建立在行为能力大体相当的自然人之间的基础之上。

学校老师之间踢球，是成年人之间进行的活动，小学六年级的学生也参与其间，无论是从生理发育、体力、技巧技能，还是从认识、防范危险的意识上，双方都不在同一层次上，双方之间没有相适应的自愿承担危险的基础。虽然本案踢球发生在课间休息时，老师踢球也不是履行教学职责的行为，但此时未成年学生仍在学校保护的时间和区域范围内，老师也应当意识到在成年人之间进行这种对抗性活动时，未成年人参与其中的不适当性，因而作为成年人的老师负有更高的注意义务。基于这种认识，本案自愿承担危险的认定，就不能成为被告方完全免责的抗辩理由，只能成为被告方减轻责任的抗辩理由。故被告学校及刘某应当对原告小刚承担各项合理损失的赔偿责任。

【法条指引】

中华人民共和国民法典

第一千一百七十六条 自愿参加具有一定风险的文体活动，因其他参加者的行为受到损害的，受害人不得请求其他参加者承担侵权责任；但是，其他参加者对损害的发生有故意或者重大过失的除外。

活动组织者的责任适用本法第一千一百九十八条至第一千二百零一条的规定。

第一千一百八十八条 无民事行为能力人、限制民事行为能力人造成他人损害的，由监护人承担侵权责任。监护人尽到监护职责的，可以减轻其侵权责任。

有财产的无民事行为能力人、限制民事行为能力人造成他人损害的，从本人财产中支付赔偿费用；不足部分，由监护人赔偿。

第一千一百九十八条 宾馆、商场、银行、车站、机场、体育场馆、娱乐场所等经营场所、公共场所的经营者、管理者或者群众性活动的组织者，未尽到安全保障义务，造成他人损害的，应当承担侵权责任。

因第三人的行为造成他人损害的，由第三人承担侵权责任；经营者、管理者或者组织者未尽到安全保障义务的，承担相应的补充责任。经营者、管理者或者组织者承担补充责任后，可以向第三人追偿。

第一千二百条 限制民事行为能力人在学校或者其他教育机构学习、生活期间受到人身损害，学校或者其他教育机构未尽到教育、管理职责的，应当承担侵权责任。

第一千二百零一条 无民事行为能力人或者限制民事行为能力人在幼儿园、学校或者其他教育机构学习、生活期间，受到幼儿园、学校或者其他教育机构以外的第三人人身损害的，由第三人承担侵权责任；幼儿园、学校或者其他教育机构未尽到管理职责的，承担相应的补充责任。幼儿园、学校或者其他教育机构承担补充责任后，可以向第三人追偿。

8. 学生在学校突患疾病身亡，学校应否承担责任？

【维权要点】

学生在校期间突发疾病或者受到伤害，学校发现但未根据实际情况及时采取相应的措施，导致不良后果加重的，学校应当依法承担相应的责任。但对于一些暴发性急症，属于人类无法控制的一种自然因素，其救治希望很小，学校尽到注意义务的，学校不承担赔偿责任。因此，学生在学校因患病而致伤残或者死亡的，学生家长必须举证是学校保护不力，耽误了救治的时机造成了损害后果，这样学校才承担赔偿责任。在发生学生伤害事故后，学校同学生家长可以通过协商方式解决，可以书面请求主管教育行政部门进行调解，对经调解达成的协议，一方当事人不履行或者反悔的，另一方可以依法提起诉讼。

【典型案例】

2021年6月27日，原告宋某与被告某外语学校（私立学校，全封闭式管理）签订学生就学协议，将其子宋某某（8周岁）送入该校一年级一班学习。宋某某在入学时，按学校规定缴纳学籍费、学杂费等共计15000元。该就学协议规定：校方出资为学生办理人身保险，如发生意外事故，由保险公司、校方和家长协商确定民事责任。9月23日早7时许，宋某某所在班的班主任发现宋某某有些异常，就送往校医务室检查。在校医检查中，宋某某突然开始抽搐，校医对其进行抢救。班主任先到小学部跟校领导汇报宋某某病情，然后给宋某某家挂电话，告诉宋某某病情。宋某到校后，校医向宋某及其妻谈了宋某某的病情，并催促其把宋某某送大医院治疗。宋某将宋某某送到某市第二人民医院诊治。该院诊断宋某某病症为脑干型乙型脑炎。此时学校派人到医院看望，并四处为宋某之子请名医会诊。宋某某因病情严重，经医院抢救无效死亡。宋某以其子在学校学习期间得病，学校延误治疗造成其子死亡为理由，向法院起诉，请求法院判决被告赔偿医疗费、丧葬费、误工费、陪护费等共计100余万元，并应退回宋某某入学时所交各项费用15000元。被告某外语学校答辩称：学校发现宋某某身体不适，班主任即将其送往校医务室治疗，并与其家长联系。因校医务室设备不足，在宋某某家长到校后，校医即催促家长送其去大医院检查。宋某某是患脑干型乙型脑炎死亡，此病在医学上是暴发性疾病，救治希望较小，请求法院驳回原告的诉讼请求。

【法官讲法】

民法典第1200条规定："限制民事行为能力人在学校或者其他教育机构学习、生活期间受到人身损害，学校或者其他教育机构未尽到教育、管理职责的，应当承担侵权责任。"第1201条规定："无民事行为能力人或者限制民事行为能力人在幼儿园、学校或者其他教育机构学习、生活期间，受到幼儿园、学校或者其他教育机构以外的第三人人身损害的，由第三人承担侵权责任；幼儿园、学校或者其他教育机构未尽到管理职责的，承担相应的补充责任。幼儿园、学校或者其他教育机构承担补充责任后，可以向第三人追偿。"宋某某在校因患脑干型乙型脑炎而导致突然死亡，学校对此应否承担赔偿责任，应从以下几方面来认定。

第一，学校和学生之间是一种学习合同关系。在本案被告属全封闭管理型私立学校情况下，学校除有提供良好的学习条件的义务外，还有提供良好的生活服务及卫生保健服务的义务。但是，宋某某所患病症并不属学校提供生活服务不良所造成的，而是一种传染性的暴发性急症，学校的医务室是无法预测、预防和救治的。因此，不能认为是在校期间患病，就认为学校有责任，这实属一种偶然的自然因素造成的。同时，校医务室所能提供的卫生保健服务，不能要求其必须达到正规医院的水平，它只是针对一般常见病及常见外伤做常规处置和临时处置。所以，校医在作了常规处置后即要求送患者去大医院治疗，处置应是得当的，符合其可提供的卫生保健服务的水准要求。据此，宋某所主张的学校延误其子的治疗，没有事实依据。

第二，对于这种暴发性急症，目前仍是人类无法控制的一种自然因素，其救治希望很小，即便是对医院而言，也不能因救治无效而追究医院的责任，更何况是对从事教学的普通学校。学校对宋某某虽无因合同违约或侵权损害方面的赔偿责任，但因学习合同的一方主体死亡，使合同出现了应予终止履行的事由。在这种情况下，学校作为提供学习给付的一方，无须再提供学习给付，故也不能取得给付的对价，因此除对已为给付部分的对价应由学校取得外，已预收的全部对价中的剩余部分即应返给宋某。

第三，本案中，只能是学校自愿给予补偿。也就是说，在合同关系下，学校作为合同一方当事人，应负的是违约赔偿责任；在损害赔偿关系中，学校应是损害事实的一方当事人，才有分担责任或给予对方补偿的可能。学校在合同关系中没有违约，又不是宋某之子患病抢救无效死亡事实中的一方当事人，就只有自愿补偿这一种方式作处理依据。

【法条指引】

中华人民共和国民法典

第一千二百条 限制民事行为能力人在学校或者其他教育机构学习、生活期间受到人身损害，学校或者其他教育机构未尽到教育、管理职责的，应当承担侵权责任。

第一千二百零一条 无民事行为能力人或者限制民事行为能力人在幼儿园、学校或者其他教育机构学习、生活期间，受到幼儿园、学校或者其他教育机构以外的第三人人身损害的，由第三人承担侵权责任；幼儿园、学校或者其他教育机构未尽到管理职责的，承担相应的补充责任。幼儿园、学校或者其他教育机构承担补充责任后，可以向第三人追偿。

9. 小学女生不堪体罚而自缢，学校和老师应当如何承担责任？

【维权要点】

我国禁止老师体罚学生。学生在受到老师的虐待、体罚时，一定不要纵容老师，要向有关部门及时反映，避免给自己造成更大的伤害。同时，一旦因老师体罚学生造成身体伤害的，要及时向学校进行索赔，并可根据教师法的规定，要求学校的行政主管部门对责任教师给予处分或者解聘。后果严重的，还可以要求精神赔偿。

【典型案例】

小红是某小学三年级二班学生。一日，小红因为在上自习时与另一男同学互洒墨水，被老师张某喊到办公室。张某命令两个小学生对打耳光，并要打出声来，直到小红被打哭了，张某才叫那名男学生住手。小红被打后，当即出现面部疼痛、头昏症状。一个星期后，小红又出现失眠、多梦、恐惧、哭闹、扯头发、撕衣服等症状，因此被送到医院精神科治疗。医生怀疑其患了癔症。不久，小红趁家人不注意，在床架上自缢，结束了自己的小生命。因女儿在学校受辱而上吊自尽，小红的父母遂将小学校和张某告上法院，要求判决被告人予以人身损害赔偿。

【法官讲法】

民法典第 1188 条规定："无民事行为能力人、限制民事行为能力人造成他人损害的，由监护人承担侵权责任。监护人尽到监护责任的，可以减轻其侵权责任。有财产的无民事行为能力人、限制民事行为能力人造成他人损害的，从本人财产中支付赔偿费用；不足部分，由监护人赔偿。"第 1200 条规定："限制民事行为能力人在学校或者其他教育机构学习、生活期间受到人身损害，学校或者其他教育机构未尽到教育、管理职责的，应当承担侵权责任。"第 1201 条规定，"无民事行为能力人或者限制民事行为能力人在幼儿园、学校或者其他教育机构学习、生活期间，受到幼儿园、学校或者其他教育机构以外的第三人人身损害的，由第三人承担侵权责任；幼儿园、学校或者其他教育机构未尽到管理职责的，承担相应的补充责任"。根据上述规定，教育机构应当按照下列规则来承担责任：第一，因教育机构的过错而造成未成年人人身损害的情况下，教育机构应当承担与其过错相应的责任。这主要是针对作为受害人的未成年人及其监护人的过失而言的。第二，因教育机构的过错而使未成年人造成他人人身损害的情况下，教育机构也应当承担与其过错相应的责任。此种情况下，教育机构的过错与未成年人及其监护人的过错，共同构成致害原因。第三，在第三人侵权致未成年人遭受人身损害，教育机构有过错的，则应当承担相应的补充赔偿责任。这种情况下，教育机构实际上是未尽其安全保障义务的。

本案中，小红因为在上自习时与另一男同学互洒墨水，被老师张某命令两个小学生对打耳光，小红被打后，当即出现面部疼痛、头昏，后又出现失眠、多梦、恐惧、哭闹、扯头发、撕衣服等症状，被怀疑患了癔症。后又在床架上自缢，显然与张某的体罚行为有关。虽然小红是在家中自缢身亡，但导致其自缢身亡的原因系发生在学校，因此被告张某及其学校均应承担赔偿责任。

【法条指引】

中华人民共和国民法典

第一千一百八十八条 无民事行为能力人、限制民事行为能力人造成他人损害的，由监护人承担侵权责任。监护人尽到监护职责的，可以减轻其侵权责任。

有财产的无民事行为能力人、限制民事行为能力人造成他人损害的，从本人财产中支付赔偿费用；不足部分，由监护人赔偿。

第一千一百九十九条 无民事行为能力人在幼儿园、学校或者其他教育机构学习、生活期间受到人身损害的，幼儿园、学校或者其他教育机构应当承担侵权责任；但是，能够证明尽到教育、管理职责的，不承担侵权责任。

第一千二百条 限制民事行为能力人在学校或者其他教育机构学习、生活期间受到人身损害，学校或者其他教育机构未尽到教育、管理职责的，应当承担侵权责任。

第一千二百零一条 无民事行为能力人或者限制民事行为能力人在幼儿园、学校或者其他教育机构学习、生活期间，受到幼儿园、学校或者其他教育机构以外的第三人人身损害的，由第三人承担侵权责任；幼儿园、学校或者其他教育机构未尽到管理职责的，承担相应的补充责任。幼儿园、学校或者其他教育机构承担补充责任后，可以向第三人追偿。

10. 多人共同侵权，应当如何进行赔偿？

【维权要点】

侵权损害后果由两人或者两人以上共同造成的，应当作为共同侵权，承担连带责任。无民事行为能力人在幼儿园、学校或者其他教育机构学习、生活期间受到人身损害的，幼儿园、学校或者其他教育机构应当承担责任，但能够证明尽到教育、管理职责的，不承担责任。如果被害人对造成侵权后果有过错的，应认定为混合过错责任，并减轻加害者的侵权责任。

【典型案例】

朱某是某村的一名乡村医生，持有该村级卫生人员行医许可证。一日上午，他到本地的幼儿园给小朋友打针。那天打完针后，幼儿园里许多小朋友团团围住他，讨要用过的一次性针筒。他将一支针头未取下的一次性针筒递给一个叫高某的小女孩。打针后的第二天，和朱某同一个村的高某某带着6周岁的女儿高某来看眼伤。高某的左眼红肿，眼球上有一个小白点。朱某看不了，就让他们去该市眼科医院门诊。当时，高家父母都没有说眼睛是如何受伤的。女孩高某的母亲为此说明：当时他们也不明了原因，只是到了该市眼科医院后，在医生的问询下，女儿才说出了事发经过——她在用一次性针筒给布娃娃"打针"时不小心刺伤了自己的眼睛。

小女孩的眼睛伤得很重。在该市眼科医院住院两天后，转入另一医院。经诊断，她的左眼为穿透伤后继发全眼球炎，眼睛已经无法保住，只得做了左眼内剜出手术，后来又到上海一家医院安装了假眼。经该市公安局法医鉴定为7级伤残。

后来，高某的法定代理人高某某向该市人民法院起诉，状告朱某、镇政府、镇中心幼儿园（本案中的幼儿园归镇政府直接领导），高某要求三被告共同承担人身伤害赔偿责任。

【法官讲法】

这起因一次性针筒针头扎瞎女童左眼引起的医疗纠纷，是比较特殊的，之所以说其比较特殊是因为它与其他医疗纠纷不同：一般的医疗纠纷是医患双方在诊疗护理过程中产生的纠纷，而这起医疗纠纷的侵权主体还多了个幼儿园，并且这起纠纷不是发生在诊疗护理过程中，而是因为一名乡村医生将一支一次性针筒给了一六岁女童引起的。

在这起医疗纠纷中，应当采用民法典的混合过错和共同侵权理论作为判决的依据，所谓混合过错，是指对侵权行为所造成的损害结果的发生或扩大，不仅加害人有过错，而且受害人也有过错，被侵权人对损害的发生也有过错的，可以减轻侵权人的责任。共同侵权是指二人以上共同实施侵权行为，造成他人损害的侵权行为。共同侵权人通常承担连带责任。

在本案中，作为加害方的朱某和幼儿园与作为受害方的高某的父母均有过错。就乡村医生朱某的过错而言，作为一名持有该市村级卫生人员行医许可证的乡村医生，他应该知道对于一次性针筒用完后应及时作销毁处理，并且当他把本应销毁而未销毁的带有针头的一次性针筒给了6周岁的高某时，应当预见到高某拿着这支针筒会导致扎瞎眼睛这种不良后果的发生，而他则没有预见到。应当预见到而没有预见到，这说明他主观上有疏忽大意的过错。就幼儿园而言，因为在幼儿园的儿童，对其身体健康不像完全民事行为能力人那样具有全面的知识和自我保护能力，所以幼儿园的工作人员对在幼儿园的儿童应保护其身体健康和人身安全，防止其受到伤害。而该市幼儿园的教师知道高某拿了一次性针筒却没有要过来做妥善处理，应尽的注意义务却没有尽到，说明其对不良后果发生有过错，因为教师是幼儿园的工作人员，所以幼儿园有过错。就高某父母而言，他们作为高某的法定监护人有保护自己6周岁的女儿高某身体健康的职责，而他们却没有尽到，这说明他们监护不周，对不良后果发生有过错。上述三个主体的三种行为互相配合，导致了女童高某左眼失明这种不良后果的发生。另外，在本案件中，虽说有三个主体，但还是两方当事人，即加害方（朱某和该市幼儿园）和受害方（高某），并且仅有受害方高某受到了损害。

综上所述，高某左眼失明的不良后果是由加害方（朱某和幼儿园）和受害方（高某）的混合过错行为造成的，所以两方都应承担一定的责任。

在说明了三个主体都应承担一定的责任后，下面具体分析一下三个主体各自具体应承担多大的责任。确定混合过错责任的基本方法是比较过错和原因力，以比较过错为主要的决定因素，以原因力的大小作为相对的调整因素，综合确定混合过错责任。比较过错即在混合过错中，通过确定并比较加害人和受害人的过错程度，以决定责任的承担和责任的范围。我国司法实践中所采用的比较过错的方法是：将双方当事人的过错程度具体确定为一定的比例，从而确定出责任范围。在混合过错中，依据何种标准判定双方的过错程度，是认定过错相抵责任的关键，我国司法实践中所采用的方法是：根据注意义务的内容和注意标准来决定过失的轻重。

在本案中，加害方的行为属于共同加害行为，共同加害行为，又叫狭义上的共同侵权行为，是指两个或两个以上的行为人基于共同的故意或过失侵犯他人的合法权益从而造成损害的行为。[1] 本案的加害方是两人，而

---

〔1〕 参见魏振瀛主编：《民法》，北京大学出版社2000年版，第722页。

受害方只有高某一人，双方对于高某左眼失明的不良后果的发生均具有过失，所以应为同等责任。但是因为双方行为程度的不同，对原因力的大小产生影响，应该适当调整责任范围，赔偿责任应在同等责任的基础上增加朱某和幼儿园的责任。

【法条指引】

中华人民共和国民法典

第一百七十七条 二人以上依法承担按份责任，能够确定责任大小的，各自承担相应的责任；难以确定责任大小的，平均承担责任。

第一百七十八条 二人以上依法承担连带责任的，权利人有权请求部分或者全部连带责任人承担责任。

连带责任人的责任份额根据各自责任大小确定；难以确定责任大小的，平均承担责任。实际承担责任超过自己责任份额的连带责任人，有权向其他连带责任人追偿。

连带责任，由法律规定或者当事人约定。

第一千一百六十八条 二人以上共同实施侵权行为，造成他人损害的，应当承担连带责任。

最高人民法院关于审理人身损害赔偿案件适用法律若干问题的解释

第二条 赔偿权利人起诉部分共同侵权人的，人民法院应当追加其他共同侵权人作为共同被告。赔偿权利人在诉讼中放弃对部分共同侵权人的诉讼请求的，其他共同侵权人对被放弃诉讼请求的被告应当承担的赔偿份额不承担连带责任。责任范围难以确定的，推定各共同侵权人承担同等责任。

人民法院应当将放弃诉讼请求的法律后果告知赔偿权利人，并将放弃诉讼请求的情况在法律文书中叙明。

11. 辱骂侵犯他人人格权，录音证据能否作为有效证据？

【维权要点】

在诉讼中运用录音证据时，要注意以下几点：第一，录音取得方式必须合法。只要没有侵犯他人的合法权益，特别是隐私权之类，法院对该类证据的支持率是很高的。第二，应当有其他证据相印证。对于单一的录音证据，法院不会作为定案的依据。第三，该录音必须直接指向待证明的事实，其陈述应当清晰，语气应当是肯定的。假设、反问、设问语句所表述并据以推断的事实，不能确定其证据效力。

【典型案例】

2021 年 10 月，刘某家中被盗，丢失了现金 25000 元，刘某怀疑是邻居范某所为，就向公安机关报案。公安机关立案后，排除了范某作案的可能。刘某丢失巨款，心里非常难受，每日在村里辱骂，并多次提到钱是范某偷的，范某为此多次同刘某争吵。在争吵过程中，范某对刘某的辱骂进行了录音，并以此为证据向法院提起诉讼，要求刘某赔礼道歉。庭审中，法院对范某提供的证据进行了播放，经过质证对此证据的效力进行了认定。

【法官讲法】

《最高人民法院关于适用〈中华人民共和国民事诉讼法〉的解释》第106 条规定，对以严重侵害他人合法权益、违反法律禁止性规定或者严重违背公序良俗的方法形成或者获取的证据，不得作为认定案件事实的根据。该规定明确了非法证据的判断标准，即除以侵害他人合法权益（如故意违反社会利益和社会公德侵害他人隐私）或者以违反法律禁止性规定的方法（如窃听）取得的证据外，其他情形不得视为非法证据。在本案中，范某偷录的行为并没有违反社会公共利益，也没有侵害他人隐私，应当是合法有效的证据。

【法条指引】

最高人民法院关于适用《中华人民共和国民事诉讼法》的解释

第一百零六条 对以严重侵害他人合法权益、违反法律禁止性规定或者严重违背公序良俗的方法形成或者获取的证据，不得作为认定案件事实的根据。

12. 没有使用真实姓名而登报宣扬他人隐私，是否构成侵害名誉权？

【维权要点】

名誉是对民事主体品德、声望、才能、信用等的社会评价，名誉权侵权的损害结果主要是名誉利益的受损，即受害人社会评价的降低。但是，受害人社会评价是否降低很难从客观上进行量化和衡量，一般以侵权人的违法行为是否为第三人所知悉为标准。在侵害名誉权案件中，一般采用推定的方法确认损害事实是否发生，对于自然人来说，只要侵权报道发表，就可以依法向人民法院提起诉讼，而不用再提出侵权造成损害的其他事实与证据。

【典型案例】

常某丈夫段某向其提出离婚。常某认为这是张某与丈夫段某关系密切造成的，便找到某晚报社，向记者提供了张某给段某的信、段某写给张某的便条、常某与段某的感情和家庭情况、常某向法院提交的离婚答辩状，后某晚报记者根据常某提供的上述材料，采写了题为《狠心丈夫欲娶情人抛贤妻》的新闻报道，刊登于该晚报社会生活版。主要内容是以化名披露段某与情人张某某同居达 5 年之久，情人不愿意打胎以死相逼，丈夫才向一直蒙在鼓里的妻子常某吐露真情，并逼其离婚。张某认为常某捏造事实、造谣中伤，以及某晚报社的新闻报道严重失实，极大地侵害了自己的名誉权，要求二被告停止侵害，恢复名誉，消除影响并赔偿精神损失费 10万元。

【法官讲法】

侵权作品损害特定人名誉，一般是通过对特定人某方面或几个方面的社会表现的不当描述造成的，所刊载的内容必须有特定或陈述的方式，或者任何其他特征和背景情况足以使一般人合理推知其所指为某一特定人时即构成特定指向。文章《狠心丈夫欲娶情人抛贤妻》中，虽然没有使用"张某"本人的姓名但采用了相同的姓及相近的名字"张某某"来描述，所描述的情节正是针对现实生活中的特定人物，使熟悉原告的读者一看便知道这个叫"张某某"的人物是在影射原告。某晚报社所刊登的这篇文章，其素材是来源于常某的口述和一些书面材料，文章提到了丈夫和情人同居 5 年，情人不愿意打胎以死相逼，等等，这些字眼和内容在客观上造成了对原告名誉权的损害。故此，某晚报社因审查不严格，发表了涉及他人隐私的文章，应当承担侵权责任。常某主动向晚报社提供的新闻材料，应当是明知的，自觉的，是希望通过某晚报社发表传播出去的，因而对由此造成的后果也应当承担责任。

【法条指引】

中华人民共和国民法典

第一千零二十五条 行为人为公共利益实施新闻报道、舆论监督等行为，影响他人名誉的，不承担民事责任，但是有下列情形之一的除外：

（一）捏造、歪曲事实；

（二）对他人提供的严重失实内容未尽到合理核实义务；

（三）使用侮辱性言辞等贬损他人名誉。

第一千零二十六条 认定行为人是否尽到前条第二项规定的合理核实义务，应当考虑下列因素：

（一）内容来源的可信度；

（二）对明显可能引发争议的内容是否进行了必要的调查；

（三）内容的时限性；

（四）内容与公序良俗的关联性；

（五）受害人名誉受贬损的可能性；

（六）核实能力和核实成本。

第一千零二十八条 民事主体有证据证明报刊、网络等媒体报道的内容失实，侵害其名誉权的，有权请求该媒体及时采取更正或者删除等必要措施。

13. 未经当事人同意安排实习医生旁观妇检过程，是否侵犯患者的隐私权？

【维权要点】

所谓隐私权，是指自然人享有的对自己的个人秘密和个人私生活进行支配并排除他人干涉的一种人格权。在医院医生给病人治疗的过程中，医院经常不经患者同意擅自安排实习医生进行观摩，在一般的治疗当中，这是被允许的。但是在治疗过程中，需要暴露患者某一特定隐私部位的，就需要患者的同意，如果患者不同意，这就是一种侵权行为。患者可以要求医院对自己赔礼道歉，恢复名誉。当该行为给患者造成严重影响的，如患者精神上受到严重刺激，精神恍惚的或者造成患者自杀的，受害人及其家属可以要求精神赔偿。因此，在该类事件中，一方面，医院要尊重患者的个人意愿；另一方面，患者对医院安排实习人员观摩的要积极同医院进行交涉，维护自己的合法权益，以避免更大的损害发生。

【典型案例】

患者王某到某医院就诊，被诊断为早孕，在朋友的陪同下到该院做无痛人工流产手术。手术过程中王某一直处于睡眠状况，醒来后从朋友口中得知，自己做人流的整个过程被医学院的学生观摩。王某觉得受到了羞辱，于是向法院起诉，要求某医院向自己赔礼道歉，并赔偿医疗费、交通费和精神损害抚慰金等3万元。法院审理认为，被告未经原告同意擅自组织实习学生观摩原告人工流产的行为，侵犯了原告的隐私权，判决被告赔偿原告精神损失抚慰金人民币2万元，驳回原告的其他诉讼请求。

【法官讲法】

医疗机构不得擅自组织实习生教学观摩隐私部位手术来侵犯患者的隐私权，即使临床实习是医学生向医生转变所必须要经历的阶段，但仍不能以牺牲患者的隐私权为代价。根据医师法的规定，实习生并不具备法律意义上的医师资格，不享有获悉患者隐私的权利。同时，从医患关系上，患者并无配合医院进行临床教学的义务。民法典第1039条规定，国家机关、承担行政职能的法定机构及其工作人员对于履行职责过程中知悉的自然人的隐私和个人信息，应当予以保密，不得泄露或者向他人非法提供。医院要组织医学生观摩教学，必须征得患者的同意，否则就构成对患者隐私权的侵权。本案例中，王某在医院进行人工流产手术时，医院未经患者同意组织实习生进行教学观摩，显然是医方有过错的侵权行为。因此，在本案中，法院的判决是正确的。

患者隐私权受道德法律双重保护。出于治疗疾病所需，患者必须将隐私信息向医务人员公开，医务人员因治疗疾病所获知患者的个人信息，以及在患者的知情同意前提下对患者的身体隐秘部位实施医学检查，具有正当性，并不构成对患者隐私权的侵犯。但是，医务人员的职业道德规范要求，医务人员应对患者履行忠实、勤勉义务，除认真负责诊治外，必须尊重患者的人格权，保守医疗秘密。医师法第23条规定，医师在执业活动中履行下列义务：（1）树立敬业精神，恪守职业道德，履行医师职责，尽职尽责救治患者，执行疫情防控等公共卫生措施；（2）遵循临床诊疗指南，遵守临床技术操作规范和医学伦理规范等；（3）尊重、关心、爱护患者，依法保护患者隐私和个人信息；（4）努力钻研业务，更新知识，提高医学专业技术能力和水平，提升医疗卫生服务质量；（5）宣传推广与岗位相适应的健康科普知识，对患者及公众进行健康教育和健康指导；（6）法律、法规规定的其他义务。医师法第56条规定，违反本法规定，医师在执业活动中有泄露患者隐私或者个人信息的，由县级以上人民政府卫生健康主管部门责令改正，给予警告，没收违法所得，并处一万元以上三万元以下的罚款；情节严重的，责令暂停六个月以上一年以下执业活动直至吊销医师执业证书。对于侵犯患者隐私权是否形成"严重后果"的认定，可根据以下两点判定：一是患者本身的精神痛苦，是否造成精神抑郁、神态反常、生活失调甚至导致精神方面的疾病等；二是医疗机构泄露及散布患者隐私的情况，主要包括：多少人知晓了患者隐私，这些人与患者之间的关系如何，侵权人的动机、手段、情节以及所造成的社会影响等。对于情节严重或构成犯罪的需追究刑事责任。

民法典第1039条规定，国家机关、承担行政职能的法定机构及其工作人员对于履行职责过程中知悉的自然人的隐私和个人信息，应当予以保密，不得泄露或者向他人非法提供。因此，在该类事件中，一方面医院要尊重患者的个人意愿；另一方面患者对医院安排实习人员观摩的要积极同医院进行交涉，维护自己的合法权益，以避免更大的损害发生。

【法条指引】

中华人民共和国民法典

第一千零三十二条 自然人享有隐私权。任何组织或者个人不得以刺探、侵扰、泄露、公开等方式侵害他人的隐私权。

隐私是自然人的私人生活安宁和不愿为他人知晓的私密空间、私密活动、私密信息。

第一千零三十三条 除法律另有规定或者权利人明确同意外，任何组织或者个人不得实施下列行为：

（一）以电话、短信、即时通讯工具、电子邮件、传单等方式侵扰他人的私人生活安宁；

（二）进入、拍摄、窥视他人的住宅、宾馆房间等私密空间；

（三）拍摄、窥视、窃听、公开他人的私密活动；

（四）拍摄、窥视他人身体的私密部位；

（五）处理他人的私密信息；

（六）以其他方式侵害他人的隐私权。

第一千零三十九条 国家机关、承担行政职能的法定机构及其工作人员对于履行职责过程中知悉的自然人的隐私和个人信息，应当予以保密，不得泄露或者向他人非法提供。

第一千二百二十六条 医疗机构及其医务人员应当对患者的隐私和个人信息保密。泄露患者的隐私和个人信息，或者未经患者同意公开其病历资料的，应当承担侵权责任。

中华人民共和国医师法

第二十三条 医师在执业活动中履行下列义务：

（一）树立敬业精神，恪守职业道德，履行医师职责，尽职尽责救治患者，执行疫情防控等公共卫生措施；

（二）遵循临床诊疗指南，遵守临床技术操作规范和医学伦理规范等；

（三）尊重、关心、爱护患者，依法保护患者隐私和个人信息；

（四）努力钻研业务，更新知识，提高医学专业技术能力和水平，提升医疗卫生服务质量；

（五）宣传推广与岗位相适应的健康科普知识，对患者及公众进行健康教育和健康指导；

（六）法律、法规规定的其他义务。

第五十六条 违反本法规定，医师在执业活动中有下列行为之一的，由县级以上人民政府卫生健康主管部门责令改正，给予警告，没收违法所得，并处一万元以上三万元以下的罚款；情节严重的，责令暂停六个月以上一年以下执业活动直至吊销医师执业证书：

（一）泄露患者隐私或者个人信息；

（二）出具虚假医学证明文件，或者未经亲自诊查、调查，签署诊断、治疗、流行病学等证明文件或者有关出生、死亡等证明文件；

（三）隐匿、伪造、篡改或者擅自销毁病历等医学文书及有关资料；

（四）未按照规定使用麻醉药品、医疗用毒性药品、精神药品、放射性药品等；

（五）利用职务之便，索要、非法收受财物或者牟取其他不正当利益，或者违反诊疗规范，对患者实施不必要的检查、治疗造成不良后果；

（六）开展禁止类医疗技术临床应用。

14. 驾车过程中被不明飞石致伤，公路管理部门应否赔偿？

【维权要点】

建筑物、构筑物或者其他设施及其搁置物、悬挂物发生脱落、坠落造成他人损害，所有人、管理人或者使用人不能证明自己没有过错的，应当承担侵权责任。所有人、管理人或者使用人赔偿后，有其他责任人的，有权向其他责任人追偿。驾车过程中被不明飞石致伤，高速公路管理局作为"物件的管理人"，负有管理、维护该物件的责任，除非证明不可抗力、受害人的过错或第三人的过错，否则，高速公路管理局应当承担赔偿责任。

【典型案例】

在高速公路驾驶途中，因有异物掉落在高速公路上产生障碍，导致原告李某驾驶的×××号小型越野客车行驶至事发路段，从桥上飞下一块碗口大小的石头，砸碎挡风玻璃后击中李某肩部。车辆失去控制，撞在护栏上，李某受重伤。李某遂将高速公路管理局告上法庭，要求其承担赔偿责任。

【法官讲法】

本案所涉高速公路属于封闭式收费高速公路，任何主体出入均应经过特定出入口，只有管理人才能支配这一空间，该特征虽然能使管理者便于管理，但也赋予其更重的管理义务，所以高速公路管理局应该承担责任。如果道路管理者不能够证明其已经履行了相关义务的，是需要承担责任的。本案中高速公路管理机构应建立、健全巡逻制度，保障高速公路的畅通和司乘人员的人身财产安全。尽管其声称已按相关规定对道路进行巡查，其虽履行了一定范围的职责并提供证据证明，但无法证实其对事故发生路段已尽到了清理、防护、警示的义务，其并未及时发现并清除高速公路上散落的物件，未能有效保障高速公路的畅通和司乘人员的人身财产安全，应承担相应赔偿责任。民法典第1256条规定："在公共道路上堆放、倾倒、遗撒妨碍通行的物品造成他人损害的，由行为人承担侵权责任。公共道路管理人不能证明已经尽到清理、防护、警示等义务的，应当承担相应的责任。"《最高人民法院关于审理人身损害赔偿案件适用法律若干问题的解释》（2003年修正）[1] 第16条曾规定了物件致人损害的情形："下列情形，适用民法通则第一百二十六条的规定，由所有人或者管理人承担赔偿责任，但能够证明自己没有过错的除外：（一）道路、桥梁、隧道等人工建造的构筑物因维护、管理瑕疵致人损害的；（二）堆放物品滚落、滑落或者堆放物倒塌致人损害的；（三）树木倾倒、折断或者果实坠落致人损害的。前款第（一）项情形，因设计、施工缺陷造成损害的，由所有人、管理人与设计、施工者承担连带责任。"

这里规定的是物件致人损害责任，又称建筑物及其他地上物致人损害责任，是指建筑物以及其他地上物因设置或保管不善，给他人的人身或财产造成损害的特殊侵权责任。这类责任适用过错推定原则，即在发生损害之后，所有人或者管理人只要能够证明自己没有过错就可免于承担责任，包括不可抗力、第三人过错、受害人过错造成损害的情况。在本案中，致人损害的是高速公路跨线桥上坠落的石块，对于物件致人损害在举证责任上适用过错推定责任原则。被告高速公路管理局作为"物件的管理人"，负有管理、维护该物件的责任，除非证明不可抗力、受害人的过错或第三人的过错，方可免责。否则，高速公路管理局应当承担赔偿责任。

---

[1] 在《最高人民法院关于审理人身损害赔偿案件适用法律若干问题的解释》（2022年修正）中，该条款已被删除。

【法条指引】

中华人民共和国民法典

第一千二百五十六条 在公共道路上堆放、倾倒、遗撒妨碍通行的物品造成他人损害的，由行为人承担侵权责任。公共道路管理人不能证明已经尽到清理、防护、警示等义务的，应当承担相应的责任。

15. 驾车外出过程中被电线绊倒，赔偿责任由谁承担？

【维权要点】

建筑物或者其他设施以及建筑物上的搁置物、悬挂物发生倒塌、脱落、坠落造成他人损害的，它的所有人或者管理人应当承担民事责任，但能够证明自己没有过错的除外。在公共场所或者道路上挖坑、修缮安装地下设施等，没有设置明显标志和采取安全措施造成他人损害的，施工人应当承担侵权责任。驾车途中被电线绊倒，它的所有人或者管理人应当承担民事责任，但能够证明自己没有过错的除外。如果电线系施工人员拆卸所为，施工人应当承担侵权责任。

【典型案例】

王某驾驶摩托车外出途中，被横跨公路的广播线刮倒。与此同时，对面驾驶拖拉机相向行驶的叶某见王某跌倒后，当即向南避让，但由于避让不及，拖拉机后轮从王某右小腿碾过，致王某受伤。叶某停车后将广播线拖开，未对王某进行救助即驾车离开现场。当地公安部门派员到达事故现场，并将王某送至医院抢救治疗，诊断为：右胫腓骨中下段骨折。经查，某农电公司工作人员李某在进行农网改造过程中，将所有权属于广播电视站和村委会的广播线从电线杆上拆卸后，未作妥善处置，致广播线横向悬挂在公路上。

【法官讲法】

民法典第1253条规定，建筑物、构筑物或者其他设施及其搁置物、悬挂物发生脱落、坠落造成他人损害，所有人、管理人或者使用人不能证明自己没有过错的，应当承担侵权责任。所有人、管理人或者使用人赔偿后，有其他责任人的，有权向其他责任人追偿。本案中，广播电视站和村委会作为广播线的所有人可以证明该广播线悬挂在空中系农电公司工作人员私自拆卸所为，从而能够免除自己的责任。

民法典第 1258 条第 1 款规定，在公共场所或者道路上挖掘、修缮安装地下设施等造成他人损害，施工人不能证明已经设置明显标志和采取安全措施的，应当承担侵权责任。因此，农电公司在私自拆卸了广播线后，应当设置明显的标志或者采取其他必要的安全措施，并达到足以防止事故发生的程度，不仅一般正常人、车辆足以识别并采取预防措施，而且应当保证通行的盲人等残疾人和未成年人的安全。显然，农电公司的不作为是本案交通事故发生的起因，其应当承担责任。

而王某在公路上没有禁行标志或者施工障碍标志的情况下正常行驶，对事故的发生无法预见，主观上没有过错，不应当承担责任。在王某被广播线刮倒后，叶某虽然采取了避让措施，但未足以防止损害后果的发生，但其在交通事故发生后逃逸，致使受害人得不到及时的救治。其也应当对造成的损害承担相应的责任。

民法典第 1172 条规定，二人以上分别实施侵权行为造成同一损害，能够确定责任大小的，各自承担相应的责任；难以确定责任大小的，平均承担责任。由于偶然因素致使无意思联络的数人行为造成了同一损害，不能要求其中一人承担全部责任或者连带责任，而只能使各行为人对自己的行为造成的损害后果负责，而如果仅仅因为自己的行为与他人的行为偶然结合就必然承担连带责任，则过于苛刻，尤其是让轻过失的行为人连带承担重过失行为人的侵权责任，既不符合民法上的公平观念，也与侵权法的基本原则相悖。

从本起交通事故发生的原因看，农电公司私拆广播线的行为应当是事故发生的起因，也是主要的原因，其应当承担主要的民事责任，而叶某对事故的发生无法预知，主观上没有过错，因其存在逃逸情节，应当承担次要责任。

【法条指引】

中华人民共和国民法典

第一千一百七十二条 二人以上分别实施侵权行为造成同一损害，能够确定责任大小的，各自承担相应的责任；难以确定责任大小的，平均承担责任。

第一千二百五十三条 建筑物、构筑物或者其他设施及其搁置物、悬挂物发生脱落、坠落造成他人损害，所有人、管理人或者使用人不能证明自己没有过错的，应当承担侵权责任。所有人、管理人或者使用人赔偿后，有其他责任人的，有权向其他责任人追偿。

第一千二百五十八条 在公共场所或者道路上挖掘、修缮安装地下设施等造成他人损害，施工人不能证明已经设置明显标志和采取安全措施的，应当承担侵权责任。

窨井等地下设施造成他人损害，管理人不能证明尽到管理职责的，应当承担侵权责任。

16. 儿童在铁路上玩耍被轧伤，能否要求赔偿？

【维权要点】

从事高空、高压、地下挖掘活动或者使用高速轨道运输工具造成他人损害的，经营者应当承担侵权责任，但能够证明损害是因受害人故意或者不可抗力造成的，不承担责任。被侵权人对损害的发生有过失的，可以减轻经营者的责任。儿童在铁路上玩耍被轧伤的，其监护人应当承担主要责任。铁路局承担次要责任，应当给予一定的赔偿。

【典型案例】

孙某（8周岁）放学后来到某铁路分局所属车站内。其间，孙某在一列火车尾部玩耍。火车开出后，孙某被发现轧伤。经手术治疗，其左前臂中上1/3处、左下肢小腿中上1/3处被截肢，司法鉴定构成2级伤残。孙某父母遂以孙某名义诉至法院。经查，事故现场站区无封闭。原告认为：铁路运输是高危作业，对造成的人身伤害应承担无过错责任；该车站在某村外，与村落仅相隔数十米，站台与村没有隔离。自己受伤致残虽有一定责任，但该车站无安全防范意识，没有围墙与村隔绝。原告为未成年人，对去车站玩耍可能造成的后果是无预见性的，而该车站工作人员疏于管理，没有制止。火车启动前，工作人员也未作安全检查，导致原告在躲避当中被车尾卷进而受伤，铁路分局应承担该次事故的主要责任。

请求判令被告赔偿原告医药费、住院期间伙食补助费、住院期间护理费、伤残补助金、鉴定费、残疾用具费、终生护理费、住宿费、交通费，并赔偿精神损失费，总计35万元。被告某铁路分局辩称：火车是从零速度启动，铁路工作人员按章作业，列车装有列尾装置，能保证正常情况下列车的安全运行，原告钻入列车下面的行为非一般人所能预料，非一般装置能防止。造成孙某伤害的责任主要是其父母未履行监护责任。因此，不同意赔偿。

【法官讲法】

民法典第1240条规定："从事高空、高压、地下挖掘活动或者使用高速轨道运输工具造成他人损害的，经营者应当承担侵权责任；但是，能够证明损害是因受害人故意或者不可抗力造成的，不承担责任。被侵权人对损害的发生有重大过失的，可以减轻经营者的责任。"在本案中，侵害人所属的车站站界内有村庄，村庄与铁道之间未设任何防护，铁路作业时亦未派人看护。侵害人应当预见到村内的小孩可能会到铁道上来玩耍，而没有采取安全措施即启动火车机车，显然存在过错，就是说侵害人不是没有过错。从受害人方面看，孙某是无民事行为能力的儿童，因为法律不是规范无行为能力人的行为的，其不存在主观故意或过失，不存在有无过错，不能认为是其自身的原因。故本案不具备侵害人可以免责的条件，被告认为本案为受害人自身原因造成的伤害，主张免责的抗辩理由不能成立。

根据法律规定，监护人负有保护被监护人的人身、财产以及其他合法权益的监护职责，本案监护人对被监护人孙某未采取有效的保护措施，对孙某钻到停留在站内的货车尾部车辆下玩耍，被轧伤致残的损害后果的发生存在过错，应依法减轻侵害人的民事责任。根据本案侵权责任的承责原则和侵害人存在的过错，被告对受害人孙某被火车轧伤致残造成的损失应当承担主要赔偿责任。

【法条指引】

中华人民共和国民法典

第一千二百三十六条 从事高度危险作业造成他人损害的，应当承侵权责任。

第一千二百四十条 从事高空、高压、地下挖掘活动或者使用高速轨道运输工具造成他人损害的，经营者应当承担侵权责任；但是，能够证明损害是因受害人故意或者不可抗力造成的，不承担责任。被侵权人对损害的发生有重大过失的，可以减轻经营者的责任。

17. 第三人造成工伤事故，权利人能否同时请求工伤保险补偿与侵权赔偿？

【维权要点】

根据法律规定，第三人造成工伤事故，权利人可以依据《工伤保险条例》等相关规定，同时请求工伤保险补偿与侵权赔偿。

【典型案例】

钱某为某企业职工。一次因公外出，钱某乘坐的车辆发生交通事故，造成钱某死亡。钱某的父母要求单位按工亡处理，给予死亡补偿费等。某企业因其所提要求过高，予以拒绝。钱某的父母遂提起诉讼，请求判令某企业、肇事司机支付死亡补偿费和承担死者生前所抚养和赡养人员的生活费。

【法官讲法】

《工伤保险条例》第 14 条对工伤的认定进行了具体的规定。

第一，应当认定为工伤的情形：（1）职工在工作时间和工作场所内，因工作原因受到事故伤害的；（2）工作时间前后在工作场所内，职工从事与工作有关的预备性或者收尾性工作受到事故伤害的；（3）在工作时间和工作场所内，职工因履行工作职责受到暴力等意外伤害的；（4）职工患职业病的；（5）职工因工外出期间，由于工作原因受到伤害或者发生事故下落不明的；（6）职工在上下班途中，受到机动车事故伤害的；（7）法律、行政法规规定应当认定为工伤的其他情形。

第二，视同工伤的情形：（1）职工在工作时间和工作岗位，突发疾病死亡或者在 48 小时之内经抢救无效死亡的；（2）职工在抢险救灾等维护国家利益、公共利益活动中受到伤害的；（3）职工原在军队服役，因战、因公负伤致残，已取得革命伤残军人证，到用人单位后旧伤复发的。这些情况，严格地讲并非与履行职务有关，但基于鼓励见义勇为或者维护伤残军人利益等特殊考虑，在我国社会保障制度尚未健全的情况下，将之纳入工伤处理。这也体现了工伤保险的国家强制性和社会公益性。

第三，不得认定为工伤或者视同工伤的情形：（1）职工因犯罪或者违反治安管理伤亡的；（2）职工醉酒导致伤亡的；（3）职工自残或者自杀的。

本案钱某在接受单位委派去外地执行公务的返回途中，因发生车祸造成死亡，符合《工伤保险条例》规定的属于工伤的情形，应当属于工伤事故，有权请求工伤保险补偿。

同时，钱某的死亡还是由于交通肇事导致的损害后果，根据民法典第1175条规定，损害是因第三人造成的，第三人应当承担侵权责任。交通肇事责任人应当承担侵权责任。综上所述，根据民法典、《工伤保险条例》和《最高人民法院关于审理人身损害赔偿案件适用法律若干问题的解释》的规定，若工伤事故是由用人单位以外的第三人导致的，应当先告知钱某按《工伤保险条例》的规定处理，同时对于钱某请求第三人承担赔偿责任的，也应当予以支持。

【法条指引】

中华人民共和国民法典

第一千一百七十五条 损害是因第三人造成的，第三人应当承担侵权责任。

最高人民法院关于审理人身损害赔偿案件适用法律若干问题的解释

第三条 依法应当参加工伤保险统筹的用人单位的劳动者，因工伤事故遭受人身损害，劳动者或者其近亲属向人民法院起诉请求用人单位承担民事赔偿责任的，告知其按《工伤保险条例》的规定处理。

因用人单位以外的第三人侵权造成劳动者人身损害，赔偿权利人请求第三人承担民事赔偿责任的，人民法院应予支持。

最高人民法院关于审理工伤保险行政案件若干问题的规定

第八条 职工因第三人的原因受到伤害，社会保险行政部门以职工或者其近亲属已经对第三人提起民事诉讼或者获得民事赔偿为由，作出不予受理工伤认定申请或者不予认定工伤决定的，人民法院不予支持。

职工因第三人的原因受到伤害，社会保险行政部门已经作出工伤认定，职工或者其近亲属未对第三人提起民事诉讼或者尚未获得民事赔偿，起诉要求社会保险经办机构支付工伤保险待遇的，人民法院应予支持。

职工因第三人的原因导致工伤，社会保险经办机构以职工或者其近亲属已经对第三人提起民事诉讼为由，拒绝支付工伤保险待遇的，人民法院不予支持，但第三人已经支付的医疗费用除外。

18. 因紧急避险造成他人损害，应否给予赔偿？

【维权要点】

根据法律规定，因紧急避险造成损害的，由引起险情发生的人承担责任。如果危险是由自然原因引起的，紧急避险人不承担责任或者给予适当补偿。紧急避险采取措施不当或者超过必要的限度，造成不应有的损害的，紧急避险人应当承担适当的责任。

【典型案例】

王某驾车经过某学校门口。学生张某骑自行车从校门内突然冲出，横穿马路。由于王某没有留意路面情况，发现有人横穿马路后惊慌失措，急忙向左打轮。车辆冲入非机动车道，将骑自行车的李某撞倒，致其当场死亡。李某的家人要求赔偿。王某认为自己属于紧急避险，损失应当由受益人赔偿。双方不能协商一致，诉至人民法院。

【法官讲法】

民法典第182条规定："因紧急避险造成损害的，由引起险情发生的人承担民事责任。危险由自然原因引起的，紧急避险人不承担民事责任，可以给予适当补偿。紧急避险采取措施不当或者超过必要的限度，造成不应有的损害的，紧急避险人应当承担适当的民事责任。"所谓"紧急避险"，是指为使国家、公共利益、本人、他人的人身、财产权益免受正在发生的危险，不得已采取的牺牲较小利益而保全较大利益的行为。紧急避险构成的必要条件，必须是为使国家、公共利益，本人、他人的人身、财产权益免受损害，而不是其他非法利益；必须受到现实危险的威胁，即危险必须现实存在，且已威胁到上述合法权益的安全。危险的来源可以是多方面的，如可能是不可抗力、意外事件、受害人或第三人过错导致危险、饲养动物导致危险等。必须是危险正在发生，如危险尚未发生或危险已过去，就不再适用紧急避险。

紧急避险损害的对象不限于危险制造者，因为紧急避险中危险的原因可能来自自然原因，没有制造者，也可能有人为制造者，但紧急避险不限于指向危险制造者；紧急避险必须是迫不得已采取的。如果在当时的情况下，依交通作业人的一般技术水平标准，本可以不损害他人合法权益而达到避险目的，而行为人的行为造成的损害却远远超过了紧急避险所保护的利益，则避险人仍须负担赔偿义务。紧急避险保全的利益应大于受损害利益。这必须根据具体情况来分析判断，如为了保全自己生命而不惜牺牲他人生命，为了保全自己运载的少量货物而损害国家重要资财等都构成避险过当。

由此可见，对于造成交通损害者来说，如果紧急避险采取措施不当或者超过必要的限度，即不是迫不得已采取的或保全的利益不是大于受损害利益的，则紧急避险不能构成免责事由，当事人仍须按其过错程度承担相应的民事责任。如紧急避险的险情是由第三人引起的，紧急避险又符合上列要件要求，则构成避险人免责事由，而由第三人负担民事责任。如紧急避险的险情系自然原因引起的，紧急避险又符合上列要件，原则上应构成免责事由，但根据情况，也不排除避险人按公平原则负担适当的民事责任。

依据道路交通安全法第38条的规定："车辆、行人……应当在确保安全、畅通的原则下通行。"张某在本案中，横穿马路时，没有注意到避让在机动车道上正常行驶的机动车，造成了交通事故的险情。张某在此次交通事故中负有重要过错，作为交通事故中险情的造成人，应当承担相应的责任。机动车驾驶人王某在骑自行车人张某贸然横穿马路的情况下，不采取向左打轮，驶入逆行的避让措施，就会撞到张某，在当时的情况下，极有可能导致张某死亡的损害结果。因此，王某的行为属于紧急避险。但王某在进入逆行后，险情已经避免，这时王某应当采取必要的处置措施，使此次紧急避险不发生损害结果或将损害结果控制在最小的范围内。但王某未采取制动措施，致使其所驾驶的车辆又沿逆行方向冲上非机动车道，导致将处于正常行驶状态下的骑自行车人李某当场轧死。王某的行为属于"避险过当"。同时，王某在险情发生前，没有尽到机动车驾驶人的"高度注意"的义务，对险情的发生也有一定的过错。如果王某在驾驶机动车的过程中密切注意路面的情况，及时发现张某横穿马路的意图，并相应地采取减速、鸣笛等处置措施，此次交通事故是可以避免的。综上，此次交通事故应当由机动车驾驶人王某与自行车骑行人张某按各自的过错程度承担相应责任。

【法条指引】

中华人民共和国民法典

第一百八十二条　因紧急避险造成损害的，由引起险情发生的人承担民事责任。

危险由自然原因引起的，紧急避险人不承担民事责任，可以给予适当补偿。

紧急避险采取措施不当或者超过必要的限度，造成不应有的损害的，紧急避险人应当承担适当的民事责任。

第二章　机动车交通事故责任

1. 将报废车辆卖出后发生交通事故，原车辆所有人是否应该承担责任？

【维权要点】

在二手车买卖中，经常有人贪图便宜购买报废车辆，或者某些车主隐瞒车辆要报废的情况，将报废车辆恶意卖给他人，以致造成交通事故。在第一种情况中，原车辆所有人和购买人不但要接受公安机关交通管理部门的行政处罚，还要对事故的发生承担连带责任，可视为两者共同侵权，受害者可以向任何一方要求全部赔偿。在第二种情况中，报废车辆的买受人可以申请买卖合同无效，并可以要求报废车辆的原所有人赔偿自己的经济损失，因车辆自身问题发生交通事故的，报废车辆的买受者可不承担责任，责任由原车辆所有人承担。在二手车买卖当中，买受人一定要将欲购买的机动车核实清楚，以防被骗后引起麻烦。

【典型案例】

2021 年 1 月，山东省某市运输公司将应当报废的一辆解放牌卡车卖给一下岗职工刘某，由于担心交通管理局不给过户，就没有办理过户手续。刘某将其用于个体运输业务。2022 年 1 月，刘某拉了一车煤炭在国道行使，突然刹车失灵，将前面一正常行驶的出租车尾箱撞瘪，致使出租车驾驶员孙某胸部撞在方向盘上受到重创。孙某在住院治疗过程中，花去医疗费 13000 多元。经公安机关现场勘查，认定刘某承担事故的全部责任。经公安机关调解，双方达成赔偿协议，刘某赔偿孙某因交通事故产生的各种损失，共计 3 万元。后因刘某缺乏赔偿能力，赔偿协议一直未履行。2022 年 5 月，孙某起诉至法院，要求刘某及肇事车辆所有人某运输公司共同赔偿其医疗费、护理费、误工费、精神损失费共计 35000 元。

【法官讲法】

我国民法典第 1208 条规定："机动车发生交通事故造成损害的，依照道路交通安全法律和本法的有关规定承担赔偿责任。"第 1209 条规定："因租赁、借用等情形机动车所有人、管理人与使用人不是同一人时，发生交通事故造成损害，属于该机动车一方责任的，由机动车使用人承担赔偿责任；机动车所有人、管理人对损害的发生有过错的，承担相应的赔偿责任。"道路交通安全法第 14 条规定："国家实行机动车强制报废制度，根据机动车的安全技术状况和不同用途，规定不同的报废标准。应当报废的机动车必须及时办理注销登记。达到报废标准的机动车不得上道路行驶。报废的大型客、货车及其他营运车辆应当在公安机关交通管理部门的监督下解体。"第 100 条规定："驾驶拼装的机动车或者已达到报废标准的机动车上道路行驶的，公安机关交通管理部门应当予以收缴，强制报废。对驾驶前款所列机动车上道路行驶的驾驶人，处二百元以上二千元以下罚款，并吊销机动车驾驶证。出售已达到报废标准的机动车的，没收违法所得，处销售金额等额的罚款，对该机动车依照本条第一款的规定处理。"从我国道路交通安全法的规定来看，我国是严格限制即将报废车辆的运营的，对违反相关规定的也给予严厉的处罚。

在本案中，某运输公司将应当报废的车辆加以转让，客观上造成了机动车运行的风险和交通运输的安全隐患，构成了对社会安全和他人生命、财产权的威胁，对交通事故的发生负有一定的责任。因此，某运输公司应当与驾驶员共同承担连带责任，在机动车驾驶员无力赔偿的情况下，公司承担赔偿责任。同时公安机关交通管理部门还应当将该解放牌卡车强制收缴并强制报废，没收某运输公司的卖车所得，并处卖车款额相等的罚款，对购买该车的刘某处罚款并吊销机动车驾驶证。

【法条指引】

中华人民共和国道路交通安全法

第十四条 国家实行机动车强制报废制度，根据机动车的安全技术状况和不同用途，规定不同的报废标准。

应当报废的机动车必须及时办理注销登记。

达到报废标准的机动车不得上道路行驶。报废的大型客、货车及其他营运车辆应当在公安机关交通管理部门的监督下解体。

第一百条 驾驶拼装的机动车或者已达到报废标准的机动车上道路行驶的，公安机关交通管理部门应当予以收缴，强制报废。

对驾驶前款所列机动车上道路行驶的驾驶人，处二百元以上二千元以下罚款，并吊销机动车驾驶证。

出售已达到报废标准的机动车的，没收违法所得，处销售金额等额的罚款，对该机动车依照本条第一款的规定处理。

中华人民共和国民法典

第一千二百零八条 机动车发生交通事故造成损害的，依照道路交通安全法律和本法的有关规定承担赔偿责任。

第一千二百零九条 因租赁、借用等情形机动车所有人、管理人与使用人不是同一人时，发生交通事故造成损害，属于该机动车一方责任的，由机动车使用人承担赔偿责任；机动车所有人、管理人对损害的发生有过错的，承担相应的赔偿责任。

2. 车辆买卖时未办理过户手续，发生交通事故由谁承担责任？

【维权要点】

我国法律规定，机动车辆只有在办理过户的情况下才产生所有权转移的后果，而在现实生活中，在二手车买卖中，由于过户需要缴纳一笔过户费用，因此很多人选择了不办理过户的方式，这是我国所禁止的。自2001年最高人民法院的司法解释出台以来，没有办理过户的原车主对因车辆交通事故致使他人损害的情况不再承担赔偿责任，一定程度上使买车不过户的现象增加。但是应当清醒地看到，虽然在赔偿责任方面原车主不承担责任，但是仍然会产生很多关于车辆所有权的民事纠纷，而且不过户是违反法律的行为，将要受到行政处罚。因此不要贪图一时小利，而给自己带来更大的麻烦，买卖车辆一定要过户。

【典型案例】

张某于 2021 年初买了一辆时代轻卡跑运输，后生意不景气，2021 年 6 月将车转手卖给了同村的王某，王某开了半年后又卖给了高某，在这几次车辆买卖中，由于不想缴纳过户费，他们都没有办理过户手续。2022 年 5 月 27 日，高某在某一旅游景点入口处不小心将游客李先生撞成重伤，后交管部门查出该车仍在张某的户下。后因赔偿问题没有协商成功，高某见受害者李先生伤势严重，花费巨大，就逃往外地不归。无奈之下，李先生将张某和高某一同告上法庭，要求他们共同承担赔偿责任。

【法官讲法】

我国民法典第 1210 条规定："当事人之间已经以买卖或者其他方式转让并交付机动车但是未办理登记，发生交通事故造成损害，属于该机动车一方责任的，由受让人承担赔偿责任。"道路交通安全法第 12 条规定："有下列情形之一的，应当办理相应的登记：（一）机动车所有权发生转移的；（二）机动车登记内容变更的；（三）机动车用作抵押的；（四）机动车报废的。"道路交通安全法实施条例第 7 条第 1 款规定："已注册登记的机动车所有权发生转移的，应当及时办理转移登记。"可见，机动车买卖是要式法律行为，过户手续是机动车交易的生效要件。因为，机动车作为一种有相当危险性的运输工具，对其交易行为必须加以严格限制，才能更好地保护机动车所有人和社会公众的利益。2001 年 12 月 31 日，《最高人民法院关于连环购车未办理过户手续，原车主是否对机动车发生交通事故致人损害承担责任的请示的批复》中明确指出：连环购车未办理过户手续，因车辆已交付，原车主既不能支配该车的运营，也不能从该车的运营中获得利益，故原车主不应对机动车发生交通事故致人损害承担责任。但是，连环购车未办理过户手续的行为，违反有关行政管理法规的，应受其规定的调整。因此，原车主对未过户的车辆发生交通事故致人损害不承担赔偿责任。原车主不承担赔偿责任并不意味着不承担任何责任，因为车辆买卖未过户违反了民法典和道路交通安全法，应当承担相应的行政责任。

【法条指引】

中华人民共和国道路交通安全法

第十二条 有下列情形之一的，应当办理相应的登记：

（一）机动车所有权发生转移的；

（二）机动车登记内容变更的；

（三）机动车用作抵押的；

（四）机动车报废的。

中华人民共和国道路交通安全法实施条例

第七条第一款 已注册登记的机动车所有权发生转移的，应当及时办理转移登记。

中华人民共和国民法典

第一千二百一十条 当事人之间已经以买卖或者其他方式转让并交付机动车但是未办理登记，发生交通事故造成损害，属于该机动车一方责任的，由受让人承担赔偿责任。

3. 网约车发生交通事故，商业险可否不予承担赔偿责任？

【维权要点】

关于车辆投保的商业三者险，在合同有效期内，保险标的的危险程度显著增加的，被保险人应当按照合同约定及时通知保险人，保险人可以按照合同约定增加保险费或者解除合同。保险人解除合同的，应当将已收取的保险费，按照合同约定扣除自保险责任开始之日起至合同解除之日止应收的部分后，退还投保人。被保险人未履行上述规定的通知义务的，因保险标的的危险程度显著增加而发生的保险事故，保险人不承担赔偿保险金的责任。

【典型案例】

2021 年 5 月 27 日，张某驾驶小型普通客车由南向北行驶，王某骑电动自行车由西向东行驶，两车接触，车辆接触部位损坏，王某受伤，苹果手机摔丢、衣物损坏。事故经交通队处理认定，张某负事故全部责任，王某无责任。事故发生后，王某先后多次在医院治疗及复查，后将张某及其车辆保险公司诉至法院。保险公司辩称，事故车辆投保了交强险和商业三者险300万元，对事故事实及责任认定没有异议，被告驾驶员有网约车运营行为，改变了车辆使用性质，根据保险法第52条及合同约定，商业险不予承担赔偿责任。

【法官讲法】

根据我国法律规定，机动车发生交通事故造成人身伤亡、财产损失的，由保险公司在保险范围内先行赔付，不足部分，由过错方承担赔偿责任。被侵权人对损害的发生也有过错的，可以减轻侵权人的责任。关于商业三者险，在合同有效期内，保险标的的危险程度显著增加的，被保险人应当按照合同约定及时通知保险人，保险人可以按照合同约定增加保险费或者解除合同。保险人解除合同的，应当将已收取的保险费，按照合同约定扣除自保险责任开始之日起至合同解除之日止应收的部分后，退还投保人。被保险人未履行上述规定的通知义务的，因保险标的的危险程度显著增加而发生的保险事故，保险人不承担赔偿保险金的责任。本案中，张某所驾驶车辆，因从事网约运营服务，改变了使用性质，危险程度显著增加，故对被告保险公司主张商业三者险范围内免责的辩解意见予以采信；交强险不足部分，由张某按照责任比例承担。

【法条指引】

中华人民共和国保险法

第五十二条　在合同有效期内，保险标的的危险程度显著增加的，被保险人应当按照合同约定及时通知保险人，保险人可以按照合同约定增加保险费或者解除合同。保险人解除合同的，应当将已收取的保险费，按照合同约定扣除自保险责任开始之日起至合同解除之日止应收的部分后，退还投保人。

被保险人未履行前款规定的通知义务的，因保险标的的危险程度显著增加而发生的保险事故，保险人不承担赔偿保险金的责任。

4. 发生交通事故，受害人家属是否有权扣留肇事车辆？

【维权要点】

肇事车辆一般在事故发生后由交管部门予以暂扣，以便查清肇事原因并认定事故责任。受害人及其家属没有私自扣留肇事车辆的权利，其应当在事故发生后积极理赔，肇事车辆在交警部门扣押期间发现肇事车主没有其他财产可以赔偿或者有主观上不愿意进行赔偿的时候，应当及时提起诉讼，并对车辆申请财产保全。在申请对肇事车辆进行保全的时候，受害人应当提供担保，以便人民法院及时采取保全措施。

【典型案例】

2021 年 12 月 25 日，江某因驾驶机动车超速，将横穿公路的王某撞成重伤。王某的亲属在事故发生后，担心江某不赔偿事故损失，就在交警赶到现场之前，将江某的汽车开走并藏匿起来，并将江某车上价值 1 万元的水果扣押。处理事故的民警赶到现场后，要求王某的亲属将车辆和货物交出，王某的亲属不但拒绝交出，还与民警发生争执。3 日后，王某的亲属见水果已经腐烂，才将水果交出。

【法官讲法】

根据《道路交通事故处理程序规定》第 39 条规定，因收集证据需要扣留事故车辆及机动车行驶证的，公安机关交通管理部门应当开具行政强制措施凭证，将车辆移至指定的地点并妥善保管。公安机关交通管理部门不得扣留事故车辆所载货物。对所载货物在核实重量、体积及货物损失后，通知机动车驾驶人或者货物所有人自行处理。当事人不自行处理的，按照《公安机关办理行政案件程序规定》第 191 条第 1 款规定："对容易腐烂变质及其他不易保管的物品、危险物品，经公安机关负责人批准，在拍照或者录像后依法变卖或者拍卖，变卖或者拍卖的价款暂予保存，待结案后按有关规定处理。"第 197 条规定："对应当退还原主或者当事人的财物，通知原主或者当事人在六个月内来领取；原主不明确的，应当采取公告方式告知原主认领。在通知原主、当事人或者公告后六个月内，无人认领的，按无主财物处理，登记后上缴国库，或者依法变卖或者拍卖后，将所得款项上缴国库。遇有特殊情况的，可酌情延期处理，延长期限最长不超过三个月。"本案中，王某的亲属无权扣押江某的车辆和货物，公安机关为了办理案件的需要，有权责令其交出车辆及货物，对水果受到的损失，江某有权要求王某的亲属给予赔偿。

【法条指引】

道路交通事故处理程序规定

第三十九条第一款、第二款 因收集证据的需要，公安机关交通管理部门可以扣留事故车辆，并开具行政强制措施凭证。扣留的车辆应当妥善保管。

公安机关交通管理部门不得扣留事故车辆所载货物。对所载货物在核实重量、体积及货物损失后，通知机动车驾驶人或者货物所有人自行处理。无法通知当事人或者当事人不自行处理的，按照《公安机关办理行政案件程序规定》的有关规定办理。

公安机关办理行政案件程序规定

第一百九十一条第一款 对容易腐烂变质及其他不易保管的物品、危险物品，经公安机关负责人批准，在拍照或者录像后依法变卖或者拍卖，变卖或者拍卖的价款暂予保存，待结案后按有关规定处理。

第一百九十七条 对应当退还原主或者当事人的财物，通知原主或者当事人在六个月内来领取；原主不明确的，应当采取公告方式告知原主认领。在通知原主、当事人或者公告后六个月内，无人认领的，按无主财物处理，登记后上缴国库，或者依法变卖或者拍卖后，将所得款项上缴国库。遇有特殊情况的，可酌情延期处理，延长期限最长不超过三个月。

5. 发生交通事故后没有保护现场导致责任无法认定，应当如何处理？

【维权要点】

根据我国道路交通安全法的规定，在车辆和行人发生事故时，如果不能证明行人有严重违反交通规则的行为或者事故的原因是由第三者引起的，肇事车辆就应该承担全部责任。因此，肇事司机在及时对受害人进行救助的同时要注意保护好现场，以便交通管理部门认定事故责任。事故发生后，当事人可以采取下列方法保护现场：其一，交通事故发生后，要立即确定现场范围，用白灰、沙石、树枝、绳索等将现场标围封闭，并注意看护，禁止一切车辆和行人进入，标围现场时，应尽量做到不妨碍交通；其二，若要在现场抢救伤员，应标记伤员的原始位置，以证明现场的变动情况；其三，遇到有下雨、下雪、刮风等天气对现场可能造成破坏时，可用席子、塑料布等将现场上的尸体、血迹、车痕、制动印痕和其他散落物等遮盖起来；其四，现场如果有扩大事故的因素，如汽油外溢，车上装有易燃、易爆、剧毒、放射性物品时，应立即设法消除，并向周围的行人讲明现场的危险性，必要时应将危险车辆驶离现场；其五，注意寻找证人，记下见证人的身份、住址等；其六，在繁华或重要路段发生的事故，要服从执勤民警的指挥。在做好标记后，将车辆移出现场，以恢复正常交通，但不准擅自移动车辆，也不能未经标记而移动车辆。同时，交通事故发生后，当事人应当注意重点保护以下事故现场痕迹：（1）路面痕迹：车辆制动印痕、轧压痕迹、侧滑印痕、行为人鞋底与路面擦痕及油迹、水迹、血迹等；（2）车辆及人体擦撞痕迹：各种车辆部件造成的刮痕、沟槽、服装搓擦痕、车身浮尘擦痕等；（3）路面遗留物：玻璃、漆片等散落物及人体组织剥落物等。

【典型案例】

某日，蔡某驾驶一辆小货车在经过某市第一小学门口时，为躲避一辆逆行车辆将正横穿马路的小学生郭某撞成重伤。当时，天正在下雪，蔡某见郭某被撞倒后，立即下车，拦了一辆出租车，将郭某送往医院。但由于急着抢救郭某，蔡某没有记下逆行车辆的车牌号；在移动郭某时，没有标记郭某的位置，也没有对自己车辆的刹车印进行遮盖，结果被雪掩没。公安机关在勘查现场时，因现场遭到严重破坏，无法认定事故发生的基本过程，无法认定事故责任。

【法官讲法】

道路交通安全法实施条例第92条第2款规定，当事人故意破坏、伪造现场、毁灭证据的，承担全部责任。本案中，蔡某由于在抢救伤者的过程中没有注意保护现场，导致责任无法认定，如果认定为故意破坏现场有些勉强。但从最终处理结果上看，对蔡某仍然十分不利。因为，道路交通安全法第76条第1款第2项规定，机动车与非机动车驾驶人、行人之间发生交通事故，非机动车驾驶人、行人没有过错的，由机动车一方承担赔偿责任；有证据证明非机动车驾驶人、行人有过错的，根据过错程度适当减轻机动车一方的赔偿责任；机动车一方没有过错的，承担不超过百分之十的赔偿责任。交通事故的损失是由非机动车驾驶人、行人故意碰撞机动车造成的，机动车一方不承担赔偿责任。由于蔡某没有保护现场，就没有充分的证据证明是否有交通违法行为，自己是否采取了必要的处置措施，最终很有可能要承担全部的事故赔偿责任。

【法条指引】

中华人民共和国道路交通安全法实施条例

第九十二条第二款　当事人故意破坏、伪造现场、毁灭证据的，承担全部责任。

中华人民共和国道路交通安全法

第七十六条第一款第二项　机动车与非机动车驾驶人、行人之间发生交通事故，非机动车驾驶人、行人没有过错的，由机动车一方承担赔偿责任；有证据证明非机动车驾驶人、行人有过错的，根据过错程度适当减轻机动车一方的赔偿责任；机动车一方没有过错的，承担不超过百分之十的赔偿责任。

6. 无证驾车正常行驶发生事故，是否应当承担责任？

【维权要点】

无证驾驶是发生交通事故的一个重要原因，因此我国道路交通安全法规定，对无证驾驶的要处以罚款，并可以给予行政拘留。无证驾驶是一种严重违章行为，但是无证驾驶同交通事故责任认定没有必然的联系，交通事故的责任认定主要还是公安机关交通管理部门根据交通事故当事人的行为对发生交通事故所起的作用以及过错的严重程度，来确定当事人的责任。但是应当看到，虽然无证驾驶对事故的产生没有过错，仍然要受到罚款的处罚。一旦出现交通事故，根据我国最高人民法院的司法解释，无证驾驶发生交通事故，只要造成一人重伤，并对事故负主要或者全部责任的，就以交通肇事罪定罪处罚。同时，我国法律还规定，对出借给无证驾驶人的车辆所有人进行罚款处罚，并可以行政拘留，如果此时无证驾驶发生交通事故，根据民法的共同侵权理论，车辆所有人和无证驾驶者要承担连带赔偿责任。因此，为了他人和自己的安全不要无证驾驶，更不要把自己的车辆借给无驾驶执照的人。

【典型案例】

李某系某长途运输的个体户。2021 年 7 月 30 日，李某驾车到邻县运输货物。在返回途中，行经县城的十字路口，其由北向西右转弯时，与张某驾驶的由南向西正常行驶左转弯的小客车相撞，两车损失惨重，张某受轻伤。公安机关在调查中发现，张某系无证驾车，但事故的发生是由于李某违反了道路交通安全法实施条例第 52 条第 4 项"相对方向行驶的右转弯的机动车让左转弯的车辆先行"的规定，由此认定李某负事故的全部责任。

【法官讲法】

确定当事人是否应当承担事故责任，其中重要的一点是要确定当事人的交通违法行为与交通事故的发生之间是否有因果关系。民法典第 1208 条规定："机动车发生交通事故造成损害的，依照道路交通安全法律和本法的有关规定承担赔偿责任。"道路交通安全法实施条例第 91 条规定，公安机关交通管理部门应当根据交通事故当事人的行为对发生交通事故所起的作用以及过错的严重程度，确定当事人的责任。根据上述规定，认定交通事故当事人的责任，主要有以下三个标准：其一，事故当事人行为与事故发生之间有无因果关系。认定事故当事人的责任，首先要看行为人的行为和事故的发生和损害之间有没有因果关系，如果没有因果关系，即使行为人的行为属于严重违法行为，也不应承担事故责任。如当事人无证驾驶，但在道路上严格遵守了通行的规则，在道路上正常行驶，但被后车追尾，在这种情况下，当事人无证驾驶的行为就与事故发生之间没有因果关系，无证驾驶的前车当事人就没有责任，而应当认定后车的全部责任。其二，事故当事人行为对发生交通事故所起的作用，即对事故发生原因力的大小。原因力是指在导致事故发生的共同原因中，每一个原因对于损害结果发生或者扩大所发挥的作用力。其三，当事人过错的程度。在因果关系确定以后，对当事人的责任比例的确定，主要是根据当事人过错的严重程度来确定的。

本案中，张某无证驾驶虽然是一种交通违法行为，但这个行为对于本起事故的发生没有法律上的因果关系，不承担事故责任，应由李某承担全部的事故责任。违章行为是造成交通事故的原因，但并不是所有违章都能引发交通事故。无证驾车是一种严重违章行为，但并不意味着只要无证驾车，就一定发生交通事故，有驾驶证不一定就不发生交通事故。实践证明，无证驾驶本身不是事故发生的必然因素。在分析事故原因时，应先将有无驾驶证暂时搁置一边，强调不管是有证还是无证，都应遵守有关道路交通管理法规，谁有违章行为，且该行为与事故的发生有因果关系，谁就应承担事故责任。无证驾车者除"无证"外，在驾车过程中如果没有其他违章行为，就不负交通事故责任。如果有违章行为，应根据其行为与事故之间因果关系的大小，承担相应的事故责任。如果该违章行为与事故的发生没有因果关系，就不应承担事故责任。

【法条指引】

中华人民共和国道路交通安全法实施条例

第九十一条　公安机关交通管理部门应当根据交通事故当事人的行为对发生交通事故所起的作用以及过错的严重程度，确定当事人的责任。

中华人民共和国民法典

第一千二百零八条　机动车发生交通事故造成损害的，依照道路交通安全法律和本法的有关规定承担赔偿责任。

7. 行人在机动车之间穿行发生交通事故，应当承担何种责任？

【维权要点】

道路交通安全法在处理机动车和行人发生的交通事故案件时，采取了优者负担风险的原则，在机动车和行人发生的交通事故当中，除非是非机动车驾驶人、行人故意造成的，否则机动车驾驶人必须承担责任，无论非机动车驾驶人、行人对事故的发生是否有过错，机动车驾驶人要减轻自己的责任，必须积极举证非机动车驾驶人、行人有违反交通安全法律、法规的情况，或者证明自己已经采取必要处置措施，否则将会承担举证不力的后果。因此在发生交通事故时，车辆驾驶人应当立即停车，保护现场；造成人身伤亡的，车辆驾驶人应当立即抢救受伤人员，并迅速报告执勤的交通警察或者公安机关交通管理部门。因抢救受伤人员变动现场的，应当标明位置，以此来保存证据。

【典型案例】

某市市中心的一个十字路口经常发生交通堵塞。虽然公安机关多次整顿，并加强了交警值勤，规范了交通标志，但还是经常发生路口交通不畅的情况。2021 年 12 月 20 日早晨，该路口又发生了交通堵塞。上班的车辆、自行车和行人挤做一团。由于该路口的人行横道已经被排成长龙的机动车堵死，行人只好从机动车之间穿行。行人林某开始只是站在路口东侧的人行道上观望，后来见路口的交通一点畅通的迹象都没有，实在等不及了，便也加入了从车龙中穿行的自行车和行人的行列。林某准备从一辆大巴车前面穿过去，但大巴车与前车之间的间隔只有 2 米多，而从该间隔处穿行两个方向的自行车和行人又多，林某只好又一次停下来等待。看自行车和行人都过得差不多了，而大巴车还没有启动的迹象，林某就迈步穿越该间隔。这时大巴车启动跟进前方的车辆，林某想抽身回来已来不及，被大巴车右前轮当场轧死。

【法官讲法】

在处理交通事故的过程中，有一个十分重要的原则：优者负担风险。其含义是：在交通事故中，根据车辆和行人在物理冲撞的过程中危险性的大小，危险回避能力的优劣来分配责任。道路交通安全法第 76 条规定："……（二）机动车与非机动车驾驶人、行人之间发生交通事故，非机动车驾驶人、行人没有过错的，由机动车一方承担赔偿责任；有证据证明非机动车驾驶人、行人有错的，根据过错程度适当减轻机动车一方的赔偿责任；机动车一方没有过错的，承担不超过百分之十的赔偿责任。交通事故的损失是由非机动车驾驶人、行人故意碰撞机动车造成的，机动车一方不承担赔偿责任。"该条为在道路交通过程中处于优势地位的机动车一方规定了较为严格的无过错责任，体现了优者负担风险的原则。在交通运输的过程中，机动车一方要比非机动车与行人承担更为严格的高度注意和确保安全的义务。道路交通安全法第62条规定："行人通过路口或者横过道路，应当走人行横道或者过街设施；通过有交通信号灯的人行横道，应当按照交通信号灯指示通行；通过没有交通信号灯、人行横道的路口，或者在没有过街设施的路段横过道路，应当在确认安全后通过。"在此次交通事故中，行人林某没有违反该条的规定，在通过马路时走的是十字路口的过街通道，并且已经履行了其应尽的注意义务。林某在人行道上的等待和在通过间隔处的等待均说明其对安全的注意，他是在看到许多自行车和行人均从大巴车的前方安全通过的情况下才穿越大巴车与前方车辆的间隔的，他有理由确信行人在自己穿越的过程中，大巴车的驾驶人会履行其应当履行的高度注意义务，不会启动车辆。而大巴车驾驶员则没有履行其应尽的义务，虽然该大巴车没有前视镜，看不到车辆前方下面的情况，其右前角是驾驶员的视觉盲区，但该大巴车在十字路口的人行横道上等待前进的时候，有大量的自行车和行人从车前方通过，驾驶员不可能不知道。因此，在大巴车启动时，驾驶员应当注意车辆的前方是否还有自行车和行人在穿行。而驾驶员仅凭自己的感觉，认为车前面的自行车和行人已经过得差不多了，就贸然启动车辆跟进前方的车辆，没有尽到高度注意和确保安全的义务。在启动车辆之前没有对车辆前方的情况高度注意，以确保安全。所以，此次交通事故中，机动车一方负有重大过错，应当承担此次交通事故的全部责任。

【法条指引】

中华人民共和国道路交通安全法

第六十二条　行人通过路口或者横过道路，应当走人行横道或者过街设施；通过有交通信号灯的人行横道，应当按照交通信号灯指示通行；通过没有交通信号灯、人行横道的路口，或者在没有过街设施的路段横过道路，应当在确认安全后通过。

第七十六条　机动车发生交通事故造成人身伤亡、财产损失的，由保险公司在机动车第三者责任强制保险责任限额范围内予以赔偿；不足的部分，按照下列规定承担赔偿责任：

（一）机动车之间发生交通事故的，由有过错的一方承担赔偿责任；双方都有过错的，按照各自过错的比例分担责任。

（二）机动车与非机动车驾驶人、行人之间发生交通事故，非机动车驾驶人、行人没有过错的，由机动车一方承担赔偿责任；有证据证明非机动车驾驶人、行人有过错的，根据过错程度适当减轻机动车一方的赔偿责任；机动车一方没有过错的，承担不超过百分之十的赔偿责任。

交通事故的损失是由非机动车驾驶人、行人故意碰撞机动车造成的，机动车一方不承担赔偿责任。

中华人民共和国民法典

第一千二百零八条　机动车发生交通事故造成损害的，依照道路交通安全法律和本法的有关规定承担赔偿责任。

8. 危险路段未及时整改发生事故，路政、公安部门应否赔偿？

【维权要点】

公路本身的状况也是交通事故发生的原因之一，公路由于各种原因成为危险路段后，交警部门应该及时加强管理，防止交通事故的发生，保障人民群众的生命和财产安全；路政部门应该及时进行排险和抢修，确保公路早日成为健康路段。然而在本案中，对于一些经常发生事故的危险路段，交警和公路部门都没有尽到应尽的责任，对事故的发生负有不可推卸的责任，因此应当进行赔偿。本案不属于行政赔偿，当事人可以提起民事赔偿，在民事赔偿诉讼中，受害人及其家属要充分举证公路、交警部门没有尽到应尽的责任，自己举证有困难的，可以要求法院进行查证。

【典型案例】

某市城乡接合部道路上有一处急拐弯，由于拐弯幅度较大，距离短，司机的视距受限，在该拐弯处经常发生交通事故。交警部门将该路段列为危险路段并报告了公路管理部门，发出了整改通知书，但公路管理部门一直未对该路段进行整改。交警部门在发出整改通知书后，也未对该路段加强管理。某日晚，该路段又发生了一起车毁人亡的重大交通事故。受害人家属向人民法院提起诉讼，要求路政、公安部门赔偿。

【法官讲法】

人民警察法第6条第3项规定："（三）维护交通安全和交通秩序，处理交通事故；"公路法第35条规定："公路管理机构应当按照国务院交通主管部门规定的技术规范和操作规程对公路进行养护，保证公路经常处于良好的技术状态。"综合上述规定，交管部门与公路部门对危险路段都有管理和注意的义务，只是两者履行管理和注意义务的方式不同。公路部门承担养护责任，以及设置必要的交通标志和有效的安全设施的责任。交管部门的职责在于：当发现有危险路段存在时，及时向公路部门发出整改通知。在道路工程一时解决不了时，要对危险路段加强管理，采取有效措施避免危险的发生。

本案中，该路段因为急弯屡次发生交通事故，交管部门已经发现了道路上存在的安全隐患，并向公路部门发出了整改通知书。但公路部门没有履行其整改危险路段和设置必要的交通标志和有效的安全设施的职责，交管部门也没有履行其在公路管理部门对该路段进行整改前加强管理，如限速、限时、分流；遇有冰、雪、雨、雾天气，按照预防事故的方案，交通民警到指定路段加班加岗，给过往车辆打招呼，防止发生事故的职责。如果两者履行了其法定职责，交通事故就有可能避免。因此，两者不履行其法定职责的行为与交通事故的发生，以及公民、法人和其他组织的合法权益所遭受的损害之间存在因果关系，应当共同承担行政赔偿责任。

【法条指引】

中华人民共和国人民警察法

第六条 公安机关的人民警察按照职责分工，依法履行下列职责：

（一）预防、制止和侦查违法犯罪活动；

（二）维护社会治安秩序，制止危害社会治安秩序的行为；

（三）维护交通安全和交通秩序，处理交通事故；

（四）组织、实施消防工作，实行消防监督；

（五）管理枪支弹药、管制刀具和易燃易爆、剧毒、放射性等危险物品；

（六）对法律、法规规定的特种行业进行管理；

（七）警卫国家规定的特定人员，守卫重要的场所和设施；

（八）管理集会、游行、示威活动；

（九）管理户政、国籍、入境出境事务和外国人在中国境内居留、旅行的有关事务；

（十）维护国（边）境地区的治安秩序；

（十一）对被判处拘役、剥夺政治权利的罪犯执行刑罚；

（十二）监督管理计算机信息系统的安全保护工作；

（十三）指导和监督国家机关、社会团体、企业事业组织和重点建设工程的治安保卫工作，指导治安保卫委员会等群众性组织的治安防范工作；

（十四）法律、法规规定的其他职责。

中华人民共和国公路法

第三十五条　公路管理机构应当按照国务院交通主管部门规定的技术规范和操作规程对公路进行养护，保证公路经常处于良好的技术状态。

9. 正常行驶撞上违章进入高速公路的行人，肇事车辆是否可以免责？

【维权要点】

高速公路是相对比较封闭，且机动车辆行驶速度相对较快的快速行车道。一些人为图方便，经常不顾法律的规定，穿越高速公路，由此产生的交通事故比较多。道路交通安全法的立法宗旨是在高速公路发生机动车辆与行人发生交通事故的，肇事车辆要承担一部分责任，因为，虽然车辆是在高速公路行驶，机动车在正常行驶的过程中虽然较一般的道路享有更高的路权，但这并不意味着驾驶员在高速公路上就可以不尽机动车驾驶人的高度注意、谨慎驾驶、确保安全和结果避免的义务。这是机动车驾驶人在任何情况下的当然义务，毕竟人的生命权益是最高的，不能因为保障交通的畅行而以人的生命为代价。因此在此类案件发生后，受害人可以要求肇事车辆承担责任。

【典型案例】

许某系京郊居民。2021 年 5 月 10 日，其在回家途中，为抄近路，从京沈高速公路护栏破损处进入高速公路。当其行至高速公路出京方向二车道时，撞上谭某驾驶的奥迪轿车。许某受撞击飞出 10 余米，当场死亡。公安机关经现场勘察，得出结论：奥迪车当时的车速为每小时 100 公里，处于正常行驶状态。于是，公安机关认定许某负事故的全部责任。死者家属不服公安机关的责任认定，提出复议要求。复议机关经审查后，维持原公安机关作出的责任认定。

【法官讲法】

我国道路交通安全法第 67 条规定："行人、非机动车、拖拉机、轮式专用机械车、铰接式客车、全挂拖斗车以及其他设计最高时速低于七十公里的机动车，不得进入高速公路。高速公路限速标志标明的最高时速不得超过一百二十公里。"这一规范具有加强高速公路交通管理和规范高速公路交通秩序的重要意义。同时道路交通安全法第 76 条第 2 款规定的机动车与行人发生交通事故的归责原则是无过错责任，即无论机动车一方有无过错，均应承担相应的责任。只有一种情况下机动车一方可以免责，即"交通事故的损失是由非机动车驾驶人、行人故意造成的，机动车一方不承担责任"。这一规定显示了我国法治文明的进步，体现了对交通事故中处于弱势地位的非机动车驾驶人和行人一方的保护，同时也是为了补偿在交通事故中遭受巨大身心伤害和经济损失的非机动车驾驶人、行人及其家属。对稳定社会秩序，平衡社会各方的利益，具有重要的意义。因此非法进入高速公路的行人在交通事故发生后，属于重大过错，是违法行为，但是该违法行为，并不属于道路交通安全法规定的机动车辆可以免责的情况，因此肇事车辆驾驶人只能减轻其责任，受害人负主要责任。

【法条指引】

中华人民共和国道路交通安全法

第六十七条 行人、非机动车、拖拉机、轮式专用机械车、铰接式客车、全挂拖斗车以及其他设计最高时速低于七十公里的机动车，不得进入高速公路。高速公路限速标志标明的最高时速不得超过一百二十公里。

第七十六条第二款 交通事故的损失是由非机动车驾驶人、行人故意碰撞机动车造成的，机动车一方不承担赔偿责任。

中华人民共和国民法典

第一千二百零八条 机动车发生交通事故造成损害的，依照道路交通安全法律和本法的有关规定承担赔偿责任。

10. 两车相撞伤及第三人，是否可以要求肇事双方承担连带赔偿责任？

【维权要点】

两车相撞伤及第三人，应当依据各加害人的过错划定相应的责任，并在明确各加害人赔偿份额的基础上要求其承担连带责任。

【典型案例】

某日，张某驾驶自家车陪妻子到市中心繁华地段商场购物。返回途中，张某由于与妻子聊天，注意力分散，在一小巷与马路交叉口拐弯时与陈某驾驶的一辆微型面包车相撞。由于陈某的车速较快，受撞后偏离原行驶方向，撞到正骑自行车经过该路口的李某，致其倒地后受重伤。张某与陈某亦在事故中受伤，车辆不同程度受损。公安机关经现场勘查后认定，肇事双方均负有一定的责任。依据"过失相抵"的原则，两车相撞导致的经济损失由各自承担。对于李某在本次交通事故中所受的损害，公安机关认定由直接致害人陈某承担责任。李某在本次交通事故中无责，就其损失，李某将张某及陈某均诉至法院。

【法官讲法】

道路交通安全法第44条规定："机动车通过交叉路口，应当按照交通信号灯、交通标志、交通标线或者交通警察的指挥通过；通过没有交通信号灯、交通标志、交通标线或者交通警察指挥的交叉路口时，应当减速慢行，并让行人和优先通行的车辆先行。"张某在驾驶机动车过程中与他人聊天，注意力分散，没有尽到机动车驾驶人在驾驶机动车过程中的高度注意义务。陈某在通过交叉路口时，没有依法"减速慢行"，对事故的发生也有一定的过错。依据道路交通安全法第76条第1款第1项"机动车之间发生交通事故的，由有过错的一方承担赔偿责任；双方都有过错的，按照各自过错的比例分担责任"的规定，公安机关认定当事人双方承担同等责任，各自负担自己的损失是正确的。对于受害人李某的损失由谁承担的问题，首先要解决的核心问题是张某与陈某的违章驾驶行为是否构成共同侵权。这直接关系到肇事车辆双方在对李某的损害赔偿问题上的责任关系——即由其中一方承担责任还是由双方共同承担责任；是承担按份责任还是连带责任。

共同侵权可以分为两类：一是有意思联络的共同侵权，包括共同故意的行为、共同过失的行为。二是无意思联络的共同侵权，主要指虽无意思联络，但损害结果不可分割的侵权行为。本案中，张某与陈某素不相识，只是偶然的因素使两车相撞，造成了第三人李某受重伤的后果。二人没有共同的故意或过失，但李某的损失是由张某和陈某共同造成的，且不可分割，所以，可以认定张某与陈某的行为属于无意思联络的共同侵权。因此，综上所述，导致交通事故第三人李某受重伤的直接因素是陈某肇事车辆的撞击，但其实质是张某与陈某共同违章造成的交通事故的合力。李某受重伤的结果是张某与陈某共同违章造成的损害结果的延续，是整个交通事故的组成部分。因此，张某与陈某构成交通事故中的共同侵权人，应当承担对李某的损害赔偿连带责任。张某与陈某应当对李某的损害承担连带赔偿责任，多承担的一方可以向另一方追偿。

【法条指引】

中华人民共和国道路交通安全法

第四十四条　机动车通过交叉路口，应当按照交通信号灯、交通标志、交通标线或者交通警察的指挥通过；通过没有交通信号灯、交通标志、交通标线或者交通警察指挥的交叉路口时，应当减速慢行，并让行人和优先通行的车辆先行。

第七十六条　机动车发生交通事故造成人身伤亡、财产损失的，由保险公司在机动车第三者责任强制保险责任限额范围内予以赔偿；不足的部分，按照下列规定承担赔偿责任：

（一）机动车之间发生交通事故的，由有过错的一方承担赔偿责任；双方都有过错的，按照各自过错的比例分担责任。

（二）机动车与非机动车驾驶人、行人之间发生交通事故，非机动车驾驶人、行人没有过错的，由机动车一方承担赔偿责任；有证据证明非机动车驾驶人、行人有过错的，根据过错程度适当减轻机动车一方的赔偿责任；机动车一方没有过错的，承担不超过百分之十的赔偿责任。

交通事故的损失是由非机动车驾驶人、行人故意碰撞机动车造成的，机动车一方不承担赔偿责任。

中华人民共和国民法典

第一千二百零八条　机动车发生交通事故造成损害的，依照道路交通安全法律和本法的有关规定承担赔偿责任。

11. 有偿搭乘发生交通事故，能否要求赔偿损失？

【维权要点】

车主有偿同意乘客搭乘，其和搭乘人就形成了权利义务关系，负有安全送达乘客的义务，如果发生交通事故时，无论是否属于自己的责任，都构成违约，都应该对乘客进行赔偿。乘客既可以对车主提起违约之诉，也可以对肇事车辆提起侵权之诉，但只能选择其一，不能同时提起。因此，在起诉的时候应当核查对方的实际履行能力，择一履行能力强的起诉。

【典型案例】

刘某乘坐同村柴某的车辆进城。搭车时，刘某给了柴某3元。柴某驾车行至该村自建道路与公路交叉口时，紧随其后的韩某驾驶拖拉机强行超车，与正向左转弯的柴某车辆车尾相撞，柴某车受重力撞击后，翻入路边沟中。驾驶员柴某与乘车人刘某均受伤，三轮车严重损坏。经医院抢救，刘某与柴某均脱离了生命危险。柴某与刘某住院期间，共花去医疗费4000元。刘某出院后，要求柴某与韩某共同承担因交通事故所造成的经济损失。但是三方未达成协议，其中柴某说，他与刘某之间的承运合同无效，自己不承担任何责任。刘某遂向人民法院提起诉讼。

【法官讲法】

柴某搭载刘某进城，并收取了刘某 3 元的费用，与刘某发生了客运合同关系。在这种关系中，柴某负有将刘某安全送达目的地的法律义务。如果柴某未能履行义务，即未能将乘客刘某安全送达目的地，或是在运送的过程中使刘某的人身受到了损害，又没有相应的免责理由的话，柴某的行为即构成违约。民法典第 577 条规定："当事人一方不履行合同义务或者履行合同义务不符合约定的，应当承担继续履行、采取补救措施或者赔偿损失等违约责任。"柴某在此次交通事故中应当承担合同违约的赔偿责任。刘某享有因合同违约而形成的对柴某的损害赔偿请求权。

道路交通安全法第 43 条规定："……有下列情形之一的，不得超车：（一）前方正在左转弯、掉头、超车的；……"韩某在发现柴某驾驶的车辆向左转弯的情况下，强行超车，将柴某的三轮车撞倒，造成柴某和刘某受到伤害，应当承担交通事故的主要责任。韩某的违章行为侵犯了柴某与刘某的人身权和财产权。柴某和刘某对韩某享有因侵权行为而形成的损害赔偿请求权。这样，刘某便对柴某和韩某享有了两个基于同一损害事实而产生的不同性质的请求权。柴某和韩某应当对刘某承担损害赔偿的连带责任。

【法条指引】

中华人民共和国民法典

第五百七十七条 当事人一方不履行合同义务或者履行合同义务不符合约定的，应当承担继续履行、采取补救措施或者赔偿损失等违约责任。

第一千二百零八条 机动车发生交通事故造成损害的，依照道路交通安全法律和本法的有关规定承担赔偿责任。

第一千二百零九条 因租赁、借用等情形机动车所有人、管理人与使用人不是同一人时，发生交通事故造成损害，属于该机动车一方责任的，由机动车使用人承担赔偿责任；机动车所有人、管理人对损害的发生有过错的，承担相应的赔偿责任。

中华人民共和国道路交通安全法

第四十三条 同车道行驶的机动车，后车应当与前车保持足以采取紧急制动措施的安全距离。有下列情形之一的，不得超车：

（一）前方正在左转弯、掉头、超车的；

（二）与对面来车有会车可能的；

（三）前车为执行紧急任务的警车、消防车、救护车、工程救险车的；

（四）行经铁路道口、交叉路口、窄桥、弯道、陡坡、隧道、人行横道、市区交通流量大的路段等没有超车条件的。

12. 长期雇车情况下发生交通事故，责任应当如何承担？

【维权要点】

在货物运输中，货主雇用他人车辆进行运输可能形成两种不同的法律关系：即雇佣劳动关系和运输合同关系。如果是雇佣劳动关系，在货物运输中发生交通事故的，由雇主承担责任；如果是运输合同关系，在发生交通事故后，货主不但不承担责任，而且有权要求赔偿因事故带来的货物损失。因此，在货物运输中，明确双方的法律关系非常必要。但是，并不是所有的雇佣劳动关系中发生事故后都由雇主"买单"，雇主雇用车主及车辆为自己服务，如果是因为车主车辆自身的性能原因而发生的交通事故，那么雇主选择驾驶员与车辆的过程中存在选车和选人不当的过错，没有尽到谨慎和注意的义务，存在一定的过错，应该在自己的受益范围内进行赔偿，其余的损失，车主可以向保险公司或者车辆的生产厂商索赔。

【典型案例】

魏某自有一辆解放牌货车，用于跑运输。林某长期雇魏某的车运货。自合作以来，两人关系十分融洽，运费的数额和结算的方式都是按照惯例进行，到一定时间一次性结清。2021年7月，林某雇魏某的车到外地送货。返回途中，当魏某驾车行至某陡坡路段时，由于天黑路滑，魏某的货车在下坡时，刹车失灵，导致车辆失控，栽进了路边的深水沟。在车祸中，魏某与林某分别受了重伤和轻伤，车辆受损。魏某住院治疗期间，共花去医疗费用8400元。林某支付了约定的运费。魏某出院后，要求林某承担自己的医疗费用。林某认为事故的发生原因是魏某的车辆安全性能不合格，在车辆下坡时刹车失灵造成的。魏某没有履行将自己安全地送达目的地的义务，应当赔偿自己因交通事故遭受的人身和财产损失。鉴于两人长期合作，关系比较融洽，所以自己没有要求魏某承担赔偿责任，并支付了运费，魏某要求自己赔偿损失实属无理要求，于是拒绝了魏某的要求。魏某遂向人民法院提起诉讼。

【法官讲法】

在处理本案前，首先需要明确当事人双方之间的法律关系的性质——究竟是雇佣劳动关系，还是运输合同关系。这两种法律关系所产生的法律后果是截然不同的。如果是雇佣劳动关系，雇员在为雇主执行职务的过程中遭受的人身和财产损失应当由雇主给予赔偿，也就是人们常说的"工伤"。如果是运输合同关系，依据法律规定："承运人应当在约定期限或者合理期限内将旅客、货物安全运输到约定地点""承运人对运输过程中货物的毁损、灭失承担损害赔偿责任，但承运人证明货物的毁损、灭失是因不可抗力、货物本身的自然性质或者合理损耗以及托运人、收货人的过错造成的，不承担损害赔偿责任"。故魏某应当赔偿林某因此次交通事故而遭受的人身和财产损失。

本案中，林某对魏某没有管理、支配的权利。魏某在接受林某的运输任务后，自主地决定如何完成这一运输任务。双方订立合同的目的是完成特定的运输任务。如果魏某未按照习惯或者当事人双方的约定完成运输任务，就要对林某承担违约责任。因此，可以认定当事人双方之间是一种运输合同关系，而不是雇佣劳动关系。当事人双方没有在每次运输任务进行前，就这一运输任务的报酬进行具体协商，在每次运输任务完成后未对运输劳务的报酬进行结算，这只能视为当事人双方在长期合作的过程中基于诚实信用原则所形成的交易习惯。这样的交易习惯对于降低交易成本和提高交易效率具有很大的作用，在具有长期合作关系的当事人之间是比较常见和必要的，不是当事人之间定时定量领取薪金的雇佣劳动关系。在这种情况下，当事人之间所支付的报酬仍然是每次运输任务完成后的运输费用。如果魏某没有按习惯和当事人之间的约定完成运输任务，就不能获得报酬。至于本案中，在交通事故发生后，林某仍然支付了运输费用，只能视为林某基于双方之间的长期合作所形成的融洽关系，自愿放弃了对魏某违约的索赔权利和免于支付运输费用的权利。

我国民法典第 1209 条规定："因租赁、借用等情形机动车所有人、管理人与使用人不是同一人时，发生交通事故造成损害，属于该机动车一方责任的，由机动车使用人承担赔偿责任；机动车所有人、管理人对损害的发生有过错的，承担相应的赔偿责任。"在此次交通事故中，机动车的驾驶人魏某驾驶安全性能不合格的车辆是造成此次交通事故的主要原因。道路交通安全法第 21 条规定："驾驶人驾驶机动车上道路行驶前，应当对机动车的安全技术性能进行认真检查；不得驾驶安全设施不全或者机件不符合技术标准等具有安全隐患的机动车。"魏某违反了上述规定，对于此次交通事故负有过错，应当负交通事故的全部责任，赔偿林某因交通事故而遭受的人身和财产损失。

【法条指引】

中华人民共和国民法典

第八百一十一条 承运人应当在约定期限或者合理期限内将旅客、货物安全运输到约定地点。

第八百三十二条 承运人对运输过程中货物的毁损、灭失承担赔偿责任。但是，承运人证明货物的毁损、灭失是因不可抗力、货物本身的自然性质或者合理损耗以及托运人、收货人的过错造成的，不承担赔偿责任。

第一千二百零九条 因租赁、借用等情形机动车所有人、管理人与使用人不是同一人时，发生交通事故造成损害，属于该机动车一方责任的，由机动车使用人承担赔偿责任；机动车所有人、管理人对损害的发生有过错的，承担相应的赔偿责任。

中华人民共和国道路交通安全法

第二十一条 驾驶人驾驶机动车上道路行驶前，应当对机动车的安全技术性能进行认真检查；不得驾驶安全设施不全或者机件不符合技术标准等具有安全隐患的机动车。

13. 交通事故中受害人受伤致残，应当如何索赔？

【维权要点】

交通事故发生后，受害人受伤致残的要积极向肇事车主理赔，造成残疾的可以向肇事车主要求以下内容的赔偿金：医疗费、交通费、因增加生活上需要所支出的必要费用以及因丧失劳动能力导致的收入损失，包括残疾赔偿金、残疾辅助器具费、被扶养人生活费，以及因康复护理、继续治疗实际发生的必要的康复费、护理费、后续治疗费，赔偿义务人也应当予以赔偿。需要注意的是，受害人在要求赔偿时，所要求的各项赔偿内容的数额必须符合客观公正原则，不能要求过高，除医疗费、交通费、护理费等以相关票据为准，其他赔偿的内容必须以受诉法院所在地上一年度城镇居民人均消费性支出和农村居民人均年生活消费支出标准来计算。其中残疾赔偿金和护理费一般不超过 20 年。

【典型案例】

金某是某大型工厂下岗职工，其有母宋某，62 周岁，无劳动能力；子金甲，10 周岁，小学五年级学生；妻子张某无工作。为自谋生计，下岗后，金某在某菜市场摆摊卖菜。某日凌晨，金某骑其三轮车前往位于市郊的某蔬菜水果批发市场进菜。当经过某夜总会门口时，恰有邢某驾车从夜总会停车场急速驶出，将金某连人带车一起撞出 7 米左右。金某当场重伤昏迷，被邢某等人送往附近的医院治疗。经医院诊断为胸 12 椎压缩性粉碎性骨折并截瘫。在整个治疗过程中，金某共花去医疗费 10 万元。在治疗终结后，有关机构作出鉴定，金某的伤残等级为 2 级。公安机关认定，机动车驾驶人邢某承担此次交通事故的全部责任，非机动车驾驶人金某无责任。在公安机关的主持下，双方当事人就交通事故的损害赔偿问题进行了多次调解，但未能达成一致。金某向人民法院起诉，要求法院依法判决交通事故的责任人邢某赔偿其：住院期间的医疗费、伙食补助费、营养费、护理费、交通费、误工费、今后 30 年的残疾人生活补助费、护理费、其致残前所扶养人的生活费、治疗期间和致残后的误工费、后续治疗费、残疾用具费，各项合计 60 万元。

【法官讲法】

关于交通事故中受害人的损害赔偿问题，民法典第1179条规定："侵害他人造成人身损害的，应当赔偿医疗费、护理费、交通费、营养费、住院伙食补助费等为治疗和康复支出的合理费用，以及因误工减少的收入。造成残疾的，还应当赔偿辅助器具费和残疾赔偿金；造成死亡的，还应当赔偿丧葬费和死亡赔偿金。"第1184条规定："侵害他人财产的，财产损失按照损失发生时的市场价格或者其他合理方式计算。"第1182条规定："侵害他人人身权益造成财产损失的，按照被侵权人因此受到的损失或者侵权人因此获得的利益赔偿；被侵权人因此受到的损失以及侵权人因此获得的利益难以确定，被侵权人和侵权人就赔偿数额协商不一致，向人民法院提起诉讼的，由人民法院根据实际情况确定赔偿数额。"第1208条规定："机动车发生交通事故造成损害的，依照道路交通安全法律和本法的有关规定承担赔偿责任。"对受害人的具体的损害赔偿的项目和数额，应当根据交通事故受害人的受损害情况、治疗情况、交通事故中的损害对其家庭和本人的生活的影响、当事人双方的经济承受能力、当地的平均生活水平等一系列相关因素来确定。交通事故中，受害人所受的是一般伤害，即无论受害人所受的是重伤还是轻伤，只要已经治愈未造成残疾的，就是一般伤害，损害赔偿的范围包括：医疗费、住院费、误工费、护理费、交通费、住宿费、伙食补助费和必要的营养费等。受害人因交通事故造成残疾的时候，即受害人的身体遭受伤害，导致身体部分肌体功能丧失，部分或者全部丧失劳动能力的，具体赔偿数额，应按照下列标准计算：

关于医疗费的赔偿。《最高人民法院关于审理人身损害赔偿案件适用法律若干问题的解释》（以下简称《人身损害赔偿解释》）第6条规定："医疗费根据医疗机构出具的医药费、住院费等收款凭证，结合病历和诊断证明等相关证据确定。赔偿义务人对治疗的必要性和合理性有异议的，应当承担相应的举证责任。医疗费的赔偿数额，按照一审法庭辩论终结前实际发生的数额确定。器官功能恢复训练所必要的康复费、适当的整容费以及其他后续治疗费，赔偿权利人可以待实际发生后另行起诉。但根据医疗证明或者鉴定结论确定必然发生的费用，可以与已经发生的医疗费一并予以赔偿。"

关于误工费的赔偿。《人身损害赔偿解释》第7条规定："误工费根据受害人的误工时间和收入状况确定。误工时间根据受害人接受治疗的医疗机构出具的证明确定。受害人因伤致残持续误工的，误工时间可以计算至定残日前一天。受害人有固定收入的，误工费按照实际减少的收入计算。受害人无固定收入的，按照其最近三年的平均收入计算；受害人不能举证证明其最近三年的平均收入状况的，可以参照受诉法院所在地相同或者相近行业上一年度职工的平均工资计算。"

关于护理费的赔偿。《人身损害赔偿解释》第8条规定："护理费根据护理人员的收入状况和护理人数、护理期限确定。护理人员有收入的，参照误工费的规定计算；护理人员没有收入或者雇佣护工的，参照当地护工从事同等级别护理的劳务报酬标准计算。护理人员原则上为一人，但医疗机构或者鉴定机构有明确意见的，可以参照确定护理人员人数。护理期限应计算至受害人恢复生活自理能力时止。受害人因残疾不能恢复生活自理能力的，可以根据其年龄、健康状况等因素确定合理的护理期限，但最长不超过二十年。受害人定残后的护理，应当根据其护理依赖程度并结合配制残疾辅助器具的情况确定护理级别。"

关于交通费的赔偿。《人身损害赔偿解释》第9条规定："交通费根据受害人及其必要的陪护人员因就医或者转院治疗实际发生的费用计算。交通费应当以正式票据为凭；有关凭据应当与就医地点、时间、人数、次数相符合。"

关于住院伙食补助费的赔偿。《人身损害赔偿解释》第10条规定："住院伙食补助费可以参照当地国家机关一般工作人员的出差伙食补助标准予以确定。受害人确有必要到外地治疗，因客观原因不能住院，受害人本人及其陪护人员实际发生的住宿费和伙食费，其合理部分应予赔偿。"

关于营养费的赔偿。《人身损害赔偿解释》第11条规定："营养费根据受害人伤残情况参照医疗机构的意见确定。"

关于残疾赔偿金的赔偿。《人身损害赔偿解释》第12条规定："残疾赔偿金根据受害人丧失劳动能力程度或者伤残等级，按照受诉法院所在地上一年度城镇居民人均可支配收入标准，自定残之日起按二十年计算。但六十周岁以上的，年龄每增加一岁减少一年；七十五周岁以上的，按五年计算。受害人因伤致残但实际收入没有减少，或者伤残等级较轻但造成职业妨害严重影响其劳动就业的，可以对残疾赔偿金作相应调整。"本案中，受害人金某要求的30年的生活补助费，高于法律规定的标准，对于其高出部分，不应当支持。

关于残疾辅助器具费的赔偿。《人身损害赔偿解释》第13条规定："残疾辅助器具费按照普通适用器具的合理费用标准计算。伤情有特殊需要的，可以参照辅助器具配制机构的意见确定相应的合理费用标准。辅助器具的更换周期和赔偿期限参照配制机构的意见确定。"

关于被扶养人生活费的赔偿。《人身损害赔偿解释》第17条规定："被扶养人生活费根据扶养人丧失劳动能力程度，按照受诉法院所在地上一年度城镇居民人均消费支出标准计算。被扶养人为未成年人的，计算至十八周岁；被扶养人无劳动能力又无其他生活来源的，计算二十年。但六十周岁以上的，年龄每增加一岁减少一年；七十五周岁以上的，按五年计算。被扶养人是指受害人依法应当承担扶养义务的未成年人或者丧失劳动能力又无其他生活来源的成年近亲属。被扶养人还有其他扶养人的，赔偿义务人只赔偿受害人依法应当负担的部分。被扶养人有数人的，年赔偿总额累计不超过上一年度城镇居民人均消费支出额。"根据上述规定，以死者生前或者残者丧失劳动能力前实际扶养的，没有其他生活来源的人为限，在年赔偿总额累计不超过上一年度城镇居民人均消费支出额的范围，对不满18周岁的人抚养到18周岁，对无劳动能力的人扶养20年，60周岁以上的，年龄每增加一岁减少一年，75周岁以上的按5年计算。本案中，对于金某之子金甲，应当赔偿其今后8年时间的生活费；对于金某之母宋某，应当赔偿其今后18年的生活费；对于金某之妻张某，应当赔偿其今后5年的生活费。

【法条指引】

最高人民法院关于审理人身损害赔偿案件适用法律若干问题的解释

第六条 医疗费根据医疗机构出具的医药费、住院费等收款凭证，结合病历和诊断证明等相关证据确定。赔偿义务人对治疗的必要性和合理性有异议的，应当承担相应的举证责任。

医疗费的赔偿数额，按照一审法庭辩论终结前实际发生的数额确定。

器官功能恢复训练所必要的康复费、适当的整容费以及其他后续治疗费，赔偿权利人可以待实际发生后另行起诉。但根据医疗证明或者鉴定结论确定必然发生的费用，可以与已经发生的医疗费一并予以赔偿。

第七条 误工费根据受害人的误工时间和收入状况确定。

误工时间根据受害人接受治疗的医疗机构出具的证明确定。受害人因伤致残持续误工的，误工时间可以计算至定残日前一天。

受害人有固定收入的，误工费按照实际减少的收入计算。受害人无固定收入的，按照其最近三年的平均收入计算；受害人不能举证证明其最近三年平均收入状况的，可以参照受诉法院所在地相同或者相近行业上一年度职工的平均工资计算。

第八条 护理费根据护理人员的收入状况和护理人数、护理期限确定。

护理人员有收入的，参照误工费的规定计算；护理人员没有收入或者雇佣护工的，参照当地护工从事同等级别护理的劳务报酬标准计算。护理人员原则上为一人，但医疗机构或者鉴定机构有明确意见的，可以参照确定护理人员人数。

护理期限应计算至受害人恢复生活自理能力时止。受害人因残疾不能恢复生活自理能力的，可以根据其年龄、健康状况等因素确定合理的护理期限，但最长不超过二十年。

受害人定残后的护理，应当根据其护理依赖程度并结合配制残疾辅助器具的情况确定护理级别。

第九条 交通费根据受害人及其必要的陪护人员因就医或者转院治疗实际发生的费用计算。交通费应当以正式票据为凭；有关凭据应当与就医地点、时间、人数、次数相符合。

第十条 住院伙食补助费可以参照当地国家机关一般工作人员的出差伙食补助标准予以确定。

受害人确有必要到外地治疗，因客观原因不能住院，受害人本人及其陪护人员实际发生的住宿费和伙食费，其合理部分应予赔偿。

第十一条 营养费根据受害人伤残情况参照医疗机构的意见确定。

第十二条 残疾赔偿金根据受害人丧失劳动能力程度或者伤残等级，按照受诉法院所在地上一年度城镇居民人均可支配收入标准，自定残之日起按二十年计算。但六十周岁以上的，年龄每增加一岁减少一年；七十五周岁以上的，按五年计算。

受害人因伤致残但实际收入没有减少，或者伤残等级较轻但造成职业妨害严重影响其劳动就业的，可以对残疾赔偿金作相应调整。

第十三条　残疾辅助器具费按照普通适用器具的合理费用标准计算。伤情有特殊需要的，可以参照辅助器具配制机构的意见确定相应的合理费用标准。

辅助器具的更换周期和赔偿期限参照配制机构的意见确定。

第十七条　被扶养人生活费根据扶养人丧失劳动能力程度，按照受诉法院所在地上一年度城镇居民人均消费支出标准计算。被扶养人为未成年人的，计算至十八周岁；被扶养人无劳动能力又无其他生活来源的，计算二十年。但六十周岁以上的，年龄每增加一岁减少一年；七十五周岁以上的，按五年计算。

被扶养人是指受害人依法应当承担扶养义务的未成年人或者丧失劳动能力又无其他生活来源的成年近亲属。被扶养人还有其他扶养人的，赔偿义务人只赔偿受害人依法应当负担的部分。被扶养人有数人的，年赔偿总额累计不超过上一年度城镇居民人均消费支出额。

中华人民共和国民法典

第一千一百七十九条　侵害他人造成人身损害的，应当赔偿医疗费、护理费、交通费、营养费、住院伙食补助费等为治疗和康复支出的合理费用，以及因误工减少的收入。造成残疾的，还应当赔偿辅助器具费和残疾赔偿金；造成死亡的，还应当赔偿丧葬费和死亡赔偿金。

第一千一百八十二条　侵害他人人身权益造成财产损失的，按照被侵权人因此受到的损失或者侵权人因此获得的利益赔偿；被侵权人因此受到的损失以及侵权人因此获得的利益难以确定，被侵权人和侵权人就赔偿数额协商不一致，向人民法院提起诉讼的，由人民法院根据实际情况确定赔偿数额。

第一千一百八十四条　侵害他人财产的，财产损失按照损失发生时的市场价格或者其他合理方式计算。

第一千二百零八条　机动车发生交通事故造成损害的，依照道路交通安全法律和本法的有关规定承担赔偿责任。

14. 发生交通事故，应当由何地的公安交通管理机关处理？

【维权要点】

交通事故的当事人都希望在对自己有利的地方进行事故处理，但是我国对交通事故的管辖是属地管辖原则，即由交通事故发生地的公安交通管理机关管辖。当事人不能要求车辆登记地管辖或者肇事人抓获地管辖。在对管辖权发生争议的，应当报请共同的上级公安机关交通管理部门指定管辖，上级公安机关交通管理部门应当在 24 小时内作出决定，并通知各方。

【典型案例】

山东省青岛市大货车司机林某到北京办货，由于过度疲惫，在车辆驾驶到北京市海淀区农村时将河南省来北京务工人员马某撞死。林某发生交通事故后逃逸，在黑龙江省双城市被抓获。在本案的处理上双方发生争议，肇事司机林某认为应当由车辆登记所在地即山东省青岛市公安交通管理机关处理；而受害人家属认为应当在事故发生地即北京市海淀区公安交通管理机关处理。

【法官讲法】

关于道路交通事故的管辖，交通事故处理程序规定第 9、10、11、12 条作了明确的规定。根据这些规定，公安机关交通管理部门处理交通事故的管辖分工如下：（1）地域管辖：县级公安机关交通管理部门负责处理管辖区域内发生的交通事故。涉外交通事故处理的管辖由省级公安机关交通管理部门规定。"县级（以上）公安机关交通管理部门"是指县级（以上）公安机关交通管理部门或者相当于同级的公安机关交通管理部门。"设区的市公安机关交通管理部门"是指设区的市公安机关交通管理部门或者相当于同级的公安机关交通管理部门。"设区的市公安机关"是指设区的市公安机关或者相当于同级的公安机关。（2）指定管辖：省、自治区、直辖市人民政府公安机关车辆管理部门指定设区的市人民政府公安机关交通管理部门或者相当于同级的公安机关交通管理部门承担高速公路、城市快速路的道路交通安全管理工作的，管辖该道路的县级或者县级以上公安机关交通管理部门负责处理所管辖道路内发生的交通事故。（3）对管辖权争议的处理：对管辖权发生争议的，报请共同的上级公安机关交通管理部门指定管辖，上级公安机关交通管理部门应当在24小时内作出决定，并通知各方。（4）先行处理：交通事故发生地管辖不明的，最先发现或者最先接到报案的公安机关交通管理部门应当先行救助受伤人员，进行现场前期处理。管辖确定后，由有管辖权的公安机关交通管理部门处理。（5）移送管辖：上级公安机关交通管理部门在必要的时候，可以处理下级公安机关交通管理部门管辖的交通事故，或者指定下级公安机关交通管理部门限时将案件移送其他下级公安机关交通管理部门处理。下级公安机关交通管理部门认为典型案例复杂、影响重大或者涉及公安机关人员、车辆的交通事故，可以申请移送上一级公安机关交通管理部门处理；上一级公安机关交通管理部门应当在接到申请后24小时内，作出移送或者由原公安机关交通管理部门继续处理的决定。案件管辖发生转移的，处理时限从移送案件之日起开始。（6）公安机关交通管理部门应当在邻省、地、县交界的国、省、县道公路上，设置标有管辖地公安机关交通管理部门地址及交通事故报警电话号码的提示牌。道路交通事故处理管辖的基本原则是属地管辖，即由交通事故发生地的公安交通管理机关管辖。本案的交通事故由北京市海淀区公安交通管理机关管辖处理。

【法条指引】

道路交通事故处理程序规定

第九条　道路交通事故由事故发生地的县级公安机关交通管理部门管辖。未设立县级公安机关交通管理部门的，由设区的市公安机关交通管理部门管辖。

第十条　道路交通事故发生在两个以上管辖区域的，由事故起始点所在地公安机关交通管理部门管辖。

对管辖权有争议的，由共同的上一级公安机关交通管理部门指定管辖。指定管辖前，最先发现或者最先接到报警的公安机关交通管理部门应当先行处理。

第十一条　上级公安机关交通管理部门在必要的时候，可以处理下级公安机关交通管理部门管辖的道路交通事故，或者指定下级公安机关交通管理部门限时将案件移送其他下级公安机关交通管理部门处理。

案件管辖权发生转移的，处理时限从案件接收之日起计算。

第十二条　中国人民解放军、中国人民武装警察部队人员、车辆发生道路交通事故的，按照本规定处理。依法应当吊销、注销中国人民解放军、中国人民武装警察部队核发的机动车驾驶证以及对现役军人实施行政拘留或者追究刑事责任的，移送中国人民解放军、中国人民武装警察部队有关部门处理。

上道路行驶的拖拉机发生道路交通事故的，按照本规定处理。公安机关交通管理部门对拖拉机驾驶人依法暂扣、吊销、注销驾驶证或者记分处理的，应当将决定书和记分情况通报有关的农业（农业机械）主管部门。吊销、注销驾驶证的，还应当将驾驶证送交有关的农业（农业机械）主管部门。

15. 不服公安机关的责任认定，当事人能否起诉？

【维权要点】

当事人对道路交通事故责任认定有异议的，应当让交通事故办案人员出具有关证据说明认定责任的依据和理由。所谓有关证据主要是指现场图、现场照片和鉴定结论。鉴定结论包括痕迹鉴定、车速鉴定、车辆安全运行技术状况鉴定、酒精含量检测鉴定等。认定交通事故责任依据，包括事实依据和法律依据。其中事实依据是指有关碰撞力学、汽车理论、交通心理、法学、痕迹学等理论；法律依据是指有关交通法规和事故处理法规。认定交通事故责任的理由主要是指为什么要认定当事人负交通事故责任和具体负哪一种交通事故责任。当事人在公安机关出具有关证据、说明责任认定的依据和理由后仍然对交通事故责任认定有异议，认为认定不适当，有两种救济途径：一是在诉讼过程中，向人民法院提出，要求人民法院不采用交管部门的责任认定书；二是根据人民警察法和道路交通安全法关于对公安机关交通管理部门执法监督的规定，向上级公安机关交通管理部门、公安督查部门和行政监察机关提出申诉，由这些机关按规定处理。

【典型案例】

杜某是某企业副经理。某日，杜某驾车回家。当其行至某居民小区附近时，遇有小区居民邵某在外纳凉后返回小区。邵某在横穿马路时，未注意过往车辆，径直跑步进入机动车道。杜某见状采取紧急制动措施。但由于距离太近，邵某被撞倒，在送往医院的途中死亡。公安机关认定由机动车驾驶人杜某承担全部责任。杜某不服公安机关的责任认定，向上级公安机关提出复议申请。上级公安机关经审查后，作出了维持原公安机关的责任认定的复议决定。杜某认为两级公安机关的责任认定有误，向人民法院提起行政诉讼。

【法官讲法】

道路交通安全法第73条规定："公安机关交通管理部门应当根据交通事故现场勘验、检查、调查情况和有关的检验、鉴定结论，及时制作交通事故认定书，作为处理交通事故的证据。交通事故认定书应当载明交通事故的基本事实、成因和当事人的责任，并送达当事人。"该条明确规定了交通事故认定的含义和性质。交通事故认定书是公安交通管理部门通过交通事故现场勘查、技术分析和有关检验、鉴定结论，分析查明交通事故的基本事实、成因和当事人责任所出具的法律文书。交通事故认定书主要起一个事实认定、事故成因分析作用，是一个专业的技术性的分析结果。对人民法院而言，这个认定书具有证据效力，而不是进行损害赔偿的当然依据。当事人在道路交通事故损害赔偿诉讼或调解中，双方当事人都可以将交通事故认定书作为自己主张的证据，也可以就交通事故认定书作为证据的真实性、可靠性和科学性提出质疑。而且交通事故认定书中认定的当事人的责任仅依据道路交通安全法等交通法律法规作出的交通事故的责任，并非民事责任，因此，人民法院不能以此作为裁判当事人的民事赔偿责任依据。从道路交通安全法及其实施条例看，在机动车与行人交通事故中，行人遭到人身损害，而机动车辆承担交通事故的次要责任甚至无责时，车辆驾驶人仍将承担主要民事赔偿责任。因此，在道路交通安全法明确了交通事故认定书的证据效力后，交通事故认定就不能够作为公安机关的具体行政行为而被提起行政复议或行政诉讼。在本案中，杜某不能对责任认定书提起行政诉讼。

【法条指引】

中华人民共和国道路交通安全法

第七十三条　公安机关交通管理部门应当根据交通事故现场勘验、检查、调查情况和有关的检验、鉴定结论，及时制作交通事故认定书，作为处理交通事故的证据。交通事故认定书应当载明交通事故的基本事实、成因和当事人的责任，并送达当事人。

16. 事故处理民警是一方当事人的同学，另一方是否有权申请民警回避？

【维权要点】

在交通事故案件的处理中，当一方当事人发现处理交通事故的办案人员有可能导致枉法裁判的情形且符合法律规定的，可以要求办案人员进行回避。在责任认定后，一方当事人才发现办案人员应该回避而没有回避的，可以向上级主管部门申诉，或者直接向法院起诉，并要求其事故责任认定无效。需要注意的是，当事人提出回避申请的，应当提供相应的证据。

【典型案例】

2021 年 9 月 23 日，客车司机牛某与货车司机张某发生交通事故。当地公安机关指派民警何某与另一名民警处理该事故。在办案过程中，牛某了解到张某与何某是高中同学，关系一直不错。牛某认为由于这种关系的存在，何某可能不会公正地处理此事故，于是向何某所在的公安交通管理机关申请何某回避。

【法官讲法】

为了保证案件得到公正的处理，回避制度是十分重要的。《公安机关办理行政案件程序规定》第 17 条规定："公安机关负责人、办案人民警察有下列情形之一的，应当自行提出回避申请，案件当事人及其法定代理人有权要求他们回避：（一）是本案的当事人或者当事人近亲属的；（二）本人或者其近亲属与本案有利害关系的；（三）与本案当事人有其他关系，可能影响案件公正处理的。"第21条规定："对当事人及其法定代理人提出的回避申请，公安机关应当在收到申请之日起二日内作出决定并通知申请人。"根据《道路交通事故处理程序规定》第105条规定，在调查处理道路交通事故时，交通警察或者公安机关检验、鉴定人员有下列情形之一的，应当回避：（1）是本案的当事人或者是当事人的近亲属的；（2）本人或者其近亲属与本案有利害关系的；（3）与本案当事人有其他关系，可能影响案件公正处理的。交通警察或者公安机关检验、鉴定人员需要回避的，由本级公安机关交通管理部门负责人或者检验、鉴定人员所属的公安机关决定。公安机关交通管理部门负责人需要回避的，由公安机关或者上一级公安机关交通管理部门负责人决定。对当事人提出的回避申请，公安机关交通管理部门应当在2日内作出决定，并通知申请人。在公安机关作出回避决定前，办案人员不停止对行政案件的调查。被决定回避的公安机关负责人、办案人员、鉴定人和检验人，在回避决定作出以前所进行的与案件有关的活动是否有效，由作出回避决定的公安机关根据案件情况决定。

本案中，张某与何某是同学关系，属于《公安机关办理行政案件程序规定》第17条规定的"可能影响案件公正处理"的情形。因此，牛某有权申请何某回避，公安机关应当在2日内作出决定并通知申请人。

【法条指引】

公安机关办理行政案件程序规定

第十七条 公安机关负责人、办案人民警察有下列情形之一的，应当自行提出回避申请，案件当事人及其法定代理人有权要求他们回避：

（一）是本案的当事人或者当事人近亲属的；

（二）本人或者其近亲属与本案有利害关系的；

（三）与本案当事人有其他关系，可能影响案件公正处理的。

第二十一条 对当事人及其法定代理人提出的回避申请，公安机关应当在收到申请之日起二日内作出决定并通知申请人。

17. 事故责任人不履行调解协议，能否请求法院强制其履行？

【维权要点】

在交通事故的处理中，很多是在交警部门的主持下，通过双方达成调解协议后解决。由于调解协议没有法律的强制力，当一方不履行协议规定的义务时，另一方无法要求法院予以强制执行，最后不得不诉诸法院，依靠法院的判决来解决问题。因此，在交通事故的调解过程中，受害人对调解一定要有清醒的认识，既要积极争取自己的利益，又不能把问题的解决希望全部放在调解上，还要未雨绸缪，积极地收集并保留证据，为肇事者不履行调解协议而告上法庭作充分的准备。

【典型案例】

某日晚，张某在骑自行车回家途中，被李某驾驶的摩托车撞伤，自行车严重损坏。经公安机关现场勘查认定李某承担交通事故的全部责任。经公安机关主持调解，当事人双方达成赔偿协议：李某赔偿张某医疗费、误工费、护理费和住院期间的伙食补助费共计3500元。事后，李某一再以种种借口拖延给付上述赔偿款项。张某多次向李某追索上述费用未果，遂诉至人民法院，要求李某履行损害赔偿调解协议，赔偿其因交通事故遭受的人身和财产损失。

【法官讲法】

道路交通安全法第74条规定："对交通事故损害赔偿的争议，当事人可以请求公安机关交通管理部门调解，也可以直接向人民法院提起民事诉讼。经公安机关交通管理部门调解，当事人未达成协议或者调解书生效后不履行的，当事人可以向人民法院提起民事诉讼。"根据该法律规定，交通事故中当事人就损害赔偿问题发生争议的，可以请求公安机关进行调解，但公安机关的调解是在尊重当事人的意愿的基础上，以中间人身份进行的调解。它不是公安机关行使其行政权力的行为，也不是法律规定的处理交通事故的必经程序。公安机关只是利用其对交通事故的成因、责任和损失的了解，凭借其在交通事故处理过程中的特殊地位，说服当事人达成损害赔偿协议，无权就交通事故中的损害赔偿问题代当事人作任何决定。

调解协议对当事人各方没有拘束力。公安机关在调解中所处的地位类似于民间调解中的中间人，因为交通事故中的损害赔偿在性质上是一种民事法律关系，作为行政机关的公安机关是不具有处理权力的，该种权力属于法院的审判权的范围。所以，在公安机关主持调解下，当事人达成的协议既不是行政处理的结果，也不是一种民事合同。一般的民事合同是当事人之间设立、变更或者终止民事权利义务关系的协议，它针对的是当事人双方自己设立的民事权利义务关系，而不包括基于某种法定事由而产生的权利义务关系。交通事故损害赔偿调解协议是争议双方当事人在第三人的主持下对已有纠纷的解决，是一种替代性的纠纷解决方式，它适用的是当事人之间基于法定事由即交通事故中的侵权行为而产生的权利义务关系。因此，损害赔偿调解协议区别于一般的民事合同，如果一方当事人不履行，对方当事人不能请求法院判决其履行，也不能追究其违约责任。一方不履行调解协议或者对调解协议有异议，当事人可以向人民法院提起民事诉讼，通过诉讼途径解决交通事故中的损害赔偿争议。

本案中，当事人双方在公安机关主持下达成的调解协议没有法律效力，张某不能请求法院强制李某履行协议。法院应当本着实事求是的原则对案件进行全面的审理，并以自己认定的事实作为定案依据，重新划分当事人的责任和处理损害赔偿问题。这是充分保护当事人权利的要求，也是对行政机关进行司法监督的有效方式。

【法条指引】

中华人民共和国道路交通安全法

第七十四条　对交通事故损害赔偿的争议，当事人可以请求公安机关交通管理部门调解，也可以直接向人民法院提起民事诉讼。

经公安机关交通管理部门调解，当事人未达成协议或者调解书生效后不履行的，当事人可以向人民法院提起民事诉讼。

18. 肇事车辆逃逸，受害人能否请求社会救助基金管理机构预付治疗费用？

【维权要点】

我国道路交通安全法规定，能享受道路交通事故社会救助基金的受伤人员只是三种：抢救费用超过责任限额的，未参加机动车第三者责任强制保险或者肇事后逃逸的。属于这三种情形的受害者要主动申请道路交通事故社会救助基金，一方面能给自己减少损失，另一方面能够避免自己无钱救治而导致更大的损害结果。需要注意的是，受害人一旦自己筹集了这笔资金，就无法再要求道路交通事故社会救助基金的帮助。

【典型案例】

某日，曹某骑自行车下班回家途中，行至一胡同与非机动车道交叉口时，被胡同中高速冲出的不明车辆撞翻在地。曹某受伤后当即失去知觉，肇事车辆趁机逃逸。曹某因身体多处骨折和创伤，头部受严重震荡，先后花去医疗费近 2 万元。曹某请求道路交通事故社会救助基金管理机构依法履行其垫付义务。基金管理机构以曹某已自筹抢救费用为由，驳回了其请求。曹某遂起诉至当地人民法院。

【法官讲法】

民法典第 1216 条规定："机动车驾驶人发生交通事故后逃逸，该机动车参加强制保险的，由保险人在机动车强制保险责任限额范围内予以赔偿；机动车不明、该机动车未参加强制保险或者抢救费用超过机动车强制保险责任限额，需要支付被侵权人人身伤亡的抢救、丧葬等费用的，由道路交通事故社会救助基金垫付。道路交通事故社会救助基金垫付后，其管理机构有权向交通事故责任人追偿。"根据道路交通安全法第 75 条规定，医疗机构对交通事故中的受伤人员应当及时抢救，不得因抢救费用未及时支付而拖延救治。肇事车辆参加机动车第三者责任强制保险的，由保险公司在责任限额范围内支付抢救费用；抢救费用超过责任限额的，未参加机动车第三者责任强制保险或者肇事后逃逸的，由道路交通事故社会救助基金先行垫付部分或者全部抢救费用，道路交通事故社会救助基金管理机构有权向交通事故责任人追偿。社会救助基金的先行垫付义务，是指在肇事车辆未参加机动车第三者责任强制保险或者肇事后逃逸的情况下，为避免伤者在无人支付抢救费用而得不到及时的救治而设立的基金保障义务。如果伤者或者其亲友、单位已经在送往医院抢救时或救治后支付了这些费用，使伤者得到了及时的救治，就不存在由社会救助基金先行垫付伤者抢救费用的问题，社会救助基金的法定垫付义务就不会发生。支付了费用的人也不能向社会救助基金追偿，而只能向交通事故的责任人追偿。因为，社会救助基金保障的是交通事故的伤者在无人支付抢救费用的情况下获得医疗救治的权利，而不是受害人请求损害赔偿的权利。在本案中，曹某已经自筹了抢救费用，因此只能向交通事故的责任人追偿，不能向社会救助基金管理机构追偿。

【法条指引】

中华人民共和国道路交通安全法

第七十五条　医疗机构对交通事故中的受伤人员应当及时抢救，不得因抢救费用未及时支付而拖延救治。肇事车辆参加机动车第三者责任强制保险的，由保险公司在责任限额范围内支付抢救费用；抢救费用超过责任限额的，未参加机动车第三者责任强制保险或者肇事后逃逸的，由道路交通事故社会救助基金先行垫付部分或者全部抢救费用，道路交通事故社会救助基金管理机构有权向交通事故责任人追偿。

中华人民共和国民法典

第一千二百一十六条　机动车驾驶人发生交通事故后逃逸，该机动车参加强制保险的，由保险人在机动车强制保险责任限额范围内予以赔偿；机动车不明、该机动车未参加强制保险或者抢救费用超过机动车强制保险责任限额，需要支付被侵权人人身伤亡的抢救、丧葬等费用的，由道路交通事故社会救助基金垫付。道路交通事故社会救助基金垫付后，其管理机构有权向交通事故责任人追偿。

19. 地方性法规的罚款额度高于道路交通安全法，该规定是否有效？

【维权要点】

根据我国立法法的规定，下位法的内容不得与上位法的内容相抵触，下位法只能在上位法规定的幅度内作进一步的具体规定。如果下位法的规定与上位法的规定发生了冲突，该下位法的规定归于无效，在司法和执法实践中只能适用上位法的规范。在本案中，地方制定的地方性法规的处罚幅度超过了作为法律的道路交通安全法的处罚标准，应该是无效的规定，其只能按照道路交通安全法处理。在道路交通违章处理中，交通警察按照简易程序当场作出行政处罚的，应当告知当事人道路交通安全违法行为的事实、处罚的理由和依据，并将行政处罚决定书当场交付被处罚人。如果当事人对交通警察适用的法律、处罚的理由、事实不服的，可以当场提出异议；有正当理由的，可以拒绝接受处罚，并向有关部门反映情况，如果这些措施都不能得到解决，当事人可以诉诸法院。

【典型案例】

郝某是某工厂职工。某日，郝某骑自行车外出，在某十字路口闯了红灯。值勤交警将其拦住，并出具了"按照某省人民代表大会颁布的道路交通管理办法，对郝某闯红灯的违章行为处以 100 元罚款"的处罚决定书。郝某接受过道路交通安全教育，具备一定的道路交通法律、法规知识，认为交警中队的处罚超越了道路交通安全法规定的处罚幅度，拒绝交付罚款。交警中队于是扣留了郝某的自行车。郝某提起行政诉讼。

【法官讲法】

立法法第 99 条规定："法律的效力高于行政法规、地方性法规、规章。行政法规的效力高于地方性法规、规章。"即下位法的内容不得与上位法的内容相抵触，下位法只能在上位法规定的幅度内作进一步的具体规定。如果下位法的规定与上位法的规定发生了冲突，该下位法的规定归于无效，在司法和执法实践中只能适用上位法的规范。在本案中，交警中队对郝某闯红灯的违章行为进行处罚时依据的是某省制定的道路交通管理办法。该办法属于地方性法规，在法律体系中是法律效力较低的下位法。其效力低于作为法律的道路交通安全法。行政处罚法第 12 条第 2 款规定："法律、行政法规对违法行为已经作出行政处罚规定，地方性法规需要作出具体规定的，必须在法律、行政法规规定的给予行政处罚的行为、种类和幅度的范围内规定。"某省道路交通管理办法只能在道路交通安全法规定的处罚幅度内，对相应的违法行为规定具体的处罚。如果该办法的规定与道路交通安全法的规定发生冲突，冲突的部分无效，不能在司法和执法实践中适用。

道路交通安全法第89条规定："行人、乘车人、非机动车驾驶人违反道路交通安全法律、法规关于道路通行规定的，处警告或者五元以上五十元以下罚款；非机动车驾驶人拒绝接受罚款处罚的，可以扣留其非机动车。"作为地方性法规的某省的道路交通管理办法只能在道路交通安全法规定的处罚幅度内对行人、乘车人、非机动车驾驶人违反道路交通安全法律、法规关于道路通行的规定的行为作进一步的具体规定。该办法规定的罚款额度不能超过道路交通安全法规定的50元。根据立法法第107条的规定，下位法违反上位法规定的，应由有关机关依照立法法第108条的规定予以修改或者撤销。在本案中，交警中队无权按照某省道路交通管理办法的规定对董某闯红灯的违章行为处以100元的罚款。交警中队应当撤销原处罚决定，依照道路交通安全法的规定，对董某的违章行为重新作出处罚。某省道路交通管理办法的规定应当由有关机关根据立法法和行政处罚法的规定予以修改。

【法条指引】

中华人民共和国立法法

第九十九条　法律的效力高于行政法规、地方性法规、规章。

行政法规的效力高于地方性法规、规章。

中华人民共和国行政处罚法

第十二条第二款　法律、行政法规对违法行为已经作出行政处罚规定，地方性法规需要作出具体规定的，必须在法律、行政法规规定的给予行政处罚的行为、种类和幅度的范围内规定。

中华人民共和国道路交通安全法

第八十九条　行人、乘车人、非机动车驾驶人违反道路交通安全法律、法规关于道路通行规定的，处警告或者五元以上五十元以下罚款；非机动车驾驶人拒绝接受罚款处罚的，可以扣留其非机动车。

20. 违法超载被处罚后不予改正，交警能否再次处罚？

【维权要点】

在交警部门处理超载违法时，对于当场就可以改正的违法行为，应当立即改正，在行政机关处罚后就宣告终结；对于当场加以改正有一定困难的违法行为，行政机关应当限期改正，违法行为在改正期限结束时宣告终结。

【典型案例】

韩某是某搬家公司小货车司机。一日，韩某在为客户搬家途中，因为运载的家具超出了规定高度50厘米，被执勤交警刘某拦住。刘某对其进行了处罚，并要求韩某卸货。韩某表示卸货将造成很多麻烦，只要不让其卸货，愿意当场多缴罚款。经交警刘某同意，韩某当场缴纳了罚款，刘某为其出具了罚款收据。韩某驾车继续行驶，当其经过城乡接合部某交叉路口时，被交警汤某拦住。韩某说明自己已经接受处罚，并出具了罚款收据。但汤某坚持要韩某纠正其违章行为并对其处以罚款，当场制作了行政处罚决定书后才放行。事后，搬家公司的法律顾问认为交警汤某对韩某进行的处罚违反了行政处罚法"一事不再罚"的规定，向上级公安机关提起行政复议。

【法官讲法】

道路交通安全法实施条例第54条第2项规定："其他载货的机动车载物，高度从地面起不得超过2.5米；"可见，我国规定装载物的宽度不得超过车厢。本案中韩某的行为应该受到处罚。根据行政处罚法第29条规定，对当事人的同一违法行为，不得给予两次以上罚款的行政处罚。行政处罚法的上述规定确立了行政处罚过程中的重要原则即"一事不再罚"的原则。所谓"一事"指的是当事人的同一个违法行为。对当事人的同一个违法行为不能反复处罚，否则就违背了行政执法过程中的"公平、公正"精神，造成"滥罚款""多头罚款"的弊端。准确认定"一事不再罚"中的"一事"要把握以下几点：（1）"一事"指的是一个独立的违法行为，即从开始到结束的一个完整的违法行为。其中，违法行为的结束以行政主体对违法行为实施了处罚为标志。根据行政处罚法第28条规定，行政机关实施行政处罚时，应当责令当事人改正或者限期改正违法行为。对于当场就可以改正的违法行为，在行政机关处罚后就宣告终结；对于当场加以改正有一定困难的违法行为，行政机关应当限期改正，违法行为在改正期限结束时宣告终结。（2）"一事"指的是一个违法行为而不是一次违法事件。一次违法事件可能由一个违法行为组成，也可能由几个违法行为组成。对几个违法行为应当分别进行处罚。这样做没有违反"一事不再罚"的原则，因为不同的处罚针对的是不同的违法行为，而不是同一个违法行为。（3）"一事"是指"同一个违法行为"，而不是"同样的违法行为"。如果当事人在违法行为被行政机关处罚后又实施了同样的违法行为，虽然前后实施的违法行为性质、情节和行为主体均相同，但仍然是两个不同的违法行为，不是"同一违法行为"。因为前一个违法行为已经随着行政机关实施的处罚宣告结束，当事人又实施了新的违法行为，应当接受新的处罚。（4）"一事"指的是同一违法行为的全部内容，而不是违法行为的一部分，否则就不是一个独立的、完整的违法行为。如果行政机关在实施行政处罚时仅针对违法行为的部分内容，当事人隐瞒了违法行为的其他内容而行政机关又没有发现，并且被隐瞒的内容对行政处罚产生了重大影响，在被隐瞒的内容被查实后，行政机关再次进行处罚不受"一事不再罚"原则的限制。

本案中，韩某在被交警汤某处罚前的确已经接受了一次对其违章超载行为的处罚，但韩某并没有在接受处罚后立即纠正其违法行为，而是认为在交了罚款之后其违法行为就可以继续下去。事实上，交警汤某对韩某进行的处罚针对的是韩某前一阶段的违法行为，这一阶段的违法行为随着交警刘某的处罚宣告结束。韩某在接受处罚后并没有对其超载的违法行为进行纠正，而是又实施了相同性质的违法行为。该违法行为与前一阶段的违法行为是"同样的违法行为"而不是"同一违法行为"。因此，交警刘某与汤某处罚的不是"一事"，没有违反行政处罚法规定的"一事不再罚"的原则。交警汤某的执法行为是正确的。本案中，韩某超载的行为本应该立即改正，但韩某心存侥幸没有改正，相当于第二次违法，因此，汤某的处罚是正确的。

值得注意的是，韩某再次违法与交警刘某执法不严有很大的关系。交警刘某为达到当场多收罚款的目的，对当事人超额罚款，没有按法律规定对当事人的违法行为进行纠正，是造成韩某继续违法的原因之一。但是，韩某并不能要求刘某赔偿其罚款损失，只能向其领导或主管部门反映，追究其违反职责的行政责任。

【法条指引】

中华人民共和国道路交通安全法实施条例

第五十四条　机动车载物不得超过机动车行驶证上核定的载质量，装载长度、宽度不得超出车厢，并应当遵守下列规定：

（一）重型、中型载货汽车，半挂车载物，高度从地面起不得超过 4 米，载运集装箱的车辆不得超过 4.2 米；

（二）其他载货的机动车载物，高度从地面起不得超过 2.5 米；

（三）摩托车载物，高度从地面起不得超过 1.5 米，长度不得超出车身 0.2 米。两轮摩托车载物宽度左右各不得超出车把 0.15 米；三轮摩托车载物宽度不得超过车身。

载客汽车除车身外部的行李架和内置的行李箱外，不得载货。载客汽车行李架载货，从车顶起高度不得超过 0.5 米，从地面起高度不得超过 4 米。

中华人民共和国行政处罚法

第二十八条第一款　行政机关实施行政处罚时，应当责令当事人改正或者限期改正违法行为。

第二十九条　对当事人的同一个违法行为，不得给予两次以上罚款的行政处罚。……

第三章　其他人身侵权责任

1. 环境污染侵权，应当怎样确定举证责任？

【维权要点】

环境污染侵权纠纷是一种特殊的侵权纠纷，是指因产业活动或其他人为原因，致生态自然环境的污染或破坏并因而对他人人身权、财产权、环境权益或公共财产造成损害或有造成损害之虞的事实而引起的纠纷。因污染环境发生纠纷，污染者应当就法律规定的不承担责任或者减轻责任的情形及其行为与损害之间不存在因果关系承担举证责任。

【典型案例】

张某、李某系同村村民，也是邻居，张某家居东，李某家居西。由于地势原因，两家地面落差近 2 米。张某十几年前在院内打井一口，供家人的生活用水。张某家院内西南角有厕所一处，距水井 7 米；门口东南角有猪圈两处，距水井 12 米。2012 年 1 月，李某在张某家的西边建设两排猪舍用于养猪，距张某家的水井 15 米。同年 3 月，张某称其水井受到污染，并于 8 月委托当地卫生防疫站对水井的水质进行检测。经检验，该水井的水硝酸盐超标 2 倍、细菌总数超标 11 倍、大肠菌群超标 12 倍。张某要求赔偿未果，遂诉至法院。

法院经审理认为，本案应为环境污染侵权纠纷，因环境污染引起的损害赔偿诉讼，应由加害人就法律规定的免责事由及其行为与损害结果之间不存在因果关系承担举证责任。李某不能证明其养猪场的粪便排放与张某的井水受到污染不存在因果关系，故李某应对张某因水井污染受到的损失，承担赔偿责任，故判决由李某支付张某重新打井的费用 15000 元。

【法官讲法】

对于一个案件的审理最关键也是最紧要的是确定案件的法律关系，就本案而言，关键在于案由的确定也即本案性质的确认。相邻关系是指相互毗邻的两个以上不动产所有人、用益物权人或占有人在用水、排水、通行、通风、采光等方面根据法律规定产生的权利义务关系。在本质上，相邻关系是相邻不动产的权利人行使其权利的一种延伸或限制。给对方提供必要便利的不动产权利人是权利受限制的一方，因此取得必要便利的不动产权利人是权利得以延伸的一方，这种延伸是行使所有权和使用权所必需的。相邻污染侵害是指相邻不动产权利人违反国家规定弃置固体废物，排放大气污染物、水污染物、噪声、光、电磁波辐射等有害物质，以侵害相邻人之生命安全、身体健康和生活环境。为保护环境，我国原物权法对与环境保护有关的相邻关系首次进行了规制，该法第 90 条规定："不动产权利人不得违反国家规定弃置固体废物，排放大气污染物、水污染物、噪声、光、电磁波辐射等有害物质。"[1] 2008 年 4 月 1 日起施行的《民事案件案由规定》随之增补相邻污染侵害纠纷为相邻关系纠纷的次级案由。环境污染侵权纠纷是一种特殊的侵权纠纷，是指因产业活动或其他人为原因，致生态自然环境的污染或破坏并因而对他人人身权、财产权、环境权益或公共财产造成损害或有造成损害之虞的事实而引起的纠纷。环境污染侵权纠纷不同于一般的侵权纠纷，它具有纠纷主体的不平等性、侵权行为方式的间接性、侵权行为过程的缓慢性、潜伏性以及损害后果的公害性等特点。《最高人民法院关于民事诉讼证据的若干规定》（2002 年 4 月 1 日施行）第 4 条第 3 项曾规定："因环境污染引起的损害赔偿诉讼，由加害人就法律规定的免责事由及其行为与损害结果之间不存在因果关系承担举证责任；"[2] 我国原侵权责任法第 66 条也作出同样的规定。综上，相邻污染侵

---

〔1〕 民法典第 294 条规定："不动产权利人不得违反国家规定弃置固体废物，排放大气污染物、水污染物、土壤污染物、噪声、光辐射、电磁辐射等有害物质。"（本案诉讼在民法典实施前）

〔2〕 该规定已经废止，但民法典第 1229 条规定："因污染环境、破坏生态造成他人损害的，侵权人应当承担侵权责任。"第 1230 条规定："因污染环境、破坏生态发生纠纷，行为人应当就法律规定的不承担责任或者减轻责任的情形及其行为与损害之间不存在因果关系承担举证责任。"

害是以违反国家规定排放有害物质为前提。对本案而言，张某和李某相邻，但李某排放猪粪便的行为未违反国家规定，其排放的猪粪便亦不属于有害物质，故本案不宜定性为相邻污染侵害纠纷。由于李某的行为具备了环境污染侵权纠纷的侵权行为方式间接性、侵权行为过程缓慢性、潜伏性以及损害后果公害性的特点，李某因为建设养猪场而从事营利性行为，故其与张某之间也具备了纠纷主体的不平等性的特点。因此，本案可以定性为环境污染侵权纠纷，人民法院的判决是正确的。同时需要注意的是，环境污染责任属于特殊侵权责任，从民法通则到侵权责任法，再到民法典均规定为适用无过错责任原则，即不考虑侵权行为人的主观过错，只要其污染环境造成损害，就应当承担侵权损害赔偿责任。而造成损害的污染者主张免责的，应当就法律规定的不承担责任或者减轻责任的情形及其行为与损害结果之间不存在因果关系承担举证责任。

【法条指引】

中华人民共和国民法典

第二百九十四条　不动产权利人不得违反国家规定弃置固体废物，排放大气污染物、水污染物、土壤污染物、噪声、光辐射、电磁辐射等有害物质。

第一千二百二十九条　因污染环境、破坏生态造成他人损害的，侵权人应当承担侵权责任。

第一千二百三十条　因污染环境、破坏生态发生纠纷，行为人应当就法律规定的不承担责任或者减轻责任的情形及其行为与损害之间不存在因果关系承担举证责任。

2. 对于严重的噪声污染，可否要求精神损害赔偿？

【维权要点】

环境噪声污染，是指所产生的环境噪声超过国家规定的环境噪声排放标准，并干扰他人正常生活、工作和学习的现象。当行为人超过国家规定标准排放噪声，致使受害人的安宁权被侵害，应承担相应的侵权责任。随着城市化进程的加快，城市噪声污染也日益加剧。生活环境中没有任何噪声是不可能的，但公民只对在可忍受限度范围内的噪声有忍受的义务。对忍受限度范围的判断，一般以常人所能忍受的限度为准，一旦制造噪声的行为形成环境污染，影响了公民的生活安宁权，便构成侵权，严重的噪声污染行为甚至可能引发精神损害赔偿责任的发生。

【典型案例】

李某于 2020 年 6 月与某房地产开发公司签订商品房买卖合同，购买一楼房屋一套，并于 2021 年 1 月入住。入住以后，房屋内一直有地下室水泵运转发出的噪声。李某等多名一楼住户曾多次向某房地产开发公司和小区物业管理公司反映情况，要求更换水泵或对水泵房采取隔音降噪措施。某房地产开发公司对水泵房的噪声进行过治理，但噪声污染没有得到根本改善。2021 年 9 月，李某委托某区环境保护监测站对自己所住房屋的噪声进行测量，环境保护监测站出具的检测报告证明：主要声源是水泵，实测值客厅中心为 39.7dB（A）、客厅中心本底为 29.4dB（A）。

2021 年 10 月，李某将某房地产开发公司诉至法院，称该小区水泵的启动及输水情况不分昼夜，水泵启动时的响声异常巨大，且间隔一小时就会有一次噪声响起。经区环境保护监测站噪声检测，房屋噪声超标。由于长期的噪声污染，致使一家人没有安静的生活环境，直接影响了正常工作和孩子的学习，甚至已严重危害了一家人的身心健康。为此，要求某房地产开发公司采取根本措施，彻底消除住房内的噪声污染，在彻底消除之前应按日进行补偿，同时要求赔偿精神损害抚慰金 10 万元。

案件审理期间，法院委托某环境保护监测司法鉴定机构对李某的住房再次进行了噪声检测。噪声检测结果为，夜间噪声实测值分别为 39.7dB（A）、43.5dB（A）（水泵起动时）和 35.4dB（A）（水泵正常运转时）。

法院经审理认为，住宅是人们日常生活、休息的主要生活环境，作为国家环境保护行政主管部门的国家环境保护总局为保护公民的生活环境，制定了环境噪声的最高限值标准。该市环境保护局于 2012 年 12 月 17 日在针对居民楼内电梯、泵房、变电器等设备产生的噪声问题而作出的《关于室内噪声污染有关问题的函》中明确规定："依照'城市区域环境噪声测量方法'（GB/T 14623—93）和'城市区域环境噪声标准'（GB 3096—93），室内噪声限值应低于所在区域标准值 10dB。"李某购买的住宅经两次噪声检测，均明显超过了城市区域环境噪声标准和城市区域环境噪声测量方法规定的夜间最高限值标准。结合李某入住的情况考虑，水泵的噪声污染已非常严重，某房地产开发公司对李某住房的噪声污染侵权行为成立，某房地产开发公司有责任对水泵房采取有效、可靠的隔声减噪措施或更换水泵，切实改善住宅的声音环境质量，以保障居民良好的生活环境；同时，长期噪声超标的住宅生活环境严重干扰和影响了李某一家的正常生活、工作、学习、休息和身心健康，对李某的环境权益造成严重损害，即使没有造成实际经济损失或医疗仪器暂时检测不出身体的损害后果，亦应作出相应赔偿，故依据民法典的相关规定，某房地产开发公司应赔偿李某的精神损害。法院最终判决，某房地产开发公司对水泵采取有效、可靠的隔声降噪措施，使李某的住宅内的水泵噪声达到国家环境保护总局规定的最高限值以下；逾期未达标准，按每日 100 元进行补偿，某房地产开发公司赔偿李某精神损害抚慰金 2 万元。

【法官讲法】

本案在对法律和事实进行全面考量的基础上，从保护公民的"环境权"出发认定被告环境噪声侵权成立，承担排除妨碍并赔偿损失的环境侵权责任。《新华词典》对"环境权"的定义是"公民在良好、适宜的环境中生活的权利。包括生命健康权、财产安全权、生活和工作环境舒适权。"我国的宪法、民法典和环境法律中尚没有明文规定"环境权"，所以"环境权"还属学术和民间约定俗成的概念。而法官的重要职责就是运用诉讼技术及时化解社会矛盾，公平地保护当事人合法权益，维护社会和谐发展并促进法律的完善。因此，法官必须在审判实践中具体问题具体分析，通过对现行法律的适用和法学理论甚至是生活常理来解决现实矛盾，给社会提供公正的判决。本案原被告双方首先是商品房买卖合同关系，原告是购房人，被告是房地产开发商，诉讼原因是原告所购房屋楼内的水泵在运转过程中噪声严重，构成噪声污染，要求调整的对象是双方当事人之间形成的环境社会关系，请求保护的就是原告一家的"环境权"。

环境噪声侵权行为是一种特殊的侵权行为，由此引起的诉讼存在着举证困难和举证责任分配问题。就本案而言举证并不困难，只要检测李某家的水泵噪声是否超标即可，所以环境噪声是否超标而构成噪声污染是本案认定事实的关键。噪声检测的专业性和技术性要求都很强，可以由专业的检测机构进行。案件办理中，双方同意法院再次委托司法鉴定机构进行噪声检测。检测时法官及双方当事人均在场，对噪声源水泵分白天、夜间和水泵启动阶段分别进行了检测，结果显示水泵噪声超过了相关规定，对李某家产生了严重的噪声污染。

关于环境侵权的救济方式，民法典第 1004 条规定："自然人享有健康权。自然人的身心健康受法律保护。任何组织或者个人不得侵害他人的健康权。"第 1229 条规定："因污染环境、破坏生态造成他人损害的，侵权人应当承担侵权责任。"第 1230 条就污染环境的举证责任进行了规定："因污染环境、破坏生态发生纠纷，行为人应当就法律规定的不承担责任或者减轻责任的情形及其行为与损害之间不存在因果关系承担举证责任。"噪声污染防治法第 86 条第 1 款规定："受到噪声侵害的单位和个人，有权要求侵权人依法承担民事责任。"民法典第 179 条第 1 款就承担民事责任的 11 种方式进行了明确规定，包括赔偿损失、排除妨碍、消除危险等。民法典第 1183 条规定："侵害自然人人身权益造成严重精神损害的，被侵权人有权请求精神损害赔偿。因故意或者重大过失侵害自然人具有人身意义的特定物造成严重精神损害的，被侵权人有权请求精神损害赔偿。"根据环境侵权的特点和加强预防性环境救济的现实需要，环境噪声侵权的构成以"妨碍事实"而非"损害结果"为必要条件。如果仅以"损害结果"作为构成要件，则只能在损害结果发生后采取补救性的损害赔偿措施，这不利于保护公民的环境权。本案采用上述规定和法理，给了李某排除妨碍和赔偿损失的全方位救济。

1. 精神损害赔偿及损害赔偿数额的确定。本案中，水泵运转所产生的噪声高于国家标准中城市区域环境噪声相应标准，故侵权行为成立，某房地产开发公司作为噪声污染的加害人应向被侵权人李某承担相应民事责任。被侵权人李某及家人生活在超噪声标准的环境下，居住环境噪声超值已严重影响了正常的生活、休息，身体、精神比他人附着以更多的负荷，噪声构成精神损害事实成立，反之，房地产开发商建房时一切从经济利益出发，没有足够注意水泵的噪声污染问题，在业主提出污染问题后又不采取积极措施加以大力度的整改，其主观上明显有过错。关于具体数额问题，《最高人民法院关于确定民事侵权精神损害赔偿责任若干问题的解释》

第 5 条规定："精神损害的赔偿数额根据以下因素确定：（一）侵权人的过错程度，但是法律另有规定的除外；（二）侵害行为的目的、方式、场合等具体情节；（三）侵权行为所造成的后果；（四）侵权人的获利情况；（五）侵权人承担责任的经济能力；（六）受理诉讼法院所在地的平均生活水平。"目前，对环境侵权精神损害赔偿数额如何确定，法律、法规尚无一个统一、客观或者具体的标准，法官只能在审判实践中自由裁量。平衡双方利益及过错程度，法院判决某房地产开发公司赔偿李某精神损害 2 万元是恰当的。

2. 排除妨碍责任的原理性分析和实现。环境噪声污染因具有反复持续性的特点而不同于其他民事侵权行为，在损害赔偿之后，环境污染的侵害状态依然存在。"排除妨碍"（对已经发生或正在发生的环境侵害予以排除）这一责任形式与损害赔偿的事后被动、消极救济相比，兼具补救性与预防性的双重性质，它可以对环境侵权行为直接打击和制止，所以是应对环境问题的一种更积极、更彻底的责任形式。另外，依据噪声污染防治法除需要承担民事责任外，某房地产开发公司还可能面临行政处罚。

【法条指引】

中华人民共和国民法典

第一百二十条　民事权益受到侵害的，被侵权人有权请求侵权人承担侵权责任。

第一百七十九条　承担民事责任的方式主要有：

（一）停止侵害；

（二）排除妨碍；

（三）消除危险；

（四）返还财产；

（五）恢复原状；

（六）修理、重作、更换；

（七）继续履行；

（八）赔偿损失；

（九）支付违约金；

（十）消除影响、恢复名誉；

（十一）赔礼道歉。

法律规定惩罚性赔偿的，依照其规定。

本条规定的承担民事责任的方式，可以单独适用，也可以合并适用。

第九百九十六条 因当事人一方的违约行为，损害对方人格权并造成严重精神损害，受损害方选择请求其承担违约责任的，不影响受损害方请求精神损害赔偿。

第一千零四条 自然人享有健康权。自然人的身心健康受法律保护。任何组织或者个人不得侵害他人的健康权。

第一千一百八十三条 侵害自然人人身权益造成严重精神损害的，被侵权人有权请求精神损害赔偿。

因故意或者重大过失侵害自然人具有人身意义的特定物造成严重精神损害的，被侵权人有权请求精神损害赔偿。

第一千二百二十九条 因污染环境、破坏生态造成他人损害的，侵权人应当承担侵权责任。

第一千二百三十条 因污染环境、破坏生态发生纠纷，行为人应当就法律规定的不承担责任或者减轻责任的情形及其行为与损害之间不存在因果关系承担举证责任。

中华人民共和国噪声污染防治法

第五十九条 本法所称社会生活噪声，是指人为活动产生的除工业噪声、建筑施工噪声和交通运输噪声之外的干扰周围生活环境的声音。

第六十二条 使用空调器、冷却塔、水泵、油烟净化器、风机、发电机、变压器、锅炉、装卸设备等可能产生社会生活噪声污染的设备、设施的企业事业单位和其他经营管理者等，应当采取优化布局、集中排放等措施，防止、减轻噪声污染。

第六十八条 居民住宅区安装电梯、水泵、变压器等共用设施设备的，建设单位应当合理设置，采取减少振动、降低噪声的措施，符合民用建筑隔声设计相关标准要求。

已建成使用的居民住宅区电梯、水泵、变压器等共用设施设备由专业运营单位负责维护管理，符合民用建筑隔声设计相关标准要求。

第八十四条　违反本法规定，有下列行为之一，由地方人民政府指定的部门责令改正，处五千元以上五万元以下的罚款；拒不改正的，处五万元以上二十万元以下的罚款：

（一）居民住宅区安装共用设施设备，设置不合理或者未采取减少振动、降低噪声的措施，不符合民用建筑隔声设计相关标准要求的；

（二）对已建成使用的居民住宅区共用设施设备，专业运营单位未进行维护管理，不符合民用建筑隔声设计相关标准要求的。

第八十六条　受到噪声侵害的单位和个人，有权要求侵权人依法承担民事责任。

对赔偿责任和赔偿金额纠纷，可以根据当事人的请求，由相应的负有噪声污染防治监督管理职责的部门、人民调解委员会调解处理。

国家鼓励排放噪声的单位、个人和公共场所管理者与受到噪声侵害的单位和个人友好协商，通过调整生产经营时间、施工作业时间，采取减少振动、降低噪声措施，支付补偿金、异地安置等方式，妥善解决噪声纠纷。

最高人民法院关于确定民事侵权精神损害赔偿责任若干问题的解释

第五条　精神损害的赔偿数额根据以下因素确定：

（一）侵权人的过错程度，但是法律另有规定的除外；

（二）侵害行为的目的、方式、场合等具体情节；

（三）侵权行为所造成的后果；

（四）侵权人的获利情况；

（五）侵权人承担责任的经济能力；

（六）受理诉讼法院所在地的平均生活水平。

3. 建筑物脱落致人损害，应当由谁承担赔偿责任？

【维权要点】

建筑物、构筑物或者其他设施及其搁置物、悬挂物发生脱落、坠落造成他人损害，所有人、管理人或者使用人不能证明自己没有过错的，应当承担侵权责任。若建筑物、构筑物或者其他设施及其搁置物、悬挂物发生脱落、坠落是由于其他责任人的原因造成的，所有人、管理人或者使用人在先行赔偿后，有权向其他责任人追偿。

【典型案例】

张某某系张某（已故）之子。2021 年 3 月 23 日上午，张某骑摩托车外出办事。回家途中，张某到同一小区的朋友李某家参加聚会。李某家居住在该小区一楼。张某到达后与李某聊天期间，外面刮起的大风将其停放在门口的摩托车刮倒，张某遂出门扶车，并欲将车推到他处，但因风太大走不动，此时李某到门口提醒其赶紧进屋，而张某未立即进屋躲避，后大风将居住在李某家同一单元 4 层的王某家加装的塑钢门窗罩（当地称为"避风阁"）刮开，并将张某砸倒在地。李某遂拨打了"120"，后"120"急救车赶到将张某送往医院，在赴医院途中张某死亡。2021 年 6 月 23 日，张某某诉至法院，要求王某支付死亡赔偿金、丧葬费、精神抚慰金共计150 余万元。案件审理过程中，法院到气象局调取了事发当天的气象情况，气象局出具的气象凭证写明，"本县 2021 年 3 月 23 日部分地区出现 8 级以上大风天气，城区部分地区极大风速达 23.6 米/秒（9 级）。本县 2012 年曾出现 28.1 米/秒（10 级），2021 年 3 月 23 日的大风为本县 1994 年以来第二极大风速值。"同时还查明，砸伤张某的"避风阁"系王某加装，但在事发前两年，该房屋已由王某租赁给自己的朋友赵某使用。

王某辩称，"避风阁"是其安装的，安装后存在一定的质量问题。事发时其已经将房屋租赁给赵某使用，并向赵某告知，故赵某在对房屋使用期间有进行管理和维护的义务，不应由自己承担赔偿责任。且张某明知外面刮大风，在李某提醒其进屋的情况下，仍外出推摩托车，自身也有一定过错，不同意赔偿。

法院经审理后认为，王某作为房屋的产权人，应当对房屋及其后加装的塑钢门窗罩负有管理义务，现其门外加装的塑钢门窗罩被风刮开，将张某某的父亲张某砸倒，致其死亡，王某不能证明自己不存在过错，故应当对张某的死亡后果承担赔偿责任。张某某作为死者张某的法定继承人，要求王某支付死亡赔偿金、丧葬费、精神损失费，符合法律规定，应予支持。然而，由于事发当天风速值超常，且死者本人经李某提醒后也未能立即进屋躲避，其对本人死亡后果亦存在一定的过错，故综合考虑上述因素适当减轻被告王某的赔偿责任，即减轻 30%。法院据此判决王某支付张某某各项费用共计 90 余万元。

【法官讲法】

本案系因王某所有的房屋"避风阁"发生脱落导致张某某之父张某被砸伤后死亡引发，争议焦点是王某对张某的死亡结果是否承担相应赔偿责任以及承担多大的责任，但在确定责任人及责任大小之前，需要明确引发纠纷的"避风阁"能否构成建筑物之一部分，从而适用民法典第 1253 条的规定。

一、"避风阁"应视为房屋的组成部分

"避风阁"通常被用于房屋、楼门等地，可以在很多饭店、宾馆、商场等地见到，主要是为了保暖、避风所用。从物的属性上来讲，未安装到房屋上的"避风阁"属于动产，而自其安装固定到房屋上时，就成了不动产的一部分，则具有了不动产的属性。从物的使用目的来讲，单独的"避风阁"并不能发挥保暖、避风的作用，需要与不动产（房屋）共同发挥作用。因此，从保护被侵害人权益的角度出发，本案中的"避风阁"应当视为建筑物之一部分，因其脱落致人损害的，应当适用民法典第 1253 条的规定。

二、建筑物脱落致人损害责任的法律构成要件

根据民法典第 1253 条的规定，建筑物脱落、坠落致人损害的构成要件有：一是存在损害事实，即因侵权行为导致的损害，包括财产损失、人身损失和精神损失等，只要损害造成他人人身和财产利益受到损失，并且此类损失具有可补救性和确定性就应追究责任。二是损害事实是由建筑物脱落、坠落造成的，如果是由于其他原因，比如行为人故意致使建筑物脱落造成损害的，则应当由行为人承担责任，因为此时行为人将物件作为侵害他人权益的工具使用。三是受害人受到损害的事实与建筑物脱落、坠落存在因果关系，这种关系既包括直接的因果关系，如因建筑物脱落、坠落直接造成人身或财产损害；也包括间接的因果关系，如建筑物脱落、坠落并未直接造成受害人人身、财产损害，但由此引发他人造成损害的，也应认定为存在因果关系。四是物件所有人、管理人或使用人不能证明自己对物件脱落、坠落没有过错，这是对建筑物脱落、坠落造成损害的归责原则的规定，即过错推定原则。过错推定的方法是依据法律规定推定加害人有过错，然后由加害人就自己不存在过错承担举证责任。本案中，因"避风

阁"脱落致使张某死亡，对此，王某需要对其无过错承担举证责任。

三、本案中房屋所有人与使用人不承担连带责任

民法典第1253条规定的责任主体为所有人、管理人或使用人，将"使用人"纳入责任主体范围，是基于特定情形下使用人实际占有、控制着物，通过使用物获取收益，从而也应当承担责任。实践中，使用人承担责任有两种情况：(1) 使用人依法对其使用的建筑物负有管理、维护的义务；(2) 使用人依法对使用的建筑物的搁置物、悬挂物管理、维护不当造成他人损害。但是需要注意的是，所有人、管理人或使用人不一致时，三主体并不承担连带责任。本案中，王某作为房屋所有权人，赵某作为房屋使用人，致张某死亡的"避风阁"是由房屋所有人王某所加，同时其在庭审中承认，加装"避风阁"时存在质量瑕疵；赵某作为承租人与王某签订了租赁协议，作为承租人其负有妥善使用保管承租物的义务，对于因罕见大风导致"避风阁"的脱落，已经超出了其正常的预见范围，且王某没有明确证据证明其就"避风阁"的质量瑕疵问题向赵某进行过告知。据此，作为使用人的赵某不承担责任，应由房屋所有人王某承担责任。

四、被害人的过错可以适当减轻侵权人的责任

民法典第1173条规定："被侵权人对同一损害的发生或者扩大有过错的，可以减轻侵权人的责任。"可见，因被害人过错导致损害发生或扩大的，法院可以依据职权，依一定的标准减轻侵害人的赔偿责任。本案中，根据气象局出具的气象凭证显示，事发当日该县部分地区出现8级以上大风天气，在此情形下，作为正常人其应当减少户外活动，而且在张某要求外出扶车时，其未听从他人的提醒进屋躲避，对损害的发生存在重大过失，可以减轻王某的赔偿责任。

此外，需要说明的是，根据民法典第1253条的规定，所有人承担赔偿责任后，可以向其他责任人进行追偿，具体到本案，如果确实是因加装质量不合格导致损害发生的，王某可以向加装"避风阁"的施工人员进行追偿。

【法条指引】

中华人民共和国民法典

第一千一百七十三条 被侵权人对同一损害的发生或者扩大有过错

的，可以减轻侵权人的责任。

第一千一百八十一条第一款 被侵权人死亡的，其近亲属有权请求侵权人承担侵权责任。被侵权人为组织，该组织分立、合并的，承继权利的组织有权请求侵权人承担侵权责任。

第一千二百五十三条 建筑物、构筑物或者其他设施及其搁置物、悬挂物发生脱落、坠落造成他人损害，所有人、管理人或者使用人不能证明自己没有过错的，应当承担侵权责任。所有人、管理人或者使用人赔偿后，有其他责任人的，有权向其他责任人追偿。

4. 饲养的藏獒犬咬伤他人，应否给予精神损害赔偿？

【维权要点】

在各类侵权行为中，动物致人损害是一种比较特殊的侵权形式，其特殊性在于这是一种间接侵权引发的由动物饲养人或者管理人承担的赔偿责任，其责任范围也包括精神损害赔偿的内容。这一规定，主要是基于动物对他人的财产或人身造成的损害有更大的危险性，其意义在于要求动物饲养人或者管理人加强管理责任，增加对他人安全的保障。

【典型案例】

2021 年 3 月 20 日，吴某经过某小区杨某家附近时，杨某饲养的三条藏獒犬跑出庭院，将吴某扑倒并进行撕咬，后杨某将藏獒犬牵走。吴某被咬伤，衣物损坏。随后，杨某将吴某送往医院救治，经医院诊断为动物致伤（初诊），犬咬伤（Ⅲ级）。杨某为此支付了医疗费。后吴某多次到医院进行后续治疗，花费医疗费 8000 元、护理费 2000 元、交通费 1000 元，并分五次注射了狂犬疫苗。因后续治疗费用的给付发生纠纷，吴某将杨某诉至法院，要求给付后续治疗自己支出的医疗费、交通费等各项直接经济损失 3 万元，同时认为自己因遭受三条藏獒犬同时撕咬，导致精神受到严重伤害，要求吴某赔偿精神损害赔偿金 15000 元。

【法官讲法】

杨某对自己饲养的动物疏于管理，致使伤人，且吴某同时遭受三条藏獒犬的撕咬，不只是对其身体健康造成了伤害，而且对其精神形成了极其恶劣的伤害，杨某应承担精神损害赔偿责任。

民法典第1245条规定："饲养的动物造成他人损害的，动物饲养人或者管理人应当承担侵权责任；但是，能够证明损害是因被侵权人故意或者重大过失造成的，可以不承担或者减轻责任。"第1246条规定："违反管理规定，未对动物采取安全措施造成他人损害的，动物饲养人或者管理人应当承担侵权责任；但是，能够证明损害是因被侵权人故意造成的，可以减轻责任。"第1247条规定："禁止饲养的烈性犬等危险动物造成他人损害的，动物饲养人或者管理人应当承担侵权责任。"之所以如此规定，主要是基于动物致人财产或人身造成损害比一般物体有更大的危险性的考虑，其意义在于它更有利于加强动物饲养人或管理人的管理责任。具体而言，在具备以下四项条件时，受害人可主张成立动物致人损害的民事责任：(1) 须为饲养的动物。此处所称的"饲养的动物"，通常为家畜、家禽。其他动物，如鸟、鱼、蜂、蛇等，凡为人所饲养者，亦可包括在内。饲养的动物在逃逸、迷失期间，原则上仍视为饲养的动物。(2) 须为动物加害。动物加害，是指基于动物的本能行为所造成的损害，例如，狗咬人。但是，动物在人的驾驭、支配下造成的损害，如骑手策马急驰踏伤他人，则不属动物加害，而属人为加害。(3) 须受害人受有损害。(4) 须动物加害与受害人所受损害之间有因果关系。

当然，并非饲养的动物造成他人损害的都由动物饲养人或者管理人承担民事责任，在出现以下三种情况之一时，动物饲养人或者管理人可减轻甚至免除民事责任：(1) 受害人的过错。受害人的过错主要有两种情况：一是受害人的过错为动物致损的前置原因。例如，主动挑逗动物致伤、攀越动物园围栏跌入兽笼而被猛兽致伤。二是受害人在动物致损后由于未尽保护自己应有的注意而引起本来可以避免的损害的发生。(2) 第三人的过错。例如，某人唆使邻居之狗扑咬他人。(3) 其他理由。例如，受害人借骑饲养人之马，饲养人已告知此马性烈，鉴于受害人甘冒其险，对其被马摔伤之损害，饲养人可按"受害人同意"主张减轻责任或者免责。在此需要注意的是，民法典就动物饲养人不同管理责任下的受害人过错方面进行区别对待。

就本案而言，藏獒犬属于烈性犬只，禁止在城区内饲养，故对因此类犬只致他人损害时，民法典采取的是无过错责任原则。同时，杨某未对其饲养的藏獒犬进行妥善管理，致使犬只跑出庭院咬伤吴某，其行为完全符合民法典的规定，应当对其饲养的动物造成吴某损害的后果承担民事责任。杨某应否承担精神损害赔偿责任问题，民法典第1183条规定："侵害自然人人身权益造成严重精神损害的，被侵权人有权请求精神损害赔偿。因故意或者重大过失侵害自然人具有人身意义的特定物造成严重精神损害的，被侵权人有权请求精神损害赔偿。"一般情况下，被饲养的动物致伤主要为咬伤，达不到伤残等级的评定标准，但在司法实践中，因动物致伤，赔偿精神损害的判例也是不鲜见的。如某法院曾审结一起女童到公园游玩被孔雀抓伤引发的赔偿案件。2015年5月，6周岁女童小雨与家人一起到某公园游览，来到公园设立的开放式小动物乐园观看孔雀。在小雨给孔雀喂食过程中，一只孔雀突然飞起，在小雨毫无防备的情况下，扑向她并将其鼻子抓伤，造成小雨左鼻翼撕裂伤，总长度约4厘米。为此，小雨的家长将公园管理处诉至法院，要求公园管理处赔偿其各种经济损失5万余元及精神损害赔偿金1万元。公园方认为，孔雀是放飞的，小雨的监护人应该知道有潜在危险，小雨被孔雀抓伤，其监护人也应负有责任。法院认为，小雨到公园管理处管理的动物乐园游览，与公园之间即建立了服务合同关系，公园管理处负有保障小雨人身安全的责任与义务。公园对饲养的孔雀未采取必要的管理措施，对于此伤害事件的发生，应当承担赔偿责任；小雨尚年幼，自我保护能力不强，其在开放的区域内给孔雀喂食，监护人应当预见到潜在的危险性，监护人疏于监护亦是造成小雨受伤的原因之一，故应适当减轻公园管理处的赔偿责任。法院最终判决公园管理处赔偿小雨合理经济损失共计3735元，精神损害抚慰金5000元。

本案中，吴某被三条藏獒犬扑倒咬伤，就一个正常人而言，这种侵权行为势必使其产生一定程度的精神损害，甚至是心理阴影。故法院在审理过程中，不仅应当判决杨某给付医疗费、护理费、交通费等合理损失，还应考虑案件的实际情况，酌情判决杨某承担适当的精神损害赔偿责任。

【法条指引】

中华人民共和国民法典

第一千一百七十九条 侵害他人造成人身损害的，应当赔偿医疗费、护理费、交通费、营养费、住院伙食补助费等为治疗和康复支出的合理费用，以及因误工减少的收入。造成残疾的，还应当赔偿辅助器具费和残疾赔偿金；造成死亡的，还应当赔偿丧葬费和死亡赔偿金。

第一千一百八十三条 侵害自然人人身权益造成严重精神损害的，被侵权人有权请求精神损害赔偿。

因故意或者重大过失侵害自然人具有人身意义的特定物造成严重精神损害的，被侵权人有权请求精神损害赔偿。

第一千二百四十五条 饲养的动物造成他人损害的，动物饲养人或者管理人应当承担侵权责任；但是，能够证明损害是因被侵权人故意或者重大过失造成的，可以不承担或者减轻责任。

第一千二百四十六条 违反管理规定，未对动物采取安全措施造成他人损害的，动物饲养人或者管理人应当承担侵权责任；但是，能够证明损害是因被侵权人故意造成的，可以减轻责任。

第一千二百四十七条 禁止饲养的烈性犬等危险动物造成他人损害的，动物饲养人或者管理人应当承担侵权责任。

5. 婚恋网站履行告知义务后公开会员资料信息，是否侵犯会员的隐私权？

【维权要点】

隐私权，是自然人享有的人格权，是指自然人享有的私人生活安宁和对不愿为他人知晓的私密空间、私密活动和私密信息等私生活安全利益自主进行支配和控制，不受他人侵扰的具体人格权。个人信息和隐私是有交集但不重合的关系，二者之间不是简单的包含和被包含的关系，个人信息可能包括个人隐私，但是其概念却超出了隐私权保护的范围。近年来，随着大数据时代的到来，公民个人信息被非法泄露和使用的情况时有发生，对公民的人身、财产安全和个人隐私构成了严重威胁。但婚恋网站不同于一般的商业网站，作为一个为用户提供各类身份介绍的网络信息平台，其对注册会员个人基本资料的公开，符合婚恋网站的开办宗旨，网站的经营者只需要尽到一般的注意义务，其适当公开注册会员个人信息的行为是不构成侵犯会员隐私权的。但也需要注意，由于其公开的信息中必然涉及会员人格权的身份权利，对个人影响重大，因此应采用足以引起注意的特别标识予以说明，并对交往的风险进行特别提示。

【典型案例】

2021 年 6 月，张某在某科技公司开发的婚恋网站上注册，成为非付费的普通会员。注册时，张某填写了姓名、年龄、身高、婚姻状况、学历、收入等个人基本资料并嵌入自己的真实照片，还填写了个人联系方式。在个人基本资料信息中，除真实姓名和个人联系方式外，张某的所有信息都是公开的。对于电子邮箱地址和 QQ 号，网站在填写项后面都进行了提示，显示"该部分信息可能会被付费会员查看，请慎重"。张某注册后，与陈某（付费会员）相识。两人通过互留网站内部信息的方式联系后，继续加深交往，形成了恋爱关系。后因张某认为陈某的实际工作、学历、收入等情况与网站上提供的情况不符，双方产生矛盾，恋爱关系破裂。其后，张某以某科技公司泄露其个人联系方式给陈某，且没有核实陈某的真实情况，某科技公司侵犯自己的隐私权为由，要求某科技公司赔偿医药费、交通费和精神损失费共计 4 万元。

【法官讲法】

本案的主要争议焦点是某科技公司将张某的会员资料信息进行公开是否侵犯了张某的隐私权。笔者认为，某科技公司没有侵犯张某的隐私权。理由是网站所公布的个人信息是张某主动填写并提供给网站，且在网站的显著位置已经标明了该部分信息可能被公开给付费会员，故应视为张某已经认可网站向付费会员公开其个人资料和联系方式的行为，不能认为网站向陈某提供原告张某联系方式的行为是侵犯了其隐私权，故应驳回张某的诉讼请求。以下进行具体分析。

一、网站公开张某的个人基本资料和向付费会员公开张某联系方式的行为均不应认定为侵犯了其隐私

首先，从个人基本资料这一部分看，个人基本资料主要包括的内容为原告张某个人的姓名、网名、年龄、身高、婚姻状况、学历、照片、收入。对于张某的真实姓名，网站采取的是绝对不公开的方式，也就是说不论是网站的免费会员、收费会员，还是对网页进行一般性浏览的非会员，均不可能得知其真实姓名。对于其他内容，网站所采取的是完全公开的方

式，也就是说任何人都可以查看和浏览。那么这部分是不是侵犯了张某的隐私权？对于这一点，应着重从本案所涉网站的性质上来分析。本案所涉网站并非普通的新闻、娱乐或者交友类网站，而是专业性的婚恋网站，性质上类似于网上的"婚姻介绍所"。该网站最主要的功能就是给单身男女提供一个交流认识的平台，以促成婚恋为目的。那么这类网站必然要求参与者（也就是会员）提供更为真实和准确的个人信息，并将这部分个人基本资料公开给其他参与者，以备查询和选择，最终促成参与者在现实社会中形成真实的婚恋关系。所以对个人基本资料的公开，符合婚恋网站的开办宗旨，不属于侵犯会员的隐私权。其次，从联系方式这一部分看，联系方式主要包括电子邮箱地址、QQ 号、电话号码等。对于电话号码这种现实状态中的联系方式，网站采取的是相对不公开的管理方式，也就是网站对于所有会员的电话号码都是不公开给他人的，但是会员可以自主选择将自己的电话号码告知网站内的其他会员。对于电子邮箱地址和 QQ 号这类网络虚拟状态中的联系方式，网站采取的是相对公开的管理方式。就是说当会员将自己的电子邮箱地址和 QQ 号提交给网站后，网站默认的状态是将该部分信息公开给付费会员，但是会员可以随时登录到网站上将该部分信息的状态更改为不公开。而在填报电子邮箱地址和 QQ 号的时候，网站已经在显著的位置注明该信息可能会被提供给付费会员。获得权利人同意的，无论何种隐私，都因隐私权人同意而构成对侵害隐私权的有效抗辩，不成立侵害隐私权的行为。张某在网站有提示的情况下填写联系方式的行为，就应当认定为其已经认可网站的此种公开行为。那么网站此种向付费会员公开张某联系方式的行为，应该认定为是已经告知了张某，并取得了其同意的行为，就不是一种"非法"性质的公开。综上，某科技公司不存在侵犯张某隐私权的行为。

二、婚恋网站对会员个人资料的真实性无实质审查义务

商业类的婚恋网站，对于参与者的身份情况和个人基本信息，现阶段只能要求其履行一种相对的审查义务。商业类网站并不具备条件对每个参与者的情况都进行严格的核实，其只能起到一种相对的引导、督促作用，从制定导向正确的网站管理条款、要求参与者提供身份信息等有限的几个方面促使参与者提供真实的身份和个人基本信息。婚恋网站的参与者最终还是要自己对自己的人生和未来负责，尽可能多地了解对方的情况后再进

行深入交往，否则像本案张某种下这样的苦果，最终还是要自己品尝。

【法条指引】

中华人民共和国民法典

第九百九十条 人格权是民事主体享有的生命权、身体权、健康权、姓名权、名称权、肖像权、名誉权、荣誉权、隐私权等权利。

除前款规定的人格权外，自然人享有基于人身自由、人格尊严产生的其他人格权益。

第九百九十一条 民事主体的人格权受法律保护，任何组织或者个人不得侵害。

第九百九十八条 认定行为人承担侵害除生命权、身体权和健康权外的人格权的民事责任，应当考虑行为人和受害人的职业、影响范围、过错程度，以及行为的目的、方式、后果等因素。

第一千零三十二条 自然人享有隐私权。任何组织或者个人不得以刺探、侵扰、泄露、公开等方式侵害他人的隐私权。

隐私是自然人的私人生活安宁和不愿为他人知晓的私密空间、私密活动、私密信息。

第一千零三十三条 除法律另有规定或者权利人明确同意外，任何组织或者个人不得实施下列行为：

（一）以电话、短信、即时通讯工具、电子邮件、传单等方式侵扰他人的私人生活安宁；

（二）进入、拍摄、窥视他人的住宅、宾馆房间等私密空间；

（三）拍摄、窥视、窃听、公开他人的私密活动；

（四）拍摄、窥视他人身体的私密部位；

（五）处理他人的私密信息；

（六）以其他方式侵害他人的隐私权。

第一千零三十四条 自然人的个人信息受法律保护。

个人信息是以电子或者其他方式记录的能够单独或者与其他信息结合识别特定自然人的各种信息，包括自然人的姓名、出生日期、身份证件号码、生物识别信息、住址、电话号码、电子邮箱、健康信息、行踪信息等。

个人信息中的私密信息，适用有关隐私权的规定；没有规定的，适用有关个人信息保护的规定。

第一千零三十五条 处理个人信息的，应当遵循合法、正当、必要原则，不得过度处理，并符合下列条件：

（一）征得该自然人或者其监护人同意，但是法律、行政法规另有规定的除外；

（二）公开处理信息的规则；

（三）明示处理信息的目的、方式和范围；

（四）不违反法律、行政法规的规定和双方的约定。

个人信息的处理包括个人信息的收集、存储、使用、加工、传输、提供、公开等。

第一千零三十六条 处理个人信息，有下列情形之一的，行为人不承担民事责任：

（一）在该自然人或者其监护人同意的范围内合理实施的行为；

（二）合理处理该自然人自行公开的或者其他已经合法公开的信息，但是该自然人明确拒绝或者处理该信息侵害其重大利益的除外；

（三）为维护公共利益或者该自然人合法权益，合理实施的其他行为。

第一千零三十七条 自然人可以依法向信息处理者查阅或者复制其个人信息；发现信息有错误的，有权提出异议并请求及时采取更正等必要措施。

自然人发现信息处理者违反法律、行政法规的规定或者双方的约定处理其个人信息的，有权请求信息处理者及时删除。

第一千零三十八条 信息处理者不得泄露或者篡改其收集、存储的个人信息；未经自然人同意，不得向他人非法提供其个人信息，但是经过加工无法识别特定个人且不能复原的除外。

信息处理者应当采取技术措施和其他必要措施，确保其收集、存储的个人信息安全，防止信息泄露、篡改、丢失；发生或者可能发生个人信息泄露、篡改、丢失的，应当及时采取补救措施，按照规定告知自然人并向有关主管部门报告。

6. 对于侵害死者荣誉权的行为，死者的近亲属是否有权起诉并主张精神损害赔偿？

【维权要点】

死者的荣誉是死者生前所享有的荣誉权及生者死后被授予或追认荣誉产生的。对死者荣誉的保护，不仅是对生者荣誉的尊重与维护，也是对死者近亲属的荣誉感和荣誉心的尊重和保护。2001 年 3 月 10 日起施行的《最高人民法院关于确定民事侵权精神损害赔偿责任若干问题的解释》第 3 条首次就侵害死者荣誉的行为作出规定，赋予了死者近亲属诉讼权。对死者荣誉的侵害行为，侵权人应承担侵害死者荣誉的责任，并对死者的近亲属予以精神损害赔偿。

【典型案例】

焦某，1949 年参加工作。20 世纪 60 年代，他在担任某市铁矿中部车间深孔鏊岩队队长期间，率队推广、创新优采矿法成绩突出，他领导的集体被命名为"焦某小组"，其本人也多次受到表彰，被授予"市先进工作者"称号，被共青团市委授予"青年突击手"称号。1956 年 4 月，焦某专门赴京参加全国先进工作者代表大会，受到了党和国家领导人的接见。会上，他所领导的"焦某小组"被评为"全国先进集体"，在全国广为传扬，为某市及铁矿赢得了荣誉。1989 年 4 月，焦某因病去世。

2021 年 3 月，焦某的长子焦某某偶然见到一本 2020 年出版的某市铁矿志（第一卷）（1949～1985），发现在该矿志第六编"大事记"及附录的"光荣册"中，对其父焦某的事迹及荣誉均未刊载。焦某某遂找该矿领导要求增补，并提出解决焦某住院期间的医疗费及劳模待遇问题。该矿领导答复说："焦某并非个人劳模，不能享受劳模待遇。"其后，焦某某又多次到上级单位信访、上访，但由于种种原因，荣誉称号及其他问题一直没有解决。2021 年 6 月，焦某的遗孀——80 多岁的赵某向法院提起诉讼，状告某市铁矿侵犯其丈夫焦某的荣誉权，并请求法院判令某市铁矿立即停止侵害行为，重新编纂某市铁矿志，增添有关焦某的事迹的内容，并赔偿精神损失。

法院经审理判决：某市铁矿修订或重版某市铁矿志（第一卷）时对焦

某的事迹及所获荣誉作出补充，如不再修订重版，则须在编纂出版某市铁矿志（第二卷）时予以补充及说明，并向赵某及其家属赔礼道歉，消除影响，赔偿精神损失1万元。

【法官讲法】

首先，集体荣誉具有集体成员共同保护和个人保护的双重性。该集体荣誉不能归个人所独享，但集体成员中每个人都享有其个人应有的荣誉利益（包括精神利益和物质利益）。20世纪60年代，焦某领导的"焦某小组"被授予"全国先进集体"的称号，这是该小组集体的荣誉。焦某作为该小组的领导人员付出了巨大的努力，这从小组以他的名字命名及其多次获得的表彰中可得到证明。而且焦某作为小组代表进京出席了全国先进工作者代表大会并代表全体接受了该荣誉。因此，焦某生前享有部分"全国先进集体"的荣誉不容置疑，应当载入某市铁矿的史册。

其次，荣誉权不仅包括获得荣誉的权利，也包括荣誉保持的权利。所谓荣誉保持权，是指权利主体对已获得荣誉继续保持归己享有的不受侵犯的权利。荣誉保持权有两项内容：一是对已获得的某种荣誉保持归己享有的权利；二是要求荣誉权人以外的任何其他人（包括组织）负有不得侵害的义务。荣誉保持权的客体集中体现了权利主体对已获得荣誉保持归己享有的独占权。荣誉一经获得，即为权利主体终生享有，未经法定程序不得非法剥夺或不法侵害，也不得转让、继承。荣誉的撤销或剥夺，须由授誉主体或司法机关依法按照一定的程序（或手续）进行之。否则，任何非法剥夺、撤销等行为，或者转让、继承荣誉的行为，都是无效行为，都是对荣誉保持权独占权利的否定。荣誉保持权的另一个内容是荣誉的不可侵犯权。荣誉权人之外的任何其他人，包括授誉主体和司法机关，也包括与该荣誉无关联的任何人，都负有不可侵犯的法定义务。任何违反这一法定义务而实施侵权行为的人，应承担违反法定义务的法律后果。本案某市铁矿编纂的某市铁矿志（第一卷）（1949～1985），从焦某的事迹及所获得的荣誉来考虑，焦某应当有资格入选该矿志。而某市铁矿故意未予刊载，侵犯了焦某的荣誉保持权，应承担相应的民事责任。

最后，荣誉权具有人身性特征，其包含的荣誉称号，特别是精神利益只能自己享有，不能转让与继承（荣誉中的物质利益除外）。一般而言，侵害荣誉权案件应由荣誉权人本人提起诉讼。本案中，荣誉权人已经死亡，那么，死者生前所获得的荣誉是否也随之消失呢？答案显然是否定的。一个人精神权利的存续期间并不等同于肉体生命的长短。德操高尚的人，其人格力量甚至可影响千秋万代。荣誉是特定主体（授誉主体）对公民、法人等权利人的突出表现的身份和肯定性评价，这种评价不依赖于被评价人生存与否，而依赖于其行为是否持续对社会产生影响。对死者的荣誉权进行保护，既是对死者生前期盼的安慰，也是对死者近亲属的心灵慰藉，更是对全社会知荣避耻的伦理心和道德感的倾力维护。民法典第1031条规定："民事主体享有荣誉权。任何组织或者个人不得非法剥夺他人的荣誉称号，不得诋毁、贬损他人的荣誉。获得的荣誉称号应当记载而没有记载的，民事主体可以请求记载；获得的荣誉称号记载错误的，民事主体可以请求更正。"根据这一规定，侵害死者荣誉的行为包括：一是对死者的荣誉进行侮辱、诽谤、贬损、丑化；二是非法剥夺死者的荣誉；三是应记载而未予以记载。上述三种行为均构成对死者荣誉的侵害，侵权人应承担相关法律责任，包括停止侵害、恢复名誉、赔礼道歉等。民法典第994条规定，"死者的姓名、肖像、名誉、荣誉、隐私、遗体等受到侵害的，其配偶、子女、父母有权依法请求行为人承担民事责任"。故死者的近亲属有权为保护死者的荣誉而提起侵权之诉。本案中，赵某作为死者的配偶，其诉权应受法律保护。另外，荣誉权人生前死后因荣誉获得奖品、奖金、津贴等物质利益可由荣誉权人的亲属继承。荣誉权人获得荣誉，对其近亲属而言，也是一种荣耀，任何对荣誉权的侵害行为同时也会影响和伤害荣誉权人亲属的情绪和感情。荣誉权人死亡后，其近亲属有权并有义务维护荣誉权人的荣誉和自己的有关利益，享有诉讼主体资格。因此，本案中焦某的妻子赵某和儿子焦某某都有权提起诉讼，保护焦某的荣誉和自身的相关利益。《最高人民法院关于确定民事侵权精神损害赔偿责任若干问题的解释》第3条规定："死者的姓名、肖像、名誉、荣誉、隐私、遗体、遗骨等受到侵害，其近亲属向人民法院提起诉讼请求精神损害赔偿的，人民法院应当依法予以支持。"依据该规定，除恢复名誉、赔礼道歉、赔偿相应经济损失外，死者的近亲属还可获得精神损害赔偿。

【法条指引】

中华人民共和国民法典

第九百九十四条 死者的姓名、肖像、名誉、荣誉、隐私、遗体等受到侵害的，其配偶、子女、父母有权依法请求行为人承担民事责任；死者没有配偶、子女且父母已经死亡的，其他近亲属有权依法请求行为人承担民事责任。

第九百九十五条 人格权受到侵害的，受害人有权依照本法和其他法律的规定请求行为人承担民事责任。受害人的停止侵害、排除妨碍、消除危险、消除影响、恢复名誉、赔礼道歉请求权，不适用诉讼时效的规定。

第一千零三十一条 民事主体享有荣誉权。任何组织或者个人不得非法剥夺他人的荣誉称号，不得诋毁、贬损他人的荣誉。

获得的荣誉称号应当记载而没有记载的，民事主体可以请求记载；获得的荣誉称号记载错误的，民事主体可以请求更正。

最高人民法院关于确定民事侵权精神损害赔偿责任若干问题的解释

第三条 死者的姓名、肖像、名誉、荣誉、隐私、遗体、遗骨等受到侵害，其近亲属向人民法院提起诉讼请求精神损害赔偿的，人民法院应当依法予以支持。

第二编
精神损害赔偿与邻里纠纷

第一章　侵害生命健康权及相关
权利的精神损害赔偿

1. 人身受到意外严重伤害，是否有权要求精神损害赔偿？

【维权要点】

自然人的生命权、健康权和身体权在学理上统称为物质性人格权。物质性人格权是人格的载体，是其他人格权的基础，一旦丧失人格利益的物质基础，其他诸如姓名、肖像、名誉、隐私等都对权利主体没有任何意义。因此，就生命、健康、身体享有的权利是最为根本的人格权。对生命权、身体权和健康权的侵害，是对人的最严重的侵害。民事责任是以采用理想的回复原状救济手段为原则，当难以回复原状时，则采用损害赔偿予以补救。物质性人格权受到侵害后，除要求侵权人赔偿因此造成的财产损失外，还可以要求侵权人对受害人因人格权受到侵害而遭受的生理上、心理上的损害承担精神损害赔偿责任。

【典型案例】

2020年8月5日，14岁的田某在其父亲带领下到北京某风景区游玩，田某在该景区内戏水区游玩过程中摔倒受伤。事发后，田某被送往医院治疗。田某之伤经诊断为胫骨远端骨骺损伤和腓骨远端骨折（左）。为治伤，田某于2020年8月7日至8月15日、2021年5月28日至5月30日、2021年7月23日至8月1日住院治疗19天，共花费医疗费28215.62元、辅助器具费700元。经田某申请，法院委托某司法鉴定中心对田某伤残等级和恢复伤情所需的营养期、护理期进行了鉴定，鉴定意见为：田某左胫骨远端骨骺损伤，左腓骨远端骨折十级伤残，赔偿指数为10%；护理期为30~90天，营养期为60~90天。田某为此支付了鉴定费3150元。2021年11月，田某诉至法院，要求某风景区赔偿其医疗费、伤残赔偿金、残疾器具费、精神损害抚慰金、营养费、护理费等共计20余万元，其中精神损失费1万元。

法院经审理认为：宾馆、商场、银行、车站、机场、体育场馆、娱乐场所等经营场所、公共场所的经营者、管理者或者群众性活动的组织者，未尽到安全保障义务，造成他人损害的，应当承担侵权责任。本案中，某风景区作为经营管理人，应提供安全性较高的游乐场地，对游乐过程中可能出现的危险情况要有相应的预警、保护和防止危险的措施。法院根据在案证据可认定某风景区未尽到合理限度范围内的安全保障义务，致使田某人身受到伤害，应承担主要赔偿责任。被侵权人对损害的发生也有过错的，可以减轻侵权人的责任。无民事行为能力人、限制民事行为能力人进行娱乐活动时，其监护人或者看护人员同样应当注意保护和防止出现危险。本案中，田某作为限制民事行为能力人，在游戏时，其监护人未及时提醒并加以保护，亦存在过错。综合考量本案损害事实发生的原因及双方过错程度等因素，酌定某风景区承担70%的责任，田某方自行承担30%的责任。据此，法院判决北京某风景区赔偿田某医疗费、护理费、营养费、辅助器具费、伤残赔偿金、精神抚慰金、鉴定费13万余元，其中精神损失费1万元。

【法官讲法】

本案是有关物质性人格权受到侵害而发生的精神损害赔偿问题的典型案例。所谓精神损害赔偿，是指民事主体因其人身权利受到不法侵害而使其人格利益和身份利益受到侵害或者遭受精神痛苦，要求侵权人主要通过以财产救济方式进行赔偿和保护的民事法律制度。精神损害赔偿制度体现在对自然人物质性人格权的保护上，也称为人身伤害抚慰金或者侵害物质性人格权抚慰金，是指自然人因身体权、健康权、生命权受到侵害，致使受害人或其近亲属遭受精神痛苦，为了弥补这种损害，而对受害人或其近亲属给付相当金额的法律制度。

我国民法典第1183条规定："侵害自然人人身权益造成严重精神损害的，被侵权人有权请求精神损害赔偿。因故意或者重大过失侵害自然人具有人身意义的特定物造成严重精神损害的，被侵权人有权请求精神损害赔偿。"根据该条第1款的规定，精神损害赔偿的范围是侵害自然人人身权益，主张精神损害赔偿须满足以下条件。

一、侵害他人人身权益可以请求精神损害赔偿

根据该条第 1 款的规定，精神损害赔偿的范围是侵害自然人人身权益，侵害财产权益原则上不在精神损害赔偿的范围之内。《最高人民法院关于确定民事侵权精神损害赔偿责任若干问题的解释》第 3 条关于"死者的姓名、肖像、名誉、荣誉、隐私、遗体、遗骨等受到侵害，其近亲属向人民法院提起诉讼请求精神损害赔偿的，人民法院应当依法予以支持"的规定，与本规定不冲突，应当作为死者人格利益保护的规则予以适用。依据民法典总则编有关民事权利一章的规定，人身权益包括生命权、健康权、姓名权、名誉权、肖像权、隐私权、监护权等权利及相应利益。

二、须造成被侵权人严重精神损害

根据该条规定，并非只要侵害他人人身权益被侵权人就可以主张精神损害赔偿，而只有"造成严重精神损害"才可以。对于"严重"的认定，应当结合精神损害自身特性和现行司法解释进行理解。精神损害是否达到严重程度，应视人格权益性质不同而有所区别。对于侵害身体权、健康权的情形，我国并无针对性规定，目前司法实践中的主要做法，以达到伤残标准作为构成严重精神损害的主要依据。原则上，只有达到伤残等级标准，才能提起精神损害赔偿。至于没有达到伤残等级标准的，精神损害是否构成后果严重，则应视情况而定，从严把握。相比身体、健康被侵害导致伤残的情形，生命被侵害造成的恶劣影响更为显著，更有必要以精神损害赔偿方式抚慰相关人员因此遭受的精神痛苦。而关于精神性人格权益被侵害的情形，鉴于该类人格权益很难外化且存在个体差异性，因此，在确定是否达到严重标准时，应综合考虑侵权人的主观状态、侵害手段、场合、行为方式和被侵权人的精神状态等具体情节加以判断。

三、侵害行为与精神损害后果有因果关系

如何确定侵害行为与精神损害后果有因果关系，司法实践中一般以必然因果关系标准予以确定。所谓必然因果关系，是指侵害行为与损害结果之间具有内在的、本质的、必然的联系。如果侵害行为与损害结果之间只有外在的、偶然的联系，就不能认定二者之间具有因果关系。即，只有在侵害行为造成了精神损害时，才能适用本条请求精神损害赔偿。基于精神

损害本身的不可判断性和当前司法实践的现状，为防止精神损害赔偿可能的滥用，影响正常的行为自由和社会秩序，对于侵害行为与精神损害的后果之间的因果关系，在认定上应持谨慎从严的态度，依法准确判断侵害行为与精神损害后果之间是否存在因果关系。

四、精神损害赔偿的适用要符合其他有关侵权责任构成的相应要件

被侵权人主张精神损害赔偿，除了具备上述有关精神赔偿的适用条件外，还要根据具体侵权行为类型，适用过错责任的情形要以侵权人有过错为要件，适用无过错责任原则的情形则不再强调侵权人的过错。

本案中，14周岁的田某惨遭横祸，并受伤致残，导致其今后的生活存在很大困难，对原告本人及其父母等近亲属的精神打击非常大。考虑到原告今后生活必须达到起码的一般人生活标准条件，又鉴于被告有履行能力，依据我国民法典等有关法律及司法解释，结合普通市民的一般生活标准，法院在有关规定的幅度范围内确定精神赔偿数额，是合法合情合理的。

【法条指引】

中华人民共和国民法典

第一千一百八十三条 侵害自然人人身权益造成严重精神损害的，被侵权人有权请求精神损害赔偿。

因故意或者重大过失侵害自然人具有人身意义的特定物造成严重精神损害的，被侵权人有权请求精神损害赔偿。

最高人民法院关于确定民事侵权精神损害赔偿责任若干问题的解释

第五条 精神损害的赔偿数额根据以下因素确定：

（一）侵权人的过错程度，但是法律另有规定的除外；

（二）侵权行为的目的、方式、场合等具体情节；

（三）侵权行为所造成的后果；

（四）侵权人的获利情况；

（五）侵权人承担责任的经济能力；

（六）受理诉讼法院所在地的平均生活水平。

2. 被他人饲养的犬只致伤，能否要求精神损害赔偿？

【维权要点】

近年来，随着人民群众生活水平逐步提高，饲养动物的人群和被饲养动物的种类不断增多，饲养动物致人损害的情形日趋多样化，出人意料的动物致害案件频频引起社会关注。在各类侵权行为中，动物致人损害是一种比较特殊的侵权形式，其特殊性在于这是一种间接侵权引发的由动物饲养人或者管理人承担的赔偿责任，其责任范围也包括精神损害赔偿的内容。这一规定，主要是基于动物对他人的财产或人身造成的损害有更大的危险性，其意义在于要求动物饲养人或者管理人加强管理责任，增加对他人安全的保障。

【典型案例】

2021年4月1日晚9时许，史某在某小区内甬路上被狗咬伤后，田某将其送往医院进行救治，史某伤情被诊断为左小腿狗抓咬伤（Ⅲ级暴露）皮下剥脱，伤口红肿。后史某一直在该院复诊。田某共计为史某支付医疗费7936.48元。后双方因负担祛疤膏费用问题不能协商一致，史某于2021年5月5日报警。公安机关经调查后于2021年6月30日出具行政处罚决定书，决定给予田某罚款7500元并没收犬只。该决定书事实查明部分载明："2021年5月5日14时许，史某举报他人违规在重点地区内饲养大型犬，并将其咬伤。经查2021年4月1日21时许，在某小区的甬路上，一只黑色大型犬与一只黑色小型犬均为田某在饲养，一只黑色大型犬没拴犬绳（该犬为比利时牧羊犬，犬名：虎子，公犬，体型长约60厘米，高约40厘米，黑色，年龄13岁，因报案时间与案发时间相距过长，民警多次查找未发现犬只，饲养人称犬只已丢失）。一只黑色小型犬拴犬绳（该犬为杂犬，犬名毛毛，雌犬，体型高约25厘米，犬龄1岁），该小型犬当时并没有办理犬证，且挣脱犬绳，大型黑色犬只突然挣脱犬绳跑向史某，小型黑色犬只也挣脱犬绳跑向史某，后史某发现其左侧小腿被咬伤，当时没有报警。"同时因田某未经登记年检养犬，决定给予田某罚款2500元。之后，史某提起民事诉讼。本案审理中，田某表示不能确认是其所管理的犬只咬伤了史某。就此史某出示了事发当时的视频资料，视频资料显示，田某管理的黑色犬只咬着史某小腿部将其拖拽倒地。田某认可视频资料的真实性，但依然否认是其管理的犬只将史某咬伤。之后，史某诉于法院，要求营养费、美国芭克巴祛疤凝胶、精神损害抚慰金、后期祛疤痕费用共计4万余元，其中，精神损害抚慰金2万元。

法院经审理认为：饲养的动物造成他人损害的，动物饲养人或者管理人应当承担侵权责任；违反管理规定，未对动物采取安全措施造成他人损害的，动物饲养人或者管理人应当承担侵权责任；禁止饲养的烈性犬等危险动物造成他人损害的，动物饲养人或者管理人应当承担侵权责任。本案中，田某作为案涉比利时牧羊犬的饲养人和管理人，事发时未对该犬只采取束链等安全措施，未办理养犬登记证，且经公安机关认定，该犬只属于禁止饲养的大型犬。从事发时监控视频上看，该比利时牧羊犬在发现史某遛弯时，径直跑向史某，并咬着史某小腿部拖拽直至史某倒地。同时结合事发后田某带史某去医院就医并承担全部医疗费的事实，本院确认史某被田某所饲养和管理的该比利时牧羊犬咬伤。田某作为动物饲养人和管理人应该承担侵权责任。据此，法院判决田某赔偿原告史某营养费、护理费、精神损害抚慰金共计14000元，其中，精神损害抚慰金1万元。

【法官讲法】

笔者认为，田某作为比利时牧羊犬的饲养人，疏于管理，致使伤人。史某在遛弯时遭受撕咬，不仅对其身体健康造成了伤害，而且对其精神形成了极其恶劣的伤害，田某理应对史某承担一定的精神损害赔偿责任。

民法典第1245条规定："饲养的动物造成他人损害的，动物饲养人或者管理人应当承担侵权责任；但是，能够证明损害是因被侵权人故意或者重大过失造成的，可以不承担或者减轻责任。"之所以如此规定，主要是基于动物致人的财产或人身造成损害比一般物体有更大的危险性的考虑，其意义就在于它更有利于加强动物饲养人或管理人的管理责任。具体而言，只有在具备以下四项条件时，受害人才可主张成立动物致人损害的民事责任：（1）须为饲养的动物。此处所称的"饲养的动物"，通常为家畜、家禽。但其他动物，如鸟、鱼、蜂、蛇等，凡为人所饲养者，亦可包括在内。饲养通常具有一定持续性并有固定饲养场所或设施，但对实际发生的时长和场所或设施条件在所不问，即便短暂饲养或者无固定场所饲养，仍然属于饲养的动物。例如，居民家中豢养的宠物狗、猫等长期在固定场所，固然属于饲养的动物，但对于临时收留的流浪狗、流浪猫，即便饲养时间短暂，缺乏固定场所或设施，依然应认定为饲养的动物。相反，当饲养的动物由于暂时遗弃、逃逸（饲养状态的松动）逐渐长期离开饲养人的控制，最终远离人类生产、生活变成野狗、野猫（饲养状态的脱离），则不宜认定为饲养的动物。（2）存在动物加害行为。这一条件是指客观上发生了饲养动物损害他人的行为。例如，家养的烈性犬咬伤人，奔跑的马群踩踏人，猪将人拱伤，牛卧车轨发生交通事故，豢养的飞鹰啄人等。但是，动物在人的驾驭、支配下造成的损害，如骑手策马急驰踏伤他人，则不属动物加害，而属人为加害。（3）须受害人受有损害。（4）须动物加害与受害人所受损害之间有因果关系。

当然，并非饲养的动物造成他人损害的都由动物饲养人或者管理人承担民事责任，在出现以下三种情况之一时，动物饲养人或者管理人可免除民事责任：（1）受害人的过错。受害人的过错主要有两种情况：一是受害人的过错为动物致损的前置原因。例如，攀越动物园围栏跌入兽笼而被猛兽致伤。二是受害人在动物致损后由于未尽保护自己应有的注意而引起本来可以避免的损害的发生。（2）第三人的过错。例如，某人唆使邻居之狗扑咬他人。（3）其他理由。例如，受害人借骑饲养人之马，饲养人已告知此马性烈，鉴于受害人甘冒其险，对其被马摔伤之损害，饲养人可按"受害人同意"主张免责。

就本案而言，被告田某未对其饲养的比利时牧羊犬进行妥善管理，致使其咬伤原告史某，其行为完全符合我国民法典第1245条的规定，显然应当对其饲养动物造成原告的损害承当民事责任。至于田某应否承担精神损害赔偿责任，民法典第1183条第1款规定："侵害自然人人身权益造成严重精神损害的，被侵权人有权请求精神损害赔偿。"在一些侵权案件中，虽然受害人所受人身损害并非特别严重，但对精神上造成的损害是显而易见的，也应当进行赔偿。司法实践中，这种判例也是不鲜见的。

本案中，原告史某在遛弯时突然被比利时牧羊犬咬伤，就一个正常人而言，这种侵权行为势必使其产生一定程度的精神损害，甚至是心理阴影。故法院在审理过程中，不仅应当判决被告田某给付营养费等损失，还应考虑案件的实际情况，酌情判决被告田某承担适当的精神损害赔偿责任。

【法条指引】

中华人民共和国民法典

第一千一百八十三条 侵害自然人人身权益造成严重精神损害的，被侵权人有权请求精神损害赔偿。

因故意或者重大过失侵害自然人具有人身意义的特定物造成严重精神损害的，被侵权人有权请求精神损害赔偿。

第一千二百四十五条 饲养的动物造成他人损害的，动物饲养人或者管理人应当承担侵权责任；但是，能够证明损害是因被侵权人故意或者重大过失造成的，可以不承担或者减轻责任。

第一千二百四十六条 违反管理规定，未对动物采取安全措施造成他人损害的，动物饲养人或者管理人应当承担侵权责任；但是，能够证明损害是因被侵权人故意造成的，可以减轻责任。

3. 未经允许剃人发须，是否可能导致精神损害赔偿？

【维权要点】

身体是生命的物质载体，由此决定了身体权对自然人而言至关重要。作为公民的基本人格权之一，身体权与生命权、健康权密切相关，又有所不同，侵害自然人的身体往往导致对自然人健康的损害，但身体权的客体是自然人的身体，其更加着重于保护身体组织的完整以及对身体组织的支配。侵犯公民的身体权，情节严重的，可能会导致精神损害赔偿的发生。

【典型案例】

韩某、谢某、许某是同一宿舍学生。2021年夏天，韩某、谢某想剃光头，约许某一起剃，许某坚决不同意。韩某和谢某剃完以后，还想让许某剃，遂借了理发剪，在晚上趁其熟睡之机，将许某的头发剪掉。许某气愤，在向校保卫处控告得不到解决的情况下，向当地法院起诉，要求追究韩某、谢某的侵权责任，并要求给付精神损害抚慰金。

【法官讲法】

本案中韩某、谢某二人的行为破坏了许某的身体组织的完整性，构成对许某身体权的侵害，许某的起诉理由成立，应判决韩某、谢某适当赔偿许某的精神损害。在我国当前的民法理论和实务中，对于身体权是否为公民的一项独立的民事权利，通说持否定态度，只承认公民享有生命权、健康权，不承认身体权为独立的民事权利。也有少数学者认为身体权是一项独立的民事权利，为公民所享有，并与公民的生命权、健康权相区别，各自均为独立的民事权利。

身体权是指自然人保持其身体组织完整并支配其肢体、器官和其他身体组织的权利。身体包括头颈、躯干、四肢、器官以及毛发指甲等。作为生命的载体，自然人的身体受法律保护，任何人不得非法侵害。身体权的宗旨，在于保护自然人的肢体、器官和其他组织保持自然完整状态，并保证权利人可以在法律限度内自由支配自己的身体。身体权以维护公民身体完整性为基本内容。人体各组成部分完整地运转，是维持生命和安全的前提。任何人非法破坏公民身体的完整性，就构成对公民身体权的损害。另外，身体权也是自然人对自己身体部分的头颅、肢体、器官和其他组织的支配权。如器官移植、义务输血等，即是在合法条件下本人对自己身体的支配权。如果他人违反本人意志，强行支配使用公民身体的组成部分，即侵害了公民对其身体组成部分的支配权。维护行动自由也是身体权的重要内容。自然人有权决定和支配自身的行动自由，非法拘禁、绑架等非法限制或者剥夺他人行动自由的行为，均构成对他人身体权的侵害。侵害身体权的常见行为主要是殴打或者其他物理伤害导致肌肉和软组织损伤，还包括对附属性组织的破坏。身体权具有以下特征。

1. 身体权的客体是自然人人身。身体是构成一个自然人的全部生理组织的总称。身体权中的身体含义要大于生理学或者医学意义上的身体概念，它不仅包括自然人天然生长的组织，而且包括因发挥身体完整机能需要而植入体内，与身体成为不可分割的一部分的植入物或移植物，如人工心脏、陶瓷骨骼等。

2. 身体权是完全支配权。身体权是自然人对自己的身体所具有的完全性的支配权，但是这种支配权的行使以不损害社会公共利益和一般社会伦理道德为原则，比如自然人可以在适当限度内义务献血，可以订立以死后把自己的身体交给医学解剖研究使用为内容遗嘱，等等。但是，这种处分权使用不得破坏自己身体的完整性和生命力，如自然人可以为他人捐献自己的一个肾，但如果决定同时把两个肾都捐献出去，就会危及自身生命，这为法律所不提倡。同时，自然人的身体权为权利人自己所专有，其他人不得分享，否则就是对权利人身体权的侵害。例如，有的医院以验血为名大量抽取公民的血液，就是严重侵犯公民身体权的行为。

3. 身体权所包含的内容。身体权所包含的利益与名誉权、隐私权、荣誉权等精神性人格权一样，可以延伸到死后仍然受法律保护。也就是说，自然人死后，其身体的完整性不得被任意破坏。死后确属社会公共利益的需要对自然人的身体加以利用的，如为了研究某种特殊病症，则必须经过相应的法律程序。我国现阶段有关这方面的法规很不完善，有待于尽快地予以健全。

4. 身体权为公民的基本人格权之一。人格权与所有权不同，人格权是自然人基于人本身而享有的权利，所有权是人出生后基于某种方式后天取得的。而且身体与人本身不可分割，如果没有了身体，则人也就不存在了。所有权与人本身的分割性表现明显，人即使失去对物的所有权，也不影响其所享有的人格权。

实践中，侵害他人身体权通常以非法侵扰身体、未致伤害的殴打等方式进行，被侵权人可以依据法律规定的民事责任方式进行救济。

1. 请求停止侵害、排除妨碍、消除危险。民法典第997条规定："民事主体有证据证明行为人正在实施或者即将实施侵害其人格权的违法行为，不及时制止将使其合法权益受到难以弥补的损害的，有权依法向人民法院申请采取责令行为人停止有关行为的措施。"自然人身体权受到损害或者现实威胁的，权利人有权依法请求停止侵害、排除妨碍、消除危险。

2. 财产损害赔偿。自然人身体权遭受损害的，比如造成误工费、交通费等损失，根据完全赔偿原则，被侵权人有权主张行为人承担赔偿责任。

3. 精神损害赔偿。侵害他人身体权虽然未必造成健康损害，但是有些情况仍会给他人造成较为严重的精神痛苦，此类情况下，受侵害人有权依法请求精神损害赔偿。另外，受害人还可以请求侵权人赔礼道歉等。

综上所述，本案被告韩某、谢某未经原告许某同意，擅自剪去许某的头发，侵犯了原告的身体权，给原告的精神造成一定损害，应当承担赔偿相应的责任。

【法条指引】

中华人民共和国民法典

第一千零三条　自然人享有身体权。自然人的身体完整和行动自由受法律保护。任何组织或者个人不得侵害他人的身体权。

最高人民法院关于确定民事侵权精神损害赔偿责任若干问题的解释

第一条　因人身权益或者具有人身意义的特定物受到侵害，自然人或者其近亲属向人民法院提起诉讼请求精神损害赔偿的，人民法院应当依法予以受理。

第二条　非法使被监护人脱离监护，导致亲子关系或者近亲属间的亲属关系遭受严重损害，监护人向人民法院起诉请求赔偿精神损害的，人民法院应当依法予以受理。

4. 美容手术失败，实施手术的美容公司是否应承担相应的精神赔偿责任？

【维权要点】

由整形美容手术造成毁容或容貌受损所引发的纠纷不同于医疗事故纠纷，也不同于一般的人身损害，它往往是由于美容手术实施者或美容产品存在缺陷造成消费者的轻伤甚至是残疾从而引起精神上的损害。对于受害人请求精神损害赔偿而提起诉讼的，可视为其身体权受到侵害，人民法院应予受理。

【典型案例】

2021年9月，周某（女）来到王某经营的某美容公司做定位双眼皮、取脂、开眼角手术，并交纳了手术费4500元。手术后，周某一直感觉眼部不适，并多次向该美容公司进行询问。美容公司一直答复称可能是正常的手术反应，让周某吃一些消炎药。后周某感觉情况越来越糟糕，便于2021年5月向有关行政机关反映。2021年7月，该区卫生局对王某经营的美容中心进行检查，并认定：王某所经营的美容公司系个体工商户，在没有《医疗机构执业许可证》的情况下对周某进行了眼部美容手术，该美容公司系借用刘某经营的美容中心的名义进行经营。为周某进行手术的秦某系王某个人雇佣的员工，秦某不具备《医师资格证书》《医师执业证书》等相应资质。卫生局对王某及秦某进行了行政处罚。周某到正规的医院进行检查，发现其右眼手术处缺少半针，眼角有疤痕，两眼上眼睑尾部有疙瘩，且眼睛胀痛。两只眼睛一个是双眼皮，一个是半双眼皮，两眼的眼皮内有疙瘩。周某难以承受手术失败带来的打击，起诉至法院要求某美容公司、王某、刘某退还手术费4500元，赔偿美容修复费12000元，精神损害抚慰金2万元。

法院经审理认为，王某借用刘某的个体工商户营业执照对外以某美容公司的名义进行经营，并在无《医疗机构执业许可证》且所雇人员无《医师资格证书》《医师执业证书》的情况下为周某行双眼皮整形手术，造成周某眼部不适及双眼眼皮有疤痕等不良后果，故王某及美容公司应返还周某手术费并赔偿其因此次手术造成的合理损失。刘某作为出借营业执照的一方，应承担连带责任。故判决由王某及美容公司退还周某手术费4500元，赔偿其精神抚慰金8000元，刘某承担连带责任。因周某主张的美容修复费尚未发生且周某在本案诉讼中不申请医疗鉴定，可待该费用发生后另行主张。

【法官讲法】

本案争议的焦点为在美容手术失败的情况下，相关责任主体对于患者是否应承担相应的精神赔偿责任？对此，需要着重从美容行为的性质和赔偿责任的划分上进行分析。

一、美容公司的行为性质

医疗整容一般而言不是一种必需的、常见的医疗行为，而是医疗机构和接受手术的对象约定根据美学标准运用医学手段对人体进行的再塑造，它更侧重于在健康人体上塑造美。接受手术的对象身体本身是健康的，这一特点不同于一般的医疗手术，更不同于一般侵权纠纷。在美容手术失败，造成损害方面，我国法律并没有明确的规定。而美容损害，是指美容手术后未能达到预期的目的，给被美容者造成了身体、精神上的伤害。

医疗美容行为是一种特殊的医疗行为，故其主体必须是具有医疗资质的人或者机构。本案中，美容公司没有取得《医疗机构执业许可证》，且美容手术人员秦某也未取得有效医师执业证书，故不论是该美容公司的行为还是秦某的行为均不是医疗行为，无法依据我国民法典以及其他相关法律中用于规范医疗行为的法律及规定规范其行为。但是，周某在手术后眼部出现不适并且眼睛一个是双眼皮，另一个是单眼皮，直接影响周某的眼部美观，可认为美容手术行为造成的周某在身体上的伤害及眼部的不美观会导致其精神上的伤害。

二、赔偿责任的划分

尽管我国法律对美容手术失败造成的损害方面没有明确的法律规定，但是依据一般的生活常识，美容产生的结果须能达到公认比原有的相貌更美。若不能产生这种效果，不能为一般人所接受；术后反而变丑，并有负作用或负效应，不能达到预期美容效果，即属于美容损害或损伤。这是因为，美容不同于整形，整形是将身体或者容貌恢复正常，美容则是试图超过正常。一般侵权行为的构成要件是过错、侵权行为、损害结果以及侵权行为与损害结果之间的因果关系。通过上文的分析，美容公司及秦某在无医疗资质的情况下从事医疗美容行为，其主观上存在过错，其实施了美容手术的行为即侵权行为，该行为造成了周某眼部的不适及造成眼睛一个是双眼皮，另一个是单眼皮，依据一般人的审美来看，该手术影响了周某的眼部美观，故存在损害后果。而侵权行为与损害后果之间存在因果关系是显而易见的。因秦某系该美容公司的雇员，故应由该美容公司及其经营者王某进行赔偿。周某在并未确认该美容公司及秦某是否有医疗美容资质的情况下，轻信美容公司及秦某，要求在被告美容公司进行美容手术，其主观上亦存在过错，故应在一定程度上减轻被告的赔偿责任。

依据我国民法典等相关法律规定，侵害他人造成人身损害的，应当赔偿医疗费、护理费、交通费、营养费、住院伙食补助费等为治疗和康复支出的合理费用，以及因误工减少的收入。同时，民法典规定，侵害自然人人身权益造成严重精神损害的，被侵权人有权请求精神损害赔偿。民法典总则编确定的人身权益包括生命权、健康权、姓名权、名誉权、肖像权、隐私权、监护权等权利及相应利益。

在本案中，周某的健康权、身体权受到了侵害，侵权人某美容公司及王某应对其损害进行赔偿，包括医疗费以及交通费等实际支出的费用。同时，法院综合考量侵权人的过错程度、侵害的具体情节、侵权行为所造成的后果等方面的因素，判决三被告连带给付周某8000元精神抚慰金是适当的。

【法条指引】

中华人民共和国民法典

第一千一百八十三条 侵害自然人人身权益造成严重精神损害的，被侵权人有权请求精神损害赔偿。

因故意或者重大过失侵害自然人具有人身意义的特定物造成严重精神损害的，被侵权人有权请求精神损害赔偿。

最高人民法院关于确定民事侵权精神损害赔偿责任若干问题的解释

第三条 死者的姓名、肖像、名誉、荣誉、隐私、遗体、遗骨等受到侵害，其近亲属向人民法院提起诉讼请求精神损害赔偿的，人民法院应当依法予以支持。

5. 发生医疗事故致人死亡，医院是否承担精神损害赔偿责任？

【维权要点】

近年来，我国司法实践中对医疗损害受害人及其亲属提出的精神损害赔偿请求多给予了肯定，由存在过错的医疗机构承担精神损害赔偿责任。《医疗事故处理条例》也明确规定，对医疗事故造成医疗损害的受害人及其亲属赔偿各种医疗费用的同时，应给予一定数额的精神损害抚慰金。这在一定程度上解决了司法实践中是否给予精神损害赔偿的问题，体现了法律法规对医疗损害受害人社会性的认可和人身权的全面保护。

【典型案例】

张某、卜某系夫妻关系，已生育两个女儿，2019 年 10 月，张某再次怀孕，自 2020 年 1 月 6 日某中医院进行第一次产前检查服务，至 2020 年 8 月 3 日共进行了 10 次产前检查，未见异常。同年 8 月 9 日，张某因临近分娩在某中医院住院待产；第二天，某中医院对张某施行剖宫产手术，张某顺利娩出一足月男婴，新生儿经检查各项指标均系正常。然而，当日下午两点左右，某中医院护士在巡房时发现婴儿脸色不好，便叫医生前来查看，医生检查后告知张某婴儿没事便离开了。约半小时后，因婴儿不喝牛奶，张某亲属叫来护士指导喂奶，护士发觉婴儿异样又通知医生前来查看，医生查看后当即将婴儿抱去抢救。因抢救效果不佳，医生建议转上级医院救治。当晚，婴儿被转至芜湖市第一人民医院抢救，不幸的是，次日，婴儿终因呼吸衰竭抢救无效而死亡，死亡诊断为：新生儿胎粪吸入综合征。现诉至法院，要求某中医院赔偿医疗费、死亡赔偿金、丧葬费、精神损害抚慰金等各项经济损失合计 90 余万元。

法院经审理后认为，本案中，新生儿出生后，由于呼吸道清理不彻底，观察不到位（巡视病房时未发现异常），新生儿出现异常后未转诊儿科，需要转院治疗时，不具备保障安全转院条件等，经司法鉴定中心鉴定，某中医院在诊疗过程中未尽到高度注意义务，其诊疗过程存在过错，其过错与新生儿死亡之间的因果关系介于主要与同等之间，参与度建议为50% ~70%。结合张某产前检查无异常，尽管张某存在妊娠期糖尿病以及胎儿多次出现胎心异常，但新生儿出生后检查各项指标均系正常，以及死亡原因系羊水吸入综合征致呼吸循环衰竭死亡的情况，法院依法确认某中医院应承担 70% 的赔偿责任。据此法院判决某中医院赔偿张某、卜某医疗费、死亡赔偿金、精神损害抚慰金、丧葬费等各项经济损失共计 59 万余元，其中，精神损害抚慰金 5 万元。

【法官讲法】

本案争议的焦点是某医院医疗事故致新生儿死亡，是否应当给予其父母张某、卜某精神损害赔偿。我国司法实践的发展过程中，在以前的法律法规中，对精神损害赔偿没有统一的称谓。但毋庸置疑的是，产品质量法中所规定的"抚恤金"，消费者权益保护法中所规定的"残疾赔偿金"，都包含有精神损害赔偿的内容。原《最高人民法院关于确定民事侵权精神损害赔偿责任若干问题的解释》（法释〔2001〕7号）第9条对精神损害赔偿的称谓作出了具体规定："精神损害抚慰金包括以下方式：（一）致人残疾的，为残疾赔偿金；（二）致人死亡的，为死亡赔偿金；（三）其他损害情形的精神抚慰金。"在《医疗事故处理条例》第50条规定的医疗事故赔偿项目中，规定为精神损害抚慰金，与该解释的精神相一致，条例对造成患者死亡和造成患者残疾两种情形，统称作精神损害抚慰金。这是因为当医疗损害导致患者死亡、残疾或功能障碍时，不仅会给受害人本人的肌体或生理机能造成损害，而且会给受害人及其亲属造成严重的精神痛苦，甚至伴随其一生。2010年7月1日起施行的原侵权责任法第22条规定，侵害他人人身权益，造成他人严重精神损害的，被侵权人可以请求精神损害赔偿。笔者认为，该条规定同时也适用医疗损害责任。而且，司法实践中患者因医疗事故受到人身权益损害，造成严重精神损害的，也有权要求精神损害赔偿。2021年1月1日开始实施的民法典第1183条第1款规定，侵害自然人人身权益造成严重精神损害的，被侵权人有权请求精神损害赔偿。

侵权行为发生后，相应的精神损害抚慰金应该交付给谁，即精神损害赔偿的对象应该是谁呢？在实践中，人们往往认为，精神损害赔偿对象应该是对受害人而言的，但实际上这种说法并不合理，应区分两种情形予以处理：对造成患者死亡的情形，因患者已经死亡，其作为权利主体的资格已经消失，对其而言，已不存在精神损害赔偿，故不应把精神损害赔偿的对象列为已死去的患者。由于死者死亡的事实使死者近亲属的精神、情感受到终生创伤，这种痛苦是由侵权人的行为造成的，精神痛苦与侵权行为间具有法律上的因果关系。《最高人民法院关于确定民事侵权精神损害赔偿责任若干问题的解释》第3条规定，死者的姓名、肖像、名誉、荣誉、隐私、遗体、遗骨等受到侵害，其近亲属向人民法院提起诉讼请求精神损害赔偿的，人民法院应当依法予以支持。由此可见，死亡受害人的近亲属享有精神损害赔偿请求权已被我国立法和判例所确认。

那么，是否所有的间接受害人均可提出精神损害赔偿？答案是否定的。能够提出精神损害赔偿的间接受害人包括配偶、父母、子女或其他近亲属。但上述间接受害人的范围应有一定的限制。具体为：

1. 幼儿、胎儿和患有精神病的近亲属的精神损害赔偿请求权应加以限制。这主要是因为精神损害是一种非财产损害，即受害人因人身伤亡导致精神上或肉体上的损害，包括受害人丧失亲人之痛苦、精神折磨、丧失生活享受等。而幼儿、胎儿和患有精神病的近亲属的感知能力欠缺或尚未成熟，无痛苦感受，其精神损害请求不应支持。幼儿、胎儿能否待其长大成人后或精神病患者痊愈后有痛苦感觉时再请求赔偿，在司法实践中有两个难点：一是诉讼时效的规定，有可能因超过诉讼时效的而无法请求赔偿；二是由于成人后或精神病患者痊愈后的精神损害的发生具有不确定性，导致此类损害发生概率、损害程度上认定困难。

2. 必须考虑间接受害人与死者间亲疏程度、扶养状况等因素，对于关系疏远或不履行扶养义务的间接受害人，其精神损害的请求应加以限制。

综上所述，本案中，新生儿在出生后不久因医疗事故死亡，张某、卜某作为新生儿的父母，造成极大的精神创伤，有权要求精神损害赔偿，法院根据上述原则判决某中医院赔偿精神损害抚慰金是恰当的。

【法条指引】

中华人民共和国民法典

第一千二百一十八条　患者在诊疗活动中受到损害，医疗机构或者其医务人员有过错的，由医疗机构承担赔偿责任。

最高人民法院关于确定民事侵权精神损害赔偿责任若干问题的解释

第三条　死者的姓名、肖像、名誉、荣誉、隐私、遗体、遗骨等受到侵害，其近亲属向人民法院提起诉讼请求精神损害赔偿的，人民法院应当依法予以支持。

医疗事故处理条例

第五十条　医疗事故赔偿，按照下列项目和标准计算：

（一）医疗费：按照医疗事故对患者造成的人身损害进行治疗所发生的医疗费用计算，凭据支付，但不包括原发病医疗费用。结案后确实需要继续治疗的，按照基本医疗费用支付。

（二）误工费：患者有固定收入的，按照本人因误工减少的固定收入计算，对收入高于医疗事故发生地上一年度职工年平均工资 3 倍以上的，按照 3 倍计算；无固定收入的，按照医疗事故发生地上一年度职工年平均工资计算。

（三）住院伙食补助费：按照医疗事故发生地国家机关一般工作人员的出差伙食补助标准计算。

（四）陪护费：患者住院期间需要专人陪护的，按照医疗事故发生地上一年度职工年平均工资计算。

（五）残疾生活补助费：根据伤残等级，按照医疗事故发生地居民年平均生活费计算，自定残之月起最长赔偿 30 年；但是，60 周岁以上的，不超过 15 年；70 周岁以上的，不超过 5 年。

（六）残疾用具费：因残疾需要配置补偿功能器具的，凭医疗机构证明，按照普及型器具的费用计算。

（七）丧葬费：按照医疗事故发生地规定的丧葬费补助标准计算。

（八）被扶养人生活费：以死者生前或者残疾者丧失劳动能力前实际扶养且没有劳动能力的人为限，按照其户籍所在地或者居所地居民最低生活保障标准计算。对不满 16 周岁的，扶养到 16 周岁。对年满 16 周岁但无劳动能力的，扶养 20 年；但是，60 周岁以上的，不超过 15 年；70 周岁以上的，不超过 5 年。

（九）交通费：按照患者实际必需的交通费用计算，凭据支付。

（十）住宿费：按照医疗事故发生地国家机关一般工作人员的出差住宿补助标准计算，凭据支付。

（十一）精神损害抚慰金：按照医疗事故发生地居民年平均生活费计算。造成患者死亡的，赔偿年限最长不超过 6 年；造成患者残疾的，赔偿年限最长不超过 3 年。

6. 环境污染侵权案件发生后，受害人是否有权主张精神损害赔偿？

【维权要点】

作为伴随现代工业发展而出现的一种新类型的特殊侵权行为，环境污染侵权常常损害的是自然人的身体、心理健康，严重时甚至可以导致自然人死亡。而精神损害赔偿具有抚慰与惩罚的双重功能，可以达到伸张法律正义，维护合法权利的效果，在环境污染侵权案件中适用精神损害赔偿应无异议。但需要注意，环境污染侵权所适用的客体只能是自然人的生命权、健康权、身体权这三项权利，其余的如姓名权等的人格权利不适用于此类案件。

【典型案例】

被告某塑料化工实业有限公司位于某小学东南面，两者相距不远。2011 年 4 月 4 日上午 10 时，该塑料化工实业有限公司的生产车间发生苯乙烯泄漏事故，以致某小学的学生刘某等 400 多名学生相继出现头痛、头昏、恶心、腹痛、咳嗽等症状。经该塑料化工实业有限公司所在省、市两级疾病预防控制中心组织的有关专家小组的检查、分析，认为刘某等 400 余名小学学生于 4 月 4 日上午 11 时左右相继出现的不良症状，系某塑料化工实业有限公司苯乙烯气体泄漏所引起的过敏性刺激反应。就此，某塑料化工实业有限公司所在的市政府提出了紧急处理意见，该处理意见总体上被双方所接受，被告某塑料化工实业有限公司按照处理意见向刘某等 400 多名学生支付医疗费用共计 30 余万元。

在医院治疗期间，刘某等 400 多名学生认为，某塑料化工实业有限公司发生生产事故，苯乙烯的泄漏已严重侵害了其人身和财产权利，并对其造成了精神损害。鉴于此，刘某等 400 多名学生正式向法院提起诉讼，要求被告某塑料化工实业有限公司赔偿其因泄漏事故所导致的人身伤害、财产损失及精神损害，共计人民币 800 余万元（其中精神损害抚慰金 600 余万元）。法院依法受理案件后，经过缜密的审理，于 2012 年 12 月 24 日作出判决。判决认为：（1）被告某塑料化工实业有限公司因苯乙烯泄漏事故所散发的苯乙烯气体污染了工厂周围的大气环境，应属违反环境保护法的污染损害环境的行为。（2）被告某塑料化工实业有限公司的环境侵权行为影响了原告刘某等 400 多名学生的正常学习、生活秩序，已构成了较为严重的损害后果。被告某塑料化工实业有限公司应对原告刘某等 400 多名学生因环境污染损害而遭受的精神损害承担赔偿责任。按被告某塑料化工实业有限公司向原告每人支付 1000 元人民币精神损害抚慰金的标准计算，合计应向原告刘某等 400 多名学生支付精神损害抚慰金 40 余万元。

【法官讲法】

在我国现行法中，关于环境侵权的精神损害赔偿并没有明确纳入赔偿体系中。但《最高人民法院关于确定民事侵权精神损害赔偿责任若干问题的解释》第 1 条规定："因人身权益或者具有人身意义的特定物受到侵害，自然人或者其近亲属向人民法院提起诉讼请求精神损害赔偿的，人民法院应当依法予以受理。"在环境侵权案件中，受害者以人身权益受到侵害为来源的精神痛苦是大量存在的。因而该规定毫无疑问也适用于环境侵权案件。从世界范围内来看，环境侵权精神损害通过司法途径得到救济也是不乏先例的。现代世界许多国家的立法及判例都承认在环境侵权案件中可以给予受害人精神损害赔偿。典型的如日本的"大阪国际机场噪声案"的判决指出："在本案中，使用机场所产生的飞机噪声对原告等全体显著发生精神上的痛苦，并妨害其生活，且一部分人已经发生身体损害，其他人也暴露在同样的危险中，故应认为原告等的人格权益已经遭受损害。"于是判令："被告赔偿原告每月 6000 元的抚慰金，直到实施禁止飞机于晚 9 时至翌日早 7 时起降的命令为止。"

但有一点需要特别说明，环境侵权精神损害赔偿与一般的精神损害赔偿的适用主体、条件和适用后果都是相同的，但是在适用范围上要远远小于一般的民事侵权精神损害赔偿。作为特殊侵权行为的环境侵权，常常损害的是自然人的身体、心理健康，严重的甚至可以导致自然人死亡，因此，环境侵权案件中的精神损害赔偿请求权，适用的客体只能是自然人的生命权、健康权、身体权这三项权利，其余的如姓名权等的人格权利不适用于此类案件。

虽然环境侵权精神损害赔偿请求权的法律依据是明确的，但是，据有关资料表明，我国司法实践中，环境侵权损害赔偿大多限于有形的经济损害赔偿，精神损害赔偿的司法认定率很低，甚至是对环境侵权案件的精神损害赔偿的诉求不予理睬。导致这种现象的出现主要有以下两方面的原因：一是相关的立法内容简单、模糊，缺乏可操作性。有关精神损害赔偿的司法解释也是一些原则性的规定，没有体现出环境侵权中精神损害赔偿的特殊性；二是环境侵权精神损害赔偿的认定较传统的侵权行为更为复杂和不确定。传统的侵权行为，大多为直接的损害、一次性侵害、个别性侵害，而环境侵权精神损害往往由于环境侵权的特殊性而呈现连续性、反复性、广阔性和累积性。这使得环境侵权精神损害的认定具有极强的不确定性。

随着社会进步和文明发展，人的人格精神利益越来越受到重视。笔者认为，人的人格尊严、生命、健康等是无法用金钱来衡量的，也不是用金钱可以交换的，但是一旦侵权行为发生后，一定数额的金钱赔偿也许是我们迄今为止的法律智慧所能找到的最重要的救济方法。精神损害赔偿作为对受害人精神利益损害的良好救济手段，具有救济、补偿和惩罚的社会功能，它既然已适用于传统的民事侵权行为，那么，将之适用于环境侵权领域同样是必要的。在侵权责任中规定精神损害赔偿顺应了社会的需要，对保障人权有着重要的意义。而环境污染由于自身的特点，对受害人的身心健康往往造成更大损害，无论是从精神损害赔偿的功能还是从环境侵权的特殊性来说，在环境侵权中确立精神损害赔偿制度都是非常必要的。将来在修订法律时，建议应对环境侵权的精神损害赔偿制度作出明确的、具有可操作性的规定。

【法条指引】

中华人民共和国民法典

第一千一百八十三条　侵害自然人人身权益造成严重精神损害的，被侵权人有权请求精神损害赔偿。

因故意或者重大过失侵害自然人具有人身意义的特定物造成严重精神损害的，被侵权人有权请求精神损害赔偿。

最高人民法院关于确定民事侵权精神损害赔偿责任若干问题的解释

第一条　因人身权益或者具有人身意义的特定物受到侵害，自然人或者其近亲属向人民法院提起诉讼请求精神损害赔偿的，人民法院应当依法予以受理。

7. 违法倾倒废物致人严重伤害，被侵权人是否有权主张精神损害赔偿？

【维权要点】

制药厂违法倾倒废物的行为致使他人的身体受到严重伤害，制药厂应当承担赔偿责任,包括精神损害赔偿责任。这是由于其倾倒行为构成环境侵权,适用的是无过错责任原则,除非制药厂能够证明,伤害的造成完全是由于不可抗拒的自然灾害,并经及时采取合理措施仍不能避免造成损害的,则可以免责;或者证明因第三人过错或者受害人自己致害,则在相应范围内减轻其责任。

【典型案例】

某制药厂主要生产医用药品,其将生产中的废物及生活垃圾交由某村村民吴某及姚某清运,二人未领取危险废物运输许可证,亦未接受专业培训。某制药厂未向二人指定废物倾倒地点,而是由二位清运人随意倾倒。吴某、姚某二人将废物倾倒在该区殡仪馆附近的垃圾坑内,其清运的垃圾中含有内装液体的针剂瓶。2021 年 5 月 7 日,该区某小学五年级学生郝某与另两名同学来到该区殡仪馆附近的垃圾坑内拾捡内装液体的针剂瓶。郝某将拾到的针剂瓶内的液体集中灌装在空矿泉水瓶里,液面高约 5 厘米,藏匿在自家楼道里。同年 5 月 8 日晚 7 时 40 分许,郝某的同学杨某来找郝某玩耍,二人在楼区间做丢沙包游戏。后天色渐晚,视线不清,郝某提议玩"酒精",杨某应允。郝某回自家楼道取来收集的液体,倒在地上少许,用火柴点燃,并与杨某蹲在火旁观看。火势渐小,郝某再次将液体向火上倾倒,火焰突然升高,杨某面、颈、前咽、右上肢被点燃并烧伤。经医院诊断,杨某头、面颈部、前胸烧伤 15% Ⅱ 至 Ⅲ 度。杨某的治疗费用9111.39 元,已由郝某父母负担。2021 年 6 月 3 日,杨某转院住院治疗 24天,花费 10064 元。后杨某在整形外科医院进行整形手术,经医院证实,杨某整形手术将伴其终生,初次手术每块伤须做三到四次,每次费用约 6万元。2022 年 4 月 2 日,杨某诉至法院,要求某制药厂和郝某赔偿自己的损失。诉讼中,法院委托对杨某的伤情进行了鉴定。经鉴定,杨某伤残 7级。另查明,杨某的父母均为聋哑人。庭审中,郝某的法定代理人提起反诉,要求杨某退还其支付的医药费 9111.39 元。

法院经审理认为,吴某、姚某未领取从事危险废物处置的经营许可证,亦未受过专业培训,而某制药厂在明知的情况下却将生产中的危险废物交由二人处置,严重违反《中华人民共和国固体废物污染环境防治法》的相关规定。某制药厂应对杨某受到的伤害承担主要侵权责任。郝某系限制行为能力人，其智力、学识尚不足以使其完全辨认其行为的性质，其将拾捡的硝酸甘油当作"酒精"点燃已说明其尚未意识危险的存在，其"点火行为"只是起到了使废品硝酸甘油潜在的危险爆发的作用，故其在对杨某侵权的过程中，属次要责任。鉴于郝某系未成年人，其父母作为监护人对其侵权行为应向杨某承担替代赔偿责任。郝某法定代理人反诉要求杨某退还其已支付的医疗费，无法律依据，不予支持。依监护理论，杨某父母在杨某烧伤事件中亦应承担适当的责任。杨某处在生长期，整形术对其成长实为必需，费用可依据医生意见酌定。杨某伤残 7 级，其精神上的确受到很大的伤害，尤其是其处在一个特殊的家庭里，父母均是残疾人，其要求精神损失赔偿理应支持，根据其伤情及痛苦程度，可酌情考虑赔偿 10 万元，故判决：1. 某制药厂于判决生效后 30 日内赔偿杨某医疗费、护理费、营养费、伤残补助费、整形手术费、精神损失费共计 693951.7 元；2. 郝某于判决生效后 30 日内赔偿杨某医疗费、护理费、营养费、伤残补助费、整形手术费、精神损失费共计 104092.75 元（由郝某父母承担赔偿责任，已承担 9111.39 元）；3. 驳回杨某其他诉讼请求；4. 驳回郝某的反诉请求。

【法官讲法】

本案的关键问题在于以下两点：

一、某制药厂是否应对杨某烧伤事件承担赔偿责任？

我国固体废物污染环境防治法第 80 条规定："从事收集、贮存、利用、处置危险废物经营活动的单位，应当按照国家有关规定申请取得许可证。许可证的具体管理办法由国务院制定。禁止无许可证或者未按照许可证规定从事危险废物收集、贮存、利用、处置的经营活动。禁止将危险废物提供或者委托给无许可证的单位或者其他生产经营者从事收集、贮存、利用、处置活动。"

本案中，吴某、姚某二人均未领取经营许可证，也未接受专业培训。某制药厂在明知二人无经营许可证、无专业知识的情况下，将生产中的废品硝酸甘油交由二人处置，违反了上述法律的相关规定。在处置废物过程中，某制药厂既未指定废品倾倒地点，也未过问二人处置废物的方法，而是由二人随意倾倒，随意处置。某制药厂作为硝酸甘油的生产单位，理应知道该产品的化学属性，但其对产生的废品却不按法律的规定进行处置，采取放任的态度任其对周边环境及他人的人身和财产造成隐患。某制药厂的违法倾倒危险品的行为与杨某烧伤的损害事实存有因果关系，其对杨某的经济损失应承担主要的侵权责任。

二、郝某父母对郝某点燃液体将杨某烧伤的行为是否应承担监护责任？

郝某父母在杨某烧伤的事件中，并未实施侵权行为，不是致害人，但其对郝某的点火事件要向杨某承担侵权责任，此时郝某父母所承担的即为替代责任。所谓替代责任系责任人为他人的行为所致损害负有的侵权赔偿责任。在一般侵权行为中，责任人与致害人是一人，单一的致害人对自己的行为承担责任。而替代责任中，责任人与致害人并非同一人。就责任人的主观上看，其没有致人损害的意图，故不能以其主观上是否有过错作为其承担责任的前提条件。责任人对致害人的侵权行为之所以要向受害人承担责任，系因责任人与致害人之间存在一种特定的关系。这种特定关系表现为隶属、雇佣、代理、监护等身份关系。郝某父母作为郝某的监护人，对郝某的侵权行为给他人造成的损失应承担赔偿责任。在本案中，郝某作为限制行为能力人，尚不能完全辨认其行为的性质，其不能预见自己行为的危险性。郝某点火行为只是废品硝酸甘油潜在的危害性爆发的诱导因素，而真正危害杨某生命健康的是某制药厂违法倾倒废品危险物的行为，故郝某应承担次要责任。同理，根据民法典第1173条之规定，被侵权人对同一损害的发生或者扩大有过错的，可以减轻侵权人的责任。杨某父母对杨某烧伤事件亦应承担相应的监护失责责任。

【法条指引】

中华人民共和国民法典

第一千一百七十三条 被侵权人对同一损害的发生或者扩大有过错的，可以减轻侵权人的责任。

中华人民共和国固体废物污染环境防治法

第八十条 从事收集、贮存、利用、处置危险废物经营活动的单位，应当按照国家有关规定申请取得许可证。许可证的具体管理办法由国务院制定。

禁止无许可证或者未按照许可证规定从事危险废物收集、贮存、利用、处置的经营活动。

禁止将危险废物提供或者委托给无许可证的单位或者其他生产经营者从事收集、贮存、利用、处置活动。

第八十一条　收集、贮存危险废物，应当按照危险废物特性分类进行。禁止混合收集、贮存、运输、处置性质不相容而未经安全性处置的危险废物。

贮存危险废物应当采取符合国家环境保护标准的防护措施。禁止将危险废物混入非危险废物中贮存。

从事收集、贮存、利用、处置危险废物经营活动的单位，贮存危险废物不得超过一年；确需延长期限的，应当报经颁发许可证的生态环境主管部门批准；法律、行政法规另有规定的除外。

8. 医院未经家属同意擅自处理死胎，是否应承担精神损害赔偿责任？

【维权要点】

死胎是指在分娩时已经没有生命体征的特殊物。从权利角度上讲，其不同于胎儿，胎儿在出生时具有生命并自出生时享有民事权利；其也不同于一般的尸体，尸体是指现有生命失去后留下的特殊物。虽然死胎从来不具有民事权利，但死胎的亲属对其享有所有权，医院无权擅自作为医疗废物处理。

【典型案例】

2021年3月4日凌晨，张某（女）因腹中的胎儿胎动消失5天，腹痛14个小时多，由某区人民医院转入某妇幼保健院。入院时诊断为"先兆子宫破裂，相对头盆不称，重度妊娠高血压综合征，孕4产3孕40＋2周临产，巨大儿，胎死宫内"。该医院急诊行剖宫产术。3月4日3点18分，手术娩出一男死婴全身高度浮肿，呈青紫色。3月4日上午9点，某妇幼保健院向张某及其丈夫交代了病情，并建议其对死胎进行尸检。张某的丈夫王某签字表示不同意尸检。3月7日，某妇幼保健院将死胎按照医疗废物自行处理。3月9日，张某得知某妇幼保健院已对死胎按医疗废物处理完毕后，极度不满，与医院发生争议。

3月25日，张某作为原告诉至法院称："我曾在某区人民医院治疗感冒，长达20天左右。其间出现脚肿、腿肿的情况，后来全身浮肿，胎动一天比一天少。我想做法医鉴定，但想不到被告某妇幼保健院未经我同意就把婴儿的尸体给私自处理了，致使我追究某区人民医院责任的证据丢失，因此我要求被告某妇幼保健院赔偿经济损失7000元、误工费20000元、营养费6000元、交通费100元、通信费50元、精神抚慰金12000元，并公开赔礼道歉。"

被告某妇幼保健院辩称："根据我国相关法律法规的规定，人流、引产、胎死宫内娩出的死胎应属于病理性医疗废物，应由医疗机构按照规定集中处置，而且这是我国医疗机构长期以来的通行做法。死胎不属于我国法律规定的自然人，家属对自然人遗体享有的权利义务不适用于死胎。我们曾劝说原告张某进行尸检，但其明确表示不进行尸检，也没有表示其自行处理死胎。因此我们按规定处理完全合法，请法院驳回原告的诉讼请求。"

【法官讲法】

本案争议的焦点是死胎的性质和死胎的所有权（主要是处分权）归谁所有。

一、死胎是属于尸体还是医疗废物？

死胎由于其产出时即已无生命体征，按照我国法律关于自然人的权利能力始于出生、终于死亡的规定，其自始便未享有过民事权利能力，亦即自始未享有过独立的人格，因此其不能完全等同于自然人死亡后的尸体。但是由于本案中产出的死胎已经足月，完全具有了人形；同时，其虽因未取得过独立的人格而未能与母体形成法律上的身份关系，但生命孕育过程中的血肉联系使其与特定的主体又具有不可否认的事实上的身份关系。从这两点特征上看，其与尸体的特征又无太大实质区别。因此，笔者认为，死胎虽不属于尸体，但其类似于尸体，可以比照尸体的性质加以处理。

那么，死胎是否属于某妇幼保健院所称的医疗废物呢？对此，《医疗废物管理条例》并未加以明确，其第2条第1款规定："本条例所称医疗废物，是指医疗卫生机构在医疗、预防、保健以及其他相关活动中产生的具有直接或者间接感染性、毒性以及其他危害性的废物。"实务中，也有观点认为死胎可属于人体医疗废物。但笔者认为，在当前依照相关规定医疗废物尚完全归由医疗机构处置的情况下，如果将死胎亦划归医疗废物完全归由医院处置，不仅缺少法律依据，也与社会伦理不合。

二、死胎是否与尸体一样属于一种特殊的物，由其亲属享有所有权？

关于尸体的法律性质，历来存有争议，归结起来主要有以下三种观点：第一种观点是"非物"说，认为尸体其实不应是物，而是人的身体延伸的变化形式，是人在死后延续的一种人格利益，应适用人格权保护；第二种观点是"物"说，认为在人的生命体征消失之后，身体已经不再是自然人的人格载体，因为人格已经脱离了身体，因此，尸体中即使是存在人格利益，但是也已经由身体物化为尸体，完全没有作为人格载体的身体那么重要。第三种观点是"物与非物结合说"，认为尸体具有物的属性，但是包含确定的人格利益，具有社会伦理道德因素，是一种特殊的物，应由其亲属享有所有权，但受到一定限制，不是一个完全的所有权。从法律实践出发，笔者赞同最后一种观点。死胎既与民法典中规定的保留胎儿的继承份额这样一种先期法益的保护不同，更不存在延续的人格利益保护的问题，而其恰恰与上述第三种关于尸体的法律属性的认识相同，具有物的属性，但又是一种具有一定的人格利益和伦理道德因素的特殊的物，所有权应归于其亲属。

三、某妇幼保健院是否应给予赔偿，特别是精神损害赔偿？

本案中，某妇幼保健院未经死胎所有权人同意，擅自处理死胎，构成侵权行为。其给所有权人造成的财产损失应予赔偿。同时，笔者认为，由于死胎是一种具有一定人格利益的特殊的物，所以因侵权行为对死胎所有权人造成精神上的损害亦应给予适当赔偿，但是我国法律目前并未对此作出明确规定，由此形成了法律的漏洞。

就本案而言，尽管民法典和《最高人民法院关于确定民事侵权精神损害赔偿责任若干问题的解释》中的条文对死胎受到侵害其近亲属是否可要求精神损害赔偿并没有明确规定，但是后者司法解释第3条明确规定："死者的姓名、肖像、名誉、荣誉、隐私、遗体、遗骨等受到侵害，其近亲属向人民法院提起诉讼请求精神损害赔偿的，人民法院应当依法予以支持。"由前述死胎与尸体的相类似性，笔者认为，法院可以通过类推适用这一法律漏洞填补的方法，比附援引该条规定对侵害死胎的行为处以精神损害赔偿，以充分保护死胎所有权人的利益。

综上所述，笔者认为，某妇幼保健院未经原告张某同意，按照医疗废物自行处理死胎，侵犯了其作为亲属的知情权，并必然造成一定的精神痛苦，故某妇幼保健院应承担侵权责任，赔偿张某必要的精神损失费用。

【法条指引】

最高人民法院关于确定民事侵权精神损害赔偿责任若干问题的解释

第三条　死者的姓名、肖像、名誉、荣誉、隐私、遗体、遗骨等受到侵害，其近亲属向人民法院提起诉讼请求精神损害赔偿的，人民法院应当依法予以支持。

9. 环境噪声超过国家标准规定的环境噪声限值幅度时，被侵权人是否可以要求侵权人赔偿精神损害抚慰金？

【维权要点】

环境是人类生存和发展的基本条件，国家保护和改善生活环境和生态环境。生活环境中没有任何噪声是不可能的，但公民只对在可忍受限度范围内的噪声有忍受的义务。对忍受限度范围的判断，一般以常人所能忍受的限度为准，一旦制造噪声的行为形成环境污染，影响了公民的生活安宁权，便构成侵权，严重的噪声污染行为甚至可能引发精神损害赔偿责任的发生。

【典型案例】

原告吴某、张某的房屋建成于1990年，房屋坐北朝南，南面为沿江高速公路，房屋距离高速公路隔离栅栏18米。沿江高速公司于2001年8月17日成立，负责沿江高速公路建设、管理、养护及对通行车辆收费等。2004年8月16日，沿江高速公路该段通车。沿江高速公路建设时，吴某、张某的房屋不在强制拆迁范围之内。2014年7月，沿江高速公司在靠近吴某、张某房屋的沿江高速公路北侧安装了声屏障，声屏障长度为230米，材质采用金属超微孔蜂窝吸声板及钢化玻璃透明隔声板，该项设计方案未经环保部门的审核和论证。案件审理过程中，经法院委托，某科学研究院对涉诉房屋进行噪声监测，并出具《司法鉴定报告》。鉴定意见为：根据《声环境质量标准》（GB 3096—2008），在高速公路正常运营且避开节假日的情况下，对当事人张某、吴某居住的建筑物处布设的 4 个噪声监测点位进行噪声监测。结果显示，沿江高速公司运营管理的张某、吴某居住的建筑物处，存在夜间环境噪声超标和夜间突发噪声最大声级超过环境噪声限值的幅度高于 15 分贝的现象。吴某多次就诊被医院诊断为系抑郁状态。法院委托某司法鉴定所对吴某是否患有抑郁症，及若患有抑郁症，抑郁症与沿江高速公路噪声污染是否存在因果关系进行了鉴定。鉴定意见为：吴某患有神经症，没有证据表明其所患神经症与高速噪声相关。

吴某、张某诉称，自高速公路通车以来，车辆经过造成的高分贝噪声污染和振动污染给其正常生活造成了很大的影响，导致其出现听力受损和神经衰弱等症状，身体健康和精神状况受到了很大的损害，要求沿江高速公司承担精神损害、健康损害赔偿。

法院经审理后认为，吴某、张某长期生活在噪声污染地区，且夜间环境噪声超过了国家规定的环境噪声排放标准，正常的生活受到来自沿江高速公路噪声的干扰。虽然鉴定意见认为没有证据表明吴某患有神经症与沿江高速公路噪声污染相关，但噪声对人体的影响是客观存在的，亦为公众所普遍认可，而长期处于高噪声环境下的居民，其身心健康势必受到不良影响和一定程度的损害。吴某、张某长期生活在沿江高速公路噪声污染环境中，吴某、张某因噪声影响休息导致精神受到伤害符合日常生活经验法则，应推定属实。故法院依法判决沿江高速公司将沿江高速公司限期整改降噪，赔偿吴某、张某因噪声遭受的损失每人每月 80 元和精神损害抚慰金 4000 元（每人 2000 元）。

【法官讲法】

本案的争议焦点是沿江高速公司是否应支付精神损害抚慰金及相关数额确定。一般而言，精神损害赔偿必须是人身权遭受侵害才可以要求赔偿。财产遭受损害时，只有在法律明确规定的情形才可以要求精神损害赔偿。精神损害包括两种情况：一种是因为遭受有形的人身或财产损害而导致的精神损害；一种是未遭受有形的人身或财产损害而直接导致的精神损害。就本案而言，笔者认为，法院判定沿江高速公司的行为造成吴某、张某精神损害是正确的，具体分析如下。

一、精神损害构成要件角度

1. 沿江高速公司有侵害吴某健康权的行为。本案中，吴某、张某的房屋南面为沿江高速公路，房屋距离高速公路隔离栅栏仅为18米。沿江高速公司虽然在靠近吴某、张某房屋的沿江高速公路北侧安装了声屏障，但根据鉴定中心出具的噪声监测鉴定意见，在高速公路正常运营且避开节假日的情况下，存在夜间环境噪声超标和夜间突发噪声最大声级超过环境噪声限值现象，影响了吴某、张某的正常休息，侵害了吴某、张某的健康权，故吴某和张某有权利要求沿江高速公司进行赔偿。

2. 沿江高速公司有造成吴某、张某精神损害的事实。从吴某的身体状况讲，吴某患有神经症，虽根据鉴定中心出具的鉴定意见确定没有证据表明其所患神经症与高速噪声相关。但根据常识，噪声对人体的影响是客观存在的，长期处于高噪声环境下的人，其身心健康势必受到不良影响和一定程度的损害。吴某、张某长期生活在沿江高速公路噪声污染环境中，因噪声影响休息导致精神受到伤害符合日常生活经验法则。法院据此认定沿江高速公司有造成吴某、张某精神损害的事实是合理的。

3. 沿江高速噪声超标与吴某、张某的精神损害之间存在因果关系。因果关系分为事实上的因果关系和法律上的因果关系。事实上的因果关系是指行为与权益被侵害之间客观存在的因果关系。法律上的因果关系是指因果关系中具有法律意义的部分的因果关系。本案中，既存在事实上的因果关系，也存在法律上的因果关系。沿江高速公司的行为客观上造成了吴某的精神损害，鉴定中心出具的鉴定意见证明沿江高速存在噪声超出限值的事实以及吴某患有神经症的客观存在都可以证明，这是事实上的因果关系。法律上因果关系的认定，目前我国主要采用"相当因果关系说"。该学说对因果关系的判断分为两个步骤：条件关系和相当性。条件关系的判断标准是："如果没有某行为，就不会发生某结果"，或从反面认定："如果没有某行为也会发生某结果，那么该行为就不是该结果的条件"；相当性的判断标准是"通常会产生该种损害"。本案中，如果没有沿江高速的噪声，就不会影响吴某、张某的休息，其心情也会比没有噪声更为愉悦，故二者之间具备条件关系；众所周知，法律不仅要从公民的身体不受损害方面进行保护，还要确保人们有一个安宁、健康、舒适、优美的生活环境，噪声分贝过高必然会影响人的心情，并且吴某、张某是在家中休息，地点也合情理，较大的噪声势必会影响二人的身体健康，故本案"通常会产生这种因果关系"，具备了因果关系的相当性。

4. 沿江高速公司主观上存在过失。过错是行为人应受责难的主观状态。一般情况下，过错的证明责任由受害人来承担。本案中被告负责沿江高速公路建设、管理、养护及对通行车辆收费等事务，在高速公路建设过程中沿江高速公司虽然安装了声屏障，但未能采取有效措施消除对吴某、张某的影响，吴某、张某因沿江高速公司产生的噪声而受到健康权、身体权的伤害，最终导致精神损害，在该过程中，沿江高速公司是存在过失的。

二、精神损害赔偿的数额问题

目前我国法律对精神损害赔偿数额没有明确的规定。《最高人民法院关于确定民事侵权精神损害赔偿责任若干问题的解释》第5条规定："精神损害的赔偿数额根据以下因素确定：（一）侵权人的过错程度，但是法律另有规定的除外；（二）侵权行为的目的、方式、场合等具体情节；（三）侵权行为所造成的后果；（四）侵权人的获利情况；（五）侵权人承担责任的经济能力；（六）受理诉讼法院所在地的平均生活水平。"本案中，对原告吴某、张某造成的损害，沿江高速公司存在过失。就侵害造成的后果来说，沿江高速公司影响了吴某、张某的休息，未造成十分严重的损害，法院根据本案侵权情形，酌定沿江高速公司赔偿精神损害抚慰金4000元是适当的。

综上，法院认为沿江高速产生的噪音构成侵害他人健康权的侵权行为，并酌情判决给付相应的精神损害赔偿是正确的。

【法条指引】

中华人民共和国民法典

第一千一百八十三条 侵害自然人人身权益造成严重精神损害的，被侵权人有权请求精神损害赔偿。

因故意或者重大过失侵害自然人具有人身意义的特定物造成严重精神

损害的，被侵权人有权请求精神损害赔偿。

最高人民法院关于确定民事侵权精神损害赔偿责任若干问题的解释

第五条　精神损害的赔偿数额根据以下因素确定：

（一）侵权人的过错程度，但是法律另有规定的除外；

（二）侵权行为的目的、方式、场合等具体情节；

（三）侵权行为所造成的后果；

（四）侵权人的获利情况；

（五）侵权人承担责任的经济能力；

（六）受理诉讼法院所在地的平均生活水平。

10. 亲人的遗体遭损毁，近亲属是否有权获得精神损害赔偿？

【维权要点】

自然人死亡后遗体被损毁的，其近亲属可以向法院起诉请求精神损害赔偿。此处的"尸体被毁损"是指遗体受到非法损害或者是以违反社会公共利益、社会公德的方式而造成的。如果是以合法的手段或方式，如火葬场火化遗体，系经过死者近亲属的同意，则不能要求精神损害赔偿。

【典型案例】

2021 年 2 月 3 日上午 9 时，张某的妻子因病在家中去世。10 时 30 分，张某及其子女与当地殡仪馆取得电话联系，要求殡仪馆出车将死者的尸体拉去火化。11 时 15 分，殡仪馆的车辆到达，将死者及其家属一并拉上，驶往殡仪馆。途中，殡仪馆的车辆在转弯时与一辆直行车辆相撞，致使殡仪馆车辆侧翻。事故发生后，不仅张某及其子女受伤，张某的妻子的遗体也遭到严重损坏。为此，张某及其子女认为自己的精神受到强烈刺激，起诉到法院，要求殡仪馆赔偿精神损害抚慰金 10 万元，接送尸体费用及火化费用 30460 元。

被告殡仪馆对原告方所述的事故过程没有异议，也同意交通大队认定本单位司机负事故的主要责任，但殡仪馆称本单位司机并非故意导致事故发生，且事故发生后已给原告方每人购买了 300 余元的慰问品，原告方要求的精神损害抚慰金数额过高，请求法院依法判决。而且，有关单位已经为原告方报销了死者的火化费用，也不同意赔偿原告方要求的接尸费、火化费、提前取骨灰费用等。

法院经审理认为：被告殡仪馆使用专用作业车辆运送死者的遗体，应确保安全运送。被告殡仪馆的司机驾车运送途中发生交通事故，造成死者遗体的严重损坏，交通大队已认定该司机承担本次事故的主要责任。事故发生后，虽然被告殡仪馆对死者的遗体进行了整容修复，但鉴于原告亲眼目睹了死者遗体损坏的过程，给原告的身心造成了一定的精神痛苦，现原告要求被告殡仪馆赔偿其精神损害抚慰金，应予以支持。原告要求被告殡仪馆赔偿死者遗体火化等相关费用，因以上费用已经报销，对其请求不予支持。综合案件审理情况，法院判决被告殡仪馆赔偿原告精神损害抚慰金1万元。

【法官讲法】

各国民事法律普遍将损害区分为财产损害和非财产损害两大类。所谓财产损害，是指因权利人的财产或人身权利遭受侵害而造成的受害人经济上的损失。财产损害一般可用金钱确定，不仅包括积极损害，即财产的积极减少，也包括消极损害，即财产价值应该增加而没有增加。在我国民法理论界，非财产损害也被称为精神损害。精神损害是指权利人精神上遭受痛苦，包括公民的生命权、姓名权、肖像权、名誉权、荣誉权、隐私权等使受害人在精神上产生恐惧、悲伤、绝望、羞辱等痛苦。精神损害具有无形性，不能以金钱来计算和衡量。

《最高人民法院关于确定民事侵权精神损害赔偿责任若干问题的解释》第3条规定，死者的姓名、肖像、名誉、荣誉、隐私、遗体、遗骨等受到侵害，其近亲属向人民法院提起诉讼请求精神损害赔偿的，人民法院应当依法予以支持。这一规定确立了对死者遗体、遗骨依法给予保护的制度。本案中，死者遗体因交通事故受损，给死者的亲属造成了精神损害，侵权人应对此予以赔偿。

根据查明的事实，被告殡仪馆的司机虽然没有引发交通事故的故意，但是其没有尽到足够的安全注意义务，驾驶车辆不当，导致交通事故的发生，存在明显的过失。交通大队也对事故作出处理，认定被告殡仪馆的司机负事故的主要责任。精神损害赔偿民事责任的主观要件要求侵权人有过错，这种过错既包括故意，也包括过失。以上两种主观状态反映出侵权行为人的主观因素不同，对受害人产生的精神损害有轻重之别，在对应的赔偿数额上也应作出区分。被告殡仪馆的司机本身不是故意，且殡仪馆在事故发生后，对死者的遗体进行了整容修复，积极采取措施弥补过错，极力降低近亲属的精神损害。因此，人民法院酌情减少精神损害赔偿数额合情合法。

【法条指引】

最高人民法院关于确定民事侵权精神损害赔偿责任若干问题的解释

第三条　死者的姓名、肖像、名誉、荣誉、隐私、遗体、遗骨等受到侵害，其近亲属向人民法院提起诉讼请求精神损害赔偿的，人民法院应当依法予以支持。

11. 未经允许擅自解剖死者尸体，是否应当承担精神损害赔偿责任？

【维权要点】

人的生命一旦结束，其民事权利能力终止，社会属性消灭，尸体也就转化成为了一种纯自然的物，成为民事权利的客体。每个公民对其尸体（包括尸体脏器）享有处分权，当公民生前留有遗嘱时，其近亲属按其意志行使处分权；当公民生前没有留下遗嘱时，尸体处分权由其近亲属行使，以寄托亲属对死者的哀思。公民去世后，其亲属本就很悲痛，擅自处分他人尸体的行为破坏了尸体的完整性，使得其近亲属的感情雪上加霜，精神上受到刺激，应承担一定的精神损害赔偿责任。

【典型案例】

2012 年 11 月 16 日，武某因患病住进某医院，11 月 27 日凌晨因败血症、心脏衰竭而死亡。某医院在对武某进行治疗期间，曾会同某医科大学附属医院的专家进行会诊，两院的专家对武某病情的诊断存在分歧意见。在此期间，武某的病情迅速恶化。武某的儿子武某某怀疑某医院的诊断、治疗有误，即向某医院提出：武某死亡后，有某医科大学附属医院的专家参加、武某某在场，对武某的尸体进行解剖检验，以查明死因。某医院对武某某提出的"有某医科大学附属医院的专家参加、武某某在场"的要求未给予明确答复，即在武某死亡的当天，在没有办理完备尸检手续的情况下，由本院医务人员对武某尸体进行解剖检验，并取出心、肝、肺等脏器留作研究之用。次日，武某某得知武某的尸体被解剖，甚为不满，在找某医院解决问题过程中发生激烈争执。武某某遂向人民法院提起诉讼，要求某医院返还死者遗体及脏器，补偿因侵权而造成的精神损害补偿费 8 万元，并要求某医院赔礼道歉。

【法官讲法】

本案涉及对尸体的法律保护问题，对于这一问题的认识应从以下几个方面了解。

一、尸体的法律属性

身体作为身体权的客体，是人格权存在的物质基础。从物理意义上讲，身体也是物质，但因为人作为客观世界的主宰者，具有崇高的法律地位，这就将身体与其他物体区分开来，而不能等同于一般的物；否则，就会导致人的物化。这意味着身体虽然是物质性生命体，但与法律意义上的物有深刻的分野鸿沟，不能成为物权的客体，这一点为学界所普遍认可。因为，虽然尸体具有可以利用性、有体性、可控制性这些物的属性，也具有某些能够满足人们某种需要的利用价值（如用于医学研究或者其他科学研究）。但是，这些并非尸体的本质属性。这是因为：其一，尸体的利用程度非常有限，一般只能在法律允许以及不违背公序良俗的前提下用以科学研究，且这种现象只是个别的，并不具有普遍性；其二，尸体是自然生成的，不含有社会必要劳动时间这一价值因素，其虽有某些利用价值但它不是严格意义上的使用价值，因而它不具有物的本质属性，不能在市场上流通，不能成为交易的标的；其三，绝大多数人的尸体最终要被消灭其原有的形态，即通过火化、掩埋而转化成其他物质形态，回归自然界，或者仅留少部分骨灰以资纪念。其实，否认尸体不是物的基本支点，在于尸体是从自然人身体转化而来，具有极强的伦理意义，而不具有一般的物的属性。

二、对尸体的民法保护

对尸体进行民法保护的理论基础是人身权延伸保护理论。所谓人身权延伸保护，是指法律在依法保护自然人所享有的人身权的同时，对于其在出生前或死亡后所依法享有的人身利益，所给予的延伸至其出生前和消灭后的民法保护。其理由在于：第一，自然人在其出生前和死亡后，存在着与身体权客体即身体利益相区别的先期身体利益和延续身体利益，这种利益经过法律调整而成为法益。先期身体法益是对胎儿形体所享有的利益，延续身体法益是对尸体所享有的利益。这些身体利益并非物质利益，而是人格利益。第二，身体法益与身体权互相衔接，统一构成民事主体完整的身体利益。这种衔接，以身体权为中心，向前延伸与先期身体法益相衔接，向后延伸与延续身体法益相衔接。这种前后相序、一脉相承地衔接的基础，就在于它们的客体都是身体利益。先期身体法益为先导条件，以本体身体利益为中心，在其终止后，又转变成延续身体利益，并使其继续存在。第三，自然人身体利益的完整性和身体法益与身体权的系统性，决定了法律对自然人身体保护必须以身体权的保护为中心和基础，向前延伸保护和向后延伸保护。其中，对于身体权的保护是完全必要的，但是，对于先期身体法益和延续身体法益的延伸保护，同样是维护自然人身体利益和人格尊严的必要手段，以对身体权的法律保护为中心，向前延伸以保护先期身体法益，向后延伸以保护延续身体利益，才能构成对自然人身体利益法律保护的链条，确保自然人身体权和身体法益不受任何侵犯。

三、侵害尸体的民事法律责任

（一）财产损失赔偿责任

非法利用尸体的，应当进行适当赔偿。这种赔偿区分以下两种情况：一是非法移植死者器官的，应当按照当地移植该种器官的一般补偿标准予以赔偿。二是非法利用尸体进行教学，或者采集尸体器官、骨骼以及用整尸制作标本的，应当按照关于利用尸体一般补偿标准予以赔偿。损害尸体或者以其他方式侵害尸体，而给死者近亲属造成财产利益直接损失的，侵害人应对该损失给予全部赔偿。

（二）精神损害赔偿责任

《最高人民法院关于确定民事侵权精神损害赔偿责任若干问题的解释》第3条规定，死者的姓名、肖像、名誉、荣誉、隐私、遗体、遗骨等受到侵害，其近亲属向人民法院提起诉讼请求精神损害赔偿的，人民法院应当依法予以支持。这给因侵害尸体而导致精神损害赔偿责任的承担，提供了直接的法律依据。武某去世后，作为其家属本身就很悲痛，在这种情况下，某医院擅自解剖武某尸体，还从尸体内取出脏器留作标本，破坏了尸体的完整性，对武某家属在感情上无疑是雪上加霜，使他们更加悲痛，精神上受到损害。

综上所述，某医院擅自对武某尸体进行解剖检验，属于侵害尸体的违法行为。本案武某某提出对武某的尸体进行解剖检验，查清某医院对武某病情的诊断治疗是否有误，因此提出由外医院的专家参加和一名亲属在场，但某医院拒绝接受武某某的这一要求。在这种情况下，如果认为武某的疾病实为罕见，有科学研究的价值，一定要解剖，就要做好死者亲属的工作，取得他们的同意。但某医院没有这样做，擅自解剖检验死者武某尸体，属于侵害尸体的违法行为，应当对武某某承担精神损害赔偿。法院支持这一诉讼请求，是正确的。

【法条指引】

最高人民法院关于确定民事侵权精神损害赔偿责任若干问题的解释

第三条　死者的姓名、肖像、名誉、荣誉、隐私、遗体、遗骨等受到侵害，其近亲属向人民法院提起诉讼请求精神损害赔偿的，人民法院应当依法予以支持。

第二章　侵害名誉权、隐私权、肖像权的精神损害赔偿

1. 夫妻一方在网络上对另一方进行诽谤致其名誉受损，是否应承担精神损害赔偿责任？

【维权要点】

对于夫妻关系存续期间的精神损害赔偿，我国民法典侵权责任编和婚姻家庭编均作出了规定，但侵权行为人承担两种精神损害赔偿的法律依据、具体内容以及法律适用条件均是不同的。婚姻家庭编中的规定系婚姻无过错方主张有过错方的行为导致婚姻关系破裂应承担的精神损害赔偿责任。根据侵权责任编主张侵犯人身权要求承担精神损害赔偿责任的，则应视侵害的过错程度、侵权的具体情节、侵权后果等因素，考虑对方是否需要承担精神损害赔偿责任以及确定赔偿的数额。婚姻家庭编中有关离婚精神损害赔偿的规定应视为特别规定，离婚诉讼中，对于符合离婚精神损害赔偿纠纷的，应优先适用婚姻家庭编中有关精神损害赔偿的规定；不属于婚姻家庭编有关精神损害赔偿规定范围，但属于侵权责任编有关精神损害赔偿范围的，应适用后者的相关规定。

【典型案例】

牟某为某大学教师，冯某与牟某为夫妻关系。牟某曾支取冯某名下银行卡 1 万余元。2019 年初，牟某与冯某因生活琐事发生争吵。2019 年 4 月 19 日，冯某为达到离婚的目的，将违规取得的牟某在交通银行自助取款机取款视频，通过其使用的用户名为"岗岗28"的百度账号发布至百度"某大学研究生吧""某大学吧"，共计五条，标题分别为"某大学公共卫生学院牟某教授偷钱视频""某大学牟某教授正在偷钱""某大学公卫牟某教授正在盗取别人银行卡""某大学牟某教授正在偷钱""大家帮忙辨认一下，

这是不是公共卫生学院的牟某教授，她正在……"。当晚23时54分许，牟某向渝中区石油路派出所报警称被发诽谤视频到贴吧。冯某在庭审中陈述，警察联系冯某后，冯某在发帖约一个小时后删除了相关内容。

牟某称，冯某故意捏造并散布虚构的事实，并通过网络平台进行散播，致使牟某的名誉受到极大的不良影响，因此遭受来自广大师生的怀疑和白眼，遭受了极大的精神压力。故诉于法院，要求冯某在百度公众网、某大学的贴吧、某大学研究生贴吧上停止侵害，删除相关的帖子、在上述网站公开道歉，发帖保留时间不少于两个月，为牟某消除影响，恢复名誉，并赔偿精神损害抚慰金1万元。

法院经审理后认为："是否构成侵害名誉权的责任，应当根据受害人确有名誉被损害的事实、行为人行为违法、违法行为与损害后果之间有因果关系、行为人主观上有过错来认定。"侵害名誉权的构成要件有四点：（1）行为人故意或过失实施了侮辱、诽谤的行为。诽谤指捏造虚假事实并向第三人散布。（2）侮辱、诽谤指向特定人。（3）侮辱、诽谤的行为为第三人所知悉。（4）受害人的社会评价因侵害人的行为而降低。夫妻之间互相知晓对方银行密码、支取对方账户钱款，符合常理常情。牟某作为某大学教授，支取配偶名下银行卡1万余元，从一般大众正常认知来看，无论如何都难以与"盗窃"关联。冯某因与牟某感情不和，将牟某的取款视频冠以"某大学牟某教授正在偷钱"等字样发布在互联网上，且发布内容的网站浏览人群指向性十分明显，均为与牟某可能存在密切工作关系的不特定第三人，主观故意十分明显。冯某主观上故意实施了诽谤行为并向第三人发布，诽谤内容包含牟某姓名，指向明确，偷窃的指控客观上显然会降低牟某的社会评价。尊师重教是中华民族的传统美德，国家也通过法律保障教师合法权利、提高教师待遇和社会地位。基于此，从社会到一般大众个人层面，都对教师个人品德、品行的要求标准高于一般常人。冯某在互联网发布牟某偷窃的不实诽谤，侵害了牟某的名誉权，故法院依法判决冯某对牟某赔礼道歉并支付牟某精神损害抚慰金1000元。

【法官讲法】

精神损害赔偿制度是在实务中特别是审判实践中不断探索发展进而确立的。学界通常认为精神损害是指法律法规或司法解释规定可以以金钱赔偿作为救济方式的狭义的精神损害，包括精神痛苦、疼痛或其他严重精神反应的情况。对于法律或司法解释上没有明确规定的，虽然也会有精神痛苦或一定的精神反应，却不属于法律上的精神损害。对于夫妻关系存续期间的精神损害赔偿，我国民法典侵权责任编和婚姻家庭编均作出了规定，但侵权行为人承担两种精神损害赔偿的法律依据、具体内容以及法律适用条件均是不同的。

民法典第 1091 条确立了离婚损害赔偿制度，该条规定："有下列情形之一，导致离婚的，无过错方有权请求损害赔偿：（一）重婚；（二）与他人同居；（三）实施家庭暴力；（四）虐待、遗弃家庭成员；（五）有其他重大过错。"根据该条规定，离婚损害赔偿的适用条件为：（1）一方对离婚存在过错；（2）另一方没有过错；（3）过错方的损害行为造成了损害结果；（4）过错行为与损害结果之间存在因果关系。一般情况下，离婚损害赔偿的诉讼请求应当在离婚诉讼中一并提出或离婚后一年内提出。

民法典第 1183 条确立了关于精神损害赔偿的一般规定。该条规定"侵害自然人人身权益造成严重精神损害的，被侵权人有权请求精神损害赔偿。因故意或者重大过失侵害自然人具有人身意义的特定物造成严重精神损害的，被侵权人有权请求精神损害赔偿。"依据该条第 1 款的规定，主张精神损害赔偿须满足以下条件：（1）侵害他人人身权益可以请求精神损害赔偿；（2）须造成被侵权人严重精神损害；（3）侵害行为与精神损害后果有因果关系；（4）精神损害赔偿的适用要符合其他有关侵权责任构成的相应要件。

通过前述分析可以看出，离婚损害赔偿制度与民法典侵权责任编的精神损害赔偿制度存在区别：（1）主体不同。民法典侵权责任编有关精神损害赔偿的责任主体没有特定性，民法典婚姻家庭编中的离婚精神损害赔偿主体为夫妻中的一方；（2）侵权的客体不同。一般精神损害赔偿侵犯的是权利人的人身权，但离婚精神损害赔偿不仅侵害对方的人身权，同时侵犯配偶权；（3）侵权后果不同。离婚精神损害的后果之一是导致婚姻关系无法持续，而侵权责任编的精神损害则无此要求。本案中，法院判决冯某承担精神损害额赔偿责任的依据显然不是婚姻家庭编的规定，而是侵权责任编的规定。冯某主观上故意实施了诽谤行为并向第三人发布，诽谤内容包含牟某姓名，指向明确，偷窃的指控客观上显然会降低牟某的社会评价，法院酌定判令冯某承担精神损害赔偿责任是合理的。

【法条指引】

中华人民共和国民法典

第一千零九十一条　有下列情形之一，导致离婚的，无过错方有权请求损害赔偿：

（一）重婚；

（二）与他人同居；

（三）实施家庭暴力；

（四）虐待、遗弃家庭成员；

（五）有其他重大过错。

第一千一百八十三条　侵害自然人人身权益造成严重精神损害的，被侵权人有权请求精神损害赔偿。

因故意或者重大过失侵害自然人具有人身意义的特定物造成严重精神损害的，被侵权人有权请求精神损害赔偿。

最高人民法院关于适用《中华人民共和国民法典》婚姻家庭编的解释（一）

第八十六条　民法典第一千零九十一条规定的"损害赔偿"，包括物质损害赔偿和精神损害赔偿。涉及精神损害赔偿的，适用《最高人民法院关于确定民事侵权精神损害赔偿责任若干问题的解释》的有关规定。

2. 不正当地行使控告权对他人名誉权造成侵犯，是否应承担相应的精神损害赔偿责任？

【维权要点】

中华人民共和国公民享有提出批评和建议的权利，也有向有关国家机关提出申诉、控告或者检举的权利，但在行使这些权利时，必须实事求是，绝不能捏造或歪曲事实进行诬告陷害。对于主张他人借行使批评建议权和检举控告权之名侮辱、诽谤自己并以名誉权受到侵害向法院提起诉讼并主张精神损害赔偿的，法院应当受理，但原告有责任举证证明他人的行为具备名誉权侵权的行为要件。

【典型案例】

2011 年 8 月 17 日，被告齐某以 2011 年 6 月与原告张某合作投资音乐舞台剧，张某将其 100 万元转走后不接电话为由向公安机关报案。被告某艺术中心（以下简称"某艺术中心"）王某注册"歌手张某是骗子"新浪微博，发布"张某诈骗，在机场要跑。让警察带回警局询问！""张某诈骗被抓，不接当事人信息。机场被警方带走！"等言论。被告黄某个人新浪微博"女子水晶乐坊黄某"发布"歌手张某已被警察带走，听说刑警已经正式立案""大年初三公检法只有值班的，张某真是个高手真会钻空子"等言论。齐某接受采访时称："我们是 8 月 17 日报的案，此前给她发信息不回，电话不接，她女儿和助理又都说她已经出国几天了。"故张某将某艺术中心、黄某、齐某诉至法院，要求判定三被告侵犯其名誉权；三被告立即停止侵权行为，删除互联网上侵权言论；在新浪等网站及《法制日报》等媒体的显著位置刊登书面赔礼道歉声明，消除不良影响，恢复名誉；连带赔偿经济损失 150 万元；连带赔偿精神损害抚慰金 100 万元。

法院经审理认为：在黄某和王某（某艺术中心的职务行为）发表张某所指称的侵权言论时，张某并未因涉嫌诈骗一事被刑事立案，也并未因此而被限制出境。虽然黄某、齐某作为受害人向公安机关进行报案被接收，但是否作为刑事诈骗案件受理尚在审查之中，对事件性质公安机关未作定性，故被告的相关言论已经明显超越了基本属实的界限，对客观事实存在夸大、歪曲、虚构和过分的渲染，对公众看待事实显然会产生误导。黄某与某艺术中心对张某构成共同侵权。齐某在此事件中的言论基本属实，且未超出必要的限度，不构成对张某名誉权的侵犯。故判令黄某、某艺术中心停止对张某的侵权行为，删除侵权言论；连续在新浪网站刊登致歉声明 3 日，连带赔偿经济损失 2 万元，连带给付精神损害抚慰金 5000 元。

【法官讲法】

宪法第 38 条规定："中华人民共和国公民的人格尊严不受侵犯。禁止用任何方法对公民进行侮辱、诽谤和诬告陷害。"第41条第1款规定："中华人民共和国公民对于任何国家机关和国家工作人员，有提出批评和建议的权利；对于任何国家机关和国家工作人员的违法失职行为，有向有关国家机关提出申诉、控告或者检举的权利，但是不得捏造或者歪曲事实进行诬告陷害。"可见，宪法同时赋予了公民人格权和申诉控告权。名誉权作为人格权的一种，在法律地位上与申诉控告权是平等的，均属于公民的基本权利。公民的名誉权应受法律保护，被举报人、被控告人的名誉权同样应受法律保护。控告、检举人的行为是否适当，是否构成名誉侵权，笔者认为，应从以下几个方面进行考量。

1. 基本属实标准。如果行为人发布的言论基本属实，则不构成对他人名誉权的侵犯，这是名誉侵权认定问题上的基本属实原则。结合控告行为的特殊性，基本属实标准可以具体化为合法根据标准，即行为人所发布信息应当有一定的合法的来源和根据，不得过分歪曲事实。任何人未经法定程序不得被认定违法犯罪，在相关机关作出是否构成违法犯罪的认定前，如果恶意对外扩散被举报控告人构成违法犯罪的信息，则有可能构成侵权。

本案中，某艺术中心、黄某与张某存在的经济纠纷已经公安机关立案，但尚未得出张某涉嫌刑事犯罪的结论。某艺术中心、黄某在网上发表的言论无合理根据，属于个人的主观臆断和猜测，对客观事实存在夸大、歪曲、虚构和过分的渲染，不符合基本属实的标准，构成对张某名誉权的侵犯。

2. 谨慎注意他人合法权利原则。这一标准主要考察行为人的主观方面，即举报控告人在行使个人权利、维护自身利益的同时，也应注意不得侵犯他人合法权益。实践中，有些举报控告人由于感觉自己受害，为寻求更多的理解和同情，可能会夸大自身遭遇，对他人作不切实际的评价，可能作出一些超越客观真实、歪曲事实的言行，产生侵犯他人名誉权的后果。自身权利受到损害并非据此侵犯他人合法权利的正当理由，对自身所受损害，应当通过法律程序和合理手段解决，对于他人合法权益，应当谨慎注意。

本案某艺术中心和黄某的行为较为典型。针对张某名誉权受损的后果，二被告的主观过错实际上是一种间接故意，即明知其行为可能侵犯张某名誉权，而放任甚至是追求该结果的发生。

3. 合理限度原则。公民合法权益受到侵害时，可以寻求国家强制力的救济，也可以进行合理的自我救济。无论是举报、控告还是起诉，均系当事人行使法律权利，但其权利的行使应在合法合理的限度内，不得以此为由或利用该种方式侵犯他人合法权利。针对是否在合理限度内，应当结合当事人的行为特点、表现形式等方面综合认定。应适用客观公平的一般标准，既不苛求举报控告人过分谨慎小心，也不因此而漠视被举报控告人合法人格尊严和法律权益。

本案中，某艺术中心和黄某在公安机关立案受理后，明知针对张某是否构成诈骗尚无最后结论，而擅自通过网络平台向不特定多数人发布带有明显倾向性的言论，显然已经超越了寻求公力救济和进行自力救济的合理限度，构成名誉侵权，应当承担侵权的法律责任。

【法条指引】

中华人民共和国宪法

第三十八条 中华人民共和国公民的人格尊严不受侵犯。禁止用任何方法对公民进行侮辱、诽谤和诬告陷害。

第四十一条 中华人民共和国公民对于任何国家机关和国家工作人员，有提出批评和建议的权利；对于任何国家机关和国家工作人员的违法失职行为，有向有关国家机关提出申诉、控告或者检举的权利，但是不得捏造或者歪曲事实进行诬告陷害。

对于公民的申诉、控告或者检举，有关国家机关必须查清事实，负责处理。任何人不得压制和打击报复。

由于国家机关和国家工作人员侵犯公民权利而受到损失的人，有依照法律规定取得赔偿的权利。

中华人民共和国民法典

第一千零二十四条 民事主体享有名誉权。任何组织或者个人不得以侮辱、诽谤等方式侵害他人的名誉权。

名誉是对民事主体的品德、声望、才能、信用等的社会评价。

3. 未经法定程序认定，对外散播被举报人已构成犯罪，是否应当承担相应的精神损害赔偿责任？

【维权要点】

公民依法享有向有关部门检举、控告他人的违法违纪行为的权利。如果借检举、控告之名侮辱、诽谤他人，造成他人名誉损害，当事人以其名誉权受到侵害向人民法院提起诉讼的，人民法院应当受理。公民有依法检举、控告他人不法行为的权利，但必须在法律允许的范围内行使权利，否则，也应承担相应的法律责任。法律面前人人平等，禁止用侮辱、诽谤等方式损害公民、法人的名誉。公民的名誉权应受法律保护，被举报人的名誉权亦是如此。由于举报控告的事实系违法犯罪事实，而任何人未经法定程序不得被认定为违法或犯罪，在相关机关作出认定之前，在缺乏合法合理根据的情况下，对外散播被举报人已经构成违法犯罪的行为侵犯了被举报人的名誉权，对于侵权情节严重的，可能导致精神损害赔偿责任。

【典型案例】

林某1与林某2系父子关系，林某1系平邑县某村书记。2018年12月15日，林某3在"发行社"网络平台发布题为《某村霸林某1，怎能成为扫黑除恶的漏网之鱼》的文章，并附"林某1重罪十一条：1. 非法占用农用地罪、非法转让倒卖土地使用权罪；2. 挪用资金罪；3. 职务侵占罪；4. 贪污罪；5. 故意毁坏财物罪、故意伤害罪、暴力破坏婚姻自由罪；6. 放火罪；7. 投毒罪；8. 聚众斗殴罪；9. 寻衅滋事罪；10. 诈骗罪、集资诈骗罪；11. 利用职权侵吞补贴款的犯罪事实"共计11页；在"智慧平邑"网络平台发布题为《冷蒋村民共倡议，吐血含泪诉心声》的文章共计24页；在"发行社"网络平台发布题为《平邑村霸不倒翁，嚣张跋扈林某1》的文章共计5页。2019年3月26日，林某1、林某2以其诉求诉至法院。

林某1、林某2认为，林某3在"掌上平邑""发行社""百度贴吧"等网络平台，发布恶意诋毁、诽谤原告的言论，进行网络上传、散播。散播后经多次转载，给原告造成了恶劣的影响及精神上的刺激，致使林某2妻子与林某2离婚，也使周围朋友对原告的社会评价极度低下，原告的生活受到严重干扰。要求判令被告停止侵犯原告名誉权的行为、赔礼道歉、消除影响、恢复名誉并赔偿原告精神损失抚慰金 3 万元。

法院经审理认为：法律面前人人平等，禁止用侮辱、诽谤等方式损害公民、法人的名誉。公民的名誉权应受法律保护，被举报人的名誉权亦是如此。由于举报控告的事实系违法犯罪事实，而任何人未经法定程序不得被认定为违法或犯罪，在相关机关作出认定之前，在缺乏合法合理根据的情况下，对外散播被举报人已经构成违法犯罪的行为侵犯了被举报人的名誉权。本案中，林某 3 明知林某 1、林某 2 是否构成刑事犯罪尚无最后结论，而擅自通过公开的网络平台向不特定多数人发布带有明显倾向性的言论，明知其言论可能对公众产生误导，可能导致林某 1、林某 2 社会评价降低，而对此持放任态度，构成名誉侵权，应当承担侵权的法律责任。据此，法院判决林某 3 停止对林某 1、林某 2 的侵权行为，删除侵权言论，连续在"掌上平邑""发行社""百度贴吧"等网络平台刊登致歉声明 3 日，赔偿林某 1、林某 2 精神损害抚慰金 2000 元。

【法官讲法】

本案争议的焦点是林某 3 对未经法定程序确定的违法或犯罪事实进行散播，是否侵害了林某 1、林某 2 的名誉权，以致应当承担精神损害赔偿责任。准确理解侵害名誉权类案件的构成要件，是正确分析本案是否应当承担相应精神损害赔偿责任的基础。侵害名誉权的案件构成包括以下四个方面。

一、加害人实施了侵害名誉权的行为

按照侵权行为法的一般理论，侵权行为包括作为和不作为两种情形。名誉权作为人格权，在性质上属于绝对权，其实现不需要他人的帮助，其他人只要履行自己不作为的义务（不作出积极的侵害他人名誉的行为）即可。因此，侵害名誉权的行为一般是积极的作为行为。侵害名誉权的典型行为主要是侮辱和诽谤两种形式。其中，侮辱是指用暴力或者其他方式欺负他人，贬损他人人格的行为。诽谤是指行为人因过错不法传播不利于特定人的名誉的虚伪事实或者不法发表不利于特定人名誉的评论，而使受害人的名誉受到损害的一种民事侵权行为。

二、客观上存在侵害名誉权的损害后果

损害作为一切侵权行为的构成要件，具有三方面的特征：其一，损害是侵害合法的民事权利和利益所产生的后果；其二，损害具有客观真实性和确定性；其三，损害具有法律上的可补救性。

三、加害人具有主观上的过错

过错一般分为过失和故意。过失表现为行为人对自己行为的后果应当或者能够预见而没有预见（疏忽的过失），或者虽然预见到了其行为可能发生的后果，但是轻信此种后果可以避免（轻信的过失）。故意表现为行为人预见到了自己的行为可能导致的损害后果，但是希望或者放任结果发生的一种心理状态。对于一般公民的名誉权侵害，只要加害人有过错，便具备了侵权行为构成的主观要件；对于公职人员或者社会公众人物的名誉权侵害，要求加害人具有故意或者重大过失的主观要件。因重大过失或者故意侵害他人名誉权的，应承担较重的民事责任；因一般过失侵害他人名誉权的，应承担较轻的民事责任。

对于过错的举证与证明问题，一般推定加害人具有主观上的过错，受害人无须对加害人的过错进行实质性的举证和证明，但是加害人可以举证自己不存在过错而免除其侵害名誉权的民事责任。作为例外情况，对于侵害公职人员或者社会公众人物名誉权的，由受害人对加害人的故意或者重大过失进行证明。

四、加害行为与损害结果之间存在因果关系

在具体案件中，因果关系存在多种状态，有一因一果、一因多果、多因多果、多因一果等形态。一般来说，因果关系的存在要由原告方举证和证明。在侵害名誉权的案件中，侵害名誉权的行为与社会评价降低的损害后果之间的因果关系，是不证自明的。但与精神损害、附带财产损失之间的因果关系，需要由受害人加以举证和证明。

根据上述分析，本案中，林某3在缺乏合法合理根据的情况下，对外散播被举报人已经构成违法犯罪的行为，明知其言论可能对公众产生误导，可能导致林某1、林某2社会评价降低，而对此持放任态度，构成名誉侵权，应当承担侵权的法律责任。

【法条指引】

中华人民共和国民法典

第一千零二十四条　民事主体享有名誉权。任何组织或者个人不得以侮辱、诽谤等方式侵害他人的名誉权。

名誉是对民事主体的品德、声望、才能、信用等的社会评价。

最高人民法院关于确定民事侵权精神损害赔偿责任若干问题的解释

第一条 因人身权益或者具有人身意义的特定物受到侵害，自然人或者其近亲属向人民法院提起诉讼请求精神损害赔偿的，人民法院应当依法予以受理。

第二条 非法使被监护人脱离监护，导致亲子关系或者近亲属间的亲属关系遭受严重损害，监护人向人民法院起诉请求赔偿精神损害的，人民法院应当依法予以受理。

第三条 死者的姓名、肖像、名誉、荣誉、隐私、遗体、遗骨等受到侵害，其近亲属向人民法院提起诉讼请求精神损害赔偿的，人民法院应当依法予以支持。

4. 侵害死者的名誉是否应承担相应的精神损害赔偿责任？

【维权要点】

死者的名誉是指人们对死者生前的道德品质、生活作风、工作能力等方面的社会评价。人死后其肉体归于消灭，但死者生前的行为和表现，并未因死亡而消灭。死者生前的表现仍然可以作为人们评价的对象，因此死者的名誉应受到法律保护。死者的名誉受到侵害后，最大的问题在于死者已不具有权利能力和行为能力，自己不能行使诉讼权利来保护自己的合法权益，因此应对死者的名誉采取特殊的诉讼方式，即由其近亲属向法院提起诉讼寻求保护。

【典型案例】

被告吴某，原为某市某区某机关干部，因在 1997 年 11 月未能使其儿子的工作从企业编制转为事业编制，对时任机关主要领导的罗某怀恨在心。2013 年 4 月，罗某因病去世，吴某为泄私愤，将罗某的讣告大量进行复印，在复印的讣告周围写上诽谤、侮辱性言辞，在罗某生前的单位周边四处张贴，并寄给了罗某的亲属。2013 年 6 月，吴某因与他人产生纠纷向"110"报警，公安机关在处理该纠纷时，查实吴某曾到处张贴反映罗某

"腐化堕落""与多名女同事保持不正当关系"的宣传单，吴某即被拘留。在拘留所里，吴某写下了悔过书，认识到自己行为的错误，表示坚决改正，并对造成的恶劣影响向罗某亲属表示道歉。

2013年10月，痛失亲人又遭吴某行为伤害的罗某妻子、儿女一纸诉状将吴某告上法庭，要求吴某赔礼道歉、消除影响、恢复名誉，并赔偿她们因此受到的精神损失。法院审理后依法判决被告吴某在判决生效后十日内向罗某的妻子和儿女赔礼道歉、消除影响、恢复名誉，将致歉声明在该区有线电视台播放并在报纸刊登，同时还应对原告造成的精神损失支付原告精神抚慰金人民币8000元。

【法官讲法】

死者名誉权的保护应从以下几个方面认识。

名誉权指民事主体对自身名誉享有不受他人侵害的权利。对于名誉权的保护，民法典第1024条规定："民事主体享有名誉权。任何组织或者个人不得以侮辱、诽谤等方式侵害他人的名誉权。名誉是对民事主体的品德、声望、才能、信用等的社会评价。"笔者认为，虽然权利主体的客观存在是人格权存在的物质基础，在这种物质基础灭失的情况下如自然人死亡，诸如生命权、健康权等人格权就无从存在，但对于那些以内涵为精神利益为主的人格权，如名誉权、隐私权、肖像权等，在权利主体消灭后就从法律权利的地位转化成为精神利益。这种利益在一定程度上保持了其原有的特性，继续在一定的时空范围内对社会产生影响，这种影响可能涉及死者的亲属或者好友的人格利益，如对死者的侮蔑必将损及其亲属，也可能涉及国家或者民族的尊严，如对民族英雄的侮蔑将危及整个民族的尊严。在这种情况下，死者生前所享有的这些精神性人格权超越其主体存在的范围，变成具有社会性的利益，其可以归属于死者的亲朋好友，也可以归属于一个国家或者民族，这要视死者生前的业绩、地位来定夺。可以说，在权利主体消灭后仍保护其生前享有的权利所衍生出来的精神性利益，这是对死者亲属或其他关系人的尊重，体现法的人性化。

在上述认识的前提下，可以看出，名誉作为社会评价，无论是生者还是死者都是具有的，自然人死后，名誉不会随死亡而消失，可能在社会成员中存在相当长的时间。对死者名誉给予保护，法律方面的理由有两个：

首先，保护死者的名誉是死者生前的愿望，当然在某种程度上也体现了死者的亲属、朋友、生前的同事、同行等人的愿望。人们大都追求好的名声，绝大多数人不仅希望自己生前有个好名声，死后也应留下好名声。所谓"人过留名，雁过留声""人生自古谁无死，留取丹心照汗青"，正反映了人们生前追求良好名声的愿望。正是因为人们对名声的不懈追求，才推动了社会道德的进步和人类文明的提高。如果自然人死亡之后其名誉可随意被人损害，而侵权行为人不受法律制裁，此种结果与死者生前毕生追求是相违背的，也不符合死者生前的心愿，这对死者来说也是极不公平合理的。其次，正是由于人们生前追求良好的名声并从事一定的行为，才有利于社会道德的弘扬和人类文明的进步，所以任何社会都要鼓励人们获得符合社会要求的良好名誉。如果一个人毕生追求的好名誉在其死后不受法律保护，那么名誉就不能对人们生前的行为产生约束作用，也不能鼓励和刺激人们为保持良好的美德而为社会作出卓越的贡献。所以，对死者的名誉不予保护，会导致人们的价值观、荣辱观、道德观遭到扭曲，社会利益将受到极大损害，同时也不利于社会秩序的稳定。

如前所述，死者的名誉应该得到保护。但也要注意，死者名誉利益的保护与一般名誉权的保护相比，是有其特殊性的。首先，一般名誉权受损害往往造成受害人精神上的痛苦，而对死者名誉的侵害应着重分析所造成的社会影响是否可以足以导致死者社会评价的降低、人格的毁损。其次，对死者名誉的侵害与对死者近亲属名誉权的侵害不同，如果是针对死者近亲属名誉权的侵害，虽然涉及死者名誉，仍应认定为是对死者亲属的侵权行为；如果行为人的行为既侵犯了死者的名誉又损害了死者近亲属的名誉，应认定为侵犯死者及近亲属名誉权的行为；如果行为人只是针对死者名誉权的侵害，并未损害近亲属名誉，则应认定为侵犯死者名誉利益的行为。最后，对死者生前功过是非的评价与侵害死者名誉不同。我国法律不禁止对已经死亡的公民，特别是对一些有社会影响的或有争议的人的是非功过进行客观评价，但不允许采取侮辱、诽谤的方式损害死者名誉。如果以法律所禁止的侮辱、诽谤等方式，捏造事实，虚构情节，歪曲事实真相进行评价，造成恶劣影响，则构成对死者名誉的损害，要承担相应的民事责任。公民的名誉即使在其死后，也不应当受到侵害。如果公民的名誉在其死后受到侵害，其近亲属有权提起诉讼。因此，在对著名历史人物的经历和人品作出评价时，应当持客观、慎重的态度。

死者名誉受到侵害后，谁有权作为诉讼主体向人民法院提起诉讼呢？对死者名誉进行法律保护，所涉及的最大问题，还在于死者已不具有权利能力和行为能力，自己不能行使诉讼权利来保护自己的合法权益，因此应对死者的名誉采取特殊的诉讼方式予以保护。那么，死者名誉受到侵害后，谁可以作为诉讼主体有权向人民法院提起诉讼呢？《最高人民法院关于确定民事侵权精神损害赔偿责任若干问题的解释》第3条规定，死者名誉受到损害的，其近亲属向人民法院提起诉讼请求精神损害赔偿的，人民法院应当依法予以支持。近亲属包括配偶、父母、子女、兄弟姐妹、祖父母、外祖父母、孙子女、外孙子女。根据前面所述，由死者的近亲属行使诉权是合理的。当侵害死者名誉的行为既损害了死者生前的名誉又损害了死者亲属以外的其他公民或组织的利益时，该公民或组织可以自己的名义起诉，以保护本人的名誉及死者的名誉。综上所述，本案被告吴某为泄私愤以张贴小字报的方式对死者罗某进行侮辱诽谤，侵害了死者的名誉，给死者家属带来精神上的痛苦，应当承担赔偿责任。

【法条指引】

中华人民共和国民法典

第一千零二十四条 民事主体享有名誉权。任何组织或者个人不得以侮辱、诽谤等方式侵害他人的名誉权。

名誉是对民事主体的品德、声望、才能、信用等的社会评价。

最高人民法院关于确定民事侵权精神损害赔偿责任若干问题的解释

第三条 死者的姓名、肖像、名誉、荣誉、隐私、遗体、遗骨等受到侵害，其近亲属向人民法院提起诉讼请求精神损害赔偿的，人民法院应当依法予以支持。

5. 侵害他人名誉权，但无侵权故意，是否应承担相应的精神损害赔偿责任？

【维权要点】

名誉权是指民事主体就自身属性和价值所获得的社会评价的维护和安

全为内容的人格权。而是否构成名誉权的侵权,应当根据受害人有名誉被损害的事实、行为人主观上有过错、行为人的行为违法、违法行为与损害后果之间有因果关系来认定。如果行为人在实施行为时根本无侵权的故意,且无意于指向具体受害人的,不宜认定行为人的行为侵害其名誉权。

【典型案例】

2012 年 7 月 26 日,某县某乡某村人于某和同县同乡某某村村民代某以勒索钱财为目的,共同策划绑架人质,由于某、代某共同实施绑架行为。同日于某、代某绑架了人质肖某。案发后,某县公安分局迅速侦破了此案,并将犯罪嫌疑人于某、代某抓获。后被告某电视台以此为题材制作了题为《绑架——发生在午夜》的电视节目,并在其开办的警法在线栏目中播出。该节目电视画面首先播出了抓获犯罪嫌疑人于某的经过,并配制了于某的照片及介绍于某基本情况、犯罪前科的字幕,同时配制了画外音,内容为"在对于某的突击审讯中犯罪嫌疑人交代,此案系他与同县同乡同村村民代某共同策划并共同实施的",随后电视画面播出了抓获犯罪嫌疑人代某的经过,并播出了代某的照片,同时介绍了代某的基本情况、犯罪前科的字幕。节目播出后,某县某乡某村的村民代某通过其亲属得知,某电视台误将犯罪嫌疑人的住址播成自己居住的村子。代某立即告知了电视台,电视台得知后立即停止了该节目的播放。同年 8 月 2 日,电视台在同一频道以字幕的形式进行了更正。更正内容为:"本台 7 月 26 日警法在线栏目播出的《绑架——发生在午夜》出现地名有误,节目中某县某乡某村应为某县某乡某某村,现予更正。"并配制了内容相同的画外音。后原告代某认为被告某电视台的行为侵害了自己的名誉权,要求赔偿精神损害抚慰金。双方协商未果,原告代某诉至法院。

被告某电视台认为,其并没有侵害原告名誉权的故意。虽然代某与本案的犯罪嫌疑人名字相同,但整个节目的播出仅是画外音播放,节目中的错误也只是地址的错误。电视台在发现错误后及时进行了停播,并在节目中进行了更正,且登门道歉。其行为不会给原告名誉造成损害,故不同意原告的诉讼请求。

法院经审理认为,名誉权是指公民或法人对自己在社会生活中所获得的社会评价即自己的名誉，依法享有的不可侵犯的权利。侵害名誉权是指行为人以侮辱诽谤手段损害他人名誉，足以使受害人社会评价降低。被告制作并播出的《绑架——发生在午夜》电视节目虽然配有"在对于某的突击审讯中犯罪嫌疑人交代，此案系他与某区某县某乡村民代某共同策划，由其与代某共同实施的"的画外音，一时使熟悉原告的人及电视观众产生了原告参与了绑架的印象，但随着电视画面中真正的犯罪嫌疑人代某的照片播出，熟悉原告的人会立即认识到真正的犯罪嫌疑人并非原告，因此被告的行为并未对原告的名誉造成侵害，但被告在制作节目中未尽严格审查义务，以致犯罪嫌疑人的住址出现错误，应予批评。据此，判决驳回原告代某的诉讼请求。

【法官讲法】

本案是一起侵害名誉权纠纷案。侵害名誉权表现为行为人因为故意或者过失对他人实施侮辱、诽谤等行为，致使他人的名誉遭受侵害。侵害名誉权案件中，双方争议的焦点大都是被告的行为是否构成对原告名誉权的侵害，本案中原被告的焦点也正在于此。这就涉及对侵害名誉权的构成认定问题。

民法典第 1024 条规定："民事主体享有名誉权。任何组织或者个人不得以侮辱、诽谤等方式侵害他人的名誉权。名誉是对民事主体的品德、声望、才能、信用等的社会评价。"根据该条规定，是否构成侵害名誉权的责任，应当根据受害人确有名誉被损害的事实、行为人行为违法、违法行为与损害后果之间有因果关系、行为人主观上有过错来认定。由此可见，侵害名誉权的责任构成要件包括以下几点。

1. 行为人的行为违法。具体表现为行为人实施了侮辱、诽谤等行为并指向特定人。根据民法典第 1024 条的规定，侵害名誉权的行为以侮辱、诽谤为主要形式。除此之外，还需要行为人的行为指向特定人。如果行为人的行为未指向特定的对象，仅泛指一般人或某个方面的人，不能具体认定指向谁，则不能认定侵害名誉权。

2. 行为人主观上有过错。按照过错责任的要求，在确定侵害名誉权责任时，应当确定行为人主观上是否有过错。所谓过错，是指行为人在实施侮辱、诽谤等行为时的某种应受非难的主观状态。确定行为人的行为是否指向特定人时，应当考虑行为人主观上是出于故意还是出于过失，考虑行为人的动机和目的。如果行为人在实施行为时根本无意于指向原告，则应根据具体情况认定行为人没有过错。另外，如果行为人的行为本身不具有侮辱和诽谤性，则不应认定为对行为人的过错。

3. 受害人确有名誉被侵害的事实。既然名誉是社会公众对主体的客观评价，名誉权是主体所享有的应受社会公众评价的权利，那么只有在行为人所实施的侮辱、诽谤等行为影响社会公众对受害人的评价时，才能构成对名誉权的侵害。因此，对于侵害名誉权行为的认定，应以受害人的名誉受损为要件，尤其是对于行为人主观状态为过失的情况。

4. 行为人的行为与损害后果之间有因果关系。受害人的名誉受到损害的事实须是基于行为人的行为引起的，否则不能认定行为人的行为侵害名誉权。

依据上述侵害名誉权的构成要件，本案被告某电视台的行为不构成侵害名誉权。具体理由如下：

首先，电视台的行为不具有违法性。电视台制作并播出是基于宣传法律、震慑犯罪、警示人民群众的目的，其行为是一种普法性质的、公益性质的宣传活动，并不是违法活动。

其次，电视台不存在侵害原告名誉权的故意。电视台播放此节目，本是针对犯罪嫌疑人于某、代某实施的绑架人质案件录制的。仅因电视台未尽到严格审查义务，致使节目画外音中犯罪嫌疑人的住址出现错误，因而电视台并不存在侵害原告名誉权的故意。但对于播放的节目出现错误，电视台自身存在过失。

最后，电视台的行为对原告的名誉并未产生侵害后果。虽然电视台在该期节目的画外音中将犯罪嫌疑人的户籍误播，但电视传媒是一种以视频为主、音频为辅的传播方式。人民对于电视节目内容的理解不仅依据声音，更主要的是依据电视中所出现的图像。因而，电视台的误播行为虽然一时会使熟悉原告的人及电视观众产生原告参与绑架的印象，但随着电视画面中真正的犯罪嫌疑人的照片的播放，熟悉原告的人会立即认识到真正的犯罪嫌疑人并非原告，因此，电视台的行为并未对原告的名誉造成侵害。且电视台在得到原告的误播告知后，便在同一频道及时以字幕的形式进行了更正。

【法条指引】

中华人民共和国民法典

第一千零二十四条　民事主体享有名誉权。任何组织或者个人不得以侮辱、诽谤等方式侵害他人的名誉权。

名誉是对民事主体的品德、声望、才能、信用等的社会评价。

6. 遭遇恶意诉讼，能否要求精神损害赔偿？

【维权要点】

滥用诉权是指当事人在缺乏合理的根据下，出于故意或重大过失，违反诉讼目的而行使法律赋予的各种诉讼权利，以期通过诉讼给对方当事人造成某种损害后果的行为。滥用诉权的行为是行为人积极甚至是想方设法地实施积极的诉讼来实现不正当的目的，可能由于诉讼使他人对受害人的诚信、品德产生怀疑，也可能由于诉讼使得受害人处于焦虑、烦躁之中。因此，应责令滥用诉讼权利者赔礼道歉、消除影响，在构成较为严重的侵权时，还应判决一定数额的精神损害赔偿。

【典型案例】

2012 年 6 月 8 日，某地民营企业经理冯某找到记者甘某，向他反映"一桩倒霉事"。他早些日子感觉下身有点不舒服，被某医院诊断为性病，治疗十多次，花了大量的金钱和精力，但没有一点好转。后来冯某到某大学医学院附属医院治疗，只花了 600 多元就治好了。冯某希望甘某把某医院曝光。之后，甘某在当地报纸上发表了反映该医院利用患者痛苦和隐私发财的调查报告。在写这篇调查报告时，为了保护冯某的隐私，甘某给冯某取一个化名为"徐某"。孰知文中报道的一个性病受害者"某县徐某"与生活中的邻县徐某巧合同名。邻县徐某把自己与文章中化名对号入座，将甘某告上法庭。诉讼中，徐某专门向相关部门反映记者甘某，造谣称其写稿不讲职业道德，搞假报道，甚至说甘某也得了性病治不好，所以跟别人打官司，还向人家索赔几十万。后经审理，法院判决驳回徐某的诉讼请求。虽然官司胜诉了，但恶意诉讼造成了甘某精神上的极大痛苦、心理上的阴影久久挥之不去。事情以讹传讹，使他有口难辩。2013 年 11 月，甘某将徐某告上法庭，请求法院判令被告赔偿因恶意诉讼给自己造成的精神损失费 5 万元。

法院经审理后认为，被告徐某明知道没有合法的诉讼理由而起诉甘某，且在诉讼中制造了大量不利于甘某的假消息、假新闻，致使甘某在精神上受到损害。故被告徐某的行为已构成对甘某的侵权。现甘某要求被告徐某承担侵权责任，赔偿损失的诉讼主张理由正当，判决徐某赔偿甘某精神损害抚慰金 6000 元。

【法官讲法】

人格权是民事主体的基本权利。这种与民事主体的人身密切相联、关系到民事主体独立的人格和身份的固有民事权利，与民事主体的财产权共同构成民法的两大支柱，成为民事主体所享有的两类基本民事权利。2021 年 1 月 1 日开始实施的民法典将人格权作为独立一编予以规定，标志着我国人格权的立法保护越来越完善，但与此同时，新闻侵权类案件迅速增多，并由此形成了一种"告记者热""告作家热"现象。本案争议的焦点就是记者在开展正确的舆论监督过程中遭到恶意诉讼，应否得到精神损害赔偿的问题。

在民事诉讼中，诉权是民事实体权利义务争议的司法保护或者司法解决请求权，也叫司法救济权。滥用诉权是指明知自己的请求缺乏事实和法律依据，为了达到自己的某种不正当目的，利用法律赋予的诉讼权利，仍然以诉讼的方式提出该项请求或者以诉讼的方式提出该项请求相威胁的行为。恶意诉讼有广义和狭义之分。狭义的恶意诉讼是指滥用起诉权，即明知自己的诉讼请求缺乏事实和法律依据，为了达到自己的某种不正当目的，利用法律赋予的起诉权，仍然就该诉讼请求发动诉讼或者以发动诉讼相威胁的行为。狭义的恶意诉讼是滥用诉权的表现形式之一。广义的恶意诉讼与滥用诉权的含义基本相同，除了恶意提起诉讼之外，还包括其他滥用诉权的行为。

我国宪法第 51 条确立了权利不得滥用的原则，作为权利之一的诉权当然不得滥用。关于滥用诉权的判断标准，可从以下几个方面考察和理解：第一，行为人有行使诉权的行为。至于行为人与诉权的权属关系，即行为人是否是真正拥有实体权利的权利人这个问题，笔者认为并无讨论之必要。因为诉权仅是形式意义上的。某种意义上，应以行为人在向法院起诉时的自我意识（以起诉权为例）或者行使其他诉讼权利时的主动行为为标准，故有实体权利的人可能滥用诉权，无实体权利的人同样会构成滥用诉权。第二，行使诉权的行为不符合诉权本旨或者超越诉权的正当界限。诉权的本旨即是诉权的社会性，它要求诉权人在行使诉权中应当"善意"为之，在不恶意损害他人和社会利益的前提下，追求个人利益。诉权的正当界限是指诉权行使的范围，即法律规定的权利人行使诉权的相对自由度。超过这一有效领域，便属于超越正当界限。我国民事诉讼法关于诉权界限的规定主要有以下几方面：一是诉讼主体的资格，如诉讼主体行为能力的规定。二是诉权行使的时间，如诉讼时效的规定。三是诉权行使的方式，如起诉书内容的规定。四是诉权行使的对象，如申请回避范围的规定。五是诉讼的受理审查，如优先适用仲裁的规定等。诉权的行使如违反这些规定，则不为法律所认可。第三，行为人存在损害他人利益之主观故意。滥用诉权的行为不单是对于自身权利的滥用，也是对于他人合法权利以及审判权的侵害，在性质上属于一种侵权行为，主观上存在过错是应有之义。就滥用诉权的心理状态而言，当属行为人明知不具有行使诉权的理由和条件，却依然故意行使诉权的这样一种状态。滥用诉权的目的，大多数情况下是为了谋求非法利益。但不能将维护合法利益排除在滥用诉权之外，否则就从"审查诉权是否具有可受理性"过渡到了"审查诉主张是否有依据"，实际上这混淆了审查诉权与审查实体权利的区别。

　　民法典第1165条明确规定："行为人因过错侵害他人民事权益造成损害的，应当承担侵权责任。依照法律规定推定行为人有过错，其不能证明自己没有过错的，应当承担侵权责任。"滥用诉权是一种侵权行为，因为其符合侵权行为的构成要件：（1）从行为上看，滥用诉权人实施了错误的诉讼行为；（2）从结果上看，该滥用诉权的行为给无辜被告造成了误工、律师费、证人作证费用等有形损失以及商誉、精神损害等无形损失；（3）滥用诉权人的错误诉讼行为和无辜被告的损失之间有直接的因果关系。因此，滥用诉权构成了侵权，应当承担侵权责任。"禁止滥用诉权"，是对诉权在行使上的限制，即禁止过度、过分地行使诉权。"禁止滥用诉权"有积极的意义。诉权作为一种法定的司法救济权，其行使的主动权在于诉权人，而诉权人对于司法救济的必要性、合法性的判断与他的价值观、利益观以及法律知识水平密切相关，不可避免地产生对于诉权的合法行使与非法行使、恶意行使与善意行使、正确行使与错误行使、正当行使与不正当行使等各种对立的状况。为了最大可能地起到教育、引导和规制人们正确对待诉权的作用，最大可能防止一个人诉权的行使对他人权利、对整个社会的共同利益带来侵害，法律必须告诉人们哪些起诉是法律允许或者在法律界限之内的，并且要对越界的行为予以惩戒，即禁止权利人滥用诉权。从这个意义上，"禁止滥用诉权"也是保护诉权的必然要求。

本案被告徐某明知自己不是原告文章中的描写对象，但出于不正当的目的通过作伪证的手段，捏造事实，对号入座，并由此提起恶意诉讼，给原告造成巨大的财产损失和精神损害，应当承担赔偿责任。

【法条指引】

中华人民共和国宪法

第五十一条　中华人民共和国公民在行使自由和权利的时候，不得损害国家的、社会的、集体的利益和其他公民的合法的自由和权利。

中华人民共和国民法典

第一千一百六十五条　行为人因过错侵害他人民事权益造成损害的，应当承担侵权责任。

依照法律规定推定行为人有过错，其不能证明自己没有过错的，应当承担侵权责任。

7. 正常的舆论监督是否应承担精神损害赔偿责任？

【维权要点】

名誉权作为特定主体所享有的依法反对不合理降低其社会评价之行为的权利，其最普遍意义上的功能就在于对特定主体"私"的人格利益的保障。与此相对，舆论监督权则是一种由多数法律主体的知情权、言论表达自由、新闻出版自由等综合延伸而成的一种公众性权利。基于两种权利本身的特性，名誉权与舆论监督权在一定范围内发生冲突、对抗，并非偶然。作为权利冲突的一个生动体现，名誉权与舆论监督权的冲突在我国正日益受到法学界乃至整个社会的关注。司法实践中，认定新闻舆论监督是否侵犯他人名誉权时必须兼顾个人利益与社会公共利益之间的平衡，正常的舆论监督不应承担名誉权侵权责任。

【典型案例】

原告陈某系宁波市二手车协会秘书长。2017 年 2 月，案外人管先生在汽车报价大全的 App 上，看中了一辆出自宁波某车行的二手车，标价 32 万元，经联系，车行表示车辆"零首付"，只需要支付车价的 3% 的押金及定金即可办理全款按揭贷款。当月，管先生从贵州来宁波，与宁波某车行签订了购车合同，并交付了 2 万元定金，在合同签订后，车行表示押金需要提高到 15%。管先生要求解除合同，但双方多次协商未果。3 月初，管先生向宁波电视台"姐妹帮"栏目请求帮助。3 月 2 日管先生在电视台记者陪同下一起赴宁波某车行进行协商，仍然协商未果，当日记者陪同管先生去宁波市二手车协会反映此事。原告系宁波市二手车协会秘书长，该纠纷由原告陈某作为调解员进行调解，经调解，由宁波某车行退还管先生7000 元款项，款项当日付清，纠纷全部解决。后原告致电电视台希望不要播出该新闻。3 月 21 日，宁波电视台《看看看》节目在"姐妹帮"栏目环节播出了上述纠纷解决过程。

之后，陈某将宁波广播电视集团诉于法院。陈某主张，被告下属宁波电视台《看看看》电视节目播放"买二手车'零首付'？男子开开心心来宁波买车，结果竟遭遇这事儿！宁波某车行对'零首付'偷换概念的做法，让管先生失望；二手车协会以电视台播出与否为谈判条件，更让管先生难以理解"的相关报道，第二天又重复播放，并在宁波电视台新闻中心等媒体广泛传播，又被国内众媒体传播，互联网转发，影响广泛。陈某认为，该节目中对原告的报道与事实不符，并且在未经其允许的情况下电视台记者偷偷拍了原告并播放出去，以协会陈秘书长的称呼指名道姓，严重侵犯了原告的肖像权和名誉权，致使其个人形象受到损害。故陈某要求：1. 判令被告向原告书面形式赔礼道歉；2. 判令被告消除影响，在《看看看》电视节目中向原告公开道歉；3. 判令被告为原告恢复名誉，在《看看看》电视节目中说明、改正错误内容。

法院经审理后认为，被告作为新闻媒体机构，对原告进行拍摄和采访用于新闻报道非出于营利目的，是行使其正常的新闻监督的职能，在报道过程中也未有过错行为，且原告并无证据证明被告使用原告肖像的行为对其造成了损害结果，故被告不构成对原告肖像权的侵害。被告根据爆料人爆料对爆料人和涉事车行及主持调解的原告进行采访，新闻报道中的内容和对话均来自直接的电话采访或实地采访，比较客观地反映了爆料人购车过程及和二手车行的协商过程以及原告作为调解人的调解过程，内容基本属实，主要内容也未存在失实的情形，根据采访过程得出的评论也未有侮辱原告的内容，被告的行为未构成违法；原告作为调解人，新闻报道也未进行实名披露，且原告并无证据证明被告存在侮辱、诋毁原告名誉的行为，并造成原告的名誉或声誉评价下降。据此法院驳回了陈某的全部诉讼请求。

【法官讲法】

这是一起相当典型的因名誉权与舆论监督权相冲突而导致纠纷的案件。从一定意义上说，它正是现代社会法律视野中甚嚣尘上的权利冲突现象的一个生动体现。众所周知，名誉权作为特定主体（自然人和法人）所享有的依法反对不合理降低其社会评价之任何行为的权利，是具体人格权中包含内容最为广泛的一种。名誉权在最普遍意义上的功能即在于对特定主体"私"的人格利益的保障。与此相对，舆论监督权究其本质，则是一种由多数法律主体的知情权、言论表达自由、新闻出版自由等综合延伸而成的一种具有相当社会色彩的公众性权利。基于权利本身的特性（如主动性、扩张性、不可侵性等）和人类社会不断发展而导致的权利行使空间的日益拥挤、交叉甚至重合化，名誉权与舆论监督权在一定范围内发生冲突、对抗，这并不足奇。本案的关键之处在于某报社刊发涉案文章的行为是否存在过错，是否属于正常的舆论监督范畴。对此，我们从以下两个方面进行分析。

一、正常的舆论监督不应承担名誉权侵权责任

新闻舆论监督是新闻界以及其他舆论界通过新闻媒介发表新闻、评论，对社会的政治、经济和文化生活等方面进行批评、实行监督的权利和功能。新闻舆论监督得以行使和实现的基础是民众知情权；同时，新闻舆论监督为民众知情权的实现提供了途径。新闻报道是社会舆论监督的重要

组成部分，也是保障社会公众知情权的主要手段之一。认定新闻报道是否侵犯他人名誉权时必须兼顾个人利益与社会公共利益之间的平衡。在报道者进行正常的舆论监督时，其行为不存在应受谴责性，不应由报道者承担报道与事实不符的侵权责任。在报道时，新闻媒体只要弄清事实，把事情原原本本地告诉读者，就起到了曝光的作用。故新闻媒体只对事实负责，至于是与非则交给读者去衡量或讨论。

二、媒体对其有正当理由确信真实的舆论监督不存在过错

过错是构成名誉权侵权责任的必备要素之一，本质上属于行为人对其行为及其损害后果所持有的一种法律上可归责的主观心理状态，包括故意和过失两类。在判断行为人是否具有过错时，应当以其是否尽到合理注意义务为标准。行为人是否尽到合理注意义务通常情况下需根据个案具体情形，参考与其类似的善意第三人在当时情况下的选择进行判断。对于第三人能够达到的标准而行为人未能达到，则可以认定行为人存在过错。如果第三者无法达到，那么在行为人也未达到时就不应认定行为人存在过错，否则对行为人而言并不公平。

本案中，宁波广播电视集团是否构成侵害原告名誉权，应当根据陈某是否有名誉受损的事实、被告行为是否违法、违法行为与损害后果之间是否有因果关系、被告主观上是否有过错来综合认定。宁波广播电视集团根据爆料人爆料对爆料人和涉事车行及主持调解的原告进行采访，新闻报道中的内容和对话均来自直接的电话采访或实地采访，比较客观地反映了爆料人购车过程及和二手车行的协商过程以及原告作为调解人的调解过程，内容基本属实，主要内容也未存在失实的情形，根据采访过程得出的评论也未有侮辱原告的内容，其行为未构成违法；原告作为调解人，新闻报道也未进行实名披露，且原告并无证据证明被告存在侮辱、诋毁原告名誉的行为，并造成原告的名誉或声誉评价下降。综上，被告宁波广播电视集团的报道行为属于正常的舆论监督，不存在过错，不构成对原告陈某名誉权的侵犯，法院作出驳回原告诉讼请求的判决是正确的。

【法条指引】

中华人民共和国民法典

第一千零二十四条　民事主体享有名誉权。任何组织或者个人不得以

侮辱、诽谤等方式侵害他人的名誉权。

名誉是对民事主体的品德、声望、才能、信用等的社会评价。

第一千零二十八条 民事主体有证据证明报刊、网络等媒体报道的内容失实，侵害其名誉权的，有权请求该媒体及时采取更正或者删除等必要措施。

8. 不指名道姓地发表文章诽谤他人，是否可能导致精神损害赔偿责任？

【维权要点】

名誉权是指民事主体就自身属性和价值所获得的社会评价和自我评价享有的保有和维护的人格权。公民在日常生活、工作中应正确谨慎对待自己与他人之间的关系，不能因为一时的感觉就对他人进行侮辱、诽谤。即使不指名道姓，但行为人的表述足以使社会公众认定是特定人且导致特定人的社会评价降低的，也可以构成侵权，从而导致精神损害赔偿责任的发生。

【典型案例】

谢某1、谢某2、谢某3、谢某4系兄弟关系，谢某5系谢某3之妻，谢某3已去世。2015年7月31日，原告谢某1与李某1签订《铁厂转让协议》，谢某1从李某1处受让承包盛达铁厂地块，谢某在此从事养殖业。因谢某1与李某1在签订《铁厂转让协议》时未经过坦坪镇谢家村委会同意，时任村委会主任谢某6对此协议不予认可。2019年7月3日谢家村委会与盛达铁厂地块最初承包人李某2签订一份《协议书》，协议约定谢家村委会收回租用地。谢某1与坦坪镇谢家村委会因此产生矛盾纠纷。2020年9月4日下午1点14分，谢某6的胞兄谢某7以昵称"谢某7湘加货运部"向当时群名为"美好×州××县坦坪镇谢家村村民群"的微信群发布一段时间长为1分03秒的视频录像。该视频录像的内容为对原告谢某1四兄弟与其父在谢家村共同居住的一栋6层楼房及院落、大门、围墙进行拍摄，并配上语言文字"村霸谢某四兄弟亿万财产贿赂官员欺压百姓殴打村干部强买强卖土地100余亩""门前围墙200多米后门围墙100多米""院内占地几十亩独霸整个山头""谢家铁厂地块50余亩水泥路面被村霸谢某强行挖烂非法占有多年无人敢回""强占村集体铁场地块50余亩"。引发部分村民在微信群中议论纷纷。另查明，"美好×州××县坦坪镇谢家村村民群"微信群在 2020 年 9 月 4 日有成员 338 名，该群后更名为"谢家资源群"，凡属谢家村民均可以申请入群。谢某 2、谢某 4 系该微信群的成员。

原告谢某 1、谢某 2、谢某 3、谢某 5 认为，被告谢某 7 在村里和政府大肆诋毁、谩骂、诽谤四原告及家人构成名誉权侵权，要求其停止侵权行为、赔礼道歉并赔偿精神损害抚慰金 2 万元。

法院经审理认为，公民享有名誉权，禁止用侮辱、诽谤等方式侵害他人的名誉权。本案名誉权纠纷系由于当事人对于原盛达铁厂地块租赁纠纷引发而来。本案原告谢某 1 为维护自身合法权益提起民事诉讼，是其依法行使民事权利，行为正当合法。现通过一、二审法院民事判决，谢某 1 为胜诉方，本案被告在本村成员较众的微信群发布视频及所附文字内容与生效判决相悖，属于内容失实的附文字视频，致使四原告名誉受到损害，已侵害了四原告的名誉权。被告在所附文字虽然未直接指名道姓除谢某 1 之外的谢某 2、谢某 3、谢某 4 三人的名字，但四人系同胞兄弟，在村中及社会上有较高的知名度，被告发布"村霸谢某四兄弟……"视频，很容易使人联想到谢某 1 四兄弟，降低了四人在社会上的评价。法院据此判决被告谢某 7 立即停止侵权行为、在发布过不实视频的公众平台公开赔礼道歉、消除影响、恢复名誉，并赔偿四原告精神损害抚慰金 2000 元。

【法官讲法】

名誉权指民事主体对自身名誉享有不受他人侵害的权利。自然人的名誉权是指自然人对由其活动产生的社会评价而享有的不受他人侵害的权利。法人及非法人组织的名誉权是指法人对其全部活动所产生的社会评价而享有的不受他人侵害的权利。法人的商誉权是法人名誉权的一部分。民法典第 1024 条规定民事主体享有名誉权。任何组织或者个人不得以侮辱、诽谤等方式侵害他人的名誉权。

侵害名誉权的违法行为的认定：

一、行为人实施了侮辱、诽谤等毁损名誉的行为

民法典第 1124 条以概括列举的方式指明侮辱和诽谤是侵害民事主体名誉权的基本方式。这一规定基本延续了以往立法的做法。

1. 侮辱。侮辱是指故意以暴力或其他方式贬损他人人格，毁损他人名誉。实践中常见的侮辱方式有暴力侮辱、语言侮辱和文字侮辱。暴力侮辱

指对受害人施加暴力或以暴力相威胁，使他人名誉受到侵害。语言侮辱指用语言对他人进行嘲笑、辱骂。语言侮辱中的语言是狭义上的口头语言。文字侮辱即以书面表达的形式，通过书写文字、图形等内容对他人进行侮辱，侵害他人名誉。新闻报道、文学作品和发表作品等常涉及文字侮辱。其他的侮辱方式包括行为侮辱，如针对法人的诋毁行为，包括当众焚烧法人的牌匾、污损法人的标志等。民法上的侮辱行为应与刑法中侮辱罪中的侮辱行为加以区别。首先，两者认定标准不同。刑法中侮辱罪的行为要求公然进行。对民法的侮辱行为而言，不要求公然进行，只要行为人的侮辱行为让第三人得知，就可以认定为侮辱行为成立的基础。其次，两者损害后果的危害程度不同。侮辱行为在造成情节严重的后果时构成犯罪。情节严重包括造成受害人精神失常、自杀，造成恶劣社会影响，等等。民法上侮辱行为的损害后果要求结合具体案情可判断受害人社会评价降低。最后，对两者的惩罚目的不同。刑法用刑罚对侮辱行为人进行惩罚。民法则注重弥补受害人的损失，兼顾对侮辱行为人的惩罚和教育。

2. 诽谤。诽谤通常指捏造虚假事实丑化他人人格，损害他人名誉。诽谤可按表现载体分为口头诽谤和文字诽谤，按损害名誉方式分为直接诽谤和间接诽谤。口头诽谤指用口头表达的形式散布虚假事实损害他人名誉。文字诽谤则以撰写文章、发表新闻和出版印刷品等方式散布可损害他人名誉的虚假事实。文字诽谤行为方式较为复杂，责任主体多样，过错形式不限于故意。此外，以绘制图画、漫画等方式捏造并散布虚假事实的，也构成诽谤。直接诽谤指明确针对特定人进行语言和文字上的诽谤。间接诽谤也称影射诽谤，是指间接用语言文字对特定人进行诽谤，其认定要结合具体案情判断特定人的名誉是否受到损害。通常而言，对诽谤行为成立的认定应以合理第三人的标准判断，同时整体性地参考表达内容的背景、时代性等因素。合理第三人的标准要求即按一个有理性的、普通的、一般人的理解认为某种表达是否属于诽谤。整体性要求注意受害人的年龄层次、职业，考虑行为人行为时的具体环境。其他侵害名誉权的行为方式。另外，民法典第1029条还将信用纳入名誉权中进行保护。该条规定，民事主体可以依法查询自己的信用评价；发现信用评价不当的，有权提出异议并请求采取更正、删除等必要措施。信用评价人应当及时核查，经核查属实的，应当及时采取必要措施。

二、侵害名誉的行为必须有特定指向

民法典第1027条第1款规定，行为人发表的文学、艺术作品以真人真事或者特定人为描述对象，含有侮辱、诽谤内容，侵害他人名誉权的，受害人有权依法请求行为人承担民事责任。本条规定虽是文学、艺术作品中侵害名誉权的行为，但条文中"以真人真事""特定人"的内容亦是对本章名誉权受损的认定标准之一的概括。只有行为人的行为指向特定对象时，才可能构成对他人名誉权的侵害，如果行为未指向特定的对象，仅泛指包括原告在内的一般人或某方面的人，不能具体认定指向谁，则不能认定侵害名誉权。但该特定人不一定是指名道姓地侵害名誉权，如果侵害人没有指名道姓，但被告的行为使社会一般人可通过实施的侵害行为能够明确被告侵害的特定人的，依然能够认定指向明确。例如，被告人通过描述某人的相貌特征、语言特征、行为特征以及生活工作环境等，足以使他人能够认定侵害人的，则行为就具有特定指向性。

三、侵害名誉权的行为需为第三人所知悉

名誉既然是社会评价，对名誉权的侵害必须是行为人所实施的侵害名誉行为影响了受害人的社会评价，应当以社会公众对受害人的评价降低为标准。有学者认为，只要行为人所实施的诽谤行为为第三人所知悉，就可以认定导致了受害人社会评价的降低。至于第三人是否一定要有在场的必要，则并未严格要求。当然，如果第三人知悉，但不知所言也无具体指向的，也不能确定为是第三人知悉。

【法条指引】

中华人民共和国民法典

第一千零二十四条　民事主体享有名誉权。任何组织或者个人不得以侮辱、诽谤等方式侵害他人的名誉权。

名誉是对民事主体的品德、声望、才能、信用等的社会评价。

9. 文学作品侵害特定人物名誉权，是否应承担精神损害赔偿责任？

【维权要点】

文学作品是在现实基础上而进行创作的。根据文学作品与现实生活联系的紧密程度，大体上可以将文学作品分为虚构的文学作品和纪实文学作品。由于作品类型不同，判断文学作品引起的纠纷是否构成侵害名誉权的标准也不同。对于纪实文学作品，因其一般是以真人真事作为描写的内容，其中的基本事实不得虚构，描写的主要人物具有排他性，应与现实生活中的人物原型保持基本一致，不得对其进行丑化、侮辱和诽谤。否则，可能侵害他人名誉权，导致一定的精神损害赔偿责任。

【典型案例】

游某1与吴某原系夫妻关系，生有一女游某2，后游某1与吴某离婚。雷某与游某1于2014年登记结婚。游某1于2019年11月1日去世。2019年12月6日，游某2发布朋友圈，内容为"父亲走了第36天了，四五年处心积虑伪装贤妻，伪装'慈母'，私底下阴毒破坏丈夫和继女之父女感情，所做恶事桩桩件件历历在目"。游某2发布朋友圈，内容为"弘扬正义，打击侵吞我父亲巨额资产的霸凌后妈拉开序幕！揭露霸凌后妈五集视频上线到甘肃广电广西广电等地区！歌华有线也即将上线！妈妈从知名作家跨界新媒体电视。最近《戏说后妈那点事》专辑'替天行道'现身说法，为被霸凌的我讨公道"。吴某所著《不一样的心世界》一书中，描述了名为蕾红的后妈角色，作者在书中评价其真是一个心机婊。游某2在游家快乐群中发布"为了揭露雷某处心积虑，不惜违规违法也要独霸我父亲游某1财产。从今天起，我开始在家庭群发布我亲妈以'后妈独霸财产'真实事件为原型写的故事。已经制作成有声作品，由专业知名企业开始向知名有声平台和大网络平台专业发布。请大家每天收听音频连载，揭露霸凌后妈的阴谋"，并发布有声作品"惊闻肺癌，世上哪有后悔药？"，该有声节目系吴某《不一样的心世界》书之"亲爱的，你的征服让我不敢回家"章节续篇。

原告雷某认为，游某2发布在朋友圈及游家快乐群的文字中包含"冷血的女人、过街老鼠"等侮辱性词汇，吴某所著《不一样的心世界》书中使用"蕾红"这一化名，描述其为心机婊等，侮辱丑化雷某，书中的"蕾红"形象即为本案雷某。雷某诉于人民法院，要求游某2、吴某停止侵权、赔礼道歉、消除影响并赔偿精神损害抚慰金2万元。

法院经审理认为，吴某作品中"蕾红"与雷某姓名相似、身份相同，加之当事人在网络上及庭审中的言论，足以证明该"蕾红"系以雷某为特定描述对象。对于该角色吴某使用了心机婊等言辞进行描述，该言辞含有侮辱诽谤性质，故法院认定吴某对雷某的名誉权造成损害，应当承担消除影响、恢复名誉、赔礼道歉的侵权责任。判决游某2、吴某停止侵权、赔礼道歉、在全国发行的报刊上刊登公告，并分别赔偿原告精神损害抚慰金1万元。

【法官讲法】

民事主体享有名誉权。任何组织或者个人不得以侮辱、诽谤等方式侵害他人的名誉权。名誉是对民事主体的品德、声望、才能、信用等的社会评价。行为人发表的文学、艺术作品以真人真事或者特定人为描述对象，含有侮辱、诽谤内容，侵害他人名誉权的，受害人有权依法请求该行为人承担民事责任。行为人发表的文学、艺术作品不以特定人为描述对象，仅其中的情节与该特定人的情况相似的，不承担民事责任。因人身权益或者具有人身意义的特定物受到侵害，自然人或者其近亲属向人民法院提起诉讼请求精神损害赔偿的，人民法院应当依法予以受理。名誉之所以受到法律保护，是因为其是对特定主体的社会评价，损害这种社会评价就破坏了该特定主体的正常社会生活地位，从而歪曲其真实的社会形象。受害人的社会评价是否降低，可根据侵权言论内容是否已经为第三人所知作为判断依据。只要能够证明言论所述的是虚假事实，所进行的评论是侮辱性、诽谤性的，并且这些事实和评论已经公开，就可以认定受害人的名誉权因此遭受损害。本案中，游某2与吴某行为是否构成对雷某名誉权的侵犯，法院分别予以论述。游某2在朋友圈及微信群中发布有关吴某的信息，其中使用过街老鼠等言辞，该类评论属于侮辱性质，且朋友圈及微信群均为特定公开平台，发布在其上的评论为他人知悉，故游某2该行为已对雷某的名誉权造成损害，应当承担消除影响、恢复名誉、赔礼道歉的侵权责任。吴某在其出版的书籍《不一样的心世界》及后续发布的有声作品中有名为"蕾红"的后妈身份书面人物，与雷某姓名高度重合，且其后妈身份亦与雷某身份相符，结合游某2在游家快乐群中发布内容"我亲妈以'后妈独霸财产'真实事件为原型写的故事。已经制作成有声作品"及其起诉雷某继承纠纷一案中以吴某出版书籍《不一样的心世界》作为证据证明吴某预测到雷某会谋划遗产争夺，以纪实文学的方式记录了发生过的事情及预警将来会发生的事。文学作品中的言辞含有侮辱诽谤性质，故认定吴某对雷某的名誉权造成损害。

【法条指引】

中华人民共和国民法典

第一千零二十七条　行为人发表的文学、艺术作品以真人真事或者特定人为描述对象，含有侮辱、诽谤内容，侵害他人名誉权的，受害人有权依法请求该行为人承担民事责任。

行为人发表的文学、艺术作品不以特定人为描述对象，仅其中的情节与该特定人的情况相似的，不承担民事责任。

10. 医疗美容过程中侵害消费者隐私，是否导致精神损害赔偿责任？

【维权要点】

隐私权利是指私人的生活秘密或生活安宁不受他人非法干涉，私人信息不受非法搜集、刺探和公开的权利。在医疗美容过程中，出于诊断和治疗的需要，患者的隐私权会受到限制，比如允许医生检查自己的身体隐秘部位、了解个人经历及生活习惯等。医疗美容机构在提供医疗美容服务过程中，不可避免会接触包括消费者身体隐秘部位、个人信息等隐私，但处理上述信息要在经过本人充分知情前提下，秉持合法性、正当性和必要性的原则进行，以保护消费者的隐私权。否则，可能构成侵权，承担精神损害赔偿责任。

【典型案例】

2021年3月7日，原告张女士前往被告某美容院处，主诉"大腿、腰腹部形态欠佳1月余"，被告初步诊断"腰腹大腿皮下脂肪堆积"。当日，某美容院为张女士行"腰腹部大腿皮下部分吸脂术"，张女士为此支付手术费33000元。2021年7月20日，张女士赴某医院就诊，主诉"腰腹及双大腿吸脂术后4个月余、自觉外观不满意"，某医院在"体格检查"处载"腰腹可见脂肪堆积、以下腹为主，脐上区可见小凹陷，下腹夹捏皮肤厚度约3cm，双下肢可见吸脂口，右侧臀下区稍有突出，左侧大腿内侧稍有突出，未见明显积液感"。门诊处置意见为"观察，必要时再行手术改善"。之后，张女士与某美容院发生纠纷，某美容院在此过程中将张女士的术后照片发送给手术医师。

为此，张女士将某美容院诉至法院。张女士认为，某美容院对其实施的医疗服务行为违反合同约定，对其造成人身损害，某美容院留存并散播其未经处理的裸照行为，给其造成巨大心理创伤，故要求被告赔偿精神损害抚慰金。

法院经审理后认为，结合涉案《患者就诊告知》，认为某美容院作为医疗机构就张女士手术部位为其拍摄术前、术后照片（裸体）符合约定。产生纠纷后，某美容院将手术部位术前、术后照片发送给张女士的手术医师，亦不宜认定为"散布"其裸体照片的行为。但根据在案证据，鉴于某美容院拍摄的原告照片并未局限于手术部位，还包括原告面部、胸部等私密部位。某美容院在未对上述照片进行任何处理即行保存且通过微信方式进行传送，确会对张女士造成一定精神损害。法院结合被告发送照片的原因和现有证据显示的传送范围酌定被告就此需赔偿原告的精神损害抚慰金数额。

【法官讲法】

公民对身体隐秘部位的保密权，是公民一项最根本的隐私权。除法律另有规定或者权利人明确同意外，任何组织或者个人不得拍摄他人身体的私密部位。本案中，原告作为年仅25岁的青年女性，出于对"美"的心理追求到被告处就医，为了实现手术效果同意被告拍摄其手术部位裸露照片，但原告的明确同意仅限于"手术相关部位"，而未包括其他私密部位及面部。被告作为医疗美容机构，在提供医疗美容服务过程中不可避免会接触包括消费者身体隐秘部位、个人信息等隐私，但处理上述信息要在经过本人充分知情前提下，秉持合法性、正当性和必要性的原则进行，以保护消费者的隐私权。

民法典第1226条是关于保护患者隐私权和个人信息的规定。隐私权，是指自然人享有的对其个人的、与公共利益无关的个人信息、私人活动和私有领域进行支配的一种人格权。关于隐私权的具体内容，通常而言，包括四项基本权能：（1）隐私隐瞒权。又称保密权，它首先包括公民对身体隐秘部位的保密权，这是公民一项最根本的隐私权，因为早期人类的隐私意识即萌发于裸露身体隐秘部位的羞耻心，今天的隐私权最早也是从"阴私"的范围逐渐扩大演变而来的。此外，隐瞒权还包括对个人身高、体重、病历、生活经历、财产状况、身体缺陷、健康状况、婚恋、家庭、性生活、社会关系、信仰、心理特征等情报信息的保密权，未经许可，任何人不得刺探、公开和传播。（2）隐私利用权。即公民对个人隐私进行积极利用，以满足自己精神、物质方面的需要。（3）隐私维护权。公民对自己的隐私享有维护其不受侵犯的权利，在受到非法侵害时可以依法寻求司法保护。（4）隐私支配权。公民对于个人隐私有权按照自己的意愿进行支配，可以公开部分隐私，准许他人对个人活动和个人领域进行察知，准许他人利用自己的隐私。如患者在诊疗过程中，允许医生检查身体隐秘部位，了解个人经历、生活习惯等。就侵犯患者隐私权的赔礼道歉来说，不公开赔礼道歉的效果更好，避免对患者造成二次伤害。至于赔偿损害，由于侵犯患者隐私权的结果主要是给受害人造成精神损害，因此，赔偿损失可以按照精神损害赔偿司法解释的有关规定进行赔偿。侵害个人信息的，也主要是精神损害赔偿的问题。至于赔偿的具体问题，可以适用侵害个人信息的一般规则。

关于民法典第1226条的适用，要注意的是其旨在强调对患者隐私权和个人信息的保护，其导向价值正面积极。在具体法律适用上，本条第一句确立了医疗机构及其医务人员对患者隐私和个人信息的保密义务。义务的违反意味着责任的承担，此规定也就为有关民事责任的承担提供了法律规定基础。本条第二句规定的"泄露患者的隐私和个人信息，或者未经患者同意公开其病历资料的，应当承担侵权责任"，实际上是一个完备的法律责任规范，其侵权行为样态是"泄露患者的隐私和个人信息"或者"未经患者同意公开其病历资料"，从违法行为反映主观过错的角度讲，意味着医疗机构及其医务人员往往具有"泄露"或者"未经患者同意而公开"的故意，但实际情况中也可能是"过失"导致这一情形的发生。因此，涉及医疗机构及其医务人员侵害患者隐私权和个人信息的情形的，必须适用本条规定。但从侵权责任构成上讲，本条规定的侵权行为类型属于过错侵权的范畴，应当遵循过错责任的主观过错、违法行为、损害后果、因果关系的构成要件。从实质上讲，这一侵权行为与其他领域的侵害个人信息和隐私权的情形并无区别。尤其是，这里并不直接涉及医疗机构实施诊疗活动的问题，不涉及医学本身专业性的问题，因此在法律适用上就应该适用过错责任的一般规则，有关举证责任的分配，也应适用"谁主张、谁举证"的一般规则。换言之，本条规定的情形似应直接适用民法典第1165条第1款关于过错责任的规定，而不宜适用本章第1218条关于诊疗过错责任的一般规定。

【法条指引】

中华人民共和国民法典

第一千一百八十三条 侵害自然人人身权益造成严重精神损害的，被侵权人有权请求精神损害赔偿。

因故意或者重大过失侵害自然人具有人身意义的特定物造成严重精神损害的，被侵权人有权请求精神损害赔偿。

第一千二百二十六条 医疗机构及其医务人员应当对患者的隐私和个人信息保密。泄露患者的隐私和个人信息，或者未经患者同意公开其病历资料的，应当承担侵权责任。

中华人民共和国消费者权益保护法

第五十条 经营者侵害消费者的人格尊严、侵犯消费者人身自由或者侵害消费者个人信息依法得到保护的权利的，应当停止侵害、恢复名誉、消除影响、赔礼道歉，并赔偿损失。

11. 健身房更衣室管理瑕疵致消费者个人隐私遭受侵害，经营者怠于处理且未积极整改，是否导致精神损害赔偿责任？

【维权要点】

消费者在购买、使用商品和接受服务时，享有人格尊严。作为健身活动场所的经营者，健身房应当为其消费者提供充分、合理的安全保障，维护消费者的人格尊严。女性更衣室属于女性的私密空间，健身房应当采取积极行动，设置明显标识，加强更衣室入口的管理，维护消费者的隐私权和人格尊严，否则可能构成侵权。受到严重精神损害的消费者可主张精神损害赔偿。

【典型案例】

原告张女士常年在被告某健身公司处健身。2020 年 11 月下旬，张女士在女更衣室更衣时，一成年男子突然进入女更衣室。张女士等人反映后，被告公司未能完善管理措施。2021 年 5 月 27 日，张女士在女更衣室更衣时，再次发生成年男子闯入事件。随后，张女士丈夫与店长沟通，再次要求加强管理，但被告在设备和管理上仍没有改进。故张女士诉至法院。

法院经审理认为，本案中，张女士作为消费者在被告处场馆进行健身活动，被告应当为其提供充分、合理的安全保障，维护消费者的人格尊严。女性更衣室属于女性的私密空间，张女士在此更衣时，一年内两次遭遇成年男性误入女性更衣室，其身体隐私受到严重侵犯，某健身公司的管理存在一定瑕疵。在原告向被告反映情况，表达要求整改的意愿后，某健身公司仍未能采取积极行动，加强更衣室入口管理，阻止男性顾客进入女更衣室，以致张女士遭受隐私侵害的潜在危险无法消除。某健身公司怠于处理的行为存在过错，应认定侵犯了张女士的人格尊严。结合张女士受侵害程度、某健身公司的过错程度、行为方式、行为后果等因素，法院支持精神损害抚慰金 3000 元。

【法官讲法】

民法典第 1032 条第 1 款规定："自然人享有隐私权。任何组织或者个人不得以刺探、侵扰、泄露、公开等方式侵害他人的隐私权。"消费者权益保护法第 14 条规定："消费者在购买、使用商品和接受服务时，享有人格尊严、民族风俗习惯得到尊重的权利，享有个人信息依法得到保护的权利。"被告作为健身场所的经营者，虽然在男女更衣室入口处设置了男女标识，但该措施不足以为消费者的隐私提供充分、合理的保护。尤其在接连出现女性消费者人格权益受损的情形下，经营者在消费者反映后仍怠于处理，未加强更衣室入口管理，侵害了消费者的人格尊严，应给予否定性评价。在法院审理本案期间，被告公司已在女更衣室通道处安装监控，在女更衣室门口安放警示牌，并按照法院的要求安装了语音提示系统。本案提示经营者应致力于为消费者创造安全、舒适的消费环境，对经营过程中暴露的问题积极解决，妥善处理，以提振消费信心，提升消费者满意度。

【法条指引】

中华人民共和国民法典

第一千零三十二条第一款　自然人享有隐私权。任何组织或者个人不得以刺探、侵扰、泄露、公开等方式侵害他人的隐私权。

第一千一百八十三条　侵害自然人人身权益造成严重精神损害的，被侵权人有权请求精神损害赔偿。

因故意或者重大过失侵害自然人具有人身意义的特定物造成严重精神损害的，被侵权人有权请求精神损害赔偿。

12. 侵害他人具有人格象征意义的遗体、骨灰等特殊物，是否应承担精神损害赔偿责任？

【维权要点】

我国自古即有慎终追远的文化传统。对逝去的亲人进行祭奠，已成为我国的传统习俗。遗体、遗骨、骨灰、坟墓、墓碑是自然人死亡后而存在的特定人格物，为亲属祭奠、悼念死者和寄托哀思的对象，具有丰富的人格象征意义。现实生活中，因故去世的亲人遗体火化、骨灰存放、安葬后，他人对墓碑及坟墓的毁坏等产生的祭奠权纠纷，不仅对后代人格利益造成伤害，也会破坏风俗习惯、社会公德。民法典总则编、人格权编明确对具有人格意义的特定物予以法律保护。

【典型案例】

小琳（化名）是独生女，在小琳很小的时候母亲就已经去世。2018 年 10 月 6 日，小琳的父亲自杀身亡。小琳的奶奶、姑姑等亲属商议后，当日对小琳父亲的遗体进行火化，并将骨灰遗弃。小琳的姑姑在火化单上签写：家属同意不要骨灰。小琳诉至法院，认为姑姑在无任何人授权且未通知小琳的情况下，将父亲的遗体火化并遗弃骨灰，严重剥夺了其对父亲的悼念权和祭奠权，给其造成无法挽救、无法衡量的伤害，要求姑姑向其书面赔礼道歉并赔偿精神抚慰金 6 万元。小琳的姑姑称，小琳的父亲死亡事发突然，现场血腥，遗体腐败，必须尽快处理，且处理遗体是小琳的奶奶等近亲属协商一致同意的。

法院经审理后认为，小琳的姑姑在处理遗体时未尽到通知的义务，也未征得小琳同意，擅自处理小琳父亲的骨灰，存在一定过错，对小琳造成了精神创伤，判令小琳的姑姑向小琳道歉，并酌情判令赔偿小琳精神损害抚慰金 5000 元。

【法官讲法】

当逝者亲属之间产生安葬之争时，首先应当尊重逝者的遗嘱。逝者生前就其死后骨灰安葬事宜并未留下遗嘱，则应由逝者近亲属协商处理。在逝者无遗嘱、当事人又不能协商解决的情况下，应按照尊重传统风俗习惯的原则，来确定逝者骨灰安葬等事宜。负责处理安葬事宜的近亲属负有及时通知其他近亲属的义务。本案中，小琳对父亲的死亡有知情权，有对其父亲的遗体告别及对骨灰进行祭拜的权利。小琳的姑姑在处理小琳父亲的遗体时应尽到通知小琳的义务，并尊重小琳的权利。虽小琳的姑姑主张因小琳的父亲系非正常死亡，故与小琳的奶奶等协商后将遗体火化并将骨灰遗弃。但小琳姑姑的行为使小琳失去了祭拜父亲的特定物的机会，对小琳造成不可逆转的精神痛苦，小琳的姑姑应对小琳道歉并进行精神损害赔偿。

【法条指引】

最高人民法院关于确定民事侵权精神损害赔偿责任若干问题的解释

第一条 因人身权益或者具有人身意义的特定物受到侵害，自然人或者其近亲属向人民法院提起诉讼请求精神损害赔偿的，人民法院应当依法予以受理。

最高人民法院关于审理人身损害赔偿案件适用法律若干问题的解释

第一条 因生命、身体、健康遭受侵害，赔偿权利人起诉请求赔偿义务人赔偿物质损害和精神损害的，人民法院应予受理。

本条所称"赔偿权利人",是指因侵权行为或者其他致害原因直接遭受人身损害的受害人以及死亡受害人的近亲属。

本条所称"赔偿义务人",是指因自己或者他人的侵权行为以及其他致害原因依法应当承担民事责任的自然人、法人或者非法人组织。

13. 未经同意利用他人照片进行宣传,是否可能导致精神损害赔偿责任?

【维权要点】

公民享有肖像权,未经本人同意,不得制作、使用、公开肖像权人的肖像,但是法律另有规定的除外。一旦发生侵权后果,侵权行为人必须立即停止侵害肖像权的行为,并消除影响、赔礼道歉。对于侵权后果严重的,受害人可以要求精神损害赔偿。精神损害赔偿的数额应根据当事人所提供证据与案件的实际情况进行合理确定。

【典型案例】

2018 年 6 月起,魏先生在 Y 健身公司办理入会,并多次支付购买私教课的费用数万元。2019 年 1 月 29 日,公司教练王某应魏先生要求,为其拍摄并拼接了健身前后对比照片三组共 9 张,分别为魏先生上半身赤裸的正面照、背面照、侧面照。魏先生与王某通过微信聊天确定,Y 健身公司使用上述健身前后对比照片用于宣传,作为回报可发展魏先生成为"效果会员",但双方并未在聊天中确认宣传方式。关于"效果会员"所涉及的优惠制度,Y 健身公司并未提供充分证据加以证实。Y 健身公司在汉涛公司经营的"大众点评"注册用户"Y 健身商店"的宣传页面上,上传了上述魏先生照片中的两组对比照片中的各 2 张照片,分别标注为"训练前"和"训练后"。

魏先生认为,Y 健身公司未经其同意私自使用其身体状况改变前后对比照用于经营宣传侵犯了其肖像权和名誉权,诉于人民法院,要求 Y 健身公司停止侵权、赔礼道歉、赔偿损失和精神损害抚慰金 2 万元。

法院经审理后认定,魏先生同意成为"效果会员"不意味着同意在"大众点评"App 宣传。魏先生与 Y 健身公司并未签订任何关于其肖像使用的书面合同,根据与证人王某的微信聊天记录,魏先生仅同意成为其

"效果会员"。但 Y 健身公司并未对"效果会员"作出相关书面文件和解释，其主张"效果会员"指代用户宣传和课程优惠。经法庭询问，Y 健身公司承认"效果会员"系其单方解释。经法庭询问，证人王某表示，"效果会员"主要是将其健身前后对比照片给健身的朋友们看，会有课程优惠。王某多次询问魏先生是否同意成为"效果会员"，却始终未能明示范围，Y 健身公司对"效果会员"单方解释更具有随意性。肖像权是一种人格权利，与自然人的人格尊严息息相关，如无肖像权人明确授权，对其适用范围不宜做扩大解释。在对"效果会员"无明文规定的情况下，应理解为普通意义上的宣传行为，也即"为了给客户宣传当面使用"。据此，法院认定，王某拍摄涉案照片不意味着其可随意使用。著作权和肖像权虽属于各自独立的权利，但对于拍摄他人肖像的作品权利人，未经肖像权人同意，不得以发表、展览等方式使用或者公开肖像权人的肖像。著作权的行使需尊重肖像所承载的人格利益，不得侵害权利人的肖像权。该案中，王某虽系照片的作者，但其行使著作权时，未经魏先生同意，不得随意发布其肖像照片。因此，Y 健身公司未经魏先生同意在互联网上发布其照片的行为存在明显过错，侵犯了魏先生的肖像权。Y 健身公司使用照片的行为尚在正面宣传范围内，未侵犯魏先生的名誉权。汉涛公司作为"大众点评"App 的运营主体，是网络服务提供者，汉涛公司在收到起诉状后，经查找涉案照片已经删除，已履行适当的注意义务，不应承担相应侵权责任。最终法院判定，Y 健身公司在《人民法院报》赔礼道歉，并赔偿魏先生经济损失及精神损害抚慰金共计 11070 元。

【法官讲法】

肖像权的权能可以分为积极权能和消极权能。民法典第 1018 条规定的是肖像权的积极权能，肖像权人有权依法制作、使用、许可他人使用或者公开自己的肖像。第 1019 条规定的是肖像权的消极权能，即肖像权人排除他人对本人肖像权妨害，以实现对本人肖像支配的权能。具体来说，第 1019 条第 1 款"任何组织或者个人不得以丑化、污损，或者利用信息技术手段伪造等方式侵害他人的肖像权"保护的是肖像权人的精神利益，"不得制作、使用、公开肖像权人的肖像"还涉及商业化利用肖像产生的财产利益。第 1019 条第 2 款规定的是肖像作品权利人使用或者公开肖像权人的肖像的禁止性规定。

民法典第 1019 条第 1 款"不得制作、使用、公开肖像权人的肖像"的主体是不特定的一般主体，即"任何组织或者个人"，但第 2 款"不得以发表、复制、发行、出租、展览等方式使用或者公开肖像权人的肖像"的主体是特定的主体即"肖像作品权利人"。在一定载体上反映的特定自然人可以被识别的外部形象才是肖像，由此可见，肖像必须要有一定的载体，载体可以是影像、雕塑、绘画等，这些载体上反映的形象形成了肖像作品。肖像作品的权利人通常不是肖像权人本人，而是肖像作品的作者，肖像作品权利人一般是以发表、复制、发行、出租、展览等方式使用或者公开肖像权人的肖像。

民法典第 1019 条第 2 款中出现了两个权利人：一个是肖像权人；另一个是肖像作品权利人。最为常见的肖像作品权利人是肖像作品的著作权人。肖像权人和肖像作品权利人分别享有不同的民事权利，两种权利在行使时难免产生冲突。肖像作品体现的精神权益决定了肖像作品的权利人行使权利要受到肖像权人的制约，权利人不能因为创作出了肖像作品而获得任意使用他人肖像的权利。肖像权人同意肖像作品权利人对其进行拍照、录像、雕塑、绘画等，并不必然表示肖像权人同意肖像作品权利人可以使用、公开其肖像作品。第 1019 条第 2 款对肖像作品权利人使用或公开肖像权人肖像的行为作出了限制性的规定，肖像作品权利人要使用、公开肖像作品，应当经过肖像权人的同意，否则就属于侵害肖像权的行为。

【法条指引】

中华人民共和国民法典

第一百一十条　自然人享有生命权、身体权、健康权、姓名权、肖像权、名誉权、荣誉权、隐私权、婚姻自主权等权利。

法人、非法人组织享有名称权、名誉权和荣誉权。

第九百九十五条　人格权受到侵害的，受害人有权依照本法和其他法律的规定请求行为人承担民事责任。受害人的停止侵害、排除妨碍、消除危险、消除影响、恢复名誉、赔礼道歉请求权，不适用诉讼时效的规定。

第一千零一十九条　任何组织或者个人不得以丑化、污损，或者利用信息技术手段伪造等方式侵害他人的肖像权。未经肖像权人同意，不得制作、使用、公开肖像权人的肖像，但是法律另有规定的除外。

未经肖像权人同意，肖像作品权利人不得以发表、复制、发行、出租、展览等方式使用或者公开肖像权人的肖像。

第一千一百八十三条　侵害自然人人身权益造成严重精神损害的，被侵权人有权请求精神损害赔偿。

因故意或者重大过失侵害自然人具有人身意义的特定物造成严重精神损害的，被侵权人有权请求精神损害赔偿。

14. 乘坐公交车遇交通事故遭受人身损害，是否可以主张精神损害赔偿？

【维权要点】

乘坐公交车时因公交车交通事故造成人身损害，受损害方以公交公司违约为由提起诉讼主张精神损害赔偿，能否获得支持？民法典中规定违约精神损害赔偿，一定程度上弥补了我国民法对人格权保护的缺陷，强化了对人格权的保护和救济。违约精神损害赔偿主要适用于侵害人格权的情形，且以违约责任与侵权责任竞合为前提。同时，只有非违约方遭受严重精神损害的情形下，其才能在违约责任中主张精神损害赔偿。

【典型案例】

2019 年 12 月，案外人魏某驾驶机动车与某公交车发生交通事故，致使当时乘坐该公交车的钱先生多根肋骨骨折以及其他损伤。该起事故经认定，案外人魏某负事故全部责任。经司法鉴定，钱先生损伤构成 10 级伤残。钱先生认为，其乘坐巴士公司的公交车，表明双方之间的客运合同关系成立。但公交车并未将其安全送往约定地点，应当承担相应的损失赔偿责任。但因与巴士公司就赔偿事宜未能达成一致意见，故钱先生以巴士公司违约造成损失为由，将巴士公司诉至法院，请求巴士公司赔偿医疗费、护理费、营养费、残疾赔偿金、精神损害抚慰金等各项费用。

庭审中，被告巴士公司辩称，对事故事实无异议，但公司车辆在事故中并无事故责任，故不同意原告钱先生的赔偿诉请。考虑到如法院认为需要赔偿，巴士公司对具体赔偿项目和金额发表了相应辩论意见。其中，就精神损害抚慰金的赔偿问题，被告巴士公司认为事故发生时，民法典尚未生效，不能适用民法典违约责任和精神损害赔偿可以兼得的规定。

法院经审理后认为，根据事实，双方已经成立了客运合同关系，被告巴士公司作为承运人负有将原告钱先生安全送至约定地点的法定义务，且被告巴士公司并无法律规定的免责情形，故被告巴士公司应当对原告损失承担赔偿责任。对于原告钱先生在诉请合同违约责任同时诉请精神损害抚慰金的问题，根据我国民法典第996条的规定，因当事人一方的违约行为，损害对方人格权并造成严重精神损害，受损害方选择请求其承担违约责任的，不影响受损害方请求精神损害赔偿。其中"人格权"是民事主体享有的生命权、身体权、健康权、姓名权、肖像权、名誉权、荣誉权、隐私权等权利。虽然本案是民法典施行前法律事实所引起的民事纠纷，但根据《最高人民法院关于适用〈中华人民共和国民法典〉时间效力的若干规定》第2条的规定，本案适用民法典的规定更有利于保护民事主体的合法权益，且该部分赔偿就本案整体赔偿数额而言，并不明显增加当事人的法定义务，对原告钱先生主张的精神损害抚慰金5000元，可以予以支持。综上，法院在对其他各项赔偿项目及具体赔偿金额依法作出了相应认定后，依法判决支持了原告钱先生的各项合理诉请。

【法官讲法】

精神损害赔偿，是指自然人人身权益遭受损害时要求加害人对其遭受的精神损害承担的赔偿责任。精神损害赔偿原则上只适用于侵权行为领域，而极少适用于违约行为。民法典颁行前，关于违约责任与侵权责任竞合情形能否适用精神损害赔偿，我国司法实践的做法并不一致。从立法上看，原合同法第122条规定："因当事人一方的违约行为，侵害对方人身、财产权益的，受损害方有权选择依照本法要求其承担违约责任或者依照其他法律要求其承担侵权责任。"有观点认为，该条既然承认了责任的竞合，则意味着其允许在竞合情形下依据违约责任请求侵权责任的全部赔偿，当然包括精神损害赔偿。也有观点认为，从该条规定来看，其只是规定在出现竞合的情形下，当事人只能选择一种请求权进行请求，但并没有具体规定可以请求的内容，更没有允许在违约的情形下可请求精神损害赔偿。由于原侵权责任法严格限定了精神损害赔偿的适用范围，因此，如果当事人选择了侵权请求权，则毫无疑问可以主张精神损害赔偿，但是如果当事人只是选择了违约请求权，不一定当然可以获得精神损害赔偿。实践中，不少法院也认为，即便在责任竞合的情形下，原告也不能基于违约主张精神损害赔偿。可以看出，在原合同法确认了责任竞合的规则之后，并没有当然解决受害人是否可以基于违约主张精神损害赔偿的问题。

民法典第996条规定："因当事人一方的违约行为，损害对方人格权并造成严重精神损害，受损害方选择请求其承担违约责任的，不影响受损害方请求精神损害赔偿。"本条的规定突破了违约责任与精神损害赔偿不能并行的一般原则，依据该条规定，因当事人一方的违约行为，损害对方人格权并造成严重精神损害，受损害方选择请求其承担违约责任的，不影响受损害方请求精神损害赔偿。从民法基本原理来看，该规则具有正当性和合理性。因为，某一行为既构成侵权并造成他人精神损害，也构成违约并造成了他人的重大精神损害，则基于侵权赔偿精神损害和基于违约赔偿精神损害，都是违约人应承担的责任，非违约方并未因此获得不当利益。虽然合同原则上主要保护财产利益，而不保护精神利益，但是违约救济的根本目的还是要使受害人处于合同如同没有被违反时的状态。在出现责任竞合的情形下，通过违约责任补救精神损害，以达到合同如同已经被履行的状态，也具有合理性。

根据该条规定，违约精神损害赔偿的适用条件如下。

一、主要适用于侵害人格权的情形

违约责任中，损害赔偿的范围不能超出违约方订立合同时应当预见到的因违反合同可能造成的损失，也就是违约责任中的可预见性原则。通常情况下，因违约行为造成的财产损失不会造成非违约方的精神痛苦，也就是不会给对方带来精神损害，违约方在缔约时可能预见因违约行为给对方造成的财产损失，而难以预料到对方的精神损害，因此，违约责任的一般原则是不适用精神损害赔偿的。但是，涉及人身权利或以精神利益满足为主要目的的合同，因违约行为侵害对方人格权的，造成非违约一方的损失通常为非金钱损失，难以通过市场价值准确衡量，适用财产损害赔偿难以对非违约方进行救济，因而，可采用精神损害赔偿方式对人格权遭受的侵害实行全面的救济。

二、以违约责任与侵权责任竞合为前提

民法典第186条规定："因当事人一方的违约行为，损害对方人身权益、财产权益的，受损害方有权选择请求其承担违约责任或者侵权责任。"上述条文明确规定了违约责任与侵权责任竞合时，受损害一方的选择权，即受损害方可以选择就违约行为请求对方承担违约责任或者选择就侵权行为请求加害人承担侵权责任。上述条文是合同编中规定的违约责任与侵权责任竞合时的一般规则。结合民法典第996条的规定，只有在违约责任与侵权责任竞合的情形下，非违约方才能在违约责任中主张精神损害赔偿责任，在其他情形下，即便非违约方遭受了严重的精神损害，其也无权在违约责任中主张精神损害赔偿责任。

三、违约行为造成非违约方严重精神损害

关于造成"严重精神损害"的标准，实务中可从以下几个方面进行判断：

1. 损害后果的严重性。一般来说，造成严重精神痛苦往往伴随一定的后果，受害人因人身、精神遭受的损害对日常生活、工作、社会交往等造成较明显的不利影响。如果以社会一般人的标准判断，一般人在权利遭受此种侵害的情况下，都承受难以忍受和承受的精神痛苦和肉体痛苦，则可以认为已经构成了严重后果。

2. 精神痛苦的严重性。具体是指因侵害人格权所造成的痛苦已经超出社会一般人的容忍限度，如果这种精神痛苦按照一般人的标准已经超出了可以忍受的程度，则可以认定其是严重的。如果仅造成受害人轻微的精神痛苦，则可以通过财产损害的方式对受害人提供救济，而不需要借助精神损害赔偿责任，否则可能导致诉讼的泛滥。所以，判断严重后果，不仅要考虑受害人生理与心理上的反应，也要考虑是否影响其正常的生活、工作以及影响其正常交往的程度等。

3. 损害具有持续性。也就是说，损害所造成的痛苦不是立即消失的，而是持续了一段时间，如果受害人只是遭受了偶尔的精神痛苦或者心理情绪上的不愉悦，则不属于应予赔偿的精神损害。

【法条指引】

中华人民共和国民法典

第九百九十六条　因当事人一方的违约行为，损害对方人格权并造成严重精神损害，受损害方选择请求其承担违约责任的，不影响受损害方请求精神损害赔偿。

第一千一百八十三条　侵害自然人人身权益造成严重精神损害的，被侵权人有权请求精神损害赔偿。

因故意或者重大过失侵害自然人具有人身意义的特定物造成严重精神损害的，被侵权人有权请求精神损害赔偿。

第三章　侵害一般人格权
及相关权利的精神损害赔偿

1. 超市违反安全保障义务，是否可能导致精神损害赔偿？

【维权要点】

民法典规定了宾馆、商场、银行、车站、机场、体育场馆、娱乐场所等经营场所、公共场所的经营者、管理者或者群众性活动的组织者，未尽到安全保障义务，造成他人损害的，应当承担侵权责任。超市违反安全保障义务，侵害消费者人身权益的，有可能承担精神损害赔偿责任。民法典对侵害他人人身权益导致精神损害赔偿的情形作出了明确规定，其判定要件为人身权益侵权行为成立且侵权人的侵权行为给他人造成严重精神损害。

【典型案例】

2018 年 7 月 29 日晚 6 点左右，张某在华润超市经营的北京国贸 B1 层 OLE 精品超市面包区踩到车厘子滑倒摔伤。根据张某提供的现场照片显示，事发时张某脚穿人字拖鞋。张某称事发时地板上有油渍，华润超市否认，张某未提交证据证明。事发后，张某被送往武警北京总队医院住院治疗，2018 年 8 月 6 日出院，共计住院 8 天，临床诊断为右髌骨骨折，张某花费医疗费用（含急救费用）19740.29 元。后张某多次复诊，2020 年 8 月 10 日至 2020 年 8 月 14 日进行第二次住院治疗，其中二次住院花费 7049.75 元。张某申请鉴定，某司法鉴定所 2022 年 2 月 24 日出具鉴定意见书，意见为：（1）被鉴定人髌骨骨折系摔伤所导致，髌骨关节炎为骨折后并发症，与摔伤存在因果关系，原因力大小为 96% ~ 100%（建议 100%）；不予评价右下肢肌力减退伤残等级及与摔伤的因果关系。（2）被鉴定人损伤致残等级为 10 级，致残率为 10%。（3）建议被鉴定人累计误工期 210 日、累计护理期 105 日、累计营养期 75 日为宜。（4）建议配置膝果足矫形器、腋杖。后张某诉至法院，要求华润超市赔偿医疗费、残疾赔偿金、误工费、精神损害抚慰金等经济损失。

【法官讲法】

安全保障义务来源于德国法上的一般社会安全注意义务理论，一般社会安全注意义务理论并非德国成文法的规定，而是基于诚信原则从判例中发展出来的一般规则。安全保障义务主要是指宾馆、商场、银行、车站、机场、体育场馆、娱乐场所等经营场所、公共场所的经营者、管理者或者群众性活动的组织者等安全保障义务主体，应尽的合理限度范围内的使他人免受人身及财产损害的义务。民法典第 1198 条规定："宾馆、商场、银行、车站、机场、体育场馆、娱乐场所等经营场所、公共场所的经营者、管理者或者群众性活动的组织者，未尽到安全保障义务，造成他人损害的，应当承担侵权责任。因第三人的行为造成他人损害的，由第三人承担侵权责任；经营者、管理者或者组织者未尽到安全保障义务的，承担相应的补充责任。经营者、管理者或者组织者承担补充责任后，可以向第三人追偿。"本条规定了安全保障义务主体的两种责任类型：义务人因违反安全保障义务而直接致使他人遭受损害应承担的直接责任；义务人未尽安全保障义务而使被保护人遭受第三人的侵害时应承担相应的补充责任。

一、直接责任

在没有第三人行为介入的情况下，义务人因违反安全保障义务导致被保护人遭受侵害，义务人承担的是直接责任。这种责任的构成要件是：安全保障义务主体未采取能够预防或消除危险的必要措施，因而违反了安全保障义务；被侵权人因为安全保障义务主体未履行义务而受到了损害；不存在第三人行为的介入，即义务人违反安全保障义务是造成损害的直接原因。安全保障义务主体就其未尽安全保障义务造成的损失承担赔偿责任。

二、补充责任

因第三人的加害行为而产生损害，安全保障义务主体未尽安全保障义务所应承担的责任即为补充责任。之所以在这里规定补充责任而不是连带责任，主要考虑是在第三人介入实施加害行为的情形下，安全保障义务主体虽有过错，但其与该第三人没有任何形式的共同意思联络，即不具有共同的主观过错，且一种积极的加害行为与一种消极的不作为行为并非直接结合对受害人产生损害，故两者不能承担共同侵权的连带责任。补充责任的构成要件是：第一，第三人的加害行为是损害结果发生的直接原因；第二，安全保障义务主体未采取防范或者制止第三人的加害行为或者防止损害后果进一步扩大的必要措施，因而未尽到安全保障义务；第三，安全保障义务主体未尽安全保障义务，客观上为损害的发生或扩大提供了便利和条件，因而在未尽安全保障义务与损害结果的发生之间建立起了间接的因果关系。补充责任应从以下三个方面进行理解：第一，它是对直接责任人的补充。在安全保障义务主体的补充责任中，直接实施加害行为的第三人才是受害人所受损害的直接原因和终极原因，因此第三人应当对其行为所造成的损害承担全部责任。安全保障义务主体未尽安全保障义务的行为只是损害发生的间接原因。法律规定由安全保障义务主体承担责任，为受害人获得充分赔偿提供了另一种途径和保障，因而是一种对直接责任人的补充。第二，第三人的直接侵权责任和安全保障义务主体的补充责任有先后顺序。先由第三人承担侵权责任，在无法找到第三人或者第三人没有能力全部承担赔偿责任时，才由安全保障义务主体承担侵权责任。如果第三人已经全部承担侵权责任，则安全保障义务主体不再承担侵权责任。第三，本款规定的补充责任有"相应的"这一限定词。相应的补充责任是指对于第三人没有承担的侵权责任，安全保障义务主体并非完全承担，而是在与其安全保障能力和过错程度范围内承担相匹配的补充赔偿责任。

本案中，华润超市作为北京国贸 B1 层 OLE 精品超市的经营者，对进入超市的消费者负有安全保障义务。据已查明的事实，超市地面上出现的车厘子系超市员工在搬运过程中不慎掉落所致。虽然从车厘子掉落至张某摔倒时间不长，但已有超市员工发现地面遗撒车厘子且被多人踩踏。在此情况下，华润超市作为安全保障责任的义务主体应采取诸如对地面进行清理、竖立警示牌等措施预防或消除危险。但华润超市未能采取措施进行应对，具有一定的过错，应当承担赔偿责任。关于精神损害抚慰金，张某因此次受伤导致伤残，造成其精神损害，华润超市应适当支付精神损害抚慰金。

【法条指引】

中华人民共和国民法典

第一千一百六十五条　行为人因过错侵害他人民事权益造成损害的，应当承担侵权责任。

依照法律规定推定行为人有过错，其不能证明自己没有过错的，应当承担侵权责任。

第一千一百八十三条　侵害自然人人身权益造成严重精神损害的，被侵权人有权请求精神损害赔偿。

因故意或者重大过失侵害自然人具有人身意义的特定物造成严重精神损害的，被侵权人有权请求精神损害赔偿。

第一千一百九十八条　宾馆、商场、银行、车站、机场、体育场馆、娱乐场所等经营场所、公共场所的经营者、管理者或者群众性活动的组织者，未尽到安全保障义务，造成他人损害的，应当承担侵权责任。

因第三人的行为造成他人损害的，由第三人承担侵权责任；经营者、管理者或者组织者未尽到安全保障义务的，承担相应的补充责任。经营者、管理者或者组织者承担补充责任后，可以向第三人追偿。

2. 电话推销导致他人生活安宁权被侵犯，是否可能导致精神损害赔偿？

【维权要点】

生活安宁权是指自然人享有的维持安稳宁静的私生活状态，并排除不法侵害的权利。当今社会中垃圾短信、骚扰电话、上门推销等对私人生活环境构成侵扰的现象大量出现及其蔓延之势，凸显了对自然人的安宁生活利益加以保护的必要性。从内涵、外延以及损害后果等来看，安宁生活利益难以为隐私权所包容，应作为一种独立的法益类型予以保护。

【典型案例】

原告孙某系被告移动某分公司的通信服务用户。2011 年 7 月 13 日，原告孙某在被告移动某分公司处入网，办理了号码为 150××××8020 的电话卡。原告孙某提交的话费账单显示，2020 年 2 月至 2021 年 1 月，150××××8020 号码的套餐及固定费为 131 元、业务费用减免 50 元，账单总额基本为 81 元至 82 元。2020 年 6 月 30 日 9 时 53 分、9 月 15 日 10 时 48 分、9 月 22 日 14 时 08 分、10 月 26 日 14 时 08 分、12 月 25 日 15 时 19 分、12 月 29 日 16 时 07 分，孙某持续收到营销人员以移动公司工作人员名义拨打的推销电话，以"搞活动""回馈老客户""赠送""升级"等为由数次向孙某推销中国移动的套餐升级业务，包括增加包月流量、增加通话时长、开通视频彩铃等业务，呼入号码分别为 05438181585、05433123884、05433123934、05433123856、05438125283、05433123851。在 2020 年 12 月 25 日、29 日的通话中，原告孙某同意修改、增加套餐服务，随即收到中国移动验证密码（验证码）的短信，内容为"安全提醒：短信验证码可用于办理多项业务，请妥善保管，切勿泄露。本次短信验证码……，如有疑问请咨询 1××××。[中国移动]"。2020 年 9 月 15 日、2020 年 9 月 22 日，原告孙某分别拨打中国移动客服电话"1××××"投诉反映，后，移动客服"1××××"在投诉回访中表示会对原告的手机号加入"营销免打扰"，以后尽量避免再向原告推销。原告孙某经拨打"1××××"移动客服电话反映沟通未果，于 2020 年 11 月 4 日通过工业和信息化部政务平台"电信用户申诉受理平台"进行申诉，在处理过程中，双方未能达成一致意见，后孙某向法院提起诉讼，要求移动公司停止侵权并承担精神损害赔偿责任。

法院经审理后认为，在原告孙某与被告移动某分公司之间的电信服务合同内容，即案涉移动通信号码的话费套餐足够孙某使用的情况下，被告移动某分公司多次向孙某进行电话推销，要求孙某办理套餐升级等增加消费的业务，且在孙某已多次向被告表示生活受干扰，要求停止此类推销的情况下，仍未停止，被告此行为超出了必要限度，违反了民法平等、自愿原则，侵犯了原告孙某的隐私权和受法律保护的个人信息，被告移动某分公司应承担侵权责任。据此，法院判决移动某分公司不得向用户名为孙某的移动通信号码拨打营销电话、赔偿损失，其中精神损害抚慰金 3000 元。

【法官讲法】

民法典第 1033 条规定："除法律另有规定或者权利人明确同意外，任何组织或者个人不得实施下列行为：（一）以电话、短信、即时通讯工具、电子邮件、传单等方式侵扰他人的私人生活安宁；（二）进入、拍摄、窥视他人的住宅、宾馆房间等私密空间；（三）拍摄、窥视、窃听、公开他人的私密活动；（四）拍摄、窥视他人身体的私密部位；（五）处理他人的私密信息；（六）以其他方式侵害他人的隐私权。"该条规定了侵害隐私权的主要行为类型。

根据该条规定，侵害隐私权的具体情形有以下六种：

第一，侵害私人生活安宁。私人生活安宁主要包括如下内容：（1）日常生活安宁。这就是说，个人对自己的正常生活具有不受他人打扰的权利。非法跟踪、盯梢、尾随等，会使他人处于一种时时被监控的状态，严重侵害他人的正常生活安宁和自由。例如，某人雇用私家侦探对他人进行跟踪盯梢，这属于典型的侵害他人日常生活安定的行为。（2）住宅安宁，即个人的住宅不受他人打扰，任何人不得无故闯入他人住宅，或者随意敲门、在室外半夜喧哗等。（3）通信安宁。电话骚扰在实践中也是一种侵害私人生活安宁的行为，如某人恋爱不成，经常以骚扰电话的方式纠缠对方，妨害其私人生活安宁。随着移动电话的普遍使用，短信、微信骚扰问题逐渐为社会所关注。短信、微信骚扰主要包括黄色短信息的骚扰、商业性质信息骚扰和中奖类诈骗信息的骚扰等。这些行为都侵害了私人生活安宁，应当依法承担侵权责任。

第二，侵扰私密空间。除法律、行政法规另有规定或者经该他人同意的，任何人不得进入、窥视、拍摄他人的住宅、宾馆房间等私密空间。在此需要注意的是，本项规定的侵权行为表现为"进入""窥视""拍摄"私人空间，具备这一情形的就构成侵权行为，拍摄、窥视的位置并不影响这一侵权责任的成立。个人安装的监控摄像头，其监控范围属公共及公用区域，包括与日常生活有密切联系的公用部位，但该摄像头的监控范围包括了他人的私有空间，其行为足以侵害他人的隐私权。

第三，侵害私密活动。若权利人不愿将个人活动为他人所知晓，他人不应通过违法手段记录、传播、公开他人的私人活动，该私人活动包括其活动事项、行踪轨迹等，否则就构成了对他人隐私权的侵害。

第四，侵害身体隐私。通常而言，身体隐私是指不愿向他人公开的身体部位，尤其是性器官、有残疾的部位等。身体隐私的保护并不是要求身体的每一个部位都是不能公开的，如手模等从事特定职业的人员可以在经过个人同意的情况下公开身体的特定部位。本项规定的私密部位，不仅包括个人不愿意公开的身体部位，还包括个人的裸体照片等。退而言之，即使人体模特允许他人临摹其身体，也并不意味着就允许向公众暴露其身体隐私。

第五，非法收集、处理他人的私密信息。他人的私密信息是指任何私人不愿意为他人知晓的信息，只要该种隐匿不违反法律和社会公德，都应当受到法律的保护。具体而言，私密信息可包含以下内容：个人的生理信息（如身高、体重、血型、肤色、长相、性别、基因、健康状况、疾病信息等）、身体隐私（如不愿对他人公开的身体的各个部位，尤其是性器官、有残疾的部位等）、财产隐私（如财产状况）、家庭隐私（如家族关系、血缘关系、婚姻关系等）、通信秘密（通过信件、电子邮件、电话等各种方式产生的通信过程和内容不受他人监听、截获）、谈话隐私（个人在交流过程中所产生的不愿为公众知晓的内容）、个人经历隐私（如恋爱经历、工作履历、交友经历等）、其他有关个人生活的隐私（如自然人的姓名、职业、工作地点、交友范围、消费偏好、住址、住宅、电话、民族、宗教信仰、日记和其他私人文件等）。通常而言，上述信息属于敏感信息的范畴，是个人隐私的事项，可以适用隐私权的保护规则。隐私权侵权的典型形式之一就是泄露他人隐私。关于非法利用隐私信息主要是指未经隐私权人同意而利用其个人信息资料的行为，特征是将他人的资讯、情报为自己所利用，具有营利或非营利目的。这既包括未经本人同意而利用的行为，也包括虽经本人同意，但利用人超出约定的范围而利用。非法利用他人隐私，无论是否以营利为目的，均构成侵权行为。

第六，以其他方式侵害他人隐私权。

本案中，在孙某与被告移动某分公司之间的电信服务合同内容即案涉移动通信号码的话费套餐足够使用的情况下，被告移动某分公司多次向孙某进行电话推销，要求孙某办理套餐升级等增加消费的业务，且在孙某已多次向被告表示生活受干扰，要求停止此类推销的情况下，仍未停止，被告此行为超出了必要限度，违反了民法平等、自愿原则，侵犯了原告孙某的隐私权和受法律保护的个人信息。法院据此判决移动某分公司应承担侵权责任，不得向用户名为孙某的移动通信号码拨打营销电话、赔偿损失和精神损害抚慰金，是合理的。

【法条指引】

中华人民共和国民法典

第一千零三十二条 自然人享有隐私权。任何组织或者个人不得以刺探、侵扰、泄露、公开等方式侵害他人的隐私权。

隐私是自然人的私人生活安宁和不愿为他人知晓的私密空间、私密活动、私密信息。

第一千零三十三条 除法律另有规定或者权利人明确同意外，任何组织或者个人不得实施下列行为：

（一）以电话、短信、即时通讯工具、电子邮件、传单等方式侵扰他人的私人生活安宁；

（二）进入、拍摄、窥视他人的住宅、宾馆房间等私密空间；

（三）拍摄、窥视、窃听、公开他人的私密活动；

（四）拍摄、窥视他人身体的私密部位；

（五）处理他人的私密信息；

（六）以其他方式侵害他人的隐私权。

最高人民法院关于确定民事侵权精神损害赔偿责任若干问题的解释

第一条 因人身权益或者具有人身意义的特定物受到侵害，自然人或者其近亲属向人民法院提起诉讼请求精神损害赔偿的，人民法院应当依法予以受理。

3. 遭受性侵害未成年人可否主张精神损害赔偿？

【维权要点】

随着公民权利意识的进一步增强，相应的精神性权益的维权意识也在逐渐提高。我国现行的法律法规和司法解释均未明确支持刑事附带民事诉讼中被害人的精神损害赔偿请求，但对于强奸犯罪这类严重侵害被害人人身权益的犯罪，若仅追究行为人刑事责任，而对被害人精神损害赔偿请求不予支持，必然不利于更好地保护被害人精神权益。因此，对于强奸犯罪的受害人，尤其是未成年人要求精神损害赔偿的，法院应予以支持。

【典型案例】

牛某于 2020 年 7 月租住于宝山区宝山城市工业园区五星村。张某甲（女，2002 年 12 月出生）与父母也租住于该村内，因其智力残疾无法上学及就业，在父母上班后独自在家，有时一人在村里闲逛。2020 年 8 月底两人相识后，牛某于 2020 年 8 月 29 日下午、2020 年 9 月 2 日和 9 月 3 日上午，趁张某甲到牛某暂住处玩耍之机，采用锁门、脱衣、按压双手等方式，多次对张某甲实施奸淫。2020 年 9 月 3 日 20 时许，牛某的房东到张某甲住处劝说其父亲张某乙不要让张某甲独自一人在村里闲逛，引起张某乙警觉，张某乙当晚与妻子一起询问张某甲相关情况，得知张某甲被牛某强奸，当晚即向公安机关报警。牛某于次日上午在暂住处被抓获，到案后承认与张某甲多次发生性关系，但认为系男女朋友关系。被害人张某甲现与母亲回原籍共同生活，目前精神状态较差，性格突变，不愿意与陌生人接触。案发后，其父向公安机关表示，张某甲不愿意再次接触与案件有关的相关事宜，不愿意再次对牛某进行辨认。法院于 2021 年 3 月 10 日作出判决：一、被告人牛某犯强奸罪，判处有期徒刑 10 年，剥夺政治权利 1 年。二、被告人牛某自判决生效之日起 30 日内一次性赔偿附带民事诉讼原告人张某甲精神抚慰金 3 万元。

【法官讲法】

2021 年 1 月 1 日实施的民法典第 1183 条规定，侵犯自然人人身权益造成严重精神损害，被侵权人有权请求精神损害赔偿。同时，该条将精神损害的索赔主体限定为自然人，即法人或非法人组织不享有精神赔偿权。2021 年 3 月 1 日实施的刑诉法解释第 175 条第 2 款规定，被害人因受到犯罪侵犯，提起附带民事诉讼或者单独提起民事诉讼要求赔偿精神损失的，人民法院一般不予受理。将 2013 年 1 月 1 日施行的刑诉法解释中规定的"不予受理"修改为"一般不予受理"，这不是无谓的文字添加，虽未规定哪些条件属于例外可以受理的情形，但已非原来的不予受理，这是制度性的松动。该条款的修改是对民法典人格权编中有关精神损害赔偿条款的回应，表明特殊情况下，人民法院可以受理刑事附带民事诉讼中提出的精神损害赔偿。

一、侵害自然人人身权益造成严重精神损害的，被侵权人有权请求精神损害赔偿

根据民法典规定，人格权是由法律确认或赋予民事主体享有的具有人格属性、以人格利益为客体的人身权利。公民的人格权受法律保护。人格权包含物质性人格权和精神性人格权，而物质性人格权包含生命权、身体权及健康权，其不仅是自然人最根本的权利，也是精神性人格权的基础。任何组织或者个人不得侵害他人的身体完整、行动自由和身心健康。通常，在性侵犯罪等造成被害人精神损害的案件中，性自由权是自然人人身特有的基本权利，这种权利越被尊重，则越体现社会发展的进步。虽然，一定年龄阶段的未成年人尚不具有性自主权，但并不意味着该项权利可以缺失，或得不到法律尊重和认可。刑法修正案（十一）对刑法第236条和第237条作了修正，加大了对性侵犯未成年人的打击力度。行为人被刑事处罚，除了打击犯罪力度，体现了对社会秩序的保障；还应从保障人权角度，来修复、填平被害人已然受到损害的现状，而这部分的损害，应包括物质和精神两个方面。未成年人遭受性侵害的本质是一种性剥削，除身体损害外，更多带来的是精神痛苦及名誉损害等，自然就存在精神损害的事实，这也为我国加入的国际公约所禁止。被告人牛某利用暴力手段，对智障未成年人多次实施奸淫，侵犯了未成年女性的性自主权，应依照刑法规定，承担相应刑事责任。同时，犯罪行为与民事侵权行为产生竞合，但其导致的刑事责任和民事责任依法可以包容并存。因被告人牛某的犯罪行为使得被害人遭受身体和心理的双重侵害，被告人牛某应对被害人本人承担民事法律责任，以填补被害人所遭受的物质和精神损害。

二、司法解释规定的一般不予受理，应反向理解为有例外

根据民法典第187条规定，民事主体因同一行为应当承担民事责任、行政责任和刑事责任的，承担行政责任或者刑事责任不影响承担民事责任。同时，民法典第1183条第1款规定，侵害自然人人身权益造成严重精神损害的，被侵权人有权请求精神损害赔偿。民法典是调整民事法律关系、保护民事主体合法权益的基础法律，所以在刑事附带民事诉讼中，除

刑事法律已有规定外，也应依法适用民事法律的规定。从刑事诉讼法的法条表述看，法律并未禁止被害人提出精神损害赔偿申请，现有条文也无法体现出对被害人的精神损害赔偿请求有任何限制性解释。这种精神损害存在于人身权益受损害案件中，如果仅通过刑事惩罚尚不能完全抚慰的，或抚慰而不能使之恢复正常状态的，当事人就有权请求赔偿。从附带民事诉讼制度的立法目的看，其应当着眼于维护被害人诉权和救济权，为被害人申请赔偿提供程序便利，以尽量减少讼累。故而，司法解释规定的一般不予受理，应反向理解为有例外。何为例外呢？软暴力同时侵害了民事主体人格权益的，受害者即有权依据民法典规定主张精神赔偿，可通过刑事附带民事诉讼救济其民事权利。因而，软暴力犯罪行为中的人格权遭受侵犯时，可通过刑事附带民事诉讼赔偿精神损害，亦可参照民法典中性骚扰违法行为获赔精神抚慰金。而在性侵犯罪中，尤其是性侵犯未成年人犯罪，未成年被害人不但身体遭受侵害，心理上也会受到极大伤害。虽然被告人的犯罪行为由国家公权力予以处罚，其刑事责任的承担是刑事法对其犯罪行为的否定性、惩罚性评价，但是刑罚不能替代民事责任中的精神损害赔偿，被害人及其近亲属依然有权寻求民事救济，而精神损害赔偿则属于民事责任中的惩罚性赔偿，两者本质不同，因而追究刑事责任的同时又追究精神损害赔偿并不违反双重处罚原则。本案中，智力残障的未成年被害人遭受多次性侵，加之其智力低下，性防卫能力削弱，自我修复和调节能力较弱，使得被害人所受身体和精神伤害较之一般刑事被害人案件更为强烈。此外，民法典第191条规定，未成年人遭受性侵害的损害赔偿请求权的诉讼时效期间，自受害人年满18周岁之日起计算。未成年人遭受性侵害，即使到其成年后也可在一定期间内根据民法典主张损害赔偿，这一特殊诉讼时效规定足以体现对未成年人应予充分、特殊保护的立法精神，那么，在未成年被害人获赔精神损害上，亦应当一以贯之。有鉴于此，法院认为本案属于可要求被告人牛某附带承担精神损害赔偿责任的特殊情形。

三、关于严重精神损害后果的认定

自然人的身心健康受法律保护。健康权包括生理健康和心理健康，随着社会的进步和发展，心理健康逐渐成为不容忽视的现实问题，将心理健康作为健康权的客体，符合人格权保护的发展趋势。值得注意的是，健康权与精神损害赔偿制度是有区别的，在法律上，应将精神性疾病与心理上痛苦焦虑等状态予以区分，前者会影响人体机能的正常发挥，应纳入健康权范畴，后者属于一种心理上不良状态，通常通过精神损害赔偿得到一定抚慰。如前所述，性侵害未成年人，实质就是一种对未成年人的性剥削，会给未成年人造成身心损害，自然就是精神上的伤害及心理上的痛苦。被告人牛某的侵权行为严重影响了被害人的日常生活，对其造成了永久性心理伤害。被害人虽智力残障，但其人格权一样受法律保护，同时，结合被告人牛某对智力残障的未成年被害人多次奸淫的事实，以及从未成年人健康成长方面考虑，可以认定给被害人造成了严重精神损害。

【法条指引】

中华人民共和国民法典

第一百九十一条 未成年人遭受性侵害的损害赔偿请求权的诉讼时效期间，自受害人年满十八周岁之日起计算。

第一千一百八十三条 侵害自然人人身权益造成严重精神损害的，被侵权人有权请求精神损害赔偿。

因故意或者重大过失侵害自然人具有人身意义的特定物造成严重精神损害的，被侵权人有权请求精神损害赔偿。

4. 旅游合同纠纷是否能够适用精神损害赔偿？

【维权要点】

传统观点认为，精神损害赔偿只存在于侵权责任之中，违约之诉并不能提起精神损害赔偿的请求。但旅游合同不同于一般民事合同之处在于其合同标的是精神需求，现实中有关旅游合同的精神损害赔偿问题也比较突出，要求对其保护的呼声越来越强烈。因此，确立违反旅游合同的精神损害赔偿制度，对于保护受害者合法利益，维护旅游业健康发展具有重要意义。

【典型案例】

原告张某系某大学学生。2021 年 1 月 23 日下午 1 时左右，原告张某与其同学朱某、胡某、曾某等共计 12 人到葫芦山庄旅游。原告与同学购买了"冰雪乐海湾"通票，原告与同学胡某、曾某、朱某、孙某、付某某一起选择"神龙摆尾"游玩项目。在游玩过程中，因行驶过程中经过冰面消融的水坑处，故原告乘坐的橡皮圈翻转，造成原告摔落水坑受伤，眼镜、蓝牙耳机落水的事故。当日，被告工作人员将原告送至医院检查治疗，入院诊断为：颈 7 椎体压缩性骨折，住院治疗 13 天，二级护理、普食，2021 年 2 月 5 日出院，出院诊断有加强营养，促进骨愈合，注意休息。嘱其颈胸支具外固定 3 个月，卧床休息时可不佩戴颈胸支具，注意休息，避免劳累，适当颈部功能锻炼，避免低头，避免意外摔伤。伤后 1 个月、2 个月、3 个月、6 个月、1 年拍片复查，在医师指导下功能锻炼，如病情变化，随时来院复查。2021 年 4 月 25 日，某大学出具"休学证明"一份，证明张某因病于 2021 年 4 月 25 日休学。另查明，某古镇运营管理有限公司在某保险公司投保全年公众责任险，保险期间 2020 年 6 月 3 日至 2021 年 6 月 2 日，特别约定：2. 冬季小型冰雪娱乐项目公众责任险，保险期间 2020 年 12 月 1 日至 2021 年 3 月 5 日，每人每次赔偿限额 50 万元，每次事故每人医疗费赔偿限额 10 万元。张某向法院起诉，要求某古镇运营管理有限公司赔偿损失 29 万余元，其中精神损害赔偿金 15000 元。

【法官讲法】

旅游合同，是指游客与旅行社之间发生的旅行社组织安排游客参加旅游活动，游客支付旅游费用的合同关系。旅游合同纠纷是指旅游合同的当事人特别是旅行社不履行合同义务或履行合同义务不符合约定的内容而引发的违约纠纷。旅游合同中的损害赔偿既有民法中损害赔偿的一般特点，也有基于旅游合同的特殊性产生的损害赔偿的特殊性问题。这种特殊性突出体现在旅游合同中精神损害赔偿和时间损失赔偿等方面，日常旅游合同纠纷中亟须解决的问题也多出现于此。什么是精神损害？我国民法通说认为，精神损害具有无形性，是指财产损害以外的无形损害。德国民法通说认为，损害得以金钱计算或衡量的，为财产上损害。反之，即为精神损害。其判断标准着眼点虽略有不同，但结论多属一致，即侵害生命、身体、健康、自由、名誉等所造成的生理或者心理上的痛苦，为精神损害。我们认为，精神损害又可称为"非财产损害"，是指对自然人精神权益的不利益状态，其最终的表现形式是精神痛苦和精神利益的丧失或减损。在理论界与司法实践中存在争议比较大的问题是时间的浪费是否属于精神损害。关于时间浪费究竟是物质损害抑或精神损害，时间浪费能否提出损害赔偿我国学者鲜有论及。虽然国家旅游局《国内旅游合同范本》规定了因旅游业者（乙方）的过错导致旅游者（甲方）行程延误的赔偿条款，但是其并不具有强制性和约束力，因此，从某种意义上来讲，我国还没有专门的法律规定。"一寸光阴一寸金，寸金难买寸光阴。"时间的宝贵自古人们就有认识，在经济高速发展的今天，时间更显得尤为宝贵。旅游是人们在紧张的工作之余放松休闲的主要方式，它是以追求精神上的愉悦为目的的。人们去旅游通常都是忙里偷闲，百忙之中利用难得的假期，但是如果该旅游非但没有达到精神上的愉悦，反而带来精神上的痛苦，假期的损失是否应当得到赔偿，时间浪费究竟为财产上损害，抑或为非财产上损害。2021年1月1日实施的民法典第996条规定："因当事人一方的违约行为，损害对方人格权并造成严重精神损害，受损害方选择请求其承担违约责任的，不影响受损害方请求精神损害赔偿。"该条规定突破了违约责任与精神损害赔偿不能并行的一般原则，依据该条规定，因当事人一方的违约行为，损害对方人格权并造成严重精神损害，受损害方选择请求其承担违约责任的，不影响受损害方请求精神损害赔偿。旅游服务合同作为服务类合同，合同标的为游览、餐饮、住宿、交通等服务，此类合同的缔约目的通常为获得精神上的享受等精神利益。旅游服务提供者违反合同义务的，旅游者的精神利益会遭受一定损害，此时，旅游者可以主张违约精神损害赔偿，请求违约方承担责任。

本案中，原告购票后，参加被告"神龙摆尾"冰雪项目游玩，游玩过程中，因冰雪、水坑等原因，发生原告摔伤、物品损失的事故，对此，被告作为娱乐场所的经营者未能尽到安全保障义务，造成事故的发生，被告辽宁葫芦古镇文化旅游集团有限公司应承担侵权责任。此次事故未造成原告伤残，但因颈部受伤，不能正常完成大学学期的学习计划（任务）导致休学，延后毕业一年，给原告造成很大的精神压力和痛苦，故对精神损害抚慰金酌定为15000元。

【法条指引】

中华人民共和国民法典

第九百九十六条 因当事人一方的违约行为，损害对方人格权并造成严重精神损害，受损害方选择请求其承担违约责任的，不影响受损害方请求精神损害赔偿。

第一千一百九十八条 宾馆、商场、银行、车站、机场、体育场馆、娱乐场所等经营场所、公共场所的经营者、管理者或者群众性活动的组织者，未尽到安全保障义务，造成他人损害的，应当承担侵权责任。

因第三人的行为造成他人损害的，由第三人承担侵权责任；经营者、管理者或者组织者未尽到安全保障义务的，承担相应的补充责任。经营者、管理者或者组织者承担补充责任后，可以向第三人追偿。

最高人民法院关于审理旅游纠纷案件适用法律若干问题的规定

第七条 旅游经营者、旅游辅助服务者未尽到安全保障义务，造成旅游者人身损害、财产损失，旅游者请求旅游经营者、旅游辅助服务者承担责任的，人民法院应予支持。

因第三人的行为造成旅游者人身损害、财产损失，由第三人承担责任；旅游经营者、旅游辅助服务者未尽安全保障义务，旅游者请求其承担相应补充责任的，人民法院应予支持。

5. 微信群内发布他人裸体视频，是否应当承担精神损害赔偿责任？

【维权要点】

科技的发展将人类带进了信息时代，网络作为全新形态的传播媒介，被称为继报刊、广播、电视等传统大众传播媒介之后新兴的第四媒体。但应指出的是，尽管其传播渠道和传播方式不同于传统媒介，但网络并非独立或超越于法律之外的特殊领域。因此，利用网络进行运营的网站及其从业人员等应当注意行业自律，约束自己的网络言行，防止侵害他人的合法权益。

【典型案例】

2018 年 8 月某天，王先生在廉租房内与李女士发生性关系。经李女士同意，王先生拍摄了李女士的裸体视频，之后王先生把拍摄的裸体视频发布到其微信朋友圈并被转发到多个微信群内。经李女士报警，2019 年 5 月 5 日，公安机关作出《行政处罚决定书》，决定对王先生行政拘留十日，并处罚款 500 元。李女士以其名誉权、隐私权受损为由诉至法院，要求王先生：1. 停止侵害李女士名誉权、隐私权的行为，并消除影响、公开赔礼道歉；2. 删除发送到微信群里损害李女士名誉、隐私的视频资料；3. 删除手机里保存有侵害原告名誉权、隐私权的相关视频；4. 赔偿精神损害抚慰金5万元。

法院经审理后认为，本案中，王先生虽经李女士同意拍摄其裸体视频，但其将该裸体视频发布到其微信朋友圈并被他人转发到多个微信群内，使李女士的隐私被知悉，精神上造成一定损害，侵犯了原告的隐私权。据此法院判决王先生赔礼道歉并赔偿李女士精神损害抚慰金2万元。

【法官讲法】

民法典第990条规定："人格权是民事主体享有的生命权、身体权、健康权、姓名权、名称权、肖像权、名誉权、荣誉权、隐私权等权利。除前款规定的人格权外，自然人享有基于人身自由、人格尊严产生的其他人格权益。"第1032条第1款明确规定"自然人享有隐私权"，并设定了其他民事主体对权利人隐私权的消极义务。该条第2款用"私密"来限定私密空间、私密活动、私密信息，定义隐私的具体含义。第1033条采用"具体类型＋兜底规定"的立法模式，详细规定了侵害隐私权的6种侵权行为，为司法适用提供了明确、统一的裁判标准。第1032条第1款规定："自然人享有隐私权。任何组织或者个人不得以刺探、侵扰、泄露、公开等方式侵害他人的隐私权。"该款强调了隐私权的两种性质：其一，主体的特定性。隐私权只能由自然人享有，而不能由法人及其他组织享有。隐私源于自然人的精神活动，保护隐私是为了体现对个人的尊重以及对人格尊严的维护。而法人的商业秘密和经营秘密属于财产利益，不属于人格权的范畴。其二，隐私权具有对世性。隐私权属于绝对权，除权利人以外的一切主体都负有不得侵害权利人隐私权的义务，任何人不得通过刺探、侵扰、泄露、公开等方式侵扰他人隐私。若发生侵害隐私权的行为，权利人可以向法院请求行为人承担相应的侵权责任。比如，就私密活动而言，任何人不得非法干涉、监视、跟踪、骚扰。监听、监视私人活动，擅自干涉私人从事某种活动或不从事某种活动，监视私人与他人的交往，监视、窃听夫妻性生活，进行私人跟踪等，都构成对隐私权的侵害。就私人空间而言，卧室、居室、抽屉、手包，尤其是女士的手包，为绝对隐私。侵入这些私人空间，构成对具体空间的侵害。

根据民法典第 1033 条第 4 项规定，除法律另有规定或者权利人明确同意外，任何组织或者个人不得实施下列行为：拍摄、窥视他人身体的私密部位。该条款即为对身体隐私的保护。通常而言，身体隐私是指不愿向他人公开的身体部位，尤其是性器官、有残疾的部位等。身体隐私的保护并不是要求身体的每一个部位都是不能公开的，如手模等从事特定职业的人员可以在经过个人同意的情况下公开身体的特定部位。本项规定的私密部位，不仅包括个人不愿意公开的身体部位，还包括个人的裸体照片等。退而言之，即使人体模特允许他人临摹其身体，也并不意味着就允许向公众暴露其身体隐私。本案中，王先生拍摄李女士的裸体视频并将其发到微信群和朋友圈，严重侵害了李女士的隐私权，扰乱李女士的正常生活秩序，破坏李女士的形象和家庭团结，使其精神受到严重损害，故法院判决王先生赔礼道歉并赔偿李女士精神损害抚慰金 2 万元。

【法条指引】

中华人民共和国民法典

第九百九十条　人格权是民事主体享有的生命权、身体权、健康权、姓名权、名称权、肖像权、名誉权、荣誉权、隐私权等权利。

除前款规定的人格权外，自然人享有基于人身自由、人格尊严产生的其他人格权益。

第一千零三十二条　自然人享有隐私权。任何组织或者个人不得以刺探、侵扰、泄露、公开等方式侵害他人的隐私权。

隐私是自然人的私人生活安宁和不愿为他人知晓的私密空间、私密活动、私密信息。

第一千零三十三条　除法律另有规定或者权利人明确同意外，任何组织或者个人不得实施下列行为：

（一）以电话、短信、即时通讯工具、电子邮件、传单等方式侵扰他人的私人生活安宁；

（二）进入、拍摄、窥视他人的住宅、宾馆房间等私密空间；

（三）拍摄、窥视、窃听、公开他人的私密活动；

（四）拍摄、窥视他人身体的私密部位；

（五）处理他人的私密信息；

（六）以其他方式侵害他人的隐私权。

6. 银行怠于履行对客户不良征信信息的删除报送义务，是否应当承担精神损害赔偿责任？

【维权要点】

信用权是民事主体就其所具有的诚实守信能力和经济能力在社会上获得的相应信赖与评价所享有的保有和维护的权利。在商品经济时代，信用权的本质是一种人格权和财产权的结合，更为确切地说，其是一种兼具财产权性质的人格权。对于他人信用权的无端侵害，可能会导致权利主体资格评价的降低，甚至对其经营或发展造成其他不利益的实际损害，最终引发精神损害赔偿责任的发生。

【典型案例】

2006 年 8 月，胡某与某银行、仕某签订《个人担保借款合同》一份，约定胡某向银行借款 5 万元，仕某为借款的担保人。合同到期后，胡某、仕某未归还上述借款。银行于 2009 年 9 月起诉至法院要求胡某、仕某立即归还贷款本金及利息。诉讼中，银行申请追加某公司为被告，并同意将该笔贷款直接纳入某公司名下，某公司亦确认该笔贷款由其实际使用，同意偿还借款本息，各方据此达成调解协议，约定案涉贷款本息由某公司偿还。

2021 年 1 月，胡某查询其个人信用报告时发现案涉 5 万元贷款仍记载为逾期状态，遂要求银行删除其不良征信信息但遭拒绝，故诉至法院请求判令银行立即向中国人民银行征信中心报送删除胡某不良信息的申请，并赔偿胡某精神损害抚慰金 5000 元。法院经审理后判决支持胡某的诉讼请求。

【法官讲法】

在给信用权定义前先对信用进行理解。《辞海》对"信用"一词的解释是具有道德、经济两方面的内容：一是诚信用人，信任使用；二是遵守诺言，实践成约，从而取得别人对他的信任 。可见，信用的核心在于信任：一方面是指主观上自身是否具有值得他人对其履行义务能力给予信任的因素，包括诚实、守信的良好品格等人格方面的因素与资本状况、生产能力等财产方面的因素；另一方面，是指其履行义务能力在客观上能为他人所信任的程度，是来自社会的评价。整体而言，商品经济条件下的信用是一种在经济能力上所获得的社会评价，一种有别于单纯的道德意义上的信用。

实践中，对于信用权的性质存在两种分歧：一种认为信用权应归类于无形财产权的范畴。有学者认为，信用之价值在于通过信用交换形式可获得对等的交换价值。它可以用科学的评估方法加以量化，并能以金钱来衡量其价值。另有多数学者认为，信用权应为人格权，即信用权是指维护民事主体社会影响与评价的精神性人格权，与名誉权、隐私权、贞操权一道被归类为"尊严型精神性人格权"。

基于信用权本身所具有的特殊性质，笔者认为，其不仅包含非财产利益的纯粹人格利益因素，还包含具有财产价值的经济利益因素。因而不能简单地将信用权与财产权的概念相提并论。信用权可由主体直接支配并享受其利益，故属于支配权，权利人通过对其人格因素支配，发挥出实现权利人经济目的的作用，从而体现出对权利人所具有的经济方面的价值。个人信用权所具有的经济利益是从人格因素中发挥出来的，所以，在广义上仍是人格利益的一部分，属人格权范畴。但同时，信用权又涵盖了在商品经济条件下其所具有的财产属性、经济利益内涵、商业价值。因此，将个人信用权定义为经济人格权更为确切。

因此，对个人信用权这样一种有特殊性质的经济人格权的侵害，从总体上讲，其损害应包括财产损害和非财产损害。就财产损害而言，特定的民事主体通过自身所享有的信用权获得一定的信用利益，来参与经济交往活动 ，即信用权人以此为基础获得贷款、保险、雇佣，缔结契约等对等的商业交易机会和利益，发挥的是信用的经济价值和类似担保的作用。而依信用权所产生的非直接的财产利益既包括现实的财产利益，也包括将来的、可能预期实现的交易机会或利益。非财产损害包括精神损害和有别于精神损害的非财产损害。前者发生在侵害个人信用权的评价因素——一般名誉以后，如果导致权利人因为一般名誉的减损，造成精神压力、精神痛苦、内心不安这样一种后果，权利人起诉时可以根据相关法律的规定请求精神损害赔偿。与精神损害相对的是没有造成精神损害后果的非财产损害。它是对人格因素本身的损害，是侵权行为所发生的直接侵害结果，是一种无形的、非物质的损害。

民法典第1024条明确了"信用"属于民事主体名誉的组成部分，强化了对民事主体名誉权的保护。客户的征信信息会影响社会对个人信用的评价，银行应按照相关规定妥善处理客户的征信信息。《征信业管理条例》第16条第1款规定，征信机构对个人不良信息的保存期限，自不良行为或者事件终止之日起为5年；超过5年的，应当予以删除。本案中，胡某已经于2009年通过法院调解与某银行处理完案涉债务，胡某不再负担相关贷款本息的清偿责任，某银行未按规定及时向中国人民银行征信中心报送删除相关不良信息，导致直至2021年相关贷款仍在胡某的征信记录中显示为逾期状态，显然会对胡某的信用评价产生不当影响。法院通过对金融机构处理消费者个人征信信息的不规范行为予以否定性评价，判令金融机构承担赔礼道歉和精神损害赔偿责任，依法维护了消费者的人格权益。

【法条指引】

中华人民共和国民法典

第一千零二十四条 民事主体享有名誉权。任何组织或者个人不得以侮辱、诽谤等方式侵害他人的名誉权。

名誉是对民事主体的品德、声望、才能、信用等的社会评价。

第一千一百八十三条 侵害自然人人身权益造成严重精神损害的，被侵权人有权请求精神损害赔偿。

因故意或者重大过失侵害自然人具有人身意义的特定物造成严重精神损害的，被侵权人有权请求精神损害赔偿。

最高人民法院关于确定民事侵权精神损害赔偿责任若干问题的解释

第一条 因人身权益或者具有人身意义的特定物受到侵害，自然人或者其近亲属向人民法院提起诉讼请求精神损害赔偿的，人民法院应当依法予以受理。

7. 冒用他人姓名获取拆迁款项是否构成对其姓名权的侵权？

【维权要点】

姓名权是公民依法享有的决定、使用、变更自己的姓名并要求他人尊重自己姓名的一种人格权利。作为一项重要的人身权利，姓名权受到侵害的，权利人有权要求停止侵害、恢复名誉、消除影响、赔礼道歉，甚至可以要求精神损害赔偿。但对于为他人利益而使用其姓名，不具有侵权的主观故意或过失，也未给权利人造成伤害的行为，不宜支持精神损害赔偿的诉讼请求。

【典型案例】

某棚户区改造项目系为改善某自然村村民居住条件的民生工程。2018年5月15日，为推进该棚户区改造项目建设，某棚户区改造项目群众代表大会决议对全村100户符合条件的棚改户进行拆除改造，并对所拆除的旧房实行货币化补偿，在2018年6月底前全部拆除完毕。为此，某村村支书即被告李某鹏组织成立了某村拆迁理事会办理房屋拆迁、发放拆迁款等具体事项。原告李某祥大儿子李某元系当时理事会成员之一。因被告李某鹏父亲李某清名下有多套房屋被拆除，为领取拆迁安置补偿款，2018年4月10日，经拆迁理事会全体成员同意，被告李某鹏将其父亲名下一套40余平方米的房屋冒用原告李某祥的名义（作为乙方）与案外人某某镇人民政府（作为甲方）签订了《城中村棚户区改造房屋拆迁安置协议》，原告李某祥之子李某元对此事知情，并在协议上代原告签署"李某祥"并捺手印确认。后拆迁理事会成员到银行办理村民开户等事项，重新为原告李某祥等部分村民办理了新存折，上述安置协议所涉补偿款10200元亦由某某镇政府打入原告李某祥账户，由原告之子李某元取出拆迁款项交付给被告李某鹏，后存折被撕毁。为此，李某祥将李某鹏诉于法院，要求被告交出冒用原告身份证开设的银行账户，停止侵害、恢复名誉，赔偿原告精神损失费1万元。法院经审理后认为，李某鹏非经原告李某祥本人许可，冒用李某祥姓名获取拆迁款项，侵犯了其姓名权，法院据此判决李某鹏赔礼道歉；关于精神损失，法院认为原告并未提供证明其名誉受损及造成其精神损失，对该项诉讼请求予以驳回。

【法官讲法】

民法典第 1012 条规定："自然人享有姓名权，有权依法决定、使用、变更或者许可他人使用自己的姓名，但是不得违背公序良俗。"该条规定了自然人姓名权的基本内涵，即有权依法决定、使用、变更或者许可他人使用自己姓名的权利。姓名权包括：（1）姓名决定权。指自然人决定其姓名的权利。自然人不仅有权决定随父姓、随母姓或采用其他姓，还可以自由选择自己的名字，决定是否使用别名、艺名、笔名等其他名字。（2）姓名改动权。指自然人依法改变自己姓名的权利。姓名变更权是姓名决定权的自然延伸，但应该注意的是，自然人更名前已用其原有名字参与了一系列社会活动，可能影响他人利益或社会公共利益，因此变更姓名需要受一定的行政管理限制，即自然人需要到相关主管部门进行变更登记。（3）姓名使用权。指自然人依法使用自己姓名的权利，该项权利有两方面内容：一是积极权能；二是消极权能。如在自己的作品上标示姓名，属于积极权能；不署名则属于消极权能。（4）姓名持有权。又称姓名保有权。首先，自然人有权保持自己的姓名权，非经自己同意，不得被强迫放弃或更改姓名。（5）请求他人正确称呼自己姓名的权利。一方面，该项权利指自然人有权请求其他人在社会交往中正确地称呼自己的权利。在依据发音规则有一字多音多义情况的国家中，此项权利显得尤其重要。另一方面，在变更姓名后，姓名权人有权要求其他人用变更后的名字称呼自己。（6）许可他人使用姓名的权利。这是民法典对姓名权能较之以往的新增规定。此项规定是对姓名利益与主体适当分离的现象在立法上的肯认。实践中，姓名利益的商品化运用，商事交易中广泛存在的代理行为，都需要从立法上对"许可使用"加以规定。

民法典第 1014 条规定："任何组织或者个人不得以干涉、盗用、假冒等方式侵害他人的姓名权或者名称权。"根据该条规定，姓名权是民事主体享有的重要人格权，侵害姓名权的行为，如符合侵权行为的构成要件，则行为人需要承担民事侵权责任。关于姓名权受侵害的精神赔偿问题，司法实践中历来争论已久。以金钱方式赔偿非财产损害，其功能主要是补偿和抚慰，这种赔偿是否具有惩罚性，是存在争议的。在德国法上，为了避免造成"一行为二重刑罚"从而导致违宪，判例和学说都坚决否认这种赔偿的惩罚性。非财产损害的范围常常很广，因此以金钱方式赔偿非财产损害，应当进行限制。目前，大陆法系各国家和地区的基本立场是，仅在法律有规定的一些情形中，允许以金钱方式赔偿非财产损害。民法典第1183条规定："侵害自然人人身权益造成严重精神损害的，被侵权人有权请求精神损害赔偿。因故意或者重大过失侵害自然人具有人身意义的特定物造成严重精神损害的，被侵权人有权请求精神损害赔偿。"因此，只有自然人的姓名权遭受侵害导致自然人严重精神损害情形，才有权请求精神损害赔偿。本案中，被告李某鹏非经原告李某祥本人许可，冒用原告姓名获取拆迁款项，虽然冒用原告李某祥名义拆迁房屋等具体事项系经拆迁理事会全体成员同意并决定，但该理事会系由被告组织成立，且整个过程被告全程参与并已经获得其父亲房屋拆迁款，在此过程中被告明显存在过错，其行为已实际侵害原告李某祥的姓名权，依法应承担赔礼道歉的民事责任。至于原告要求被告恢复名誉并赔偿精神损失费的诉请，因原告并未提供证明其名誉受损及造成其精神损失的证据，故法院对原告该项诉讼请求不予支持。

【法条指引】

中华人民共和国民法典

第一千零一十二条 自然人享有姓名权，有权依法决定、使用、变更或者许可他人使用自己的姓名，但是不得违背公序良俗。

第一千零一十四条 任何组织或者个人不得以干涉、盗用、假冒等方式侵害他人的姓名权或者名称权。

第一千一百八十三条 侵害自然人人身权益造成严重精神损害的，被侵权人有权请求精神损害赔偿。

因故意或者重大过失侵害自然人具有人身意义的特定物造成严重精神损害的，被侵权人有权请求精神损害赔偿。

8. 打电话辱骂他人侵犯他人隐私权，应否承担精神损害赔偿？

【维权要点】

私人生活安宁，属于自然人的隐私权，是自然人有权按照自己的意志从事或不从事于社会公益无害的活动，以及按照自己的意志生活，不受他人干扰的权利。除法律另有规定或权利人明确同意外，法律禁止他人以电话、短信、即时通信工具、电子邮件、传单等方式侵扰他人的私人生活安宁。

【典型案例】

原告季某与被告吴某是邻居。吴某在其住宅旁搭建一彩钢棚，后该彩钢棚被城管局依法确认为违章建筑并强制拆除。吴某怀疑是季某举报其违建而心生怨恨，为泄愤打电话辱骂季某，后季某报警，公安机关对吴某进行了批评教育。2021年1月20日，吴某再次打电话给季某，称季某与他人有不正当男女关系并以污秽语言辱骂季某。季某认为，吴某的行为给季某及其家庭造成困扰，损害了季某名誉，起诉要求吴某停止侵犯其名誉权、书面登报道歉并赔偿精神抚慰金1万元。

法院经审理后认为，私人生活安宁，属于自然人的隐私权，是自然人有权按照自己的意志从事或不从事于社会公益无害的活动，以及按照自己的意志生活，不受他人干扰的权利。除法律另有规定或权利人明确同意外，法律禁止他人以电话、短信、即时通信工具、电子邮件、传单等方式侵扰他人的私人生活安宁。本案中，被告吴某打电话辱骂季某，经公安机关批评教育后仍不改正，捏造季某与他人存在不正当男女关系并以污秽语言辱骂季某，其行为比较恶劣，具有侵扰、破坏他人私人生活安宁之故意，足以认定其行为给季某及其家庭造成了困扰，侵扰了季某的私人生活安宁，应承担侵权的民事责任。法院酌情判决被告吴某赔偿原告季某精神抚慰金1000元。因被告打电话辱骂的行为方式不具有持续性，未形成持续的侵权状态，未公开损害原告的名誉，其行为方式手段和影响范围不足以导致原告季某的社会评价降低，故法院驳回了季某要求停止侵犯名誉权和书面登报道歉的诉讼请求。该案判决后双方均未上诉，判决书已经生效。

【法官讲法】

私人生活安宁，是工业和信息网络时代人格尊严的刚性需要，不少领域都容易产生侵扰、破坏他人私人生活安宁的问题，如信息被贩卖衍生的骚扰电话、短信，以及人肉搜索、网络暴力、强制弹窗广告等。这些侵扰、破坏他人私人生活安宁的权益问题，在民法典颁行前，因缺乏明确的请求权基础而很难通过诉讼得到保护和支持，公民在此方面的权利意识也不够。民法典将私人生活安宁纳入了人格权编隐私权的概念予以规定，为保护私人生活安宁提供了法律依据。

私人生活安宁属于人格权，适用侵犯人格权的民事责任承担方式，一般包括停止侵权、赔礼道歉和赔偿损失。在认定民事责任时，应综合考虑侵权行为的状态、目的、方法手段、影响范围、损害后果等，从而确定相适应的责任承担方式和责任程度，尤其是涉及精神损害赔偿时，既要考虑个案损害后果和受害者个体承受力，也要兼顾社会一般观念，教育引导公民进一步增强人格尊严权利意识。

【法条指引】

中华人民共和国民法典

第一百一十条　自然人享有生命权、身体权、健康权、姓名权、肖像权、名誉权、荣誉权、隐私权、婚姻自主权等权利。

法人、非法人组织享有名称权、名誉权和荣誉权。

第一千一百八十三条　侵害自然人人身权益造成严重精神损害的，被侵权人有权请求精神损害赔偿。

因故意或者重大过失侵害自然人具有人身意义的特定物造成严重精神损害的，被侵权人有权请求精神损害赔偿。

9. 刑事冤错案件的国家赔偿，赔偿请求人是否有取得精神损害赔偿的权利?

【维权要点】

精神损害赔偿是否纳入国家赔偿的范围一直是一个有争议的问题。作为一种无形的损害，精神损害赔偿在 1986 年第一次被写进法律。经过近三十年的实践，我国的精神损害赔偿无论是在理论层面还是在立法、司法层面都日臻成熟，国家对精神损害不承担赔偿责任显然有失公平。国家赔偿法将精神损害赔偿纳入了国家赔偿的范围，贯彻了宪法尊重和保障人权的精神，体现了我国法治的进步。

【典型案例】

2004 年 11 月 15 日，河南省某某县一村民家发生两个孩子食物中毒案件，其中一人死亡。2004 年 11 月 20 日，吴某因涉嫌故意杀人被刑事拘留，后被逮捕。2005 年至 2008 年，商丘市中级人民法院三次判决吴某犯故意杀人罪，判处死刑，缓期二年执行；河南省高级人民法院三次裁定撤销原判，发回重审。2008 年 10 月 15 日，商丘市中级人民法院判决吴某犯故意杀人罪，判处无期徒刑；河南省高级人民法院二审裁定驳回上诉，维持原判。2018 年 9 月，最高人民法院指令河南省高级人民法院再审。河南省高级人民法院于 2020 年 2 月 24 日作出再审判决，撤销一、二审判决，宣告吴某无罪。2020 年 4 月 1 日，吴某在被羁押 5612 天后获得释放。2020 年 6 月，吴某向河南省高级人民法院申请国家赔偿，请求赔偿侵犯人身自由赔偿金、精神损害抚慰金、误工费、医疗费、伤残赔偿金等 1700 余万元。2021 年 4 月，最高人民法院作出国家赔偿决定：一、赔偿吴某侵犯人身自由赔偿金 1945961 元；二、赔偿吴某精神损害抚慰金 120 万元；三、向吴某赔礼道歉；四、驳回吴某的其他赔偿请求。

【法官讲法】

在民法典中，精神损害赔偿是一项重要的内容。国家赔偿法是一种特殊的侵权行为法，应该包含精神损害赔偿的内容。当以国家名义作出的违法行政、司法行为侵害到当事人的人格、身份利益时，在强大的国家机器面前，受害人受到不仅是身体上的损害，更深层次的损害往往表现在精神层面上。2021 年 4 月 1 日，《最高人民法院关于审理国家赔偿案件确定精神损害赔偿责任适用法律若干问题的解释》开始施行。本案是最高人民法院适用精神损害司法解释审理并作出国家赔偿决定的第一起案件，对于人民法院如何认定精神损害程度及如何确定精神损害抚慰金数额具有重要指导意义。刑事冤错案件的国家赔偿一直是社会关注的焦点，而精神损害赔偿是其中的重点和难点问题。本案的审理过程中，正值《最高人民法院关于审理国家赔偿案件确定精神损害赔偿责任适用法律若干问题的解释》制定，最高人民法院赔偿委员会综合考量了原刑事案件所判罪名、刑罚、羁押时间，受害人人身自由、生命健康受到侵害的情况，精神受损情况，受害人日常生活、家庭关系、社会评价受到的影响等诸多因素，决定大幅提高精神损害抚慰金的比例和数额，对司法解释的出台起到了一定推动作用。在审理过程中，最高人民法院始终坚持以人民为中心，对赔偿请求人受到的损害给予了高度关注，整个审判过程公开透明，积极回应我国进入新发展阶段后人民群众对国家赔偿审判的新要求。合议庭还协调有关部门开展刑事案件的善后工作，并协调赔偿义务机关对赔偿请求人给予一定的司法救助。案件审结后，吴某及家人对最高人民法院的处理表示很满意，多家媒体也给予了正面报道，实现了法律效果和社会效果的有机统一。

【法条指引】

中华人民共和国国家赔偿法

第三条　行政机关及其工作人员在行使行政职权时有下列侵犯人身权情形之一的，受害人有取得赔偿的权利：

（一）违法拘留或者违法采取限制公民人身自由的行政强制措施的；

（二）非法拘禁或者以其他方法非法剥夺公民人身自由的；

（三）以殴打、虐待等行为或者唆使、放纵他人以殴打、虐待等行为造成公民身体伤害或者死亡的；

（四）违法使用武器、警械造成公民身体伤害或者死亡的；

（五）造成公民身体伤害或者死亡的其他违法行为。

第十七条　行使侦查、检察、审判职权的机关以及看守所、监狱管理机关及其工作人员在行使职权时有下列侵犯人身权情形之一的，受害人有取得赔偿的权利：

（一）违反刑事诉讼法的规定对公民采取拘留措施的，或者依照刑事诉讼法规定的条件和程序对公民采取拘留措施，但是拘留时间超过刑事诉讼法规定的时限，其后决定撤销案件、不起诉或者判决宣告无罪终止追究刑事责任的；

（二）对公民采取逮捕措施后，决定撤销案件、不起诉或者判决宣告无罪终止追究刑事责任的；

（三）依照审判监督程序再审改判无罪，原判刑罚已经执行的；

（四）刑讯逼供或者以殴打、虐待等行为或者唆使、放纵他人以殴打、虐待等行为造成公民身体伤害或者死亡的；

（五）违法使用武器、警械造成公民身体伤害或者死亡的。

第三十五条 有本法第三条或者第十七条规定情形之一，致人精神损害的，应当在侵权行为影响的范围内，为受害人消除影响，恢复名誉，赔礼道歉；造成严重后果的，应当支付相应的精神损害抚慰金。

最高人民法院关于审理国家赔偿案件确定精神损害赔偿责任适用法律若干问题的解释

第一条 公民以人身权受到侵犯为由提出国家赔偿申请，依照国家赔偿法第三十五条的规定请求精神损害赔偿的，适用本解释。

法人或者非法人组织请求精神损害赔偿的，人民法院不予受理。

10. 侵害他人的知识产权是否应当承担精神损害赔偿责任？

【维权要点】

知识产权属于支配权的一种，这种权利首先表现为对客体的支配；其次表现为权利受到不法侵害时，权利人对侵害人发生排除妨害或赔偿损失的请求权。侵害知识产权适用精神损害赔偿时应有所限制，即侵害知识产权权利人的人身权益造成财产损失的，应责令侵权人予以赔偿；因侵害知识产权人人身权益致自然人精神损害，但尚未造成严重后果的，权利人请求精神损害赔偿的，一般不应予以支持；因侵害知识产权人身权益致使自然人精神损害，造成严重后果的，人民法院除判令侵权人停止侵害、恢复名誉、消除影响、赔礼道歉等民事责任外，可以根据权利人的请求判令相应的精神损害赔偿金。

【典型案例】

经原告高某某授权，2017年2月6日出版的《中国妇女报》A3版刊登了原告创作的且享有完全著作权的《天价彩礼之风真的刹不住吗？》（共计1862字）的评论文章。被告某县司法局所属微博"陇南某县司法"未经原告同意予以非法登载，且未给原告署名。原告高某某于2020年5月26日向法院起诉被告某县司法局，要求某县司法局向原告赔礼道歉并赔偿其精神损失 1 元。

法院经审理认为，本案中，通过在案证据可以看出某县司法局在其微博中使用涉案作品不符合《中华人民共和国著作权法》第 22 条中关于合理使用的情形，某县司法局未经高某某许可在主办的微博中发布涉案作品且未为高某某署名的行为使公众能够在个人选定的时间和地点获得涉案作品，侵害了高某某对涉案作品享有的署名权及信息网络传播权，应当承担侵权责任。关于精神损失一节，某县司法局虽使用涉案作品，但未对涉案作品进行歪曲、篡改，未给高某某造成严重精神损害，故对高某某要求赔偿精神损失的诉讼请求法院不予支持。

【法官讲法】

本案争议的焦点不仅在于被告在网络环境下未经允许使用他人作品是否构成侵犯著作权，一个关键的问题还在于侵犯知识产权应否承担精神损害赔偿？对侵害知识产权的行为能否造成精神损害，能否要求精神损害赔偿问题，我国民法典和相关知识产权法律并没有作出明确具体的规定。因而精神损害赔偿问题一直为知识产权理论界和司法实践部门广为关注。在审理知识产权侵权案件中，如何认定精神损害赔偿责任，如何计算精神损害赔偿数额都是司法实践中常常遇到的问题。笔者认为，知识产权中包含人身权，侵犯知识产权中的人身权应当承担精神损害赔偿责任。

一、对知识产权应当进行有限制的精神损害赔偿

精神损害赔偿限制原则，是指对公民、法人等民事主体享有的知识产权中精神权益损害，在法律规定的范围内可以适用精神损害赔偿。民法典第 1014 条规定，任何组织或者个人不得以干涉、盗用、假冒等方式侵害他人的姓名权或者名称权。第 1183 条第 1 款规定，侵害自然人人身权益造成严重精神损害的，被侵权人有权请求精神损害赔偿。在著作权法第 52 条、第 53 条侵权行为的具体法律责任中，规定了停止侵害、消除影响、公开赔礼道歉、赔偿损失等责任形式。也就是说，侵害著作人身权依法可以适用非财产的民事责任形式，如消除影响、公开赔礼道歉等；也可以适用财产的民事责任形式，如赔偿损失。侵犯著作人身权可能造成著作权人的财产损失，但主要是造成著作权人精神利益的损害。如歪曲、篡改他人作品，不一定必然引起作品报酬的减少，也可能会增加。但此种行为却严重侵害

了作者的精神利益。对此种精神利益的赔偿，应当属于精神损害赔偿。所以，笔者认为，著作权法第52条、第53条规定的赔偿损失，并不排除对著作人身权损害的精神损害赔偿。又如制作、出售假冒他人署名的美术作品的行为，有的学者主张此种行为侵犯了作者的署名权，有的学者主张是侵犯了作者的姓名权，无论如何是侵犯了属于作者人身范畴的精神权益。依照著作权法第53条的规定，赔偿除侵犯作者精神权益引起的经济损失外，主要是精神损害赔偿。

著作权具有权利双重性的特点，即人身权与财产权并存，这也是知识产权中的某些权利能够获得精神损害赔偿的客观基础。根据著作权法的规定，作者可以包括公民、法人和其他组织。因此，法人和其他组织的著作人身权应当同公民一样受到同样的保护。此外，在著作权的司法实践中，对作者著作人身权的保护已经适用了精神损害赔偿。如对某起因出售假冒他人署名美术作品而引起的侵权纠纷案中，最高人民法院在答复上海市高级人民法院的请示函中表示："……赔偿损失的范围和数额，应根据原告因侵权行为受到的物质损失和精神损害的全部实际损失，以及本案的综合情况予以确定。"实践证明，只有在充分保护著作人身权，在作者精神权益受到侵害能够得到精神赔偿的情况下，著作权的保护才能称为完整的保护。其他知识产权如商标、专利等虽与著作权有所不同，但侵权同样也会造成知识产权主体的商誉、信誉等关于法人名称权、名誉权的精神利益的损害。某些侵犯法人的名誉权纠纷本身就是企业之间的不正当竞争纠纷，受侵害的权益当属知识产权保护的范畴。因此，知识产权（主要为著作权等）侵权损害赔偿应当包括精神损害赔偿，应当说是没有问题的。

需要特别说明的是，我国民法典规定的精神损害赔偿并不是无限制的。它受到受侵害权利类型、权利受侵害程度、行为人主观状态、其他民事责任形式适用情况等条件的限制。如果不问社会经济政治条件、历史文化和道德传统，任意扩大精神损害赔偿的范围，同样会产生不良的社会影响。实际上，其他一些国家对精神损害赔偿也是有法律规定的条件限制的。因此，对知识产权中人身权的精神损害赔偿也应当有所限制。这些限制表现为：（1）适用精神损害赔偿应当依照法律或者最高人民法院有关司法解释，只能适用于对侵害知识产权中人身权精神利益的保护，不应任意扩大适用范围；（2）对侵权情节一般的，首先应当适用停止侵害、消除影响、公开赔礼道歉的民事责任形式，而不适用赔偿；（3）侵害知识产权中的人身权益情节虽然一般，但造成财产损失的，可以对造成的实际损失进行赔偿，同时适用停止侵害、消除影响和公开赔礼道歉的民事责任形式；（4）对精神损害情节较重，适用其他民事责任形式不足以使受害人的权益受到保护的，应当适用精神损害赔偿。

二、知识产权精神损害赔偿数额的确定

对知识产权人身精神权益的精神损害赔偿数额的确定，应当掌握以下要点：（1）知识产权的精神损害赔偿只能限定在对知识产权人身精神权益的损害，即主要是对著作人身权的损害赔偿以及不正当竞争纠纷中涉及公民、法人姓名权、名称权等商誉的损害赔偿。超出此范围不适用精神损害赔偿；（2）对知识产权精神损害，应当根据损害的情况，首先适用其他民事责任方式，如停止侵害、公开赔礼道歉、消除影响、恢复名誉等非财产责任方式。仅对情节严重，使用非财产责任形式明显不足以保护受害人的精神权益时，才适用精神损害赔偿；（3）对精神损害赔偿数额的确定，主要由法官根据侵权情节、损害后果、当地的经济与文化水平，以及受害人与侵权人的情况等因素斟酌确定。

【法条指引】

中华人民共和国民法典

第一千零一十四条　任何组织或者个人不得以干涉、盗用、假冒等方式侵害他人的姓名权或者名称权。

第一千一百六十五条　行为人因过错侵害他人民事权益造成损害的，应当承担侵权责任。

依照法律规定推定行为人有过错，其不能证明自己没有过错的，应当承担侵权责任。

第一千一百八十三条　侵害自然人人身权益造成严重精神损害的，被侵权人有权请求精神损害赔偿。

因故意或者重大过失侵害自然人具有人身意义的特定物造成严重精神损害的，被侵权人有权请求精神损害赔偿。

11. 婚庆场地布置与设计效果严重不符，婚庆公司是否应赔偿精神损失？

【维权要点】

在违约之诉中，对于精神损害赔偿请求，一般不予支持，但对于一些特殊性质的违约之诉，如不支持其精神损害赔偿请求，却有悖于立法精神。婚姻乃人生大事，随着人们生活水平的不断提高，婚庆服务已成为广大群众特别是年轻人的重要选择。婚庆服务的特殊性对合同的履行提出了很高的要求，哪怕出现一点疏忽与大意，也会对合同相对方造成终身遗憾。因此，对于此类合同履行过程中产生的精神损害赔偿，法院应予支持。

【典型案例】

一对新人和鄞州某文化传媒公司签订婚礼策划服务协议，约定由该公司为婚礼提供场地布置及人员服务，场地布置费 2.6 万元，人员服务费 1 万余元。双方签订合同前，共同到酒店查看了举办婚礼的场地。婚礼前一天 18 时左右，酒店经理即通知被告公司可以进场为第二天中午原告的婚礼布置场地，但被告于当天 23 时才到场搭建舞台。搭建过程中，婚庆公司发现吊顶高度不够，在未通知新郎、新娘的情况下，将 T 台交接区部分由 30 厘米降低为 5 厘米。此外，迎宾区域摆放的照片中新娘的名字均打印错误，路引鲜花摆放与约定有出入、舞台背景线未安装等。2021 年 2 月 22 日，两位新人满怀憧憬地步入婚宴酒店时，却看到迎宾区所有海报中新娘的名字都是错的，而婚礼现场的布置更是问题百出：吊顶高度比预期的降低 30 厘米，致使新郎每走一步都会撞一下吊顶上的金色线帘；T 台交接区部分由原来的 30 厘米降低为 5 厘米，导致 T 台整体长度及部分高度发生变化。除此之外，婚礼现场还存在舞台背景线帘未安装、路引鲜花摆放与约定有出入等问题。因协商无果，新人将婚庆公司起诉至法院，请求判令被告公司退还场地布置费 2 万元，赔礼道歉，并赔偿精神损失费 5000 元。

法院经审理后认为，双方签订的服务协议合法有效，应依约全面履行。婚庆公司虽提前查看了场地，但未能全面了解场地情况，未及时发现吊顶高度不够。搭建当天未提早到达现场确认搭建细节，导致出现问题时未能及时沟通，婚礼现场的布置与设计效果严重不符。故原告要求降低价款并返还部分费用符合法律规定，酌情确定被告返还场地布置费1.3万元。婚礼对于新人来说是一种精神利益的载体，反映的是对美好生活的向往与祝福，这种场景不可复制，不可再现，其承载的人格和精神利益要远大于其本身的成本价值。被告将新娘名字写错等违约行为给原告造成了一定的精神损害，故对原告的精神损害赔偿主张予以支持。法院依法判决被告返还场地布置费1.3万元，被告向原告赔礼道歉，并赔偿精神损失费5000元。

【法官讲法】

民法典颁布前，精神损害赔偿原则上只适用于侵权行为领域，一般情况下，即便存在违约责任和侵权责任的竞合，也不能基于违约主张精神损害赔偿。而民法典第996条规定，因当事人一方的违约行为，损害对方人格权并造成严重精神损害，受损害方选择请求其承担违约责任的，不影响受损害方请求精神损害赔偿。该条规定突破了违约责任与精神损害赔偿不能并行的一般原则，确立的统一规则有利于强化对受害人的救济，为法官提供了明确的指引，保障了裁判结果的公平合理。本案中，由于婚礼过程具有唯一性、专属性、纪念性等特殊性质，对新人来说是一种精神利益的体现。被告交付的婚礼现场布置与效果图严重不符，且将迎宾处的新娘名字书写错误，使原告的精神利益受到了严重损害，原告有权主张精神损害赔偿。

民法典第996条规定突破了违约责任与精神损害赔偿不能并行的一般原则，依据该条规定，因当事人一方的违约行为，损害对方人格权并造成严重精神损害，受损害方选择请求其承担违约责任的，不影响受损害方请求精神损害赔偿。从民法基本原理来看，该规则具有正当性和合理性。因为，某一行为既构成侵权并造成他人精神损害，也构成违约并造成了他人的重大精神损害，则基于侵权赔偿精神损害和基于违约赔偿精神损害，都是违约人应承担的责任，非违约方并未因此获得不当利益。虽然合同原则上主要保护财产利益，而不保护精神利益，但是违约救济的根本目的还是要使受害人处于合同如同没有被违反时的状态。在出现责任竞合的情形下，通过违约责任补救精神损害，以达到合同如同已经被履行的状态，也具有合理性。但是，需要注意的是，本条规定的适用范围不能随意扩大，本条规定实际上属于违约行为承担精神损害赔偿的特殊情形，属于精神损害赔偿的例外情形。从另一角度来说，违约行为精神损害赔偿突破了合同行为不适用精神损害赔偿的一般原则，本条属于对其适用条件的限制性规定。违约精神损害赔偿的适用条件：（1）主要适用于侵害人格权的情形。违约责任中，损害赔偿的范围不能超出违约方订立合同时应当预见到的因违反合同可能造成的损失，也就是违约责任中的可预见性原则。通常情况下，因违约行为造成的财产损失不会造成非违约方的精神痛苦，也就是不会给对方带来精神损害，违约方在缔约时可能预见因违约行为给对方造成的财产损失，而难以预料到对方的精神损害，因此，违约责任的一般原则是不适用精神损害赔偿的。但是，涉及人身权利或以精神利益满足为主要目的的合同，因违约行为侵害对方人格权的，造成非违约一方的损失通常为非金钱损失，难以通过市场价值准确衡量，适用财产损害赔偿难以对非违约方进行救济，因而，可采用精神损害赔偿方式对人格权遭受的侵害实行全面的救济。（2）以违约责任与侵权责任竞合为前提。民法典总则编中的第186条规定："因当事人一方的违约行为，损害对方人身权益、财产权益的，受损害方有权选择请求其承担违约责任或者侵权责任。"上述条文明确规定了违约责任与侵权责任竞合时，受损害一方的选择权，即受损害方可以选择就违约行为请求对方承担违约责任或者选择就侵权行为请求加害人承担侵权责任。从该条规定来看，仅在违约责任与侵权责任竞合的情形下，非违约方才能在违约责任中主张精神损害赔偿责任，在其他情形下，即便非违约方遭受了严重的精神损害，其也无权在违约责任中主张精神损害赔偿责任。（3）违约行为造成非违约方严重精神损害。本条规定表明，只有非违约方遭受严重精神损害的情形下，其才能在违约责任中主张精神损害赔偿。无论在违约责任中还是在侵权责任中，适用精神损害赔偿的难点都在于如何准确评估和确定精神损害。

关于造成"严重精神损害"的判断标准，理论上有不同的观点。严重精神损害的"严重性"可从以下几个方面进行判断：（1）损害后果的严重性。一般来说，造成严重精神痛苦往往伴随一定的后果，受害人因人身、精神遭受的损害对日常生活、工作、社会交往等造成较明显的不利影响。如果以社会一般人的标准判断，一般人在权利遭受此种侵害的情况下，都承受难以忍受和承受的精神痛苦和肉体痛苦，则可以认为已经构成了严重后果。（2）精神痛苦的严重性。具体是指因侵害人格权所造成的痛苦已经超出社会一般人的容忍限度，如果这种精神痛苦按照一般人的标准已经超出了可以忍受的程度，则可以认定其是严重的。如果仅造成受害人轻微的精神痛苦，则可以通过财产损害的方式对受害人提供救济，而不需要借助精神损害赔偿责任，否则可能导致诉讼的泛滥。所以，判断严重后果，不仅要考虑受害人生理与心理上的反应，也要考虑是否影响其正常的生活、工作以及影响其正常交往的程度等。（3）损害具有持续性。也就是说，损害所造成的痛苦不是立即消失的，而是持续了一段时间，如果受害人只是遭受了偶尔的精神痛苦或者心理情绪上的不愉悦，则不属于应予赔偿的精神损害。

【法条指引】

中华人民共和国民法典

第九百九十六条　因当事人一方的违约行为，损害对方人格权并造成严重精神损害，受损害方选择请求其承担违约责任的，不影响受损害方请求精神损害赔偿。

12. 丢失他人具有人格象征意义的特定物品是否应当承担精神损害赔偿责任？

【维权要点】

某些特定的财产诸如结婚钻戒、肖像画、传家宝等，由于其具有人格象征意义，包含着人格利益因素。当某些具有纪念意义的特定财产受到损害时，往往给财产所有权人、管理人或占有人造成巨大的人格利益损害，在适当的情况下，应当支持受害人提出的精神损害赔偿请求，以救济其全部损失。

【典型案例】

2019 年 2 月 1 日，周某、肖某举行婚礼，聘请某演艺公司做婚庆服务。二人在某演艺公司处订购了价值 5500 元的婚庆服务，包括主持、摄影、婚礼现场等，其中摄影服务为 600 元。周某、肖某向某演艺公司预付了定金 500 元，婚礼结束后，周某、肖某支付了全部服务费。而后，某演艺公司将婚礼过程的摄像资料丢失，无法向周某、肖某交付该资料。周某、肖某提起诉讼，请求某演艺公司返还服务费、赔偿精神抚慰金等。人民法院经审理认为，该案诉争的摄像资料记载了周某、肖某夫妇人生中的重要时刻，有着特殊的纪念意义。由于婚礼过程不可重复和再现，该摄影资料记载的内容对于周某、肖某夫妇来说，属于具有人格象征意义的特定纪念物品。该演艺公司未按照双方约定将摄像资料交付给周某、肖某，造成婚礼现场场景的载体永久性灭失，其违约行为导致周某、肖某夫妇丧失了对其具有人格象征意义的特定纪念物品的所有权，对其造成精神上的伤害。遂判决某演艺公司返还周某、肖某摄像服务费 600 元，并赔偿精神损害抚慰金 6000 元。

【法官讲法】

该规定中的"人格象征意义"的表达，应该如何理解呢？笔者认为，所谓具有人格象征意义的特定纪念物品，应是该物品与特定的自然人主体的人身相联系。通常而言，至少应具备以下特点。

1. 该标的物是一种具有一定精神价值的有形实体物。所谓的物品几乎都有或多或少的这样或那样的价值，我们甚至可以断言没有价值的物品是没有的，但大多数的物的价值在于其使用过程中带给人们的满足，而我们所界定的"具有人格象征意义的特定纪念物品"则与一般的物不同，其应当是一种寄托了人的精神或者是能够给特定的人以精神满足的物，它可以没有实际的使用价值，更准确地说它的使用价值已经退居其次。本案中，周某、肖某婚礼现场的影像资料就符合这一特征。当然，这种"具有人格象征意义的特定纪念物品"还有一个最基本的前提，就是这种物品应当是一种有形实体物，如对一个人名誉、荣誉的侵犯也可以造成其精神的痛苦，但这种精神侵权责任在名誉权、荣誉权的法律规定中已有规范，这些规范实际上与"具有人格象征意义的特定纪念物品"形成了不同而又互补的关系。

2. 这种物的精神价值是公认的或者是一个通情达理的一般人所能够预见的。"具有人格象征意义的特定纪念物品"是否具有精神价值应当用客观标准来衡量还是用主观标准来衡量确实是一个十分困难的事情，因为是否有精神价值以及精神价值到底有多少往往因人而异。因此，司法实践中，应确立一种具有客观性的主观标准：首先，这种物品的精神价值应当是公认的，不是以某个人好恶而改变的。如果仅仅是某一个人或几个人认为这种物品有精神价值，那么，作为居中裁量的法官就应该谨慎下判，因为在法院里对一方当事人的过分的保护，就意味着对另一方当事人的不公。其次，这种物品的精神价值具备与否以及到底为多少应当是一个通情达理的一般人所能够预见的。尽管我们认同精神无价，也有对人格商业化的担心，且所谓的抚慰金也不过是对受害者的一种精神补偿，但抚慰金的数额也应当维持在一个社会能够接受的水平，可预见的标准由此而生。最后，这种物品的精神价值的多少与取得或维持这种物品的难易程度也密切相关，往往来之不易者价高，得之容易者价低。

3. 标的物是一种特定物，而非种类物。"具有人格象征意义的特定纪念物品"应当是特定物而非种类物，若为种类物也就意味着世间还可以寻找替代品，侵权者可以以替代品来填充被损之物，所谓精神损失也就无从谈起。因而只有是特定物，世间仅此一个，不可替代，精神上的缺憾与无奈才有所依据。

4. 标的物的损毁或灭失具有不可挽回性。与标的物是一种特定物而非种类物相联系，"具有人格象征意义的特定纪念物品"还有一个潜在的含义，那就是该物之损毁应为不可挽回，若可通过修补重新制作出一个一模一样的物品，精神上的损失也必不复存在。

5. 该标的物必须是与特定的人格相联系的物品。"具有人格象征意义的特定纪念物品"还包含着一层意思，那就是该标的物的精神价值应当是与特定的人格相联系，也就是说这里的所谓的精神价值是特定人格者的精神价值，国家或集体的精神价值受损是不能按照本规定提出索赔的。例如，一个企业、农庄、学校的具有纪念意义的物品受损，难以援引本条来寻求救济。

在我们的传统观念中，婚礼是极具纪念意义的特殊经历，婚礼现场的影像资料是珍贵的资料，一旦毁损将具不可逆性。案涉婚礼录像资料的丢失，虽未对当事人的身体健康造成损害，但对当事人造成了不可弥补的精神损失，应当赔偿一定的精神损害抚慰金。摄影摄像等婚庆服务亦属于特殊消费，一方面，消费者在选择婚庆公司应仔细慎重，如：查看婚庆公司资质信息、保存相关凭证等；另一方面，婚庆公司在提供婚庆摄影服务时，应及时做好应急预案，将拍摄的婚礼影像资料进行备份，以有效避免因婚礼影像资料丢失而对消费者造成精神损害。

【法条指引】

中华人民共和国民法典

第一千一百八十三条 侵害自然人人身权益造成严重精神损害的，被侵权人有权请求精神损害赔偿。

因故意或者重大过失侵害自然人具有人身意义的特定物造成严重精神损害的，被侵权人有权请求精神损害赔偿。

最高人民法院关于确定民事侵权精神损害赔偿责任若干问题的解释

第一条 因人身权益或者具有人身意义的特定物受到侵害，自然人或者其近亲属向人民法院提起诉讼请求精神损害赔偿的，人民法院应当依法予以受理。

13. 跑丢的宠物犬被残忍扒皮，丢弃主人能否要求精神损害抚慰金？

【维权要点】

生活中，许多家庭都养有爱犬，作为宠物犬，主要作用为陪伴，对狗主人来说不可替代，尤其是饲养时间较长，是其情感上的寄托物，可以认定为"具有人身意义的特定物"。根据民法典规定，因故意或重大过失侵害自然人具有人身意义的特定物造成严重精神损害的，被侵权人有权请求精神损害赔偿。

【典型案例】

2019 年，唐某购买了一只宠物犬，取名"豆豆"，饲养期间，与豆豆建立了深厚的感情。2022 年 6 月，唐某在小区遛狗期间，豆豆突然挣脱绳索跑出去，原告随即跟随寻找，却未能寻回。当晚，唐某通过宠物店发布寻犬启示。次日上午，根据询问路人得到的线索，唐某又去派出所报了警。通过查看监控视频，最终发现小狗被郭某带回了家。当天下午，唐某找到郭某家中时，看到被砍下的小狗前爪丢弃在院中，一时间难以接受。郭某称其喜欢小狗，看到路上无人问津的小狗就想带回家养，结果这条狗自己死了，就想看看能不能食用狗肉，但是发现血已经黑了，就将狗头和狗皮扔到了河里。唐某想寻回狗头狗皮以作纪念的念想也落了空。眼见自己心爱的豆豆被如此残忍地宰杀丢弃，唐某一气之下把郭某告上了法庭。庭审中，唐某表示，豆豆跑丢后，其一直尽力寻找，第二天已经有好心人发现豆豆受伤，并通知了动物保护单位。但郭某擅自带回家中，不仅没有妥善照顾，反而残忍地将小狗宰杀。因此，不仅要求郭某赔偿财产损失，还要求其支付精神损害抚慰金。

法院经审理认为，案涉小狗系原告遗失物，被告带回家中，原告寻得时狗已死亡，被告已将狗扒皮处理，故被告未能妥善保管他人遗失物，在保管期间具有重大过失，导致无法归还案涉犬只，应当承担赔偿责任。同时，考虑原告已饲养该犬多年，且在案涉犬只丢失后花费了极大的心力试图寻回，能够看出案涉犬只对原告具有独一无二的重要意义。而原告找到时，被告已将该犬只扒皮，原告亦目睹了爱犬被砍下丢弃的前爪，被告的行为给原告造成了严重的精神损害。故法院判决，被告赔偿原告财产损失1000元及精神损害抚慰金500元。

【法官讲法】

随着社会的发展，人们在注重物质生活的同时更加重视精神生活的充实，关于精神损害赔偿的案件也随之增加。本案是一起因宠物犬只而引发的精神损害赔偿案件。民法典第1183条第2款规定："因故意或者重大过失侵害自然人具有人身意义的特定物造成严重精神损害的，被侵权人有权请求精神损害赔偿。"侵害具有人身意义的特定物的精神损害赔偿制度得以确立。民法典关于具有人身意义特定物精神损害赔偿有以下两个方面的特征：一是强调了被告必须具有故意或者重大过失。本条适当限制了侵害具有人身意义的特定物的精神损害赔偿的适用范围，即只有因故意或者重大过失侵害自然人具有人身意义的特定物的情形下，被侵权人才可以主张精神损害赔偿。二是明确了被侵害的客体是具有人身意义的特定物。民法典第1183条第2款的规定有助于扩张该制度的适用范围，因为"具有人身意义的特定物"这一概念与司法解释中"具有人格象征意义的特定纪念物品"的表述相比要宽泛一些。当然，何为具有人身意义的特定物，目前并无明确的法律规定，尚需进一步解释。司法实践中确认的典型的例子包括祖坟、墓碑、族谱、祖先画像、祠堂、父母遗照等。与身体分离的人体器官或组织，如卵子，也可以纳入其中。

关于宠物是否属于"具有人身意义的特定物"，司法实践中素有争论。本案中，案涉犬只系原告饲养的宠物犬，主要作用为陪伴，对原告来说不可替代，加之原告饲养时间较长，是其情感上的寄托物，可以认定为"具有人身意义的特定物"。被告捡拾案涉犬只时虽难以判断是否有主人，但被告在发现该犬时亦并未去主动核实该犬有无主人，而是采用暴力方式直接将其带回家据为己有，有违一般理性人的注意义务，存在重大过失。虽然发生了事故，但是根据监控视频及证人的陈述，案涉犬只状态依然良好，无论被告是否将其活体宰杀，被告在短暂保管他人遗失物期间，未能尽到谨慎义务，造成案涉犬只死亡并扒皮处理，其行为亦存在重大过失。原告在寻找爱犬时，不仅目睹了被残忍丢弃的前爪，且试图寻回其他部位以作纪念的希望也落空。据此，法院认定被告的行为给原告造成了严重的精神损害，判决赔偿原告精神损害抚慰金500元是合理的。

【法条指引】

中华人民共和国民法典

第一千一百八十三条 侵害自然人人身权益造成严重精神损害的，被侵权人有权请求精神损害赔偿。

因故意或者重大过失侵害自然人具有人身意义的特定物造成严重精神损害的，被侵权人有权请求精神损害赔偿。

最高人民法院关于确定民事侵权精神损害赔偿责任若干问题的解释

第一条 因人身权益或者具有人身意义的特定物受到侵害，自然人或者其近亲属向人民法院提起诉讼请求精神损害赔偿的，人民法院应当依法予以受理。

第三编

医疗损害赔偿及美容纠纷

第一章　医疗损害的责任构成与鉴定

1. 医疗过失与医疗事故的区别及其赔偿方式有哪些?

【维权要点】

虽然不构成医疗事故，只要查明医疗机构在对患者的诊疗过程中确实存在过失，并因该过失导致患者死亡或者身体健康受损的，医疗机构的行为已经构成侵权，应当承担侵权赔偿责任。责任比例应当按照其医疗过失参与度，即医院的医疗过失在损害后果中所起作用的程度予以确定。

【典型案例】

万某于 2002 年 5 月到某医院住院治疗。某医院对万某的病情诊断为：胃癌、上消化道出血、贫血，并为万某实施了胃大部切除手术。2002 年 6 月，经医院检查：万某病情平稳，可先出院，定期复查。2002 年 9 月，万某因进食不顺利，第二次到某医院接受治疗，经诊断其病情为：胃大部切除后食道狭窄。某医院为万某实施了食道狭窄扩张及支架固定术。2002 年 10 月，经医院检查未见异常后，万某出院。出院后，万某认为某医院对其诊疗过程中存在失误，遂向当地医学会提出了技术鉴定申请。当地医学会的鉴定意见为：此起医疗事件不构成医疗事故。经某医院与万某及其家属协商，达成如下协议：某医院一次性给付万某经济补偿金 6 万元；此后，根据万某的病情，某医院免费为其取出食道支架一次。该协议进行了公证，对于经济补偿的具体项目，双方未作明确约定。某医院按照协议约定支付了经济补偿金。2002 年 12 月，万某按照协议的约定与病情的需要，第三次到某医院住院治疗。某医院为其实施支架取出手术，但手术中未能将支架取出。经万某家属同意，某医院在万某吻合口狭窄处重新安置一支架。2003 年 1 月，经检查，万某胸腹未见异常，出院回家休养。2003 年 3 月，万某第四次到某医院接受治疗。经诊断为：吻合口狭窄放支架后，胸痛原因待查。在此次治疗过程中，某医院未再对万某进行手术治疗。某医院对万某的治疗方法是：给予补液抗炎治疗，并完善各项辅助检查。住院期间，万某的主治医生曾建议采取有关措施，如转院治疗，锁骨下静脉穿刺和气管切开，但均未能取得万某家属同意。2003 年 4 月，某医院未经万某家属同意，给万某减输了两瓶营养液。数日后，万某因慢性消耗，重度营养不良，心肺功能衰竭死亡。

万某的家属认为，万某的死亡是某医院的医疗事故导致的，向当地医学会再次提出医疗事故鉴定申请。当地医学会对万某先后四次到某医院进行诊治的经过作出了科学评价：（1）对万某第一次住院时，某医院实施的治疗的评价为：万某的胃部大部切除术是有手术指征的，手术选择得当。（2）对万某第二次住院时，某医院实施的治疗的评价为：对万某实施吻合口支架放置术，是有手术指征的，诊治过程未见明显过失。（3）对万某第三次住院时，某医院实施的治疗的评价为：万某因吻合口再度狭窄，第三次住院，主治医生在前次吻合口狭窄，放置支架扩张效果不好的情况下，仍然采用放置支架术，显属考虑欠妥；在术前检查不完善的情况下，又放第二次支架，且前次放置的支架也未能取出，虽然术后实施上消化道钡餐造影，显示食道中下段可见金属支架影，吻合处未见明显狭窄，但患者于术后数日出现放支架处仍有胀痛症状，与第二次放支架有密切关系。（4）对万某第四次住院时，某医院实施的治疗的评价为：万某因每次进食后大汗、心慌、气短、胸口不适等症状再次入院，医院给予输液、输脂肪乳支持治疗及抗炎等对症治疗。但审阅病历时发现给予患者的营养支持不规范，热量不够，存在医疗上的过失。加上患者长期进流食或输液维持，营养状况极差，身体非常虚弱，此次住院期间营养支持热量不够，导致患者衰竭死亡。住院期间，主治医生曾建议采取相关措施，如转院治疗，锁骨下静脉穿刺和气管切开，但均未能取得万某家属同意。最终万某因慢性消耗，重度营养不良，心肺功能衰竭死亡。综上分析认为：某医院的医疗过失对万某死亡结果的参与度为 50%，但不构成医疗事故。鉴定意见为：第一次入院诊断错误，但万某具备手术指征，医院选择手术得当；第二次住院诊治过程未见明显过失；第三次住院放置支架手术考虑欠妥，而且术前检查不完善；第四次住院对万某的营养支持治疗热量不够，与万某的重度营养不良，心肺功能衰竭死亡有一定的关系。双方当事人对当地医学会作出的鉴定意见均无异议。

万某的家属向当地人民法院提起诉讼，认为在万某的治疗过程中，某医院存在失误，万某的死亡是某医院的医疗事故造成的，请求人民法院依法判决某医院赔偿死亡补偿费、医疗费、误工费、住院伙食补助费、丧葬费、鉴定费、交通费、精神抚恤金和被扶养人万某的母亲（现年 70 岁）的生活费共计 25 万元。某医院答辩称：万某是因营养支持不到位，导致衰竭死亡的。经鉴定，万某死亡的原因不是医疗事故所致，而是患者自身体质差及其亲属不配合治疗的错误行为导致的。这就在客观上认定了某医院诊治过程中的失误不是导致万某死亡的直接原因。本院已经与患者家属就赔偿问题达成协议，给付万某及其家属经济补偿金 10 万元，说明双方已就赔偿问题达成了协议。患者死后，其家属又起诉要求赔偿，而且其诉讼请求有重复、过高和无法律依据的部分，本院不能同意，请求人民法院依法判决驳回其诉讼请求。

【法官讲法】

医疗事故是指在诊疗护理工作中，因医务人员的诊疗护理过失，直接造成患者死亡、残疾、组织器官损伤导致功能障碍或者造成患者明显人身损害的其他后果的事故。而医疗过失是指在诊疗护理工作中，医务人员的诊疗护理过失。医疗过失不一定是医疗事故，但医疗事故一定属于医疗过失。

在原侵权责任法颁布实施之前，医疗侵权责任纠纷案件采取了二元化的解决机制，即以是否构成医疗事故为标准，医疗侵权责任纠纷分为医疗事故责任纠纷和一般医疗损害赔偿责任纠纷。[1] 原侵权责任法实施后，虽然在医疗损害赔偿纠纷中，当事人还可以提起医疗事故的鉴定，但是其赔偿标准和原则均统一到原侵权责任法中了。在民法典颁布实施之后，原侵权责任法的大部分内容都沿革到民法典"侵权责任编"中，后者仅对部分法条作出修改。其中，医疗事故的认定与赔偿均适用《医疗

---

〔1〕 鲁为主编：《医疗损害责任纠纷诉讼指引与实务解答》，法律出版社 2014 年版，第 6 页。

事故处理条例》，一般医疗损害赔偿责任纠纷则是指医疗事故之外的医疗过错，其赔偿的标准和依据则是民法典、人身损害赔偿解释中的一般侵权责任。

在本案中，万某第四次住院期间，主治医生曾建议采取相关措施，如转院治疗，锁骨下静脉穿刺和气管切开，但均未能取得万某家属同意。最终万某因慢性消耗，重度营养不良，心肺功能衰竭死亡。根据当地医学会的鉴定意见，万某死亡的原因不是医疗事故所致，而是患者自身体质差及其亲属不配合治疗的错误行为导致的。这就在客观上认定了某医院诊治过程中的失误不是导致万某死亡的直接原因，不属于医疗事故，但从鉴定意见中"因患方原因延误诊疗导致不良后果"的情况来看，某医院存在医疗过失。

首先，万某因吻合口再度狭窄第三次住院，主治医生在前次吻合口狭窄，放置支架扩张效果不好的情况下，仍然采用放置支架术，显属考虑欠妥；在术前检查不完善的情况下，又放第二次支架，且前次放置的支架也未能取出，虽然术后实施上消化道钡餐造影，显示食道中下段可见金属支架影，吻合处未见明显狭窄，但患者于术后数日出现放支架处仍有胀痛症状，与第二次放支架有密切关系；万某因每次进食后大汗、心慌、气短、胸口不适等症状第四次入院，医院给予输液、输脂肪乳支持治疗及抗炎等对症治疗。但审阅病历时发现给予患者的营养支持不规范，热量不够，存在医疗上的过失。加上患者长期进流食或输液维持，营养状况极差，身体非常虚弱，此次住院期间营养支持热量不够，导致患者心肺功能衰竭死亡。同时，万某第四次住院期间，某医院未经万某家属同意，给万某减输了两瓶营养液。数日后，万某因慢性消耗，重度营养不良，心肺功能衰竭死亡。综上所述，可见某医院在对万某实施治疗的过程中存在明显的医疗过失，该过失虽然不是导致万某死亡的直接的、全部的原因，但仍属于造成万某死亡的原因之一。

对尚未构成医疗事故的医疗过失行为，如果确给患者造成了某种不良后果，责任主体也应当向患者承担赔偿责任。审理此类医疗纠纷，可以参照医疗过失参与度确定赔偿责任和责任范围。所谓医疗过失参与度，是指在医疗过失与疾病共同存在的情况下，诸因素共同起作用，导致某种后果（如疾病、死亡），将医疗过失在此后果中所起的作用程度进行定量分配，从而明确其参与因果关系的程度大小。在本案中，双方当事人对当地医学会作出的鉴定意见均无异议，该鉴定意见应当认定为某医院的医疗行为与万某死亡事实之间是否存在因果关系的证据来使用。万某死亡的事实，虽然不是某医院的医疗事故直接造成的，但某医院在对万某的诊疗过程中确实存在过失，该治疗过失是万某死亡的原因之一，因此，某医院的行为已经构成侵权，应当承担侵权赔偿责任。责任比例应当按照其医疗过失参与度，即某医院的医疗过失在万某死亡的后果中所起作用的程度予以确定。根据当地医学会的鉴定意见，某医院的医疗过失不是导致万某死亡的全部原因，该医疗过失行为在万某死亡结果中的参与度为50%。参与度的大小是确定赔偿责任比例的依据，根据某医院之医疗过失对万某死亡结果的参与度，应认定某医院对万某死亡的赔偿责任比例为50%。

我国原侵权责任法没有特别规定医疗损害赔偿范围和标准，也就是说医疗损害赔偿范围和标准没有特别规定，与其他侵权类型完全一样。原侵权责任法的颁布实施，解决了司法实践中赔偿标准"二元化"的问题，不再区分医疗事故与非医疗事故。

民法典第1218条规定："患者在诊疗活动中受到损害，医疗机构或者其医务人员有过错的，由医疗机构承担赔偿责任。"其相较于原侵权责任法第54条，仅是将"医疗机构及其医务人员"修改为"医疗机构或者其医务人员"，体现了医疗机构承担医疗人员的替代责任不以医疗机构本身同时有过错为前提，而且现实中医疗机构可能存在不以医务人员过错为基础的独立过错。因此在此案中，某医院仍然需要对万某及其家属承担责任。

某医院与万某及其家属共同协商达成的协议已经办理了公证。该协议是医患双方对万某经济补偿问题达成的合法、有效的协议，受法律保护。虽然该书面协议中未对赔偿的项目作出明确约定，但依据公平和诚实信用的原则，万某及其家属已经从某医院领取了10万元经济补偿金，足以弥补万某在该医院治疗期间的全部经济损失。万某的家属在万某死后再次要求某医院赔偿万某的医疗费、误工费、住院伙食补助费、交通费等，依据不足，不应当支持。

【法条指引】

中华人民共和国民法典

第一千二百一十八条　患者在诊疗活动中受到损害，医疗机构或者其医务人员有过错的，由医疗机构承担赔偿责任。

医疗事故处理条例

第二条　本条例所称医疗事故，是指医疗机构及其医务人员在医疗活动中，违反医疗卫生管理法律、行政法规、部门规章和诊疗护理规范、常规，过失造成患者人身损害的事故。

2. 自身的病变和手术共同导致医疗损害应该如何处理？

【维权要点】

患者自身的病变和手术共同导致医疗损害的，应根据医疗机构手术过错的大小、患者自身病变情况的严重程度等，确定医疗行为过失与损害后果因果关系的大小，从而认定医疗机构的赔偿责任。

【典型案例】

贺某因颅内异常到某医院接受治疗。某医院诊断为左顶叶占位性病变，对贺某行左顶叶肿瘤切除术。手术中因病理误导，没有完全切除病变脑组织。此后，贺某又在另一医院行脑脓肿切除术。贺某认为某医院在医疗活动中存在过错，给自己造成了人身损害，向当地卫生行政部门提出医疗事故处理申请。卫生行政部门委托当地医学会进行医疗事故技术鉴定，鉴定意见认为：手术指征明确，手术取到部分病变脑组织，术中病理误导，导致第二次手术，患者现存的功能障碍，不能完全认定由第一次手术所造成，尚存病变本身和第二次手术因素。贺某把实施第一次手术的某医院列为被告，向当地人民法院提起诉讼，要求某医院承担医疗事故的全部责任。人民法院受理本案后，委托法医鉴定中心就贺某所受损害的因果关系进行鉴定，鉴定意见认为，患者目前的身体状况既有其病变本身的原因，也有第二次手术的原因，同时，患者脑手术后出现的有些损害后果属于术后并发症。某医院的医疗行为存在过失，并与损害后果有因果关系，但只应当承担造成患者身体损害后果的部分责任。

【法官讲法】

法律中的因果关系是指行为人的不法行为与损害事实之间的因果关系。因果关系是任何一种法律责任的构成要件，因此，人民法院对医疗损害诉讼进行审理，必须确定医疗机构及医务人员的过失行为与患者人身损害之间具有因果关系。医务人员的过失行为和患者人身损害之间是否具有因果关系，也是判定医疗争议是否属于医疗事故的一个重要方面。如果仅有过失行为，但过失行为未造成患者人身损害，或者仅存在患者人身损害的后果，但患者人身损害的后果不是由于医疗机构和医务人员的行为导致的，都不能判定为医疗事故。只有查明医务人员的过失行为和患者人身损害后果之间存在着因果关系时，医疗机构和医务人员才承担相应的法律责任，并且这种因果关系的判定，还直接影响追究医疗机构和医务人员的责任和对患者的具体赔偿数额等问题。

在一般的医疗案件中，这种因果关系并不难判断，例如，外科医师在为患者做手术时，因为粗心大意将手术用的纱布遗忘在患者的腹腔内，导致患者腹腔感染出现腹膜炎，这属于简单的一因一果关系。但是在有些案件中，由于患者病情的复杂性、体质的差异性和医务人员的技术水平以及其他一些人为的原因，事故的发生多属于多因一果，要查明事故的因果关系就需要科学的分析和论证，确定主体的责任程度。在这种情况下，应当采用"相当因果关系说"作为判定因果关系的依据。

根据"相当因果关系说"，如果某事件与损害之间具有相当因果关系，则必须具备以下两个要件：其一，该事件是损害发生所必不可少的条件，即条件关系；其二，该事件实质上增加了损害发生的客观可能性，即相当性原则。如在医疗损害案件中，如患者虽然病情非常严重，可能在数月之后死亡，但无论如何不会在1周之内死亡，由于医师诊断、治疗失误导致患者在1周之内死亡的，我们认为，此时医师诊断治疗失误的行为增加了患者现存的危险状态，因此其行为与患者的损害之间具有因果关系。本案即属于多因一果的医疗损害案件，即患者本身的病变、第一次手术和第二次手术偶合在一起。这就需要按照相当因果关系的理论，将医疗过失行为对损害后果的责任参与程度进行科学、合理的划分。某医院在第一次手术中的过失，加剧了贺某因其本身病变可能面临的危险状态，并对贺某人身损害的现实发生起到了一定的作用，因此，应当对患者的人身损害承担部分责任。

【法条指引】

中华人民共和国民法典

第一千一百七十三条 被侵权人对同一损害的发生或者扩大有过错的，可以减轻侵权人的责任。

医疗事故处理条例

第三十三条 有下列情形之一的，不属于医疗事故：

……

（二）在医疗活动中由于患者病情异常或者患者体质特殊而发生医疗意外的；

……

3. 患者猝死系自身疾病因素与医疗机构过错并存的责任认定方式有哪些？

【维权要点】

患者猝死系自身疾病因素与医疗机构过错并存的，医院应当承担部分赔偿责任，赔偿比例、数额等应当参考现有的医学技术、患者可能被抢救成功的概率、给患者家属造成的精神伤害的严重程度等因素，予以合理的确定。

【典型案例】

2002 年 6 月，雷某因突发右手痉挛伴不自主动作到某医院看急诊。经检查，脑电图正常，头颅 CT 为双侧基底节区多发性脑梗塞，后给予脑明、脑康复等治疗后有所好转。为进一步治疗，雷某办理了住院手续。入院诊断为"多发性脑梗塞，高血压三期"。雷某自述有 5 年高血压病史，十二指肠溃疡史 10 年，曾有 8 次出血史，否认冠心病、糖尿病史。入院一周后，雷某接受 Hlotler 检查、监测，当晚 7 时左右入睡。次日凌晨，医务人员发现雷某已死亡多时。Hlotler 监测结果显示：当晚 22 时 25 分心电图正常，22 时 26 分 ST 段抬高、结性逸搏心率，22 时 30 分 ST 明显抬高，恢复窦型性心率，22 时 33 分 QRS 波明显增宽，22 时 37 分心脏停止跳动。尸检报告表明：（1）冠状动脉粥样硬化性狭窄Ⅲ—Ⅳ级，左旋支狭窄Ⅳ级伴斑块出血，左心室侧壁中下部和左室前乳头肌急性梗塞伴左侧壁两个破裂孔，急性心包填塞，急性心内膜炎和出血性心外膜炎，心肌肥大伴灶性心肌坏死后修复灶和纤维化灶，脑动脉粥样硬化Ⅱ—Ⅲ级和小动脉硬化，伴基底节区有腔隙性梗塞，侧脑室室管膜下、基底节区小动脉和节细胞有钙化，主动脉粥样硬化Ⅵ级，伴溃疡形成和有血栓附壁；（2）全身小动脉硬化Ⅵ级，伴溃疡形成和有血栓附壁；（3）胰出血性坏死伴脂肪坏死；（4）左冠状动脉起始端异位后主动脉窦，其中膜与主动脉窦共壁；（5）肺淤血水肿，伴有骨髓栓等。

雷某的家属向当地人民法院提起诉讼，称：雷某因"多发性脑梗塞，高血压三期"到某医院住院治疗。雷某入院时心电图报告显示窦性心动过缓，ST 异常。鉴于雷某的病情，某医院对雷某进行一级护理。入院一周后，雷某主诉胸闷、气不畅，但某医院医护人员疏于职责，对雷某的病情未引起足够重视，对已经存在的心脏病也没有对症治疗，属于明显的漏诊漏治。当晚，雷某病情突然加重，值班医护人员未能及时巡视患者，延误了抢救时机，使雷某在得不到应有急救措施的情况下痛苦地离开了人世。某医院医护人员在雷某死亡后数小时才发现。某医院的严重过失是直接造成雷某死亡的原因，请求人民法院依法判决某医院赔偿雷某医疗费、丧葬费、精神损害抚慰金等各项物质和精神损失共计 20 万元。

某医院答辩称：雷某入院时，医院的诊断是明确的，对雷某的治疗方案也是正确的。当时雷某并没有冠心病的症状，某医院并不存在漏诊漏治的行为。雷某猝死的原因是急性心肌梗死且心脏破裂，即使抢救及时，患者也是不可能抢救过来的。在医学上这类疾病抢救成功率极低。某医院医生观察不仔细、巡视不及时，未能及时发现患者病情骤变与恶化，给患者家属带来痛苦，某医院表示歉意。但某医院的行为与雷某死亡之间没有因果关系，因此，不能同意雷某家属的诉讼请求。某医院可从人道主义的角度给予雷某家属以适当的补偿。

【法官讲法】

在本案中，某医院应当对患者雷某进行一级护理，但护士没有按照规定履行职责，对患者进行巡视和适当护理，而是在患者死亡数小时后才发现患者已经死亡。但从尸检的结果看，雷某死亡的原因是急性心肌梗死伴左侧壁两个破裂孔等。急性心肌梗死并发心脏破裂的患者，心肌梗死的症状不明显，因心脏破裂而会迅速死亡，即时死亡率极高。心脏复苏往往不成功，即使复苏成功，也难以维持稳定的血流动力学状态，以后的存活率更低。虽然某医院医务人员没有按照一级护理的要求进行护理，但雷某当时的病情相当凶险，即使及时抢救，抢救成功率也极低，患者死亡的最直接的、最主要的原因是疾病本身。对于死亡率极高的疾病，医院的不作为过错与患者损害之间的因果关系的举证显得非常困难。假设必要的医疗措施得到实施的情况下，患者的病情可能发生好转，医务人员的不作为过错与患者的损害后果之间存在因果关系；如果这类疾病的发展决定了即使在最佳时机获得救助，患者身体康复的可能性仍然难以确定，则不能绝对地以疾病的抢救成功率作为衡量医院责任大小的标准，但也不能完全不考虑现实的医疗水平、医疗技术，应当将医疗技术作为确定医院责任的一个参考因素。

另外，疾病无法医治或者死亡率极高并不能免除医院的法定救助义务，即使患者身患绝症，医院仍然要极力抢救，否则就违背了医院的宗旨。但在患者死亡的直接原因是自身疾病的情况下，让医院承担全部经济和精神损害赔偿责任也有失偏颇。在医院的过错发生之前，医院对患者的治疗是正常的诊疗行为，该部分费用是其医治疾病的正常费用，不应当由医院赔偿，而因医院的过错导致发生额外的抢救或者其他费用则是患者的损失，应当由医院赔偿。由于医院未履行法定义务而失去了最佳抢救时机，或者未能延长患者的生命，当然会给患者家属带来精神上的痛苦，应当赔偿精神损害抚慰金。

综上所述，本案中，患者的医疗费用均为正常的医疗费用。患者家属在经济上不存在直接损失，因此，对其要求赔偿经济损失的诉讼请求不应当支持。但某医院的过错导致患者及时被救治的机会以及生命延续的可能性丧失，造成患者生命利益的损害，应当给予精神损害赔偿。赔偿数额应当参考现有的医学技术、患者可能被抢救成功的概率、给患者家属造成的精神伤害的严重程度等因素合理地确定。

【法条指引】

中华人民共和国民法典

第一千一百七十三条　被侵权人对同一损害的发生或者扩大有过错的，可以减轻侵权人的责任。

第一千二百二十四条　患者在诊疗活动中受到损害，有下列情形之一的，医疗机构不承担赔偿责任：

（一）患者或者其近亲属不配合医疗机构进行符合诊疗规范的诊疗；

（二）医务人员在抢救生命垂危的患者等紧急情况下已经尽到合理诊疗义务；

（三）限于当时的医疗水平难以诊疗。

前款第一项情形中，医疗机构或者其医务人员也有过错的，应当承担相应的赔偿责任。

4. 多人共同侵权导致的损害后果如何进行赔偿？

【维权要点】

侵权损害后果由两人或者两人以上共同造成的，应当作为共同侵权，承担连带责任。无民事行为能力人在幼儿园、学校或者其他教育机构学习、生活期间受到人身损害的，幼儿园、学校或者其他教育机构应当承担责任，但能够证明尽到教育、管理职责的，不承担责任。如果被害人对造成侵权后果有过错的，可以减轻加害者的侵权责任。

【典型案例】

朱某是某村的一名乡村医生，持有该村级卫生人员行医许可证。一日上午，他到本地的幼儿园给小朋友打针。打完针后，幼儿园里许多小孩团团围住他，讨要用过的一次性针筒。他将一支针头未取下的一次性针筒递给一个叫高某的小女孩。打针后的第二天，和朱某同一个村的高某某带着6岁的女儿高某来看眼伤。高某的左眼红肿，眼球上有一个小白点。朱某看不了，就让他们去该市眼科医院门诊。当时，高家父母都没有说眼睛是如何受伤的。女孩高某的母亲为此说明：当时他们也不明原因，只是到了该市眼科医院后，在医生的问询下，女儿才说出了事发经过——她在用一次性针筒给布娃娃"打针"时不小心刺伤了自己的眼睛。

小女孩的眼睛伤得很重。在该市眼科医院住院两天后，转入另一医院。经诊断，她的左眼为穿透伤后继发全眼球炎，眼睛已经无法保住，只得做了左眼内剜出手术，后来又到上海一家医院安装了假眼。经该市公安局法医鉴定为 7 级伤残。

后来，高某的法定代理人高某某向该市人民法院起诉，状告朱某、镇政府、镇中心幼儿园（本案中的幼儿园归镇政府直接领导），要求三被告人共同承担人身伤害赔偿责任。

【法官讲法】

这起因一次性针筒针头扎瞎女童左眼引起的医疗纠纷，是一起比较特殊的医疗纠纷，之所以说其比较特殊是因为它与其他医疗纠纷不同：一般的医疗纠纷是医患双方在诊疗护理过程中产生的纠纷，而这起医疗纠纷的侵权主体还多了个幼儿园，并且这起纠纷不是发生在诊疗护理过程中，而是因为一名乡村医生将一支一次性针筒给了一位六岁女童引起的。

在这起医疗纠纷中，应当采用民法典侵权责任编中的混合过错和共同侵权理论作为判决的依据，侵权行为法上所说的混合过错，是指对侵权行为所造成的损害结果的发生或扩大，不仅加害人有过错，而且受害人也有过错。在民法典颁布以前，我国确认混合过错责任的法律依据是民法通则第 131 条和侵权责任法第 26 条："被侵权人对损害的发生也有过错的，可以减轻侵权人的责任。"民法典颁布以后则统一规定在第 1173 条："被侵权人对同一损害的发生或者扩大有过错的，可以减轻侵权人的责任。"通过比较可以发现二者之间的细微差别，增加了"同一"和"或者扩大"两个表述，其中"同一损害"具有限定范围的作用，即被侵权人与损害结果具有直接相关性，同时损害与被侵权人自身过错有同一性。另一表述"或扩大"，主要是被侵权人对同一损害的发生或扩大有过错，也可以使侵权人减轻责任。该条规定是原法条的扩展，但在此案中不影响侵权人责任的认定。共同侵权是指二人以上共同实施侵权行为，造成他人损害的侵权行为。共同侵权人通常承担连带责任。

在本案中，作为加害方的朱某和幼儿园与作为受害方的高某的父母均有过错。就乡村医生朱某的过错而言，作为一名持有该市村级卫生人员行医许可证的乡村医生，他应该知道对于一次性针筒用完后应及时销毁处理，并且当他把本应销毁而未销毁的带有针头的一次性针筒给了6岁的高某时应当预见到高某拿着这支针筒会导致扎瞎眼睛这种不良后果的发生，而他则没有预见到。应当预见到而没预见到，这说明他主观上有疏忽大意的过错。就幼儿园而言，因为在幼儿园的儿童，对其身体健康不像完全民事行为能力人那样具有全面的知识和自我保护能力，所以幼儿园的工作人员对在幼儿园的儿童应保护其身体健康和人身安全，防止其受到伤害。而该镇中心幼儿园的教师知道高某拿了一次性针筒却没有要过来作妥善处理，应尽的注意义务却没有尽到，说明其对不良后果发生有过错，因为教师是幼儿园的工作人员，所以幼儿园有过错。就高某父母而言，他们作为高某的法定监护人有保护自己6岁的女儿高某身体健康的职责，而他们却没有尽到，这说明他们监护不周，对不良后果发生有过错。上述三个主体的三种行为互相配合，导致了女童高某左眼失明这种不良后果的发生。另外在本案件中，虽说有三个主体，但还是两方当事人，即加害方（朱某和该镇中心幼儿园）和受害方（高某），并且仅有受害方高某受到了损害。

综上所述，高某左眼失明的不良后果是由加害方（朱某和幼儿园）和受害方（高某）的混合过错行为造成的，所以两方都应承担一定的责任。

在说明了三个主体都应承担一定的责任，下面具体分析一下三个主体各自具体应承担多大的责任。确定混合过错责任的基本方法是比较过错和原因力，以比较过错为主要的决定因素，以原因力的大小作为相对的调整因素，综合确定混合过错责任。比较过错即在混合过错中，通过确定并比较加害人和受害人的过错程度，以决定责任的承担和责任的范围。我国司法实践中所采用的比较过错的方法是：将双方当事人的过错程度具体确定为一定的比例，从而确定出责任范围。在混合过错中，依据何种标准判定双方的过错程度，是认定过错相抵责任的关键，我国司法实践中所采用的方法是：根据注意义务的内容和注意标准来决定过失的轻重。

在本案中，加害方有朱某和镇中心幼儿园属于共同加害行为，共同加害行为，又叫狭义上的共同侵权行为，是指两个或两个以上的行为人基于共同的故意或过失侵犯他人的合法权益从而造成损害的行为。[1] 本案的加害方是两人，而受害方只有高某一人，双方对于高某左眼失明的不良后果的发生均具有过失，所以应为同等责任。但是因为双方行为程度的不同，对原因力的大小产生影响，应该适当调整责任范围，赔偿责任应在同等责任的基础上增加朱某和幼儿园的责任。

【法条指引】

中华人民共和国民法典

第一千一百六十八条 二人以上共同实施侵权行为，造成他人损害的，应当承担连带责任。

第一千一百七十三条 被侵权人对同一损害的发生或者扩大有过错的，可以减轻侵权人的责任。

第一千一百九十九条 无民事行为能力人在幼儿园、学校或者其他教育机构学习、生活期间受到人身损害的，幼儿园、学校或者其他教育机构应当承担侵权责任；但是，能够证明尽到教育、管理职责的，不承担侵权责任。

5. 医疗机构下属门诊部造成侵权，如何认定赔偿责任主体？

【维权要点】

不具有独立法人资格的美容门诊所实施侵权行为，对消费者造成人身或者财产损害的，消费者应以开设该美容门诊所的上级医疗机构为被告提起诉讼。

【典型案例】

2009年3月，一次意外的车祸使陈某鼻梁深处受到严重创伤，住院治疗后，鼻梁出现严重塌陷。为此，陈某到某中医院下属的美容门诊部由徐某做了整容隆鼻的美容手术。约半月后，陈某鼻内填置的硅胶垫位置偏移

---

[1] 参见魏振瀛主编：《民法》，北京大学出版社2000年版，第722页。

向左，疼痛难忍，遂去找徐某，徐某又为其做了第二次手术，仍没见效。此时陈某的鼻梁外观已变形，且有了明显疤痕。不久，徐某又为陈某做了第三次手术，仍未有效果。此后，徐某与陈某达成协议：一次性补给陈某手术等各项费用1400元，其他费用由陈某承担。后经国防科委医院教授会诊，陈某鼻梁系毛细血管损伤，无法重新整形。

【法官讲法】

本案中，陈某到某中医院下属的美容门诊部接受美容服务，美容门诊部应当为其提供符合要求的美容手术，但几次隆鼻手术，不但没有将陈某的鼻梁修复，反而造成其鼻梁毛细血管损伤，无法重新整形的后果，根据民法典和消费者权益保护法的规定，中医院承担赔偿责任。

本案的争议焦点是出现医疗美容损害后，民事赔偿责任主体的问题。对陈某进行赔偿的主体是主治大夫徐某，还是接受其美容服务的美容门诊部，抑或是其上级部门某中医院，由于美容门诊是中医院的派出机构，不具有民事主体的法律地位。在我国，能够成为民事主体的有自然人和法人两种。自然人是指基于自然规律而出生的人。法人是具有权利能力和行为能力，依法独立享有民事权利和承担民事义务的组织。[1] 医院属于事业单位法人。依据民法典第58条的规定，法人成立的条件有：依法成立；有必要的财产或经费；有自己的名称、组织机构和场所；能够独立承担民事责任。本案中的美容门诊部是某中医院的派出机构，没有独立的财产或经费，不具备法人的成立条件，不是法人，不能独立地承担其民事行为所产生的法律后果。

中医院的医疗美容项目是经卫生部门许可的，因此也可以按照《医疗事故处理条例》的规定来处理，医疗事故侵权赔偿的主体是医疗单位，而不是造成事故的责任人员。造成事故的责任人员徐某是在医院的组织指挥下从事医疗美容服务的，属于职务行为。所以，由于医疗人员的过失造成医疗美容事故，应当由医院对受害人承担赔偿责任。在医院对受害人赔偿之后，如果医护人员有过失，医院可向医护人员追偿；如果医护人员无过错，则应由医院自行承担责任，不能向医护人员追偿。

---

[1] 参见魏振瀛主编：《民法》，北京大学出版社2000年版，第50页。

本案中的美容门诊部不具有民事主体的资格不能承担民事责任，而医护人员的职务行为也不应由其本人来承担责任，因而，消费者在遇到类似情况时，应当以医院为被告向法院起诉，要求医院承担赔偿责任。

【法条指引】

中华人民共和国民法典

第五十八条 法人应当依法成立。

法人应当有自己的名称、组织机构、住所、财产或者经费。法人成立的具体条件和程序，依照法律、行政法规的规定。

设立法人，法律、行政法规规定须经有关机关批准的，依照其规定。

第一千一百九十一条第一款 用人单位的工作人员因执行工作任务造成他人损害的，由用人单位承担侵权责任。用人单位承担侵权责任后，可以向有故意或者重大过失的工作人员追偿。

第一千二百一十八条 患者在诊疗活动中受到损害，医疗机构或者其医务人员有过错的，由医疗机构承担赔偿责任。

中华人民共和国消费者权益保护法

第四十九条 经营者提供商品或者服务，造成消费者或者其他受害人人身伤害的，应当赔偿医疗费、护理费、交通费等为治疗和康复支出的合理费用，以及因误工减少的收入。造成残疾的，还应当赔偿残疾生活辅助具费和残疾赔偿金。造成死亡的，还应当赔偿丧葬费和死亡赔偿金。

6. 鉴定意见能否作为医疗机构承担责任的唯一依据？

【维权要点】

医疗纠纷中，鉴定意见往往起到举足轻重的作用。医学会对是否构成医疗事故的鉴定意见是医学专家对医疗纠纷作出的权威性结论，是审理医疗事故案件中的重要证据。但在诉讼中，鉴定意见不是定案的唯一的依据，而且既然作为证据，鉴定意见就必须接受司法审查，以确定其证明效力，如果这一证据本身有瑕疵或者不全面、不客观，也可以不作为定案的依据。

【典型案例】

2002 年 8 月某日，张某到某医院妇产科住院待产，当晚自然分娩一男婴。晚 12 时左右，张某感到胸闷、心悸，经抢救无效死亡。医院出具的死亡报告单中认为，张某的死因为：产后大出血和失血性休克。张某的家属向当地人民法院提起诉讼，请求判令由某医院依法承担张某死亡的一切法律责任，赔偿医疗费、丧葬费、抚养费、精神抚慰金等合计人民币 10 万元。某医院应诉后，向法院提出对张某医疗事件进行医学鉴定。当地医学会作出的鉴定意见为：医院病历书写尚欠规范，入院时未及时定血型，催产素点滴无专人监护，记录不全，产妇死亡后未按规定让其家属签字确认，但产妇死亡与医疗行为无直接因果关系，故本案不构成医疗事故。张某的家属对当地医学会的鉴定意见表示不服，申请人民法院委托司法部司法鉴定中心对本事件进行鉴定。司法部司法鉴定中心受法院委托后，经审查认为：张某产后大出血的原因是多方面的，死者到底是何原因引起大出血，没有尸检报告，该中心不能下结论，不同意书面复函。

【法官讲法】

在本案中，张某在产后因失血过多死亡，该医疗损害的产生，存在多个因素的介入。如未严格按照妇产科诊疗规范进行操作，入院时未及时定血型、催产素点滴无专人监护、不典型羊水栓致 DIC（弥漫性血管内凝血）等。在多因素介入情况下客观判断医疗行为所起的作用，则是医疗行为侵权案件中因果关系认定的关键所在。医学会鉴定意见认定产妇死亡与医疗行为无直接因果关系，不构成医疗事故。但由于张某死后未进行尸检，该鉴定意见是仅凭双方而且主要是某医院提供的书面材料作出的，因此不能从客观上认定医疗行为与张某的死亡是否有因果关系。民事诉讼法第 66 条第 2 款规定，法院审理民事案件，"证据必须查证属实，才能作为认定事实的根据"，"属实"包括形式、内容都真实。第 67 条第 3 款规定："人民法院应当按照法定程序，全面地、客观地审查核实证据。"就医疗事故的鉴定意见来说，内容的真实应当是鉴定意见的内容必须有根有据。张某产后大出血的原因是多方面的，死者到底是因何种原因引起大出血，没有尸检报告，故该鉴定不全面、不客观，不能作为定案的依据。

对死因不明的医疗事件必须通过尸检来分清责任。尸检的意义在于医疗事故是否构成，也即医疗机构及其医务人员是否存在过错，为医疗活动与死亡原因之间是否存在因果关系的判断提供证据。《医疗事故处理条例》第18条规定："患者死亡，医患双方当事人不能确定死因或者对死因有异议的，应当在患者死亡后48小时内进行尸检；具备尸体冻存条件的，可以延长至7日。尸检应当经死者近亲属同意并签字。……拒绝或者拖延尸检，超过规定时间，影响对死因判定的，由拒绝或者拖延的一方承担责任。"发生医疗事故争议时，患者死亡原因难以确定或者医患双方对死亡原因有异议的，医疗机构和死者近亲属均可以提出尸检的要求。根据民法典规定，尸体的处置权属于死者的近亲属，其他任何单位和个人无权处置。因此，必须经死者近亲属同意并签字后方可进行尸检。无论哪一方拒绝或者拖延尸检，影响对死因的正确判定，责任将由拒绝或拖延的一方承担。原侵权责任法颁布后，虽然改变了举证责任倒置的要求，但由于某医院在张某死亡后，医院未按规定让其家属对产妇死亡签字确认，又没有充分证据证明死者家属拒绝尸检，或拖延了尸检的时间，致使医疗纠纷发生后因为没有进行尸检，不能查明死亡原因，某医院对其医疗行为与产妇死亡之间不存在因果关系，不能提出有说服力的证据，由此应当承担相应的法律后果。死者家属对张某的死亡未及时提出异议，造成证据灭失，也有一定的过错，对此应承担相应的法律责任。

综上所述，医学会的鉴定意见经审查后认为在缺乏客观、科学的情况下可以不予采信；即使鉴定机关认定不属于医疗事故，仍可以根据公平原则，适用《医疗事故处理条例》的赔偿条款判决医疗机构给予患者适当的赔偿。也就是说，本案中，某医院应当承担适当的赔偿责任。具体的赔偿范围和数额应当依据公平原则，参照民法典和《最高人民法院关于审理人身损害赔偿案件适用法律若干问题的解释》的规定，予以确定。

【法条指引】

中华人民共和国民事诉讼法

第六十七条第三款 人民法院应当按照法定程序，全面地、客观地审查核实证据。

医疗事故处理条例

第十八条 患者死亡，医患双方当事人不能确定死因或者对死因有异议的，应当在患者死亡后 48 小时内进行尸检；具备尸体冻存条件的，可以延长至 7 日。尸检应当经死者近亲属同意并签字。

尸检应当由按照国家有关规定取得相应资格的机构和病理解剖专业技术人员进行。承担尸检任务的机构和病理解剖专业技术人员有进行尸检的义务。

医疗事故争议双方当事人可以请法医病理学人员参加尸检，也可以委派代表观察尸检过程。拒绝或者拖延尸检，超过规定时间，影响对死因判定的，由拒绝或者拖延的一方承担责任。

7. 不构成医疗事故的鉴定意见能否为医院免责？

【维权要点】

医学会的鉴定意见是卫生部门对是否存在医疗事故的一种鉴定，但不是判断医疗机构是否侵权的唯一证据，医疗机构是否侵权还应当综合考虑各方面的因素，如主观过错、侵权行为、侵权后果、侵权行为与后果之间的因果关系等因素，通过缜密的逻辑推理作出正确的判断。

【典型案例】

吕某因患急性肠胃炎到某医院治疗。该医院医务人员为其静脉滴注庆大霉素、病毒唑、地塞米松、百分之五葡萄糖盐水，导致吕某发生严重输液反应，经抢救无效死亡。吕某的家人向当地人民法院提起诉讼，称：由于药物和输液器具含有致热源，导致吕某发生严重输液反应而死亡。某医院的行为给其造成了巨大的损失和精神伤害，请求人民法院依法判决某医院赔偿其物质和精神损失共计 30 万元。某医院答辩称：其所采取的诊治手段正确、适当，所采用的药物也无质量问题，而且吕某死亡后，其家属以其死亡是某医院诊疗失误所致为由，向当地医学会提出鉴定申请，当地医学会认为本案不属于医疗事故，因此，吕某家属的诉讼请求理由不成立，请求人民法院依法予以驳回。

【法官讲法】

当地医学会由各方面的医学专家组成，其作出的医疗事故鉴定意见具有权威性。但是在审理医疗损害责任纠纷案件的过程中，这种鉴定意见如果直接被引用会违背司法规律：首先，这样做会使司法裁判权的权威性和排他性受到侵犯。医疗事故是一个事实认定和法律适用相结合的问题，而不单单是一个医疗事故的认定问题。医疗事故侵权还需要结合当事人的过错程度、侵权行为、侵权后果等综合因素认定，这样司法权才能对纠纷的解决起到实质性的作用，也才能使司法权不被其他权力侵犯而丧失权威性和排他性。也就是说，通常所用的《医疗事故处理条例》主要规范对医疗事故的行政处理，它与人民法院审理医疗事故案件有一定的联系，但是两者的性质截然不同。人民法院审理医疗事故案件，一定要按照民事诉讼法的规定对鉴定意见进行审查，而不受鉴定意见的限制；其次，直接适用鉴定意见的后果可能是使司法权丧失中立性。因为各级当地医学会的成员都是各地区卫生界的权威，医疗事故纠纷的被告人都和他们具有某种联系，容易使鉴定意见受单方面利益的影响，这也是许多医疗事故鉴定意见难以取得当事人信任的客观原因。而法院直接引用鉴定意见，无疑也会使裁判在一定程度上丧失中立性而难以取得当事人的信任。因此，审判中是否将医疗事故鉴定意见作为医疗单位承担赔偿责任的依据，要注意对其进行质证，并按照民法典的规定，严格审查有无侵权事实、损害后果、侵权事实与损害后果是否存在因果关系以及侵权人是否存在主观过错等构成要件，从而确定责任。

在本案中，不应当简单地采用当地医学会的鉴定意见，而是应当综合考虑各方面的因素，如主观过错、侵权行为、侵权后果、侵权行为与后果之间的因果关系等因素，通过缜密的逻辑推理作出正确的判断：吕某在入院时只有急性肠胃炎的症状，某医院又无法证明吕某在入院时就具有除急性肠胃炎和输液反应以外的其他症状。吕某患急性肠胃炎，经治疗后可以痊愈，但却在输液后死亡。输液后的治疗和抢救过程，经当地医学会鉴定，所采用的医疗手段都正确。因此，可以合理地推论出：在输液过程中，某医院未尽到医疗上的善良密切注意义务，在输液过程中输入了致热的"过敏源"，存在医疗过错。该过错导致了吕某的死亡，侵犯了吕某的生命健康权。因此，某医院的侵权行为成立，应当支持吕某家属的主张，判令某医院承担侵权赔偿责任。

【法条指引】

中华人民共和国民事诉讼法

第六十七条第三款　人民法院应当按照法定程序，全面地、客观地审查核实证据。

8. 手术公证能否为医疗机构免责？

【维权要点】

手术公证能够使医患双方在手术前进行充分沟通，但并不能成为医院免责的方式。虽然经过手术公证，在手术的过程中，由于医疗机构过错导致损害后果发生的，医院仍应当承担侵权赔偿责任，这种经公证的协议并不能免除医疗机构的责任，更不能限制患者及其家属的诉讼权利。

【典型案例】

罗某到某医院施行左眼脂肪瘤摘除术。在手术前，某医院与罗某签订了书面协议并进行了公证。协议中有"手术中发生任何不良后果，均与医院无关"的条款。术后，罗某左眼上睑下垂。为此，罗某向当地卫生行政部门提出医疗事故处理申请。当地卫生行政部门委托当地医学会进行医疗事故技术鉴定，鉴定意见为：某医院的诊断及治疗并无不当，病员目前上睑下垂系手术并发症，不属于医疗事故。罗某遂以医院治疗有过错、术前未向其告知手术可能造成的不良后果为由提起诉讼，要求某医院赔偿包括精神损失费在内的30万元。某医院认为其在手术中没有过错，并且双方已经签订了协议并经过公证，对手术中发生的不良后果应当由罗某自行承担，罗某的诉讼请求违反了协议约定，应当依法予以驳回。但某医院未就在手术前曾告知罗某可能发生的不良后果提供证据。

【法官讲法】

手术公证是医疗实践中出现的新生事物。在手术前，医院为了避免因手术的失败或意外而可能发生的纠纷，要求与患者或其家属订立一项主要是免除医院责任或规定由患者自愿承担责任的协议并进行公证，有时患者为了解除医院因担心手术失败而不愿实施手术的顾虑也会主动要求与医院进行手术公证。此种手术公证将产生何种法律效力，在实践中往往存在着较大的争议。

医疗行为具有较大的风险性，特别是对于患有疑难杂症、病情危重的患者进行诊断、治疗，失败的风险更大。在实践中，一些患者或其家属在手术前不知风险或对风险的估计不足，在发生意外后，找医院要钱，或者对医生进行人身攻击，为此，产生了大量的医疗纠纷。为了减少纠纷，乃至避免承担责任，医院试图通过手术公证这种方式，以达到万一手术失败，自己不承担责任的效果。

不可否认，手术公证具有一定的积极意义，但医院希望通过采用手术公证这种方式以减少医疗纠纷、避免承担医疗损害赔偿责任则是没有法律依据的。

第一，公证不是审判，公证书也不是判决书，公证的作用只是证明协议确实是双方所签，只能对签字的真实性进行证明，它并不能证明协议的内容合法，更不能证明在后来的医疗过程中医院的行为是适当的。

第二，公证具有自愿性，医院要求病危者重大的手术都必须进行公证，将公证作为手术前必经程序，实际上使得公证具有了强制性，这显然违反了法律的要求。

第三，手术公证的实质就是直接或者间接地签订免责条款，免除医生对手术过程中可能出现的不良后果的责任。在医患双方的协议中，常常有"概不负责""与医院及实施手术的医师无涉"等用语，这些免责条款是否有效，应当根据其是否违反了我国法律或行政法规的强行性规定和公序良俗来判断。根据民法典第506条的规定："合同中的下列免责条款无效：（一）造成对方人身损害的；……"因此，医院的此种免责条款也应是无效的。

第四，手术公证协议是在患者处于明显劣势的情况下签订的。一般说来，医患双方提出签订手术公证协议无外乎医院为防止医疗纠纷而主动提出，以及患者或其家属在医院不愿承担手术风险而拒绝手术时主动提出两种情况，在这两种情况下，患者明显处于难以与医院平等协商的劣势。这就难以保证患者及其家属在协议中能够平等地表达真实意愿，医院有乘人之危之嫌。

第五，医院享受的权利与承担的义务不一致。在患者接受手术的过程中，可能因其病情的严重或者非医院方过错的不可抗力因素导致手术失败，也可因医院方的过失而侵害患者的身体或者生命。手术公证的目的就是无论什么原因导致手术失败或者引起其他不良后果，医院均可免责。对于前者，医院不承担责任无可厚非；但对于后者，医院在享受收取患者治疗费用的同时，却不承担后果，其享受的权利与承担的义务显然不一致。

第六，采纳手术公证方式后，由于认为这种方式可以使自己免责，因此，医生不必担心因自己的渎职、懈怠等因素导致手术失败后需要承担法律责任。医生进行手术，完全只凭自己的职业道德与良心。这样，对医生的法律约束变成了一种伦理道德约束。当医生的职业行为失去了法律与制度约束的时候，必然导致医生责任心的降低，治疗诊断行为的质量难以得到保证。

第七，我国医师法第 27 条第 1 款规定："对需要紧急救治的患者，医师应当采取紧急措施进行诊治，不得拒绝急救处置。"第 55 条规定："违反本法规定，医师在执业活动中有下列行为之一的，由县级以上人民政府卫生健康主管部门责令改正，给予警告；情节严重的，责令暂停六个月以上一年以下执业活动直至吊销医师执业证书：……（二）对需要紧急救治的患者，拒绝急救处置，或者由于不负责任延误诊治；……"医生的这种义务在学说上被称为强制诊疗义务。将公证作为手术前置程序的做法显然违反了此种强制诊疗义务。

第八，救治生命需要争分夺秒，公证需要花费一定的时间，即使是公证人员在医院现场办公，也要一定时间，这对救治患者不利。

综上所述，手术公证只是起到了一个使医患双方在手术前进行沟通的作用，它并不能成为医院免责的保障。医疗损害发生以后，这种经公证的协议并不能免除医师的责任和限制患者及其家属的诉讼权利，在手术的过程中，由于医院过错导致医疗事故的，医院仍应当承担侵权赔偿责任。在本案中，某医院虽然与罗某签订了手术协议并经过了公证，但其未能就履行手术可能造成的不良后果的告知义务提供有力证据，违反了告知义务，侵犯了罗某的知情同意权。协议中的免责条款属于违法条款，不具有法律效力，某医院不能以该条款为依据要求免责。因此，在本案中，某医院应当依法承担赔偿责任。

【法条指引】

中华人民共和国民法典

第五百零六条 合同中的下列免责条款无效:

(一)造成对方人身损害的;

(二)因故意或者重大过失造成对方财产损失的。

中华人民共和国医师法

第二十二条 医师在执业活动中享有下列权利:

(一)在注册的执业范围内,按照有关规范进行医学诊查、疾病调查、医学处置、出具相应的医学证明文件,选择合理的医疗、预防、保健方案;

(二)获取劳动报酬,享受国家规定的福利待遇,按照规定参加社会保险并享受相应待遇;

(三)获得符合国家规定标准的执业基本条件和职业防护装备;

(四)从事医学教育、研究、学术交流;

(五)参加专业培训,接受继续医学教育;

(六)对所在医疗卫生机构和卫生健康主管部门的工作提出意见和建议,依法参与所在机构的民主管理;

(七)法律、法规规定的其他权利。

第五十五条 违反本法规定,医师在执业活动中有下列行为之一的,由县级以上人民政府卫生健康主管部门责令改正,给予警告;情节严重的,责令暂停六个月以上一年以下执业活动直至吊销医师执业证书:

(一)在提供医疗卫生服务或者开展医学临床研究中,未按照规定履行告知义务或者取得知情同意;

(二)对需要紧急救治的患者,拒绝急救处置,或者由于不负责任延误诊治;

(三)遇有自然灾害、事故灾难、公共卫生事件和社会安全事件等严重威胁人民生命健康的突发事件时,不服从卫生健康主管部门调遣;

(四)未按照规定报告有关情形;

(五)违反法律、法规、规章或者执业规范,造成医疗事故或者其他严重后果。

第二章 违反告知义务的医疗损害赔偿责任

1. 侵犯患者知情同意权，医疗机构应承担什么责任？

【维权要点】

患者对自己的身体健康情况和将要接受的治疗享有知情同意权。医院在未履行告知义务和取得王某及其家属同意的情况下，擅自实施手术，违反了《中华人民共和国民法典》、《医疗机构管理条例》和《医疗事故处理条例》的有关规定，即使结果有利于患者，仍应当承担相应的赔偿责任，赔偿患者的精神损失和其他损失。

【典型案例】

2002 年 10 月，王某到某医院生产。某医院在为王某实施剖宫产手术时，发现王某右侧卵巢增大。经临床诊断为"右侧卵巢畸胎瘤"，手术记录为"缝合子宫后探查盆腔，右侧卵巢增大 10×5×5 厘米，考虑到剥离困难，实行右侧卵巢切除，送病理检查，确定为：右侧卵巢良性囊性畸胎瘤"。经有关机构鉴定：医院在对王某右侧卵巢畸胎瘤实施切除手术前，未履行相关手续，但手术未对王某的身体造成不良损害。王某向当地人民法院提起诉讼，认为某医院在为其进行剖宫产手术时，在王某及其家人不知情并未履行任何签字手续的情况下，擅自将王某的右侧卵巢切除，造成王某内分泌严重失调，给其带来终身的身体和精神痛苦，侵犯了王某的健康权，请求人民法院依法判决某医院赔偿其精神损失 10 万元和其他损失 3 万元。某医院在答辩中称：其在为王某进行剖宫产手术时，在对其盆腔进行常规探查的过程中，发现王某右侧卵巢增大，仅有少许正常组织，临床诊断为"良性畸胎瘤"，有 20% 恶变可能，进行手术治疗是治疗该病的唯一方法，因此，实施剖宫产手术的医生将王某的右侧卵巢切除。经病检为"右侧卵巢囊性畸胎瘤"。该院对王某实施切除手术是完全正确的。在实施手术前，医院未对王某及其家属履行告知义务和办理相关手续，确有不妥之处，但该院实施的切除手术未对王某的身体造成任何不良损害，相反，在实际上减少了王某再次进行手术的痛苦和损失，不存在侵犯王某健康权的问题，所以，医院不应当承担任何赔偿责任。

【法官讲法】

所谓知情同意权，是指"患者有权知晓自己的病情，并可以对医务人员所采取的医疗措施决定取舍"的权利。知情同意的实质是患者方在实施患者自主权的基础上，向医疗方进行医疗服务授权委托的行为。从完整意义上说，知情同意权包括了了解权、被告知权、选择权、拒绝权和同意权的权利，是患者充分行使自主权的前提和基础。[1]

根据民法典、消费者权益保护法、《医疗事故处理条例》和《医疗机构管理条例》等医疗卫生法律、法规的规定，为保护患者的知情同意权，医疗机构应当履行以下告知义务：（1）就诊医疗机构和医务人员基本情况和医学专长，包括医疗机构的基本情况、专业特长，医务人员的职称、学术专长、以往医疗效果等。（2）医院规章制度中与其利益有关的内容。（3）医疗机构及其医务人员的诊断手段、诊断措施。包括使用 CT、B 超、X 光等诊断仪器和对体液的化验等诊断方法的准确性，有无副作用，副作用的大小，检查结果对诊断的必要性、作用等。（4）所采用的治疗仪器和药品等的疗效、副作用等。（5）手术的成功率、目的、方法、预期效果、手术过程中可能要承受的不适和麻烦以及手术不成功可能想象到的后果、潜在危险等。（6）患者的病情，即患者所患疾病的名称、病因、病情发展情况、需要采取何种治疗措施以及相应的后果等。（7）患者所患疾病的治疗措施，即可能采用的各种治疗措施的内容、通常能够达到的效果、可能出现的风险等。（8）告知患者需要支付的费用。《医疗机构管理条例》规定，医院应该公布收费项目与收费标准。因此，医院应当按照规定公布各项收费标准。特别是在住院治疗时开具贵重药物和非公费药物、非医疗保险药物时，应当接受患者的监督。在患者出院时，

---

[1] 参见何颂跃主编：《医疗纠纷与损害赔偿新释解》，人民法院出版社 2002 年版，第 81—82 页。

应当告知主动出具住院治疗消费明细表，让患者了解医疗消费的真实情况。患者有权检查医疗费用，并要求逐项作出解释。在由第三方支付医疗费用终止前，医疗机构有义务通知患者。（9）出现医疗纠纷的解决程序[1]

根据民法典相关规定，患者需要实施手术、特殊检查、特殊治疗的，医务人员应当及时向患者说明医疗风险、替代医疗方案等情况，并取得其书面同意。

本案中，为王某实施切除手术的医生充分相信这一手术对患者是有效的、必须的，但是法律不允许医生代替患者作出判断和决定。对于医生来说，必要的义务包括：合理地告知患者被启示、被推荐的治疗的性质与结果，以及告知医生所认识到的可能伴随的危险状态等。因为医学对于患者来说是陌生的或是知之甚少的，医生给予患者所要接受的治疗行为有关正确无误的情报，是患者承诺的必要前提。患者根据医生提供的治疗行为的情报有作出选择的权利。因此，可以说患者的承诺是治疗行为的正当事由。该医院主张，在本案中，医生的治疗行为没有得到患者的同意，作为治疗行为本身也是成功的，并且对患者有利。但是，由于医生违反了告知义务，使患者对自己的生理疾病缺乏了解，丧失了选择自己认为的最佳治疗方案的机会，由此造成患者精神上的不明真相的压力，要求精神赔偿是合理的。在本案中，医生的治疗行为侵犯了患者对自己的身体组织器官享有完整的权利以及患者对于自己的疾病享有知情同意的权利，从这个意义上说，治疗的侵权行为与精神损害是有因果关系的。按照有关法律、法规的规定，侵权行为应当负赔偿责任，由于健康权中包含有心理健康的内容，所以，健康权受到损害，受害人不但可以就其受到的财产损失要求加害人赔偿，还可以要求加害人支付精神赔偿金。

综上所述，王某的诉讼请求理由成立，应当依法予以支持。但对具体的赔偿数额应当根据有关法律、法规的规定和王某的实际损失情况，予以合理的认定。

---

[1]　参见唐德华主编：《〈医疗事故处理条例〉的理解与适用》，中国社会科学出版社2002年版，第158—159页。

【法条指引】

中华人民共和国民法典

第一千二百一十九条 医务人员在诊疗活动中应当向患者说明病情和医疗措施。需要实施手术、特殊检查、特殊治疗的，医务人员应当及时向患者具体说明医疗风险、替代医疗方案等情况，并取得其明确同意；不能或者不宜向患者说明的，应当向患者的近亲属说明，并取得其明确同意。

医务人员未尽到前款义务，造成患者损害的，医疗机构应当承担赔偿责任。

医疗事故处理条例

第十一条 在医疗活动中，医疗机构及其医务人员应当将患者的病情、医疗措施、医疗风险等如实告知患者，及时解答其咨询；但是，应当避免对患者产生不利后果。

医疗机构管理条例

第三十二条 医务人员在诊疗活动中应当向患者说明病情和医疗措施。需要实施手术、特殊检查、特殊治疗的，医务人员应当及时向患者具体说明医疗风险、替代医疗方案等情况，并取得其明确同意；不能或者不宜向患者说明的，应当向患者的近亲属说明，并取得其明确同意。因抢救生命垂危的患者等紧急情况，不能取得患者或者其近亲属意见的，经医疗机构负责人或者授权的负责人批准，可以立即实施相应的医疗措施。

2. 医疗机构履行告知义务不完全，应当承担什么责任？

【维权要点】

医务人员虽然在诊疗活动中对患者告知了手术的医疗风险，但是告知内容不完整，风险告知不充分，造成患者损害的，医疗机构属于履行告知义务不完全，应当根据责任大小承担赔偿责任。

【典型案例】

2011 年 5 月，付某到甲医院就诊。该医院诊断付某"左眼复发性结膜囊肿（术后复发）"，需要手术摘除。付某在该院接受了左眼脂肪瘤摘除术。出院后，付某感到左眼上睑下垂，不能睁眼，遂于 2011 年 11 月，又到甲医院就诊。该院为付某实施了左眼上睑下垂矫正术。术后，付某左眼能微睁，但仍受限。此后，付某到乙医院就诊，被告知其左上睑下垂是由于左上睑提肌损伤所致。付某向当地卫生行政部门提出医疗事故处理申请。卫生行政部门委托当地医学会进行医疗事故技术鉴定，鉴定意见认为：付某手术后左眼上睑下垂属于手术并发症，甲医院在手术过程中并无不当之处；甲医院手术前谈话记录不完善，但与治疗过程和结果无直接关联，此医疗事件不属于医疗事故。付某向当地人民法院提起诉讼，认为甲医院在手术前未向自己告知术后有关并发症，而且在手术中割断了上睑提肌，要求甲医院就其过错承担赔偿责任，包括：医疗费 5000 元、误工费 8000 元、残疾生活补助费 108000 元、精神损害抚慰金 10800 元，共计 131800 元。甲医院答辩称：手术是在告知患者有风险的情况下进行的，并且其已将手术后各类风险告知付某，因此，付某应当承担手术并发症的风险后果。本院在诊疗过程中并无不当。人民法院在审理中查明下述事实：甲医院在为付某实施左眼脂肪瘤摘除术前，未明确将术后可能产生上睑提肌断裂的并发症告知付某。该事实有甲医院在手术前与付某的谈话笔录为证。该笔录内容为：对手术中可能发生的问题予以说明：（1）手术中肿瘤界限不清，分离困难；（2）手术中出血，术后感染；（3）术后睑球粘连；（4）误伤眼球内其他组织，影响视力。另，付某因左眼脂肪瘤摘除术开支医疗费 3000 元；因左眼上睑下垂矫正术开支医疗费 2000 元。付某月收入为 1500 元，有付某所在单位的工资证明材料佐证。受人民法院委托，法医鉴定中心对付某的伤情进行鉴定，结论为：付某左眼上睑重度下垂，容貌毁损，构成 9 级伤残，建议休息 6 个月。

【法官讲法】

根据民法典、《医疗事故处理条例》《医疗机构管理条例》《医疗机构管理条例实施细则》等法律法规的规定，在医患关系中，患者享有的基本权利主要有两点：（1）充分了解医疗活动所含风险的权利；（2）获得适当合理医疗的权利（合理与否以现有医学水平及有关法规、操作规程为准）。基于此，在医疗活动中，医疗行为的实施者负有两项基本义务：（1）详尽告知患者手术及特殊医疗的风险，并征得患者对该治疗手段的同意；（2）进行适当、合理的治疗。医疗机构违反该基本义务时，应当承担相应的法律责任。[1]

根据上述权利义务关系，甲医院与付某之间的医疗活动存在两个独立的阶段，即手术前的告知阶段和手术实施阶段。甲医院在上述两个阶段的行为中是否存在过错是本案争议的焦点。首先，就手术治疗过程而言，由于医疗手术具有较强的专业性，对该行为是否适当的判断，除依照一般常理及当事人提供的证据材料外，还需由相关的权威部门作出公正的鉴定。在本案中，无论是从法院查明的事实看，还是从当地医学会的鉴定意见看，都无法证实甲医院在手术治疗过程中具有过错和不当行为；其次，关于术前告知行为，由于医疗机构对患者施行手术前应在有条件的情况下取得患者的同意。患者对手术的同意和对手术后果的接受应当建立在对手术风险充分认识的基础上，否则不能视为真正意义上的同意，医疗机构应当承担相应的责任。在本案中，甲医院与付某的术前谈话笔录中记载的四点告知内容指向明确，并未提及手术可能会影响上睑提肌，而付某上睑提肌断裂不在谈话记录四点告知内容之内。当地医学会的鉴定意见明确指出该谈话记录不完善。由于医患双方当初动态的谈话不能再现，而谈话记录则可以认定为是医患之间谈话的静态留存。所以，根据谈话记录和当地医学会的鉴定意见认定当初医患双方的术前谈话内容不完善，其缺陷就在于没有将施行手术可能导致上睑提肌断裂的后果告知付某。虽然甲医院在答辩中认为自己已将上睑提肌断裂的术后并发症告知付某，但其主张缺乏相应的依据佐证，不应当采信。基于此，甲医院在履行手术风险告知义务过程中有瑕疵。由于甲医院未完全向付某明示术后风险，致使付某丧失选择手术与否的机会，并造成严重后果，所以，甲医院应当就此承担民事侵权责任。

甲医院的行为符合侵权责任的四个构成要件：（1）行为人行为违法，

---

〔1〕 参见黄鉴主编：《医疗纠纷问答》，中国人口出版社 2003 年版，第 31—33 页。

即行为人的行为（包括作为与不作为）违反了法律规定的义务，并侵犯了他人的合法权益。在本案中，根据民法典和消费者权益保护法的规定，付某作为患者，享有对治疗后果的知情权，在此基础上权衡利益轻重再选择是否接受治疗。（2）行为人本身有过错。过错是行为人进行违法行为时故意或过失的心理状态。在本案中，甲医院在给付某实施手术前，凭其专业能力应当能够预见手术可能发生的风险，然而甲医院却没有将该风险充分告知付某，违反了基本的注意义务，其过错是显而易见的。（3）有损害后果。根据法医鉴定中心对付某伤情作出的鉴定，付某构成9级伤残，精神上承受了巨大的痛苦，为此花费了一定的医疗费，并发生了误工损失，损害后果是十分明显的。（4）侵权行为与损害后果之间存在因果关系。虽然造成付某目前损伤的直接原因是甲医院的手术，但由于本案手术是在付某未充分了解手术后果的情况下实施的，付某丧失了选择手术与否的机会，从而丧失避免风险发生的选择权，致使医疗活动不恰当地进入手术过程，使得术后并发症——上睑提肌断裂的危险由理论上的可能性转化为现实的可能性。所以，侵犯付某知情权与付某目前所受损害结果之间具有内在的必然联系，双方之间为间接因果关系。综上所述，甲医院侵犯了付某的知情权，就应当承担相应的侵权赔偿责任。[1]

由于付某目前的损害是多种因素造成的，包括自身疾病导致手术、手术并发症以及付某客观上选择手术，而选择手术与否和目前遭受损害之间事实上存在一定的或然性，所以，本案可考虑以上各种因素，由甲医院承担损失后果的80%赔偿责任。

【法条指引】

中华人民共和国民法典

第一千二百一十九条　医务人员在诊疗活动中应当向患者说明病情和医疗措施。需要实施手术、特殊检查、特殊治疗的，医务人员应当及时向患者具体说明医疗风险、替代医疗方案等情况，并取得其明确同意；不能或者不宜向患者说明的，应当向患者的近亲属说明，并取得其明确同意。

---

〔1〕　参见睢素丽、单国军主编：《医疗事故处理解析》，法律出版社2003年版，第3—5页。

医务人员未尽到前款义务，造成患者损害的，医疗机构应当承担赔偿责任。

医疗事故处理条例

第十一条　在医疗活动中，医疗机构及其医务人员应当将患者的病情、医疗措施、医疗风险等如实告知患者，及时解答其咨询；但是，应当避免对患者产生不利后果。

医疗机构管理条例

第三十二条　医务人员在诊疗活动中应当向患者说明病情和医疗措施。需要实施手术、特殊检查、特殊治疗的，医务人员应当及时向患者具体说明医疗风险、替代医疗方案等情况，并取得其明确同意；不能或者不宜向患者说明的，应当向患者的近亲属说明，并取得其明确同意。因抢救生命垂危的患者等紧急情况，不能取得患者或者其近亲属意见的，经医疗机构负责人或者授权的负责人批准，可以立即实施相应的医疗措施。

3. 医疗机构未经丈夫同意为妻子引产，是否承担责任？

【维权要点】

妇女有生育的自由，也有不生育的自由。不生育的自由包括不怀孕的自由和怀孕后终止妊娠的自由。医院根据妊娠妇女的要求，为其实施引产手术终止妊娠，是履行正常的医疗职责，并无不当。国务院颁布的有关医疗制度的法规中没有终止妊娠手术必须由丈夫签字同意的规定，因此，医院在实施医疗行为的过程中没有过错和违法行为，不应当承担赔偿责任。

【典型案例】

冯某（男）与金某（女）为夫妻关系。2002 年 4 月，金某怀孕。因怀孕前后曾服用大量药物，金某认为可能会影响胎儿的健康，欲终止妊娠，但冯某不同意，双方为此多次发生争执。2002 年 7 月，金某到某医院做引产手术。在冯某不同意的情况下，由金某的哥哥在医院的患者家属手术通知单上签字。某医院在为金某进行了各种常规检查后，为其注射药物引产，终止妊娠。冯某获悉后，向当地人民法院提起诉讼，认为某医院在未经本人同意的情况下，允许金某的哥哥在患者家属手术通知单上签字，并为金某实施了引产手术，终止了金某的妊娠。某医院的行为侵犯了自己按照国家政策规定生育子女的权利和胎儿出生的权利，给本人造成了身心伤害和经济损失。为此，要求某医院赔偿本人的各项物质和精神损害共计10万元。某医院答辩称：本院按照金某的意愿，在职责范围内进行正常的医疗活动，不存在违反医疗技术操作规程和规章制度的问题。有关医疗制度中没有引产手术必须有丈夫签字同意的规定。家属签字是为了向患者和家属解释手术可能出现的并发症、后遗症及意外等情况，让他们予以理解，以保护患者对病情的了解权。因此，本院没有过错，不承担任何赔偿责任。

【法官讲法】

法律规定，妇女有按照国家有关规定生育子女的权利，也有不生育的自由。这里的"不生育的自由"应当理解为不怀孕或怀孕后终止妊娠。这是法律根据妇女的生理特点所给予的特殊保护。也就是说，女方怀孕虽是夫妻双方行为所致，并是双方生育的意思表示，一般情况下，女方是否生育应当由夫妻双方商量决定，但在夫妻双方不能协商一致，而女方又发生影响继续怀孕或影响生育的情况的，显然，应当更多地考虑妇女的身体健康和意志，而不是丈夫的意志。在生育自由问题上，法律上给予了妇女特殊的保护，女方有权不受男方意志影响，自行决定是否终止妊娠。同时，根据我国法律规定，自然人的权利能力始于出生。胎儿在脱离母体之前，是母体的一部分，不具有独立的民事主体资格，不论是分娩还是终止妊娠，都是妇女的人身权利。对于这项人身权利，妇女可以独立行使，不需要经过丈夫的同意。作为丈夫，不能对胎儿主张权利。而且，从目前的医疗条件看，对于胎儿分娩或终止妊娠是可以人为控制的，金某有独立实施终止妊娠这一民事法律行为的权利。某医院根据金某的要求，为其实施引产手术终止妊娠，是履行正常的医疗职责，并无不当。

根据相关法律规定，医疗机构在对患者进行手术前，"必须征得患者同意，并应当取得其家属或关系人同意并签字"。金某的哥哥作为患者的家属或关系人，在金某的丈夫冯某不可能在手术通知单上签字的情况下，某医院允许金某的哥哥在手术通知单上签字，并无不当。冯某认为某医院在未经本人同意的情况下，允许金某的哥哥在患者家属手术通知单上签字，并为金某实施了引产手术，终止金某的妊娠的行为侵犯了自己按照国家政策规定生育子女的权利和胎儿出生的权利，给本人造成了身心伤害和经济损失，要求某医院赔偿各项物质和精神损失共计10万元的主张，理由不成立，依法不应当支持。综上所述，在本案中，某医院不存在过错和违法行为，不应当承担侵权赔偿责任。

【法条指引】

中华人民共和国妇女权益保障法

第七条 国家鼓励妇女自尊、自信、自立、自强，运用法律维护自身合法权益。

妇女应当遵守国家法律，尊重社会公德、职业道德和家庭美德，履行法律所规定的义务。

第二十一条 妇女的生命权、身体权、健康权不受侵犯。禁止虐待、遗弃、残害、买卖以及其他侵害女性生命健康权益的行为。

禁止进行非医学需要的胎儿性别鉴定和选择性别的人工终止妊娠。

医疗机构施行生育手术、特殊检查或者特殊治疗时，应当征得妇女本人同意；在妇女与其家属或者关系人意见不一致时，应当尊重妇女本人意愿。

4. 医疗机构在医疗活动中存在欺诈行为，应当如何处理？

【维权要点】

医疗机构在诊疗活动中造成患者人身损害的，可能构成侵权；医疗机构的营利性行为与患者也会构成特殊的商家与消费者的关系，医疗机构在诊疗活动中，如果存在故意的欺诈行为，造成消费者财产损失的，患者可以根据消费者权益保护法的规定要求医疗机构承担赔偿责任。

【典型案例】

张某与王某结婚后一直未生育。经检查，张某精子活力极低。2002年8月，张某和王某决定在某妇产医院接受试管婴儿术，为此夫妻二人进行了精心的术前准备，花费大量金钱进行中药护理和激素促进女方排卵。术后院方告知，受孕彻底失败。张某夫妇向当地人民法院提起诉讼，称：试管婴儿术分为第一代和第二代两种，第一代主要是针对女方输卵管堵塞，男方精子活力较好的夫妇；第二代主要适用对象是女方正常，男方精液有问题的患者。其和某妇产医院术前曾约定做第二代手术，并缴纳了6000元手术费。因此，可确定双方约定的是实行第二代试管婴儿术，但某妇产医院却擅自施行了第一代手术，从而导致手术的彻底失败。张某夫妇请求人民法院判决某妇产医院双倍赔偿医疗费用，并赔偿精神损害抚慰金，共计人民币5万元。

【法官讲法】

医疗服务是否适用消费者权益保护法一直存在分歧。否定观点认为，医疗卫生事业是国家实行带有福利政策性质的社会公益事业，医患关系不能等同于服务的经营者与消费者之间的关系，所以医疗服务不能适用消费者权益保护法。而肯定观点却认为医患关系是经营者和消费者的关系，本质上属于消费关系，理应受消费者权益保护法的调整。在实践中，我国各地就医疗服务是否适用消费者权益保护法做法也各不相同。有的省市承认医疗服务关系属于经营消费关系；有的则未将医疗服务列入其地方消费者权益保护法的调整范围[1]

我们认为，应区分医疗机构实施医疗行为的性质是营利性的还是非营利性的，来决定是否适用消费者权益保护法。如果医疗机构的诊疗活动为营利行为，如进行医疗美容，出售保健品等，应认定为经营者与消费者的关系，适用消费者权益保护法；如医疗机构为非营利性质，实施的是诊疗行为，则不能认定经营者与消费者的关系，不能适用消费者权益保护法。

否定医疗关系可以适用消费者权益保护法的这种观点认为，消费者权益保护法的调整对象是"消费者"与"经营者"，消费者与经营者之间是纯粹的经济关系。作为患者，其接受诊疗服务的行为并非基于经济关系的生活消费需要；对医院而言，其也非一般意义上的经营者，其提供的也不是一般的商品和服务，而是医疗服务，其针对的是一个极为复杂的生命个

---

〔1〕 鲁为主编：《医疗损害责任纠纷诉讼指引与实务解答》，法律出版社2014年版，第215页。

体。医疗中应强调方法、手段的正确，而非结果。医疗关系还涉及社会整体医疗利益。故医疗损害赔偿责任不适用于消费者权益保护法。[1]

随着改革开放的深入，在医疗卫生体系中也出现了巨大的变化，其中营利性医疗机构的出现就是变化之一。此类医院的成立目的使得其医疗行为也具有了营利性，从而使其符合了消费者权益保护法意义上的经营者的特点。在这些医院就诊的患者符合消费者权益保护法对于消费者所界定的条件。两方面的变化使得在一定条件下，适用消费者权益保护法调整医患关系具备了可能性，至少不能绝对排除消费者权益保护法对患者的保护。

例如，在本案中，如果某妇产医院实施的确实是第二代试管婴儿术，那么即使手术失败，张某夫妇也不能援引消费者权益保护法向妇产医院提出双倍赔偿的要求。但是，如果能够证实妇产医院故意违背术前承诺，实施了第一代试管婴儿术，存在"欺诈"的过错，就适用消费者权益保护法，主张妇产医院承担双倍赔偿的法律责任。与此类似的医疗纠纷还包括：患者看了虚假的医疗广告后就医，并要求医院承担双倍赔偿；在医院买回药品后发现为假药，遂向医院提出双倍索赔；等等。

【法条指引】

中华人民共和国消费者权益保护法

第二条 消费者为生活消费需要购买、使用商品或者接受服务，其权益受本法保护；本法未作规定的，受其他有关法律、法规保护。

第三条 经营者为消费者提供其生产、销售的商品或者提供服务，应当遵守本法；本法未作出规定的，应当遵守其他有关法律、法规。

第二十二条 经营者提供商品或者服务，应当按照国家有关规定或者商业惯例向消费者出具发票等购货凭证或者服务单据；消费者索要发票等购货凭证或者服务单据的，经营者必须出具。

中华人民共和国民法典

第一千二百一十九条 医务人员在诊疗活动中应当向患者说明病情和医疗措施。需要实施手术、特殊检查、特殊治疗的，医务人员应当及时向

---

[1] 鲁为主编：《医疗损害责任纠纷诉讼指引与实务解答》，法律出版社 2014 年版，第 217 页。

患者具体说明医疗风险、替代医疗方案等情况，并取得其明确同意；不能或者不宜向患者说明的，应当向患者的近亲属说明，并取得其明确同意。

医务人员未尽到前款义务，造成患者损害的，医疗机构应当承担赔偿责任。

5. 术前履行了告知义务，医疗机构是否承担责任？

【维权要点】

手术前某医疗机构已明确告知患者手术后风险，患者亦在手术志愿书上签名，同意被医疗机构施行手术，且手术中医疗机构无任何过错，术后产生风险所列明的不良结果的，医疗机构不承担侵权责任。

【典型案例】

2009 年 8 月 21 日，王某在上海市某三级甲等医院处要求对左上臂原烫伤部位进行整形。23 日，王某住院。24 日，王某的法定代理人王某某在载有瘢痕增生风险的手术志愿书上签名，同意某医科大学附属的三级甲等医院为王某施行手术治疗。25 日，某三级甲等医院为王某施行了瘢痕切除术，31 日，王某出院。其间花费人民币 1680.23 元。之后，王某原面积为 12 厘米×1.5 厘米的瘢痕增生，面积变大。

王某诉称：2009 年 8 月 21 日，王某在上海市某三级甲等医院处要求整形，目的是使原来面积为 12 厘米×1.5 厘米的烫伤瘢痕变小、变平。上海市某三级甲等医院的医生明确告知王某的法定代理人：整形后瘢痕会变小、会变平。在此情况下，王某遵医嘱住院治疗。整形手术后，王某的瘢痕面积却增至 13.5 厘米×2.5 厘米。此后，王某的法定代理人去上海市某三级甲等医院处交涉，上海市某三级甲等医院的医生让王某买了"瘢痕贴"贴敷，但毫无效果。王某的法定代理人遂又去上海市某三级甲等医院处交涉，但上海市某三级甲等医院以王某的法定代理人曾于手术前在列明手术有瘢痕增生风险的手术志愿书上签名而拒绝承担责任。王某认为，上海市某三级甲等医院在为王某手术前未告知瘢痕增生的可能、未做瘢痕可能增生的检查，且承诺手术后瘢痕会变小、变平，但事实上手术后并没有达到使瘢痕变小、变平的目的，遂诉至人民法院，要求上海市某三级甲等医院赔偿王某经济损失人民币 1850.23 元，精神损害人民币 2000 元。

上海市某三级甲等医院辩称：上海市某三级甲等医院在手术前已将手术风险告知王某的法定代理人，并征得王某的法定代理人的签字同意后，才为王某施行了整形手术。瘢痕增生是不可预见的，故上海市某三级甲等医院不同意王某的诉讼请求。

原审判决后，王某不服上诉至二审法院。二审法院查明，手术志愿书上载明手术中和手术后可能发生的并发症包括瘢痕增生等。

【法官讲法】

本案是一起王某左上臂原烫伤部位施行整形手术，因手术后瘢痕增生，导致瘢痕增大所致的医疗服务合同纠纷案件。这是一起非常典型的整形手术未能达到预期的效果而形成更大损伤的案件，其手术前的告知形式是否符合法律的要求，是近年来诉讼中出现的新动向。患者方往往以"被迫签字"和（或）"不加解释"和（或）"不理解"来对抗自己在手术志愿书上的签字，本案就是一个例子。

在本案中，王某年仅12周岁，是限制民事行为能力人。本案中王某由其法定代理人带到某医院整形，目的是想使9年前王某不慎被开水烫伤的左上臂处留下的瘢痕，通过整形手术变小、变平。手术之前，上海市某三级甲等医院的医治医生找王某的法定代理人谈话，告知拟施手术名称：切瘢痕；拟行麻醉方法：局麻；并告知了手术中和手术后可能发生的并发症：麻药过敏、中毒；出血；感染；瘢痕增生；血管、神经损伤；其他意外情况。《手术志愿书》上还注明："有关手术中和手术后可能发生的并发症，医生已向我们详细阐明，经慎重考虑，家属完全理解，同意施行手术治疗，签字为证。"两名谈话医生签名，王某的法定代理人在患者家属栏签下了自己的姓名和日期。手术如期施行。但整形后，王某左上臂的瘢痕不仅明显变宽、变长，而且更加突出，面积由手术前的12厘米×1.5厘米增至13.5厘米×2.5厘米。此种结果出现，使王某及其法定代理人心理失去了平衡，反思自己的就医过程，提出了以下诉称："王某入院前，上海市某三级甲等医院承诺整形后瘢痕会变小、变平。王某住院后，行将做手术时上海市某三级甲等医院要求王某法定代理人签名，在此情况下，王某法定代理人也只能签字，何况签字单上所列手术风险有六七种之多，上海市某三级甲等医院不加解释，当时王某的法定代理人也不理解瘢痕增生的含义，现上海市某三级甲等医院以王某的法定代理人已签字为由拒绝承担责任，这显然是不公平的。"此诉称能否成立，我们从几方面来分析。

首先，手术前告知是患者知情同意权的一种方式。患者知情同意权的实现必须包括四个要素：一是必须向患者提供合适的、充分的、真实的信息，这是基本前提；二是要使患者对给他提供的信息有积极的、正确的、全面的理解，这是是否表示同意的基础；三是对提供信息表示的自主选择的同意，这是患者对实现知情同意权的自愿选择；四是患者必须有表示同意的能力。[1] 知情同意的主体是年满 16 周岁以上，神志清醒，能够辨认自己的行为，对医生作出明智的决定有充分的理解力，能够充分认知时，患者应为知情同意的主体。[2] 由于医疗机构对患者施行手术是在一定程度上对人体的"破坏"，从而达到治疗的效果，所以手术行为是具有风险的，而这些风险有的是当代医学水平可以认识、可以预见、可以避免的；但有的风险则是可以认识但不能预见、不能避免的，这些风险的构成还与每位患者的个体差异有关。因此，在医疗活动中，医疗行为的实施者负有两项基本义务：一是详尽告知患者手术及特殊治疗的风险，并征得患者接受该治疗手段的同意；二是进行适当、合理的治疗。作为医疗行为的受施者的患者相应地拥有两项基本权利：一是充分地了解患者所要受施手术及特殊治疗的风险，在对手术、特殊治疗风险充分认识的基础上，行使对手术、特殊治疗的同意及接受手术及特殊治疗后果的权利；二是获得适当、合理治疗的权利（合理与否以现有医学水平及有关法规、操作规程为判断标准）。所以，医疗行为的受施者在整个医疗过程中行使的是权利，是在充分了解并充分认识的基础上，行使同意权和接受权，是一个主动的过程。因此，"被迫签字说"、"不加解释说"和"不理解说"是不能用以对抗其主动行使的手术志愿书上的签字的。

其次，手术志愿书是手术前告知方式的一种有形的表现形式。在手术之前，医患双方有过接触，但谈话的内容具体是什么呢？是如王某方在诉状所称的"上海市某三级甲等医院承诺整形后瘢痕会变小、变平"，还是其他的？这就需要诉辩双方进行举证证明，也就是说，无论是王某还是上

---

〔1〕　参见丁涵章、程永键、黄伟彩编著：《医疗纠纷百问百答》，杭州出版社1999年版，第95页。
〔2〕　王亚平：《医患权益与保护》，人民军医出版社2003年版，第8页。

海市某三级甲等医院的陈述，除非对方当事人明确表示承认的，否则陈述人需举证予以证明，才可以作为案件事实认定。具有医患双方签字的手术志愿书是医患之间谈话的静态留存。从民事诉讼证据的角度来说，这就是一种书证。在本案中，上海市某三级甲等医院在手术志愿书中明确告知手术中和手术后可能发生的并发症有"瘢痕增生"等6项情况，并且还注明，"有关手术中和手术后可能发生的并发症，医生已向我们详细阐明，经慎重考虑，家属完全理解，同意施行手术治疗，签字为证"，最后王某具有完全民事行为能力的法定代理人在患者家属栏中签名，行使了患者方所享有的充分地了解患者所要受施手术的风险，在对手术风险充分认识的基础上同意手术及接受手术后果的权利。因此，可以认定医疗机构是履行了手术前告知的义务的，患者是行使了手术前知情、选择同意的权利的。王某的诉称没有法律效力，不应当支持。

【法条指引】

中华人民共和国民法典

第一千二百一十九条 医务人员在诊疗活动中应当向患者说明病情和医疗措施。需要实施手术、特殊检查、特殊治疗的，医务人员应当及时向患者具体说明医疗风险、替代医疗方案等情况，并取得其明确同意；不能或者不宜向患者说明的，应当向患者的近亲属说明，并取得其明确同意。

医务人员未尽到前款义务，造成患者损害的，医疗机构应当承担赔偿责任。

6. 医院未经患者签字擅自手术，应当承担什么责任？

【维权要点】

即使医疗机构在手术过程中没有诊疗过失，医疗事故鉴定意见也认为不属于医疗事故，但是手术未经患者及其家属签字，违反了术前签字制度，侵害了当事人的知情权，因此医院构成擅自实施手术，应当承担侵权赔偿责任。

【典型案例】

患者池某，48岁，是某航空公司的机长。因左眼外伤到某市级医院就诊。门诊确认为左眼巩膜裂伤，决定行巩膜裂伤缝合术，患者单位领导在手术通知单上签字同意行"巩膜裂伤缝合术"。医院在施行手术的过程中发现：左眼上直肌止端前有一"L"形巩膜伤口，3×5毫米大小；上直肌止端后7~8毫米处有一处巩膜裂伤，斜行向下延伸，难以暴露其终端，伤口缘内卷。据事故发生后主刀医师陈述：手术中，眼内结构看不清，眼球塌陷，眼内容物溢出，测试无光感。但上述内容在原始病历中并无记载。患者陈述：在手术中他听到如下对话："角膜怎么样？""角膜是好的"，于是决定摘除眼球。在患者是否同意摘除眼球问题上，双方的说法截然相反，主刀医生说，当时患者已经口头同意，是摘除后又后悔了才没有签字；患者说，他当时讲自己是飞行员，摘眼球的事不能自己做主，需待单位其他领导来后才能决定。客观事实是，眼球摘除手术之前和之后均无签字。摘除的眼球没有送病理检查，完好的角膜不知去向。

眼球被摘除后，患者认为是医疗事故，于是向所在地区的医疗事故鉴定委员会提出鉴定申请。鉴定委员会先以原始材料缺乏为由，未予受理，后经申请人再次请求，才勉强受理。此后，地区鉴定委员会对本案进行了鉴定，认为：根据病史、原始病历及手术探查所见，患者左眼眼球穿通伤，伤口较大，前房充满血液，眼内结构看不清，色素膜嵌顿，玻璃体脱出，眼球塌陷，伤势严重，视力恢复无望，有眼球摘除适应症，临床上宜早行眼球摘除，以预防交感性眼炎。但医院应严格履行手术签字手续。最后结论是："本医案不属医疗事故。"

【法官讲法】

一、未经本人签字即行手术，医院是否构成擅自实施手术？

本案首先涉及医院及其医生未经患者及其单位签字同意即实施手术，是否构成擅自实施手术的问题。在手术前，通过门诊确诊，医院决定给患者实施巩膜裂伤缝合术，患者的单位领导在手术通知单上签字同意。但手术的事实是，医院实施的并非巩膜裂伤缝合术而是眼球摘除手术，这是两个完全不同的手术。因此，即使手术前，医院获得患者单位领导同意手术的签字，在手术中擅自改变手术方式，本案中医院已经构成擅自实施手术，这可从以下两方面来分析。第一，医院给患者实施眼球摘除手术，没有得到患者的签字同意，也没有得到患者单位的签字同意，违反了术前签字制度。术前签字是患者知情同意权的行使，也是患者处分权的行使。患者因行使知情同意权和处分权而承担手术的风险。而从医疗制度上来说，术前签字是手术治疗的合法依据，是必经程序。本案中，患者单位签字同意的是实施巩膜裂伤缝合术，而非眼球摘除手术。因此就眼球摘除手术而言，没有经过术前签字程序。当然，医疗活动是一个复杂的活动，在手术过程中，可能会因为有新情况的出现而须改变原有的手术方案，这是允许的，但也是有限制的。如果患者在手术当时仍有行为能力，则必须取得患者本人的同意。本案中，患者是有行为能力的，因此即使出现了与术前预料不同的新情况从而需要改变手术方案，也需要征得患者本人的同意。根据主刀医生的说法，手术当时患者已经口头同意了，是摘除后又后悔才没有签字。但是，一是根据民法典规定，患者及其近亲属的同意必须采取书面形式；二是根据病历的记载，"后巩膜裂伤无法缝合，与患者交代后，请示王某（主刀医生的上级医师）大夫后决定眼摘"。可以看出，实施眼球摘除，主刀医生并没有真正地取得患者的同意，而仅仅是"交待"而已，同意并最终作出决定的是主刀医生的上级医师。这是对患者知情同意权的侵犯。第二，在本案中，主刀医生和主刀医生的上级都不能代为作出摘除眼球的决定。在临床上，为抢救患者面临的生命危险或避免导致更大的生命危险，可以根据医生的判断采取未经患者或其家属同意的措施，这在医学道德上是通得过的，被认为是合理的措施。但在本案中，不存在这样的情况。医院及两级医疗事故鉴定委员会均认为，将患者的眼球摘除是为了预防交感性眼炎，也就是说是为了患者的利益考虑。但这种说法从医学上分析是站不住脚的。依医学的一般常识，疾病的发生都有一定的潜伏期，也就是病原体对健康机体发生致病作用的准备期。这个期限的长短因疾病类型的不同而有所区别。就交感性眼炎而言，一只眼睛受伤后，另一只眼睛发生交感性眼炎的潜伏期一般为 $2\sim8$ 周，也有早达 7 天的。而且根据统计，交感性眼炎的发病率约占眼球穿孔伤的 1% 左右。以上医学常识说明，一方面交感性眼炎对患者所造成的危险并非迫在眉睫，患者在术后还有时间可以作出仔细的考虑，主刀医生没有立即施行手术的必要性；另一方面交感性眼炎的发病率是很低的，用眼球摘除这种最具破坏性的方法来预防一个概率很小的疾病，在理论上很难令人信服。在实践上则给患者造成了过大的损失。因此，认为将患者的眼球摘除是为了预防交感性眼炎的说法并不可信。本案中并不存在为了挽救患者的生命安全或者为了避免患者遭受更大的危险而施行紧急手术的情形。在本案中，还有另一个特殊的情况：患者作为一名飞行员，眼睛对他的意义非常重大，失去眼睛意味着他将结束他的飞行生涯，从而对他以后的生活产生巨大的影响。因此在摘除眼球前，医生更应充分地与患者商量，征得患者的同意后方可行事。从以上的两点分析可知，在本案中，医院已经构成了擅自施行手术，应当为其擅自施行手术而对患者造成损害的行为承担责任。

二、医院应当承担什么样的责任？

医院未经患者或其家属签字同意即为患者实施了手术，这是医院没有遵循一定程序的结果。那么医院是仅仅承担程序不当的责任，还是承担由此对患者造成的实际损害呢？在本案中，医院因为实施手术程序不当而给患者造成了实际的损害，仅仅承担程序不当的责任无法实现对患者的真正公平。同时，根据民法典第1219条的规定，医院应当对患者的损失承担实体上的责任，即赔偿患者因手术而受到的所有损失。患者的损失包括两方面：一方面是财产损失。患者原是一名飞行员，因为医院对其施行眼球摘除手术而失去左眼，从此不能再继续从事飞行工作，由此而导致收入的损失。医院应当对患者的该收入损失进行赔偿。损失可以这样计算，（原从事飞行工作每月的收入－现从事行业每月的收入）×到退休时为止的月数。另一方面是精神损害，精神损害是指加害人的侵权行为对民事主体精神活动的损害。在法律理论上，这种损害包括生理上和心理上的损害，也包括精神利益的损害。[1] 本案中池某作为一名飞行员，失去一只眼睛后就不能再从事飞行事业了，事业未竟而引发的遗憾、苦闷都是医院对患者所造成的精神损害。从一名健康人而成为一个残疾人，也会对患者的心理造成损害。医院应当按照一定的标准对患者的精神损害进行赔偿。

三、角膜的所有权应当归谁？

本案还涉及角膜的问题。医院在摘除眼球时，自然将角膜也摘了下来。角膜被认为是完好的。手术后患者要求医院归还角膜，医院则拒不交还。这就涉及角膜的所有权问题。角膜是人的身体的一部分，在角膜尚附着于人体时，与人体具有不可分割性，没有独立性，因而无法成为所有权

---

[1] 参见魏振瀛主编：《民法》，北京大学出版社2000年版，第728页。

的客体。角膜只是与人体的其他部分一起，在法律允许的某些情况下成为所有权的客体。当角膜脱离人体之后，便具有了独立性，并且鉴于目前世界上角膜异常珍贵的现实，角膜具有很高的经济价值，因此脱离人体后的角膜可以作为民法上的物存在，可以成为所有权的客体。那么，脱离人体后的角膜的所有权应当归谁呢？一般认为，人有支配自己身体的权利，从而也有支配从自己身体上脱离下来的各组成部分的权利。所以，当人仍然生存时，从其身体上取下的组成部分应当归其本人所有。因此，本案中的角膜应当归患者池某所有。既然归患者池某所有，医院占有该角膜便没有法律依据，应当返还给患者池某。

【法条指引】

中华人民共和国民法典

第一千二百一十九条　医务人员在诊疗活动中应当向患者说明病情和医疗措施。需要实施手术、特殊检查、特殊治疗的，医务人员应当及时向患者具体说明医疗风险、替代医疗方案等情况，并取得其明确同意；不能或者不宜向患者说明的，应当向患者的近亲属说明，并取得其明确同意。

医务人员未尽到前款义务，造成患者损害的，医疗机构应当承担赔偿责任。

第三章 违反诊疗义务的医疗损害赔偿责任

1. 医疗机构在诊疗过程中未尽到谨慎注意的义务，应当承担什么责任？

【维权要点】

医务人员在诊疗过程中，应当尽到谨慎注意的义务，否则就违反了其应负的注意义务，导致医疗上的过失，如果因此造成患者死亡或者人身健康受损的，就可能产生侵权责任。医务人员是否尽到注意义务的判断标准是医务人员在诊疗活动中是否达到当时的医疗水平相应的诊疗义务，也就是以医疗机构的客观条件及其医疗人员的平均水平等为判断标准。

【典型案例】

段某于 2000 年 8 月到某医院（三级甲等医院）接受治疗。入院后，查其血淀粉酶 700u/dl，尿淀粉酶 1480u/dl，初步诊断为腹痛待查（急性胰腺炎）。后 B 超显示：脾脏体积增大，中央区回声不均匀，并见多个散在液性暗区，考虑慢性脾脏破裂可能与胰尾部炎症有关。CT 检查报告显示：脾脏体积明显增大，内缘饱满，达 13 个肋单元……所扫胰腺未见明显异常。两周后，段某的血淀粉酶检查为 750u/dl，尿淀粉酶 1540u/dl。某医院内科对段某进行了有关治疗后，将段某转入该院普外科准备择期手术。2000 年 8 月底，段某腹痛加重，急诊 B 超显示脾破裂伴皮包膜下血肿（陈旧性）合并腹腔大量积液（出血可能）。某医院当即对段某在全麻下急诊行剖腹探查术，术中见段某"腹腔内有陈旧性、血性液体 1000ml，脾肿大，周围被大网膜包裹，分离大网膜见皮包膜下有陈旧性液体约 400ml"，常规切除脾脏，脾窝置管引流。术后，当段某每天仍有 50ml 引流液时，被完全拔除引流管出院。2000 年 11 月，段某又因发热伴左侧胸痛 1 月，入住某医院治疗。某医院给予其胸穿，抽出多量血性胸腔积液，进行抗炎等治疗，于2个月后出院。此后，段某因再次发烧及左上腹痛第三次住进某医院。某医院对其行剖腹探查术后，让段某带引流管出院。但出院后，段某的引流液不断。2个月后，段某再次到某医院门诊时，某医院查其引流液的淀粉酶为1400u/dl。此时，某医院诊断段某为胰瘘，让段某继续带引流管回家休养。在此期间，段某的引流管滑落，但某医院未作其他处理，让段某回家继续观察。2001年6月，段某又发烧、左腹后背疼痛，第四次住进该院。入院诊断为：脾切除后胰瘘、假性胰腺囊肿伴感染。入院后，医院进行抗炎治疗、穿刺置管引流及应用施他宁等相关治疗，段某胰瘘量逐渐减少。某医院见段某的引流管内无胰液流出，即考虑胰液已得到控制而拔除段某的引流管，并让段某出院。2002年1月，段某仍然出现左侧腰痛等症状，第五次住进某医院，某医院诊断为假性胰腺囊肿，对段某行囊肿－空肠 Roux－Y 吻合术。术中见：囊肿位于胰体尾的后方，在胃、胰、结肠、脾曲之间扪及肿块，质硬、流动感不明显，切开后吸出黑色液体约200ml，手术顺利。2002年3月，段某出院。段某认为某医院在上述治疗过程中存在过失，导致治疗延误和自己的病情加重，人身损害后果扩大，向当地卫生行政部门提出医疗事故处理申请。卫生行政部门委托当地医学会进行医疗事故技术鉴定，鉴定意见为：段某在鉴定会上陈述有明确外伤史。B超提示脾脏体积增大，见多个散在液性暗区和胰尾部炎症；术前有发热、血尿淀粉酶升高，医院应考虑到外伤性包膜下脾破裂合并胰腺损伤的可能。某医院陈述第一次手术中发现胰尾肿胀明显，腹腔内有陈旧性、血性液体1000ml。引流两周后仍有50ml，有胰瘘发生的可能。某医院未及时明确胰瘘诊断。某医院同时存在术后拔引流管的指征掌握不严、医疗文书保管不妥善等情况。三次手术有指征，术式正确。确诊胰瘘后的外引流、禁食、胃肠减压、TBN及施他宁等治疗正确。患者愈后良好。此例不属于医疗事故。

段某向当地人民法院提起诉讼，认为：在 CT 及 B 超均提示其脾脏占位性病变，存在慢性脾破裂可能的情况下，某医院未及时手术，而是选择择期手术，造成自己脾脏破裂后大量出血。手术前的 CT 报告明确显示自己胰腺未见异常，是某医院在手术中分离广泛粘连时，造成自己胰腺损伤。某医院在自己手术后仍有引流液的情况下，又错误地选择了拔管。某医院在对自己实施的治疗中，对病情观察不细，对病情判断错误，治疗存在过错，直接导致自己先后五次住院、三次手术，给自己造成了极大的痛苦。请求人民法院依法判决某医院赔偿医疗费、护理费、误工费、住院生活补助费、交通费、残疾生活补助费、精神损害抚慰金等共计20万元。某医院答辩称：段某的胰瘘不是手术造成的。淀粉酶升高是检验胰腺损伤的一个标准，段某入院时淀粉酶升高，说明段某在第一次手术前就有胰腺损伤，存在外伤造成的可能。该院第一次手术与段某受外伤相距1个月时间，段某当时腹腔中血肿很严重，某医院无法判断胰腺是否损伤，而多次追问段某有无外伤，段某均称无外伤。该院医生已经尽到注意义务；该院每次拔除引流管都是非常谨慎的，没有过错。经司法鉴定，段某胰腺假性囊肿 – 空肠 Roux – Y 吻合术后残疾程度为 9 级。

【法官讲法】

根据民法典的规定，医疗机构承担侵权赔偿责任，应当具备侵权行为的构成要件，包括医疗主体在主观上有过错，在客观上实施了医疗违法行为，有患者的人身和财产损害的事实存在，违法行为与损害事实之间具有因果关系。在本案中，确定某医院是否应当承担法律责任，承担什么法律责任，应当从上述几个方面进行分析。

首先，关于某医院在对段某进行的一系列医疗活动中是否具有过错，即某医院是否在诊疗过程中尽到了谨慎注意的义务。根据法律规定，医疗过失是构成医疗事故和确定医疗机构承担侵权赔偿责任的必要条件。医疗过失的客观判断标准通常以医务人员的技术水平及注意义务为标准。医疗活动具有高度技术性、复杂性以及不确定性。人是一个复杂的肌体，每一个人的身体素质不同，即使是同一个人，在不同的状态下，其身体素质也可能出现不同。因此，判断、认定医务人员应具有怎样的注意义务是处理医疗纠纷案件的关键。这种注意义务应当是谨慎、合理的注意义务。在美国，司法实践认定医师过失的标准是：（1）合理的技能与注意，也就是说医生的医疗行为必须符合医疗领域的其他同行在相同情况下应当采取的技能与注意义务，如果不符合就认为医生的诊疗行为具有过失；（2）地理范围，即一个全国性的医院与乡镇中的小医院无论是医疗设施还是医务人员的技术水平都存在相当的差距。在我国，地理范围相差甚大，判断医师的注意义务应与其所处的环境范围相一致，即以同地区或类似地区的医疗机构及医务人员的技术设施与知识技术水平等为准。因此，对于"合理的技能与谨慎的注意义务"可以理解为医疗机构及其医务人员在没有违反医疗卫生管理法律、行政法规、部门规章和诊疗护理规范情况下的常规行为；医务人员已经尽到符合其相应专业要求的注意、学识及技能标准。

在本案中，段某存在外伤史，初次住院的检查中即有血淀粉酶指数升高，手术后引流液一直不断。作为一个三级甲等医院的医师，依据其所处的医院等级及相同等级医院对同类症状的处理技能、经验、常规应达到的程度，可以认定该医院医生对段某的症状应该具有相当的判定能力，只要尽到了谨慎注意的义务，就可避免段某以后多次出现的后果。而该医院疏忽了淀粉酶指标升高和段某曾有外伤史，更重要的是医务人员对引流液的存在即表示可能有尚未查明的症状存在，未能引起注意，不查明原因，轻信、盲目地拔除引流管，失去及时诊断的机会。这就是医务人员未能尽到其相应专业要求的合理技能和注意。其违反谨慎的注意义务使段某本来可以在通常情况下通过引流即可让其自愈的胰瘘，却因误诊一次次住院治疗，已经构成了民法典第1221条中所述的"医务人员在诊疗活动中未尽到与当时的医疗水平相应的诊疗义务，造成患者损害的"情形。综上所述，某医院未能尽到谨慎的注意义务，应当承担民事责任。

其次，关于某医院在对段某进行的一系列医疗活动中是否具有违法行为的问题。《医疗事故处理条例》第5条规定："医疗机构及其医务人员在医疗活动中，必须严格遵守医疗卫生管理法律、行政法规、部门规章和诊疗护理规范、常规，恪守医疗服务职业道德。"这里所说的诊疗护理规范、常规通常是指：（1）国家卫生行政部门以及全国性行业协会或地方卫生行政部门以及地方性行业协会指定的各种标准、规范、制度的总称；（2）医疗机构对医务人员进行医疗活动制定的各项规范。在实践中，还有一些比较具体的成文规范，但却存在于医务人员医疗活动中，是医疗行业通常实施的常规注意义务标准。违法性的医疗行为包括多种，其中：（1）误诊。根据患者的症状和有关诊疗常规以及一个医务人员应有的注意，本应该诊断出患者存在某种疾病，但未能诊断出。（2）贻误治疗。即诊断正确，但在治疗过程中违反治疗规范，未能正确实施有效的治疗，延误患者病情。在本案中，争议的实质就是某医院的医疗行为是否具有违法性。

从本案的事实看，虽然判断胰腺是否有损伤应当从几个方面综合诊断，但血淀粉酶的升高是一个重要的标准。段某的血淀粉酶指标在第一次手术前即存在升高的状况，从本案现有的证据看，不能充分认定某医院在手术中违反操作常规造成段某的胰腺损伤。另外，段某因外伤性脾破裂后，由于"腹腔内有陈旧性、血性液体 1000ml，脾肿大，周围被大网膜包裹，分离大网膜见皮包膜下有陈旧性液体约 400ml"，以及胰腺所在位置的特殊性，某医院在手术中对胰腺是否有损伤确存在不宜探查的状况，不易发现胰腺损伤。某医院违反医疗常规的行为在于，当段某手术后每天尚有引流液 50ml 时，某医院的医务人员即不查明缘由，违反医疗常规拔除引流管，从而导致段某已有的胰腺损伤不能得到及时诊断。段某以后多次出现的发烧、腹痛均是因胰腺损伤引起的，胰液不断流出在体内。某医院对段某的多次反复发作病症，虽然后来诊断为胰瘘，但在治疗中又违反了诊疗规范。对于胰瘘的治疗，采用引流管引流，逐步让胰腺自行愈合即可，某医院采用引流管等治疗措施，符合医疗常规，但某医院在段某的引流管滑落后未能及时采取有效补救措施，任由该事实发生，使胰液在患者体内无法流出，再次导致段某发烧等症状反复出现，使段某本来趋于好转的病情进一步加重。在此，某医院的医疗行为也违反了一般的医疗规范，贻误了患者病情的诊治。在段某第四次住院治疗的过程中，某医院使用施他宁等药物治疗，也注意了引流液不再流出后再拔除引流管，但从其作为专业技术人员应有的技术水平考虑，其应该知道施他宁的作用是抑制胰腺的分泌，引流管暂时无液体流出是药物的作用。因此，某医院在此仍然存在引流管拔除的指征掌握不当，由此再次使段某因不能得到有效治疗而第五次住院。综上所述，某医院的上述违反诊疗规范、常规的行为具有违法性，构成某医院在本案中承担民事责任的基础。

最后，关于某医院的医疗违法行为与段某的人身损害之间的因果关系。如果某事件与损害之间具有相当因果关系，则必须具备以下两个要件：其一，该事件是损害发生所必不可少的条件，即条件关系；其二，该事件实质上增加了损害发生的客观可能性，即相当性原则。在许多医疗纠纷案件中，存在这样的情况：患者本身病情较为严重，也可能不久将死亡，但尚未死亡时，通过一定的治疗可能延长其生命，但由于医疗机构在治疗过程中的某一治疗行为的不当使得患者提前死亡。实际上这是医疗机构的医务人员存在的过失治疗行为增加了患者的危险状态。在本案中，段某本来是因外伤导致脾破裂、胰腺损伤，其疾病是其发生损害的直接原因。但某医院未能及时诊断、误诊，违反医疗常规过早拔除引流管的行为增加了段某现有疾病的危险性，一次次未明确诊断和治疗错误，加重了段某的原有疾病。段某本可以通过一次诊治即可治愈，但最终被进行假性囊肿－空肠 Roux－Y 吻合术，胰液被改道，造成伤残，这一后果的发生与某医院的错误诊断、治疗具有相当的因果关系。因此，某医院应当对段某自第二次手术后发生的相关损失进行赔偿。

【法条指引】

中华人民共和国民法典

第一千二百二十一条 医务人员在诊疗活动中未尽到与当时的医疗水平相应的诊疗义务，造成患者损害的，医疗机构应当承担赔偿责任。

2. 违反护理规范致患者死亡，如何认定和处理？

【维权要点】

医疗机构及其医务人员在医疗活动中，违反医疗卫生管理法律、行政法规、部门规章和诊疗护理规范、常规，过失造成患者人身损害的，属于医疗事故。发生医疗事故，侵害了患者的生命权、健康权的，医院应当承担侵权赔偿责任。

【典型案例】

张某因咳嗽、憋气及发热到某医院接受治疗。初步诊断为慢性支气管炎并发感染，肺心病及肺气肿。入院后。由护士李某为其静脉输液。李某在张某右臂肘上 3 厘米处扎上止血带，当完成静脉穿刺固定钟头后，由于患者的衣袖滑下来将止血带盖住，所以忘记解下止血带。随后，李某因故离开，交护理员王某继续完成医嘱。王某先静脉推注药液，然后接上输液管进行补液。在输液过程中，张某多次提出"手臂疼及滴速太慢"等，王某认为疼痛是由于四环素刺激静脉所致，并且解释说："因为病情的原因，静脉点滴的速度不宜过快"。经过 6 个小时，输完了 500 毫升液体，由其他护士取下输液针头，发现局部轻度肿胀，以为是少量液体外渗所致，未予处理。静脉穿刺 9 个半小时后，因张某局部疼痛而做热敷时，家属才发现止血带还扎着，于是立即解下来并报告护理员王某，王某查看后嘱继续热敷，但并未报告医生。止血带松解后 4 个小时，护理员王某发现患者右前臂掌侧有 2×2 厘米水泡两个，误认为是热敷引起的烫伤，仍未报告和处理。又过了 6 个小时，右前臂高度肿胀，水泡增多而且手背发紫，王某才向医生和院长报告。院长组织会诊，决定转上级医院，因未联系到救护车而暂行对症处理。两天后，患者右前臂远端 2/3 已呈紫色，只好乘拖拉机送往上级医院。为等待家属意见，转院后第三天才行右上臂中下 1/3 截肢术。术后伤口愈合良好。但因张某年老体弱加上中毒感染引起心、肾功能衰竭，于术后一周死亡。经当地医学会进行医疗事故技术鉴定，结论为一级医疗责任事故。张某家属向当地人民法院提起诉讼，认为由于某医院护理人员违反护理规范，未尽到护理义务，导致张某死亡的严重后果，要求某医院承担赔偿责任。

【法官讲法】

本案是一起以违反诊疗护理规范、常规为主要原因的医疗责任事故。诊疗护理规范、常规通常分为广义和狭义两种：广义的诊疗护理规范、常规是指卫生行政部门以及全国性行业协（学）会制定的各种标准、规程、规范、制度的总称，如临床输血技术规范、医院感染管理规范、医院感染诊断标准、医院消毒卫生标准、医院消毒供应室验收标准、医疗机构诊断和治疗仪器应用规范等。狭义的诊疗护理规范、常规是指医疗机构制定的本机构医务人员进行医疗、护理、检验、医技诊断治疗及医用物品供应等各项工作应遵循的工作方法、步骤。狭义的诊疗护理规范和常规包括从临床的一般性问题到专科性疾病，从病因诊断到护理治疗，从常用的诊疗技术到高新诊疗技术等内容。从医疗实践看，最常用、最直接的是卫生行政部门制定的对医疗机构、医疗行为管理的规章、诊疗护理规范、常规。它们是指导具体操作的，在判断是否属于医疗事故时，这是最好的标准。

在本案中，护士李某严重违反静脉输液技术操作规程，在完成静脉穿刺之后，未能及时松解止血带，是造成患者肢体坏死及全身中毒感染致死的主要原因。同时，护士李某对本该由自己完成的输液任务交给缺乏输液知识和经验的护理员王某去完成，也是对工作不负责任的一种表现。所以，本案应当由护士李某承担主要责任。护理员王某由于技术水平和医学知识有限，对于患者在输液过程中出现的"手臂疼、滴速慢"等现象不能正确理解，未能想到其不正常的疼痛和滴速慢是因血液回流障碍所致，因而也就没有想到去查看一下右上肢有无受压迫之处，致使止血带在穿刺后9个半小时才被发现。另外，护理员王某发现止血带忘解时间已长达9个半小时，且已出现水泡时，仍未对此事引起注意，未向医生报告，使患者又延误治疗10个小时。所以，护理员王某也应对此案负责。该院院长在事故发生20小时后，组织会诊并决定转院是正确的，但在救护车联系不到的情况下，未能积极联系其他车辆迅速转院或请上级医院派人前来会诊，共同研究应急抢救措施，而是消极地对症处理，使患者又延误治疗两天，所以该院院长也对本案负有责任。

【法条指引】

医疗事故处理条例

第二条 本条例所称医疗事故，是指医疗机构及其医务人员在医疗活动中，违反医疗卫生管理法律、行政法规、部门规章和诊疗护理规范、常规，过失造成患者人身损害的事故。

第四条 根据对患者人身造成的损害程度，医疗事故分为四级：

一级医疗事故：造成患者死亡、重度残疾的；

二级医疗事故：造成患者中度残疾、器官组织损伤导致严重功能障碍的；

三级医疗事故：造成患者轻度残疾、器官组织损伤导致一般功能障碍的；

四级医疗事故：造成患者明显人身损害的其他后果的。

具体分级标准由国务院卫生行政部门制定。

第十三条 医务人员在医疗活动中发生或者发现医疗事故、可能引起医疗事故的医疗过失行为或者发生医疗事故争议的，应当立即向所在科室负责人报告，科室负责人应当及时向本医疗机构负责医疗服务质量监控的部门或者专（兼）职人员报告；负责医疗服务质量监控的部门或者专（兼）职人员接到报告后，应当立即进行调查、核实，将有关情况如实向本医疗机构的负责人报告，并向患者通报、解释。

第四十六条 发生医疗事故的赔偿等民事责任争议，医患双方可以协商解决；不愿意协商或者协商不成的，当事人可以向卫生行政部门提出调解申请，也可以直接向人民法院提起民事诉讼。

3. 因医疗机构的过错导致可以避免的并发症，法律责任应当如何确定？

【维权要点】

可以避免的并发症因医疗机构的过错未能避免而给患者造成人身损害的，医疗机构应当根据其过错程度向患者承担赔偿责任。

【典型案例】

容某于 2002 年 12 月在丈夫李某的陪同下到某医院待产，并于 2003 年 1 月经阴道分娩生下男婴李某某。在生产的过程中发生肩难产。李某某出生后即发现左上肢肌力差，左腕下垂。经专家会诊，诊断其左臂丛神经麻痹。李某夫妇向当地卫生行政部门提出医疗事故处理申请，当地卫生行政部门委托当地医学会进行医疗事故技术鉴定。鉴定意见为：患儿左臂丛神经损伤为产时处理不当所致，本例构成三级医疗事故。某医院对鉴定不服，向当地卫生行政部门提出再次鉴定申请。卫生行政部门委托省医学会进行再次鉴定。再次鉴定意见为：该产妇骨盆测量属于正常范围，胎儿估计中等大小，医院采取阴道分娩方式正确，产程处理未违反医疗常规，产时发生肩难产并导致新生婴儿左臂丛神经麻痹属于分娩并发症，不属于医疗事故。李某夫妇不服鉴定，以李某某的名义向当地人民法院提起诉讼，要求某医院赔偿损失 10 万元。在诉讼过程中，人民法院委托法医鉴定中心进行鉴定。鉴定意见为：某医院在为容某接产的过程中有操作不当的过错，这种过错可以导致李某某左臂丛神经麻痹。但由于肩难产发生率低，难以预测，发生后必须尽快解除，否则易造成更为严重的后果，因此，可以免除某医院的部分责任。

【法官讲法】

手术并发症包括两种：可以避免的并发症和难以避免的并发症。难以避免的并发症是指医院在为患者进行手术治疗后，在没有任何过错的情况下发生的并发症。不同的手术发生不同部位、不同系统的并发症，如切口感染、疼痛、裂开；手术后出血；肺不张，肺水肿，肺栓塞，休克肺；尿路感染；急性胃扩张，以及各种手术时的切口创伤性损伤等。根据上述法律规定，难以避免的并发症属于医疗事故的排除事项。民法典第180条第1款规定："因不可抗力不能履行民事义务的，不承担民事责任。法律另有规定的，依照其规定。"因此，发生难以避免的并发症，医疗机构不承担责任。而对于可以避免的并发症，由于医疗机构的过错而未能避免，并因此给患者造成损害的，医疗机构应当承担相应的责任。在本案中，肩难产会导致新生儿臂丛神经麻痹的并发症，但不是导致新生儿臂丛神经麻痹的唯一原因，在接产的过程中操作不当也可能导致新生儿臂丛神经麻痹，并且是重要原因。当地医学会的鉴定意见和法医鉴定意见均证明导致李某某左臂丛神经麻痹的主要原因是接产时处置不当，不属于"难以避免的并发症"。所以，在本案中，某医院应当根据其过错承担民事赔偿责任。

【法条指引】

中华人民共和国民法典

第一千二百一十八条　患者在诊疗活动中受到损害，医疗机构或者其医务人员有过错的，由医疗机构承担赔偿责任。

医疗事故处理条例

第三十三条　有下列情形之一的，不属于医疗事故：

（一）在紧急情况下为抢救垂危患者生命而采取紧急医学措施造成不良后果的；

（二）在医疗活动中由于患者病情异常或者患者体质特殊而发生医疗意外的；

（三）在现有医学科学技术条件下，发生无法预料或者不能防范的不良后果的；

（四）无过错输血感染造成不良后果的；

（五）因患方原因延误诊疗导致不良后果的；

（六）因不可抗力造成不良后果的。

4. 医疗机构过失导致的医疗事故，患者是否应该得到高额赔偿？

【维权要点】

因医务人员的过失导致患者完全丧失生活能力的，构成重大医疗事故，对患者造成巨大人身伤害，患者应该得到高额赔偿。

【典型案例】

患者汤某于 2003 年 11 月被某市饮食服务公司招聘为临时工。汤某因患中耳炎引起面瘫，导致口角左偏三个多月。2003 年 12 月 30 日，汤某入住该地区人民医院住院部耳鼻喉科治疗，经检查被诊断为右侧耳源性面瘫，2004 年 1 月 11 日，该地区人民医院对其进行全麻下的右侧面神经减压手术。手术前，该地区人民医院对患者进行了术前体检和实验室检查均未发现异常。手术由副院长兼耳鼻喉科主任医师张某主刀，医师王某对患者施行麻醉。10 时 35 分，手术正式开始，切皮时患者出现肢动，王某麻醉师先后三次给患者静脉注入共计 0.9mg 麻醉药物芬太尼，并让患者吸入 40ml 异氟醚，以加深麻醉。此时患者体内已注入很大剂量的麻醉药。随后，麻醉师王某外出手术室到院办公室接长途电话，并未按规定进行交接手续。在麻醉师擅离岗位期间，患者汤某出现了麻醉险情，血压骤然降至 0，皮肤发紫，张医生见此情况立即停止手术，马上对患者进行抢救。但因无麻醉师在场，贻误了有效抢救时机，患者汤某一直处于深度昏迷状态。后经院方全力抢救及会诊，到 13 点 40 分患者恢复自主呼吸，但仍不苏醒，医师认为患者有脑组织急性缺氧的表现，遂决定将汤某留在手术室继续监护。手术后 7 小时 40 分，患者由外科转入危重病房 ICU 继续治疗。经过多项综合治疗，2004 年 3 月患者苏醒过来，意识有所恢复。2004 年 3 月 9 日，患者由 ICU 室转入普通病房继续康复治疗。2005 年 4 月 28 日和 2006 年 7 月 3 日，医院对患者再次作磁共振检查，均诊断为：脑萎缩，左侧上额窦炎。患者虽经近 4 年的康复治疗，但仍因大脑缺氧导致了不可逆的大脑损害，表现为呆傻，智能低下，语言不清，大、小便失禁，完全丧失了生活能力，每日须由两人护理。

2007 年 4 月 21 日该地区医疗事故鉴定委员会作出了鉴定意见，认定为：二级甲等医疗责任事故。事故发生后，汤某家人与医院方就赔偿问题多次进行了谈判，但终因双方差距太大，未能达成协议。2007 年 5 月，汤某委托某律师事务所律师徐某、李某以医疗事故损害赔偿纠纷为由起诉到该地区中级人民法院，要求该地区人民医院赔偿汤某各种费用 114 万元。经对汤某进行伤残鉴定，其结论为：汤某广泛性脑萎缩，重度智能减退，共济运动失调，属于二级残废。

【法官讲法】

本案就性质认定而言，各方都没有争议，一致认定为医疗责任事故。《医疗事故处理条例》规定医疗事故"是指医疗机构及其医务人员在医疗过程中，违反医疗卫生管理法律、行政法规、部门规章和诊疗护理规范、常规，过失造成患者人生损害的事故"。医疗事故的这一含义含有四个基本条件：一是医疗事故必须发生在法定的诊疗护理过程中，就是发生在经政府有关部门批准后取得行医资格的医护人员在履行其职责过程中；二是医护人员必须在诊疗护理工作中有过失或失误，即医护人员有违反规章制度、诊疗护理操作等失职行为，或技术上有过失；三是必须给患者造成不良后果；四是医务人员的失职行为或技术上的过失必须与患者不良后果之间有直接的因果联系[1] 本案中从麻醉师不遵守手术操作规则，擅自离岗，且不进行交接手续造成患者身体健康严重受损来看，认定为医疗责任事故是正确的，并无不当之处。

本案更能引人思考之处在于法院最终判决的赔偿额，本案最终的赔偿额近 57 万元，是我国公民生命健康权利受到尊重和有效保护的表现。

生命权是一项独立的人格权，所谓生命权，是指自然人的生命安全不受侵犯的权利[2] 健康权是指自然人以其身体外部组织的完整和身体内部生理机能的健全，使肌体生理机能正常运作和功能完善发挥，从而维持人体生命活动为内容的人格权[3] 生命和健康自然是无价的，确定赔偿费，是和各种条件相联的，如受害者的受损失的严重情况，以及赔偿者的支付

---

〔1〕 参见丁涵章、程永键、黄伟彩编著：《医疗纠纷百问百答》，杭州出版社 1999 年版，第 9 页。
〔2〕 参见王亚平：《医患权益与保护》，人民军医出版社 2003 年版，第 2 页。
〔3〕 参见魏振瀛主编：《民法》，北京大学出版社 2000 年版，第 645 页。

能力和当地的生活条件等。57万元的赔偿也许很高，但就本案而言，患者汤某在如花一样的年龄便因为医院工作人员的失误而导致二级残废，从她所受到的身体、精神创伤来看，再多的钱也无法让她恢复宝贵的健康，57万元的赔偿算不得什么高额赔偿。

【法条指引】

中华人民共和国民法典

第一千一百七十九条 侵害他人造成人身损害的，应当赔偿医疗费、护理费、交通费、营养费、住院伙食补助费等为治疗和康复支出的合理费用，以及因误工减少的收入。造成残疾的，还应当赔偿辅助器具费和残疾赔偿金；造成死亡的，还应当赔偿丧葬费和死亡赔偿金。

医疗事故处理条例

第二条 本条例所称医疗事故，是指医疗机构及其医务人员在医疗活动中，违反医疗卫生管理法律、行政法规、部门规章和诊疗护理规范、常规，过失造成患者人身损害的事故。

5. 严重医疗差错未造成明显后果，医疗机构应否承担侵权赔偿责任?

【维权要点】

医疗机构存在严重医疗差错，虽未给患者的身体造成明显的损害后果，但是由于医疗差错导致患者原患疾病并未治愈，患者要求赔偿误工损失、精神损害赔偿的应予支持。

【典型案例】

周某因患腰椎间盘突出症到某医院接受治疗。经医生诊断为：L4－5椎间盘突出症，并对其实施了"腰椎间盘切除术"。手术记载为切除L4－5椎间盘。手术后，周某的病情未明显缓解，但经医生允许出院。此后，周某仍然感觉到腰腿部疼痛，再次入院治疗。医生仍诊断其为腰椎间盘突出症。后经查明，周某在手术中切除的是L3－4椎间盘，L4－5椎间盘突出症仍然存在。周某到其他医院就诊，均被诊断为L3.4.5腰椎间盘突出症。

但各医院提供的治疗方案迥异，费用差别也较大。当地医学会的鉴定意见认为，周某案为严重医疗差错，但 L3－4 椎间盘切除未造成明显后果，不构成医疗事故。周某经向某医院要求赔偿未果，向当地人民法院提起诉讼，要求赔偿医疗费、误工损失、精神损害和今后的治疗费，共计 10 万元。同时，周某提出了法医鉴定申请，请求鉴定其 L3－4 椎间盘突出与某医院的误切是否存在因果关系。法医鉴定意见为：周某的 L3－4 部位仍然存在部分椎间盘组织，且 L3－4 椎间盘膨出；不能排除周某目前的 L3－4 椎间盘膨出与手术误切有一定的因果关系。

【法官讲法】

在本案中，周某患 L4－5 腰椎间盘突出症，某医院在实施手术时却将其 L3－4 椎间盘切除。此后，周某腰腿部疼痛，并经其他医院诊断为 L3.4.5 腰椎间盘突出症。当地医学会的鉴定意见认为，周某案为严重医疗差错，但 L3－4 椎间盘切除未造成明显后果，不构成医疗事故。周某向某医院索赔未果，向人民法院起诉，并申请法医鉴定。法医作出了周某的 L3－4 部位仍然存在部分椎间盘组织，且 L3－4 椎间盘膨出；不能排除周某目前的 L3－4 椎间盘膨出与手术误切有一定的因果关系的鉴定意见。

某医院在手术过程中误切了周某 L3－4 椎间盘，现在周某 L4－5 椎间盘突出症仍然存在，L3－4 部位存在部分椎间盘组织，且 L3－4 椎间盘膨出。这与某医院的手术误切存在一定的因果关系，某医院应当承担赔偿责任。周某要求赔偿误工损失，理由成立，应当支持；根据《最高人民法院关于确定民事侵权精神损害赔偿责任若干问题的解释》的规定，周某要求精神损害赔偿的诉讼请求于法有据，应当予以支持；周某目前的病情确需继续治疗，但因其应支付的治疗费及损失状况目前难以确定，各医院提供的治疗方案迥异，费用差别也较大，不应支持。在处理人身损害赔偿案件的过程中，能够一次了结双方的纠纷最好，但前提是损害后果已经稳定，损失状况能够确定，即使是今后尚需花费，数额也是可知的。否则，如今后继续发生的损失数额难以确定，双方又协商不一致的情况下，不宜直接判处。

【法条指引】

最高人民法院关于确定民事侵权精神损害赔偿责任若干问题的解释

第一条 因人身权益或者具有人身意义的特定物受到侵害，自然人或者其近亲属向人民法院提起诉讼请求精神损害赔偿的，人民法院应当依法予以受理。

6. 在预防接种的过程中造成人身损害，由谁承担责任？

【维权要点】

在实施预防接种工作过程中造成人身损害的，不属于医疗事故的范畴。但是在预防接种过程中，医务人员过失造成人身伤害的，医疗机构仍不能免责。

【典型案例】

刘某出生时，身体一切正常，当时在其右臀部注射了"乙肝疫苗"。此后的仅一百天时间内，刘某的父母虽然带其到医院看过病，但未注射针剂。2003 年 10 月，刘某的父母按规定带刘某到指定地点某医院儿保科注射"百白破"三联针的第一针。注射部位为刘某的左臀肌，操作者为该医院儿保科护士。半月后，刘某的父母发现刘某左脚掌下垂，足趾活动迟缓，左脚无力，遂带刘某到多家医院诊治。防疫站有关人员在对刘某的左腿和病历进行了查看和分析后，称此属于预防接种异常反应。在诊治过程中，医生对刘某施行了左坐骨神经探查、松解手术，手术诊断结论为刘某左坐骨神经损伤（注射性）。刘某虽经手术补救，但其神经恢复正常已经不可能。刘某的父母以刘某的名义向当地人民法院起诉，称：刘某按照计划免疫的要求，到某医院儿保科注射"百白破"三联针的第一针。在其左臀部注射防疫针两周后，发现刘某的左脚掌下垂，足趾活动迟缓，扶立时左腿明显无力。经医院手术探查，确诊刘某为注射性左坐骨神经损伤，请求人民法院判决某医院赔偿一切损失。某医院答辩称：其是根据防疫站的要求，为防疫站提供条件和技术人员，实施计划免疫工作的。在为刘某进行"百白破"三联针注射时，其严格按照计划免疫操作规程进行。本案纠纷是在实施计划免疫工作期间发生的，应当以防疫站为被告。

【法官讲法】

医疗事故，是指医疗机构及其医务人员在医疗活动中，违反医疗卫生管理法律、行政法规、部门规章和诊疗护理规范、常规，过失造成患者人身损害的事故。本案中，刘某是在预防接种的过程中致残的，虽然这是某医院医务人员的过失导致的，但由于医务人员不是在进行医疗活动，即治病工作，而是在实施预防接种，即防病工作，其主观过失和客观后果虽然都符合医疗事故的构成要件，但行为不是发生在医疗活动中，所以不属于医疗事故的范畴。

本病例是预防接种护士在预防接种工作中因注射部位错误导致刘某伤残，不符合预防接种异常反应和耦合的特征，却符合预防接种事故的三个特征，即发生在预防接种工作中；从事预防接种工作的人员在预防接种时主观上有过失；产生的后果严重，因此其构成预防接种事故。由此可见，本案应当属于预防接种事故争议引起的医疗纠纷案件。

本案中，当事人没有向预防接种反应诊断小组提出鉴定申请，而是直接向人民法院提起了民事赔偿诉讼。我国目前没有法律、法规规定鉴定意见是人民法院审理预防接种事故争议引起的民事赔偿案件的前置程序，因此，刘某的起诉只要符合民事诉讼法规定的起诉条件，未进行预防接种事故鉴定不能妨碍其行使民事诉讼的权利。

从《全国计划免疫工作条例》第4条、第8条、第9条的规定中可以看出，实施计划免疫工作的主体包括卫生防疫机构和医疗卫生单位，但它们各有分工。刘某居住地的卫生防疫工作由卫生防疫站和某医院共同进行。它们按照条例对其分工的规定各司其职，具体接种工作由某医院进行。由于卫生防疫工作是双方而并非防疫站一方的职责和法定义务，因此，对按法定分工履行各自职责时发生的事故，应由职责段的过错方承担法定责任。如防疫站和某医院是共同错误（如防疫站发错接种疫苗，某医院注射时又未对疫苗进行查验就接种，导致损害发生的），应由双方共同承担责任。刘某残疾是某医院儿保护士在实施预防接种时，注射部位错误导致的。该错误不是防疫站培训有误或指导不当所致，而是医院的过失造成的，防疫站对损害后果的发生没有过错，无须承担民事责任，某医院关于责任人应为防疫站的主张不能成立。某医院儿保科护士实施接种行为是履行职责，其间因过失导致刘某伤残是有过错的，该职务行为产生的法律后果应当由其所在单位某医院承担，因此，本案的责任人应当为某医院。

我国《预防接种异常反应鉴定办法》对异常反应、接种事故等只规定解决医药费用，与民法典、人身损害赔偿解释等全面赔偿的法律规范相比，在赔偿范围上相去甚远。前者规定的是有限赔偿，后者规定的是全额赔偿。《预防接种异常反应鉴定办法》是解决预防接种后出现的异常反应、事故等的专门规定，显然预防接种事故纠纷应受其调整。预防接种事故侵犯的是公民的生命健康权，而民法典就是对侵犯公民生命健康权赔偿范围的规定，因此，预防接种事故纠纷也应受其规范。根据法律的位阶与效力的理论，《预防接种异常反应鉴定办法》是行政法规，不能违反上位法民法典。由于它在保护受害人合法权益和追究侵权行为人责任上与民法典的基本精神相一致，因此，可以适用。适用顺序应当为先民法典，后《预防接种异常反应鉴定办法》。如果有限赔偿能使受害人的损失得到补偿，可适用该种赔偿办法；如不能，则应采用民法典给予全额赔偿。本案中，刘某的损失除医药费之外，还有其父母带其就医的交通费和住宿费、营养费、残疾生活自助具费、因残疾导致刘某谋生能力下降从而其生活所需的补助费等。如果适用《预防接种异常反应鉴定办法》由某医院只负责医药费，远远不能弥补刘某的损失，因此，本案应当适用民法典的赔偿方法，对刘某进行全额赔偿，以全面保护其生命健康权。

【法条指引】

中华人民共和国民法典

第一千一百七十九条　侵害他人造成人身损害的，应当赔偿医疗费、护理费、交通费、营养费、住院伙食补助费等为治疗和康复支出的合理费用，以及因误工减少的收入。造成残疾的，还应当赔偿辅助器具费和残疾赔偿金；造成死亡的，还应当赔偿丧葬费和死亡赔偿金。

预防接种异常反应鉴定办法

第十条　各级各类医疗机构、疾病预防控制机构和接种单位及其执行职务的人员发现预防接种异常反应、疑似预防接种异常反应或者接到相关报告，应当及时向所在地的县级卫生行政部门、药品监督管理部门报告。

全国计划免疫工作条例

第九条　全国各级各类医疗卫生单位（包括企、事业单位的医疗卫生机构）和全体医疗卫生人员，必须按当地卫生防疫部门的统一安排，开展计划免疫工作。

7. 预防接种异常反应违规医疗损害责任纠纷的处理方式有哪些？

【维权要点】

预防接种过程应当严格按照规章制度操作，预防接种过程中发生异常反应后，医疗机构应当根据计划免疫法规和规章积极处理并及时向卫生行政部门报告，违反法律规定采取错误诊疗措施造成患者人身损害的，应当按照其过错大小承担相应的民事赔偿责任。

【典型案例】

乔某为个体医生，受甲医院委托担任某村卫生防疫医生，负责本辖区内的计划免疫、卫生检测和疫情报告。2012年7月，甲医院向乔某发放了预防接种儿童疫苗药物。乔某通知萧某前来接受预防接种。萧某在父母的陪同下，到乔某的诊所接受预防接种。乔某用同一棉球消毒后，用同一针管在萧某的臂部和右臀部各注射一针疫苗针药，并让萧某服用糖丸一粒，未向萧某的父母告知接种后的注意事项。2012年9月，萧某父母发现萧某被注射臀部部位有一茶杯大小的红肿硬块，即将萧某带到乔某处诊疗，并告知乔某是预防接种后的反应。乔某认为是一般反应，遂采用膏药为萧某贴敷治疗。2个月后，肿块未见消除，反而变大。2012年11月，萧某的父母送其到甲医院接受治疗。萧某的父母告知医生肿块是预防接种后的反应，但治疗2个月仍未见效。该院医生将萧某的脓肿部切开，引流出脓液约400毫升，未对病因作出诊断即为萧某换药治疗。萧某的父母向甲医院分管卫生防疫工作的有关领导反映，萧某的脓肿是在个体医生乔某处接受预防接种后发生的，要求对该起预防接种事故进行处理。有关领导找乔某调查了解情况后，主持当事人双方进行调解，达成各自承担50%的医药费和乔某继续为萧某治疗的协议。2个月后，萧某手术的切口仍未愈合。萧某的父母又将其送到甲医院进行间歇性诊疗，时间达3个月，仍未治愈。甲医院建议将萧某送乙医院进行治疗。2013年5月，乙医院对萧某施行了"右侧臀部脓肿慢性窦道切除术"，术后住院15天，切口基本愈合出院。出院诊断为右臀脓肿愈合后形成慢性窦道。2013年8月，萧某出现间歇性发热。9月，萧某出现下午高热，体温高达40度不退，并伴有右腿疼痛。萧某的父母送萧某到丙医院就诊，丙医院以败血症收入该院儿科住院治疗。后又以"右侧化脓性髋关节炎、败血症"转骨科治疗，在进行手术引流后，治疗中发现低位性肠瘘，又转儿外科住院治疗。2013年12月，萧某的父母未经丙医院同意，自行将萧某转到丁医院住院治疗。丙医院为萧某补办的出院诊断为：脓毒性败血症；左胸腔积液；右髂窝脓肿，由病原菌从右臀部注射部位化脓感染灶入血后大量繁殖并产生毒素所引起。丁医院最初仍按脓毒败血症治疗，经二次会诊后决定进行剖腹探查，发现后腹膜粟粒样结节，并发现长期不愈的瘘口深达右脊柱旁经骶前达盆腔即骶骨前，经抗结核治疗，切口愈合后出院。丁医院的诊断为：萧某右髂窝及盆腔TB（结核）性脓肿。

萧某的父母以萧某的名义向人民法院提起诉讼，认为甲医院委托个体医生乔某为萧某打预防针，发生预防接种异常反应，后又错误诊疗，给其造成人身损害。请求人民法院判决甲医院和乔某赔偿医疗费、误工费、护理费等损失。当地人民法院委托有关部门进行了法医鉴定，鉴定意见为：萧某患盆腹腔结核病的诊断成立，萧某腹腔的粟粒样结核为继发性结核，是打预防接种针时消毒不严，引起注射处感染化脓，身体抵抗力降低，继发结核发生发展变化以致恶变。甲医院答辩称：我院发放疫苗给个体医生乔某，为适龄儿童预防接种，是合法行为。乔某的业务和经费都是自行负责，即使打预防针发生异常反应或事故，也与我院无关。我院为萧某切脓引流及医治切口没有过错，不应承担赔偿责任。而且，萧某患右髂窝及盆腔（TB）结核性脓肿与接种预防针无关。TB（结核）是萧某自身存在的，自身引起病变，打不打预防接种针都要治疗，都会引起病变，所以不能与打预防接种针联系起来。当地人民法院委托有关部门作出的鉴定意见认为，萧某所患结核病与乔某打预防接种针具有因果关系，是不科学的，不能用作定案证据。乔某答辩称：其打预防接种针的行为与萧某产生结核病变损害没有必然的因果关系，不存在承担萧某医疗损害赔偿责任的法定理由和条件。从人道主义的角度出发，其愿意给予萧某一定的经济补偿。萧某的病变是其法定监护人未及时采取治疗措施所致，与本人无关。造成萧某身体免疫力降低以致患"右髂窝及盆腔 TB（结核）性脓肿"，是甲、乙、丙三家医院的错误诊断、治疗和手术所致，责任应当由他们共同承担。请求人民法院将乙、丙两医院追加为共同被告，让其承担部分责任，以便给予萧某适当的经济补偿和精神安慰。

当地人民法院在审理中查明下述事实：（1）当地卫生行政部门组织有关职能部门，对萧某预防接种后发生纠纷的情况进行了调查，明确：个体医生乔某用棉球消毒和未执行一人一针一管的注射措施，违反了医院感染管理有关规定；甲医院防疫部门知情不报，又未采取积极有效的治疗措施，使患者病程拖延过长，病情恶化，应负一定的责任；（2）萧某的结核病尚未治疗完结，仍在丁医院诊疗，是否会有后遗症、造成器官功能丧失或减退，目前难以确定；（3）与萧某有医疗关系的 5 个医疗单位和个人，都明知萧某所患疾病与预防接种有关，但均未与卫生防疫部门联系，通过预防接种异常反应诊断小组诊断后实施治疗，未按预防接种异常反应和事故处理原则进行治疗。

【法官讲法】

本案应当定性为预防接种异常反应违规医疗损害责任纠纷（简称"医疗纠纷"）。首先，医疗纠纷是医患双方对医疗后果及其原因在认识上发生的争议。本案当事人之间正是基于对医疗后果及其原因在认识上发生分歧，才诉至法院的。其次，医疗纠纷涵盖面大，既包括医疗过失（如医疗事故、医疗差错等），也包括非医疗过失（如医疗意外、医疗并发症、疾病自然转归等）纠纷。如能确定具体的医疗争议，当然有利于纠纷解决。不能确定具体医疗争议，则统以医疗纠纷定性为宜。最后，本案是因萧某预防接种发生异常反应后，医疗单位违规医疗，造成萧某人身损害，萧某与医疗单位就赔偿问题发生的争议，其案由应为预防接种异常反应违规医疗损害责任纠纷。萧某自接受预防接种后，先是出现无菌性脓疡异常反应，后经治疗，又出现脓肿慢性窦道、脓毒败血症，最后诊断为"右髂窝及盆腔 TB（结核）性脓肿"。其间，经 5 个医疗单位和个人治疗，动 5 次手术，有 5 次诊断结论。其因果关系如何确认，医疗过失如何认定，难以作到具体、精确。如从萧某与 5 个医疗单位有医患关系，且 5 个医疗单位都明知萧某所患疾病与预防接种有关，但又违反有关规定，采取错误诊疗措施，加重了医疗损害后果，应当承担民事责任的角度分析，则比较容易确定萧某与医疗单位对医疗后果及其发生原因的争议，是与所有 5 家医疗单位发生的争议，萧某与它们的纠纷应当是预防接种异常反应违规医疗损害责任纠纷。

根据民法典的规定，医疗损害责任纠纷的归责原则是过错责任原则。医疗机构有过错，应当对医疗损害承担赔偿责任；反之，则不承担赔偿责任。具体到本案，乔某作为个体医生，负责本辖区内的居民预防接种工作，应对其预防接种事故和医疗行为后果承担责任。乔某在为萧某预防接种时，违反"一人一针一管"的操作规定，未向萧某父母告知预防接种后的注意事项，引起萧某注射部位感染化脓，是预防接种后的异常反应；事后不报告上级医疗单位，擅自采取错误诊疗措施，致反应加重，给萧某造成医疗损害。乔某的行为违反了卫生部颁布的《全国计划免疫工作条例》第 16 条和第 21 条的规定，具有过错，应当承担相应的民事责任。

甲医院明知萧某右臀部脓肿与预防接种异常反应有关，未慎重诊断，不报上级卫生防疫部门处理，擅自采用错误诊疗措施，致使萧某预防接种反应继续加重，扩大了医疗损害，具有过错，应当承担相应的赔偿责任；同时，甲医院应当对其委托的防疫医生乔某违规操作引起的预防接种异常反应承担相应的民事责任。

乙、丙、丁三家医院均明知萧某所患疾病与预防接种有关，违反《全国计划免疫工作条例》和卫生部颁布施行的《预防接种异常反应鉴定办法》的规定，均未与卫生防疫部门联系，通过预防接种异常反应诊断小组诊断后实施治疗，未按预防接种异常反应和事故处理原则进行治疗，采取错误诊疗措施，加重了医疗损害后果，具有过错，应当承担民事责任。

萧某腹腔的粟粒样结核为继发性结核，萧某自身没有过错，不应承担责任。萧某的法定监护人在医疗纠纷发生前并不知道萧某自身带有结核菌的情况，也不具备相应的认识条件和能力，因此，不应当以其未及时采取治疗措施为由，要求萧某的法定监护人承担责任。

本案中，各医疗单位和个人，即涉案的医疗主体的过错和侵权行为与患者萧某所受的损害之间的因果关系非常复杂。首先，本案涉及的医疗单位和个人，患者与各医疗主体发生关系是在不同时期和不同原因下发生的，各医疗单位的医疗差错都对患者承受的最终的医疗损害后果起到了一定的作用，表现为多因一果的因果关系，但又是各自独立的侵权人身损害，呈现纷杂的又颇具特殊意义的多法律问题并存的局面。其次，患者萧某自身带有结核病菌，应当认为是引起预防接种异常反应及后病变发展的医学上的原因。但是，患者的这种自身的原因，正好是预防接种异常反应后应引起医疗单位高度重视和必须依相关医疗程序规则进行医疗处理的医疗标的。正因为如此，患者自身病理原因不能成为本案损害赔偿上患者也有过错的原因和应负相应责任的根据。也正是考虑到患者可能有的自身疾病在医疗过程中的影响，才有了预防接种上"一人一针一管"的防止感染的制度要求，以及出现预防接种异常反应后的报告制度和应通过预防接种异常反应诊断小组特别诊断后再实施治疗的医疗程序要求。医疗单位不执行这些制度和程序，即为医疗过失或差错，就应对所出现的医疗损害后果承担民事责任。

由此可见，上述5个医疗主体，包括单位和个人面对预防接种及预防接种后异常反应出现的病情，未执行相关制度和程序，致不能采取正确的诊疗措施，是造成感染和病情发展恶化的直接原因，均应对各自的这种医疗过失（差错）承担责任。但各医疗主体应当分别对自己的行为负责。一方面，各医疗主体分别与萧某成立了医疗服务合同关系，依合同相对性原则，各医疗主体仅对自己合同关系下出现的问题负责，而且各个合同关系下医方实施的治疗行为和萧某为此付出的医疗费用是可以分开和分清的。另一方面，如果按人身损害侵权论，各医方行为是分阶段实施和只有同种类过错，各自过错程度及对损害后果的原因力大小也是可以确定的；对于最终结果而言，虽为多因一果，但在各阶段上又都是一因一果，这种多因一果并不表现为一般共同侵权的形态，不能适用一般共同侵权处理，而应当认定为分别侵权行为。

【法条指引】

中华人民共和国民法典

第一千一百七十二条 二人以上分别实施侵权行为造成同一损害，能够确定责任大小的，各自承担相应的责任；难以确定责任大小的，平均承担责任。

全国计划免疫工作条例

第十六条　接种时要严格执行无菌操作，实行一人一针一管。卡介苗接种器材必须专用。

第二十一条　在预防接种中，遇有严重异常反应，接种单位及卫生人员，应积极处理并及时向卫生行政部门报告，卫生防疫部门应立即派员进行现场调查，并向上一级卫生防疫部门报告。必要时可提请异常反应诊断小组会诊确定。任何医疗单位或个人均不得单方面出具诊断证明，所出证明一律无效。

预防接种异常反应鉴定办法

第十条　各级各类医疗机构、疾病预防控制机构和接种单位及其执行职务的人员发现预防接种异常反应、疑似预防接种异常反应或者接到相关报告，应当及时向所在地的县级卫生行政部门、药品监督管理部门报告。

第四章　违反其他义务的医疗机构责任

1. 精神患者服药自杀，医疗机构是否应当承担责任？

【维权要点】

精神病院在收治精神患者的过程中，并不转移监护权，只是对患者进行比较特殊的治疗和护理。精神患者服毒自杀，是值班医务人员难以预料和阻拦的，属于意外事件，医疗机构既没有责任事故，也没有技术事故，不应当承担侵权赔偿责任。

【典型案例】

童某因精神状况异常，被其家属送到某精神病院接受治疗。经诊断，童某患精神分裂症，经治医生医嘱对童某要"防消极、防意外、防自杀"。在入院后，某精神病院未告知童某的家属童某需要家人护理，双方也未签订患者需家属陪护的书面协议。某日晚，童某突然撞开值班护士办公室的门，将办公室内用于环境卫生消毒的敌敌畏 200 毫升服下，经抢救无效死亡。童某的家属与某精神病院就童某死亡的责任承担问题发生争议，向当地人民法院提起诉讼，称：童某身患精神病，丧失民事行为能力，某精神病院在将其收治入院后，应当承担对童某的监护责任。由于某精神病院未尽到监护职责，导致童某受到人身伤害，应当承担赔偿责任，故请求人民法院依法判决某精神病院赔偿因童某死亡造成的各项物质和精神损失 10 万元。某精神病院答辩称：童某因精神病突发破门闯入值班护士办公室服毒自杀，属于意外的突发事件，医务人员既不存在责任事故，也不存在技术事故，而且在事发后积极采取了抢救措施，已经尽到了其护理职责，不应承担民事赔偿责任；同时，精神病院不是童某的监护人，请求人民法院依法驳回童某家属的诉讼请求。

【法官讲法】

根据民法典第 28 条的规定,无民事行为能力或限制民事行为能力的成年人的法定监护人是其配偶、父母、子女或其他近亲属等。精神病院并不是患者的法定监护人。监护权的设立要有严格的程序,监护权的转移必须经当事人按法律途径办理。按照民法典第 30 条的规定:"依法具有监护资格的人之间可以协议确定监护人。协议确定监护人应当尊重被监护人的真实意愿。"在本案中,精神病院并未与童某的家属达成监护委托协议,不能认为童某在精神病院接受治疗,其监护权就由其家属转移到了某精神病院。同时,根据我国法律规定,监护权具有十分丰富的内容,涉及遗嘱、抚养等重大经济活动。如果认为患者住院就自然地将其监护权转移给医院,医院就要行使其监护职责,不仅不现实,也缺乏可行性。因为医院一旦承担入院患者的监护职责,除了要负责患者的治疗、护理之外,还要花费大量的时间和精力去处理患者的民事事务。因此,妥善处理精神患者的监护权问题,一方面,要以我国的有关法律、法规为依据,不能任意理解和随意扩大;另一方面,还要从精神病院的具体情况来考虑。精神病院在收治精神患者的过程中,并不存在"监护权转移"的问题,只是医院对患者进行比较特殊的治疗和护理。某精神病院对童某并没有监护责任,童某的家属以某精神病院未尽到监护职责为由,要求某精神病院承担责任,进行赔偿缺乏依据。

本案中,某精神病院对童某也不承担侵权赔偿责任。根据我国法律规定,医务人员的医疗过失是构成医疗事故的首要条件。在本案中,判定某精神病院是否应当承担童某死亡的侵权赔偿责任,首先应当判定某精神病院的医务人员是否存在医疗过失行为,本案是否属于医疗事故。从本案的事实看,没有证据证明某精神病院在诊疗、护理的过程中有违反有关医疗卫生管理法律、法规、行政规章和行业惯例、常规,未尽到医务人员合理谨慎注意义务和职责的行为;童某由于精神病突发,破门闯入值班护士的办公室服毒自杀,经抢救无效死亡,属于意外事件,是医务人员无法预料,也无法预防的。因此,某精神病院不存在过失,不应当承担侵权赔偿责任。

【法条指引】

中华人民共和国民法典

第二十八条 无民事行为能力或者限制民事行为能力的成年人，由下列有监护能力的人按顺序担任监护人：

（一）配偶；

（二）父母、子女；

（三）其他近亲属；

（四）其他愿意担任监护人的个人或者组织，但是须经被监护人住所地的居民委员会、村民委员会或者民政部门同意。

第一千一百九十九条 无民事行为能力人在幼儿园、学校或者其他教育机构学习、生活期间受到人身损害的，幼儿园、学校或者其他教育机构应当承担侵权责任；但是，能够证明尽到教育、管理职责的，不承担侵权责任。

第一千二百条 限制民事行为能力人在学校或者其他教育机构学习、生活期间受到人身损害，学校或者其他教育机构未尽到教育、管理职责的，应当承担侵权责任。

2. 患者在医院坠楼致死，医院是否应当承担法律责任？

【维权要点】

医院作为医疗机构，不需要承担对患者的监护职责，患者在医院内因自身原因死亡或者人身受到损害的，只要医院的护理行为是严格按照医院的规章和有关规定进行的，没有过错，其医疗行为不构成医疗事故责任，不应承担侵权损害赔偿责任。如果医院违反安全保障义务的，则承担一般侵权责任。

【典型案例】

安某因患眩晕症到某医院接受治疗。某医院安排其住进位于住院部10层的神经内科病房。该院住院部的旋转楼梯中间有一个"天井"式的空间，楼梯扶手与楼梯距离1.05米，栏杆高度为1.10米。某日晚7时，护士为安某测量完体温，7时20分左右，安某离开病房。1小时后，安某的家属来院看望安某，发现安某不在病房，最终在住院部底楼的地板上发现了安某，已经死亡。经公安机关现场勘查后，认定安某系坠楼死亡。安某的家属向当地人民法院提起诉讼，认为：某医院对安某的死亡负有不可推卸的责任。第一，某医院住院部病房设置不合理。将"眩晕症"一类的病房设置于10层，却没有保证患者安全的措施。某医院对眩晕患者可能发生的危险是应该预见到的，但医院未预见到，是"疏忽大意的过失"。第二，该院在楼梯设计中，在螺旋上升中形成了一个天井，一旦有人滑倒会一直摔到底层。第三，患者因病住院，在客观上与某医院建立了服务与被服务的关系，医院作为提供服务方，理应保证接受服务者的人身免受伤害。医院应负责对患者的治疗和护理。安某是抑郁型精神病患者，某医院却停止用药，导致安某病情失控。第四，住院时医嘱要求对安某采取二级护理，而二级护理要求每1~2小时巡视一次，但是某医院没有达到这个要求。因此，根据《中华人民共和国民法典》的有关规定，某医院的行为构成侵权，请求人民法院判决某医院赔偿10万元。某医院答辩称：国家没有统一标准规定医院的病房安排，各医院根据各个不同的建筑、不同的科室并结合各自的实际情况设置病房；楼梯中的天井设计时已经存在，某医院仅是使用单位。安某是因眩晕症而非精神病住院，患者及其家属也未说明其患有精神病，因此，某医院有理由认为安某具有完全民事行为能力。某医院的值班护士严格按照医院的规章进行工作，虽然对安某采取的是二级护理，但是护士工作时不可能控制每一个患者的行为。因此，安某的死亡与某医院无关，不能同意安某家属的诉讼请求。

【法官讲法】

在本案中，安某死亡的损害后果的发生与某医院的诊疗行为无关，本案不属于医疗事故案件。由于死者是从某医院住院部的旋转楼梯中间的"天井"摔下致死，因此，案件的性质应当属于安全保障义务方面的责任问题。经营者对服务场所的安全保障义务，是指经营者在经营场所对消费者、潜在的消费者或者其他进入服务场所的人的人身、财产安全依法承担的安全保障义务。旅店、车站、商店、餐馆、茶馆、公共浴室（包括桑拿浴）、歌舞厅等接待顾客的场所属于服务场所；邮电、通信部门的经营场所，体育馆（场）、动物园、公园向公众开放的部分属于服务场所；银行、证券公司等的营业厅属于服务场所；营运中的交通工具之内部空间属于服务场所；其他向公众提供服务的场所也属于服务场所。在这里，医院也属于经营者或者应当等同于经营者看待，应当像其他经营者一样承担安全保障义务。这种安全保障义务属于法定义务，通常包括硬件设施方面的安全保障义务和软件管理方面的安全保障义务。我国消费者权益保护法、铁路法、航空法、公路法等都对这种安全保障义务作出了规定。在本案中，如果某医院住院部旋转楼梯中间的天井设计符合相关规定，而且符合医院安全的特殊要求，医院在管理上也达到了安全保障义务的要求，则不承担责任；反之，则应当承担责任。

我国《民用建筑设计通则》中规定，室内楼梯扶手高度自踏步前缘线量起不小于0.9米，栏杆高度不小于1.05米。某医院住院部的楼梯栏杆高度符合上述规定的标准；住院部楼梯天井的设计也未违反相关规定；对于神经内科病房能否安排在10层，有关医疗管理法律法规没有作出限制性规定。因此，不能认为某医院的病房安排违法。某医院对安某进行的是二级护理，按照有关规定，二级护理要求做到每1~2小时巡视一次。这一规定是对观察患者病情的要求。某医院护士在事发当日晚7时左右为安某量过体温，而安某的家属发现安某死亡是在8时多，某医院护士没有违反了1~2小时巡视一次的规定。患者安某是因眩晕症而非精神病住院治疗，患者及其家属也未说明其患有精神病，因此，某医院有理由认为安某具有完全民事行为能力。某医院对安某具有护理义务，但不承担法律上的监护职责。护士对患者的巡视是间断巡视，并非24小时的监护，某医院已经履行了护理义务，因此，其护理行为不存在过错。

综上所述，安某的家属主张某医院侵权，理由不成立，某医院对安某的死亡不承担侵权赔偿责任。

【法条指引】

中华人民共和国民法典

第十七条　十八周岁以上的自然人为成年人。不满十八周岁的自然人为未成年人。

第十八条　成年人为完全民事行为能力人，可以独立实施民事法律行为。

十六周岁以上的未成年人，以自己的劳动收入为主要生活来源的，视为完全民事行为能力人。

第一千一百九十八条 宾馆、商场、银行、车站、机场、体育场馆、娱乐场所等经营场所、公共场所的经营者、管理者或者群众性活动的组织者，未尽到安全保障义务，造成他人损害的，应当承担侵权责任。

因第三人的行为造成他人损害的，由第三人承担侵权责任；经营者、管理者或者组织者未尽到安全保障义务的，承担相应的补充责任。经营者、管理者或者组织者承担补充责任后，可以向第三人追偿。

中华人民共和国消费者权益保护法

第十八条第二款 宾馆、商场、餐馆、银行、机场、车站、港口、影剧院等经营场所的经营者，应当对消费者尽到安全保障义务。

3. 精神病院错误对患者实施强制治疗，是否构成侵权？

【维权要点】

精神病院是诊断、治疗精神患者的专门医院，慎重的诊断是进行强制治疗的前提，精神病院在治疗前，违背医疗常规，草率诊断，对无病之人进行强制治疗，限制人身自由，按我国现行法律，均构成侵权，应当承担相应的责任。

【典型案例】

2002 年 10 月，某精神病院根据李某儿子的申请，将李某强行带至该精神病院接受治疗。入院后，某精神病院对李某使用了有关药物。诊断认为，李某为躁狂症。李某的病历中有患者不承认自己有病，拒绝接受治疗，医务人员对其实施强制治疗的记录。李某被精神病院强行带走后，其邻居和亲友立即找到某精神病院，反映李某不是精神患者，但某精神病院拒绝放人。其邻居和亲友请求有关单位进行干预，将李某解救出院。有关单位进行了走访调查，掌握了李某不是精神患者的充分证据。在有关单位的干预下，李某在被某精神病院实施长达 2 周的强制治疗后，才被释放出院。李某出院后，以自己的儿子和某精神病院为被告，向当地人民法院起诉，称：其儿子为达到霸占其财产的目的，向某精神病院谎称自己患有精神病，某精神病院在没有进行认真的调查和掌握确凿证据的情况下，即将自己强行带入该院实施强制治疗，给自己的身体和精神造成了严重损害，生活无法自理，需要人照顾。请求人民法院依法判决两被告赔偿自己医疗费、护理费和精神损失费，共计10万元。在诉讼过程中，当地人民法院要求对李某进行精神病司法鉴定，但李某拒绝接受。

【法官讲法】

民法典第24条第1款规定："不能辨认或者不能完全辨认自己行为的成年人，其利害关系人或者有关组织，可以向人民法院申请认定该成年人为无民事行为能力人或者限制民事行为能力人。"对认定精神患者为无民事行为能力人、限制民事行为能力人，民事诉讼法规定了特别程序。民事诉讼法第195条规定："人民法院受理申请后，必要时应当对被请求认定为无民事行为能力或者限制民事行为能力的公民进行鉴定。申请人已提供鉴定意见的，应当对鉴定意见进行审查。"由此可见，对精神患者是否为无民事行为能力人或者限制民事行为能力人，可由人民法院予以宣告，人民法院在宣告之前，通常要以鉴定意见为依据。在上述需要经法院宣告的情形中，由于有严格的程序保障，宣告之前均要由专门的医生进行鉴定，但在未申请法院宣告之前，对精神患者的认定和治疗程序应如何掌握？由于精神患者的特殊性，在发病时对自己的言行难以控制，对自己和他人都可能造成伤害或构成威胁，如不及时治疗，往往会导致病情加重或增加治愈的难度。因此，在宣告其为无民事行为能力人或者限制民事行为能力人之前，其配偶、成年子女等近亲属应及时将精神病患者送往专门的医疗机构治疗。但由于对精神患者的治疗一般须采取强制治疗措施，运用不当，特别是被不当利用，将非精神患者当作精神患者进行强制治疗，无疑会给被治疗人带来严重的人身伤害和精神创伤，引发诸多的社会问题。在对精神病的诊断中，主要是靠所谓的"第一诊断"，即家属、邻居等周围人的判断，医院的诊断则是在此基础上的"第二诊断"[1]在这种对精神患者的强制治疗缺乏规范程序的大背景下，强制治疗存在被滥用的危险。因此，在精神患者被人民法院依法宣告前的认定和治疗中，尤其是强制入院治疗

---

〔1〕 参见《检察日报》2001年9月19日第8版。

时，应设定严格的程序。入院治疗前必须有明确的诊断，即使在目前以"第一诊断"为基础进行"第二诊断"的情况下，不能仅凭申请人的陈述，还应对周围邻居等知情人进行必要的调查，慎重作出诊断结论。同时，根据最高人民法院、最高人民检察院、公安部、司法部、卫生部共同颁发的《精神疾病司法鉴定暂行规定》的有关规定，非经法定程序不得认定民事案件的当事人是否患有精神病，虽然这主要是针对无民事行为能力或者限制民事行为能力人的宣告而言，但对精神患者的强制治疗前，也有必要引入司法鉴定的前置程序。

在本案中，有以下两个问题需要澄清：首先，李某的儿子是否为监护人？其申请将李某送往精神病院强制治疗是正当履行其监护职责的行为，还是一种侵权行为？在我国，对精神患者的监护分为法定监护和指定监护，法律还规定有法定监护的程序。民法典第 28 条规定："无民事行为能力或者限制民事行为能力的成年人，由下列有监护能力的人按顺序担任监护人：（一）配偶；（二）父母、子女；（三）其他近亲属；（四）其他愿意担任监护人的个人或者组织，但是须经被监护人住所地的居民委员会、村民委员会或者民政部门同意。"李某的儿子在李某的配偶和父母均不能履行监护职责的情况下，可以作为监护人，对其进行保护和照顾，包括送其到精神病院治疗。而问题的关键在于，李某究竟是否患有精神病。只有李某患有精神病，才能成为无民事行为能力人或者限制民事行为能力人，从而才存在李某的儿子作为成年子女对其进行监护，送往精神病院强制治疗的问题。由于精神患者强制治疗程序在我国没有明确规定，特别是没有精神患者需经司法鉴定方可入院治疗的规定，李某的儿子向精神病院提出对李某进行强制治疗的申请在通常情况下并不构成侵权，除非李某根本没有精神病，或者有证据证明李某的儿子存在别有他图的主观恶意。而李某是否患有精神病，现在仅有精神病院证明其患有精神病的诊断，李某又不愿作司法鉴定。因此，在现有证据和我国对精神患者强制治疗现状的情况下，只能从事件发生的前后经过在情感上推定李某的儿子送李某到精神病院治疗是出于不可告人的目的，却难以从法律上判定李某的儿子对李某构成了侵权。当然，如果能证实李某的儿子出于不可告人的目的，如为霸占李某的财产等，将李某送往精神病院强制治疗，则李某的儿子对李某构成了人身权利的损害，应当承担相应的侵权责任。

其次，李某的儿子向精神病院申请李某入院强制治疗，由于李某不愿做司法鉴定，无法确定其是否真正患有精神病，在现有的社会环境和法制条件下，不宜确认李某的儿子构成侵权，这是否意味着接受李某儿子的申请，对李某实施强制治疗的精神病院也当然不构成侵权呢？答案是否定的。因为，精神病院是诊断、治疗精神患者的专门医院，慎重的诊断是进行强制治疗的前提，如果精神病院在治疗前，违背医疗常规，草率作出诊断，不管是出现医疗差错还是医疗事故，按我国现行法律，均构成侵权，应当承担相应的责任。尤其是对精神患者入院强制治疗前的诊断，由于强制限制人身自由和对无病之人进行强制治疗产生的后果较为严重，应赋予精神病院较高的注意义务。在本案中，精神病院的诊断主要依靠所谓的"第一诊断"，即李某儿子的陈述，而未对李某的邻居和亲友进行必要走访，即判定李某为精神患者，显然未尽必要的注意义务。更为严重的是，在作为"第一诊断"重要组成部分的邻居、亲友找到某精神病院，反映李某不是精神患者的情况下，精神病院也未重新进行更为慎重的诊断和采取必要措施对李某进行特殊处理，而是继续实施强制治疗，致使李某的人身和精神伤害进一步加剧，损害后果进一步扩大。因此，本案中，即使李某不愿做司法鉴定，只要精神病院拿不出令人信服的诊断，以及在李某的邻居和亲友反映情况后采取了必要补救措施的证据，就应当认定某精神病院构成了侵权，应由其承担侵权赔偿责任。

综上所述，即使在李某未作司法鉴定的情况下，也足以认定某精神病院对李某实施强制治疗的行为构成了侵权。至于能否追究李某的儿子的侵权责任，在目前条件下，只有李某自愿作司法鉴定，从而证明其没有患精神病时，或者有证据证明李某的儿子出于邪恶的目的，故意侵害李某人身自由及身体健康，否则就不能认定其构成侵权。

【法条指引】

中华人民共和国民法典

第二十四条第一款 不能辨认或者不能完全辨认自己行为的成年人，其利害关系人或者有关组织，可以向人民法院申请认定该成年人为无民事行为能力人或者限制民事行为能力人。

中华人民共和国民事诉讼法

第一百九十五条　人民法院受理申请后，必要时应当对被请求认定为无民事行为能力或者限制民事行为能力的公民进行鉴定。申请人已提供鉴定意见的，应当对鉴定意见进行审查。

4. 未经死者家属允许擅自解剖尸体并留取脏器，应当承担什么责任？

【维权要点】

根据《中华人民共和国民法典》关于保护财产所有权的规定，死者的家属对死者彭某的尸体享有处分权。在未征得死者亲属同意的前提下，医院不得擅自解剖死者尸体，更不能将死者尸体内的脏器取出。医院未经死者家属允许擅自解剖尸体并留取脏器的行为，侵犯了彭某家属对彭某尸体的处分权。对此，医院应承担相应的侵权责任，对死者亲属给予适当的精神损害赔偿。

【典型案例】

彭某因病到某医院住院治疗，后因败血症、多脏器功能衰竭死亡。某医院在对彭某进行治疗期间，曾会同其他医院的专家对彭某的病情进行会诊。在会诊时，专家对彭某的病情有不同意见。在此期间，彭某的病情恶化。彭某的家属怀疑某医院的诊断和治疗有误，向院方提出：在彭某死后，有外医院专家参加和彭某的家属在场，对彭某的尸体进行解剖检验，以查明死因。某医院对彭某家属的要求未给予明确答复。在彭某死亡的当天，某医院在没有办理完备尸检手续的情况下，由该院医务人员对彭某的尸体进行解剖检验，并取出心、肝、肺等脏器留作研究之用。彭某的家属在得知彭某的尸体被解剖后，甚为不满，与院方发生争执，遂向当地人民法院提起诉讼，称：某医院在死者没有遗嘱、未经家属同意的情况下，未办理合法手续，擅自将彭某的尸体解剖并取出了部分脏器作为标本。某医院的行为构成侵权，要求其返还死者的遗体及脏器，赔偿因侵权而造成的精神损害补偿费并赔礼道歉。某医院答辩称：我院对彭某的尸体进行解剖，是因其家属在彭某病危时多次要求，并经领导批准，手续是完备的，符合尸体解剖规则。彭某家属提出解剖尸体时自己必须在场，因不符合医院医疗工作制度，我院领导当即予以否决，彭某的家属未表示异议，应视为默认。我院取出彭某尸体的脏器是检验死因的必经程序，没有改变彭某的亲属对彭某的尸体的支配权。因此，不能将正常的病理解剖认定为侵权。彭某的家属无端指控我院侵权，损害我院名誉，给我院造成了经济损失，故反诉要求彭某的家属承认错误、赔礼道歉、停止侵害，并支付彭某遗体的停放费。

【法官讲法】

根据我国现有法律、法规和规范性文件的规定，尸体解剖检验共有三种：法医学解剖检验、医疗事故或事件解剖检验和病理解剖检验。这三种尸体解剖检验的性质、目的不同，具体实施的主体和程序以及死者亲属的权利也不同。在本案中，某医院对彭某的尸体进行的解剖检验，属于病理解剖检验。彭某的家属提出对彭某的尸体进行解剖检验，目的是要弄清楚某医院对彭某病情的诊断和治疗是否有误，因此他们提出要由外医院的专家和彭某的亲属在场。某医院对彭某家属的这一要求拒绝接受。在这种情况下，如果认为彭某的疾病极为罕见，有科学研究价值，一定要解剖，就要做好死者家属的工作，取得他们的同意。

在本案中，彭某的家属主张的是对彭某的尸体的权利。这里涉及一个问题：死者的脏器能否成为民事权利的客体和亲属对死者的尸体享有何种权利。首先，应当看到人具有社会属性和自然属性这两方面的属性。人活着的时候，是生命的载体，具有人格权，享有民事权利，其社会属性占主导地位。因此，活着的人不能作为民法上的物，成为民事权利的客体，而只能作为民事主体参与民事活动。人一旦生命结束，其民事权利能力终止，社会属性消灭，其尸体就转化成了一种纯自然的物。作为尸体的一部分的脏器，在科学发展的今天，可以用来制作标本供教学和科研之用，体现出一定的价值，这样死者的脏器就能成为民事权利的客体。同时，由于亲属与死者之间存在着血缘关系，与死者有着一种难以割断的亲情。因此，患者死后，其亲属对死者尸体享有所有权，他们可以根据死者的遗嘱或本人的意愿，将尸体捐献给某一医疗单位作为教学或科研之用，也可以将死者尸体火化之后留存骨灰或入土安葬，以寄托亲属对死者的哀思。由此可见，如何处理死者的尸体，其权利属于亲属，其他任何单位或个人无权擅自处理。除法律有明确规定外，或经死者的近亲属同意外，医疗机构无权自行处理患者的尸体，包括转移、解剖、取出脏器官、火化等。哪怕这种处理是出于科研、教学等目的。[1] 彭某病逝后，作为其家属本身就很悲痛，在这种情况下，某医院不仅擅自解剖彭某尸体，还从尸体内取出脏器留作标本，破坏了尸体的完整性，这对彭某家属在感情上无疑是雪上加霜，使他们更加悲痛，精神上受到损害。因此，彭某家属提出精神损害赔偿的请求，应当依法予以支持。

综上所述，本案中，某医院未经死者家属同意，擅自解剖彭某的尸体并留取脏器的行为，侵犯了彭某家属对彭某尸体的处分权，构成侵权。彭某的家属要求返还尸体和脏器并赔偿精神损失的诉讼请求，应当予以支持。某医院反诉请求证据不足，理由不充分，应当不予支持。

【法条指引】

最高人民法院关于确定民事侵权精神损害赔偿责任若干问题的解释

第三条　死者的姓名、肖像、名誉、荣誉、隐私、遗体、遗骨等受到侵害，其近亲属向人民法院提起诉讼请求精神损害赔偿的，人民法院应当依法予以支持。

5. 救护车途中发生交通事故致患者死亡，责任由谁承担？

【维权要点】

救护车途中发生交通事故致患者死亡的，构成侵权与违约的竞合，患者家属可以择一起诉，医疗机构根据事故造成损失的大小承担相应的赔偿责任。

【典型案例】

王某头部受伤后，其家属立即拨打了"120"。在某医院"120"救护人员接诊前，王某已处于昏迷状态。在接诊王某的救护车返回途中，与张某驾驶的拖拉机相撞，经交警部门现场勘查，认定某医院负交通事故的全

---

〔1〕　鲁为主编：《医疗损害责任纠纷诉讼指引与实务解答》，法律出版社 2014 年版，第 80 页。

部责任。事故处理后，王某被送往某医院治疗，医院诊断为脑干出血，左耳后皮挫伤。当日，王某在某医院死亡。有关部门对死者死亡原因进行分析，认为：死者原患脑血栓后遗症多年，脑干出血致人死亡的概率达百分之八十五以上，根据死者上车前即发生昏迷的情况，脑干出血及多器官功能衰竭为死亡的主要原因，而交通事故不是死亡的主要原因。王某的家属认为，由于交通事故加重了王某的伤害，并延误了救治时间，与王某的死亡之间存在因果关系。交通事故是某医院造成的，因此，其对于王某的死亡负有不可推卸的责任，故要求赔偿。某医院则认为，根据有关部门的分析，王某自身的病情是导致其死亡的直接的、主要的原因，交通事故只是次要的原因。因此，某医院只能根据自身过错程度承担次要责任。双方协商未果，王某的家属向当地人民法院提起诉讼。

【法官讲法】

本案构成侵权与违约的竞合，当事人要求某医院承担违约责任，更有利于保护自身权益。

理由如下：（1）当事人双方之间构成合同关系。患者家属拨打"120"寻求医疗服务，"120"方应允并出车接患者就诊，双方合意性质明显。拨打电话为要约，"120"出车接诊为承诺，双方以行为方式缔结了事实上的合同关系。民法典第469条第1款规定："当事人订立合同，可以采用书面形式、口头形式或者其他形式。"对于"其他形式"是否包含行为方式，并没有相应的解释，但在此应做扩大解释。医院接诊后，并不就双方的权利和义务详加规定。双方的合同关系因事实过程而成立，不一定依照某种缔约方式。在此应当考虑当事人间的真实意思，认定形成事实上的合同关系。（2）关于合同的内容。因为没有明确书面或口头的约定，此类合同内容的确定，必须考察双方的主观目的。患者拨打"120"，其目的是获取有效的诊断和治疗，并享受有关服务；而院方除了承担一定公益性质的服务外，以提供医疗服务为手段获取利润是其主要的目的，故双方间的合同关系应是以伤员运输、诊断治疗及提供相应的护理、住宿等为主要内容。以上几个方面的内容使本案中的合同关系是一种混合合同，双方的权利义务关系应先依据合同法分则中的运输、服务等内容并依诚信原则加以补充，而后再依据社会的一般理念及伦理标准予以确定。此案纠纷发生在伤员运输阶段，在此阶段安全运送是院方的合同义务。所以，应最大限度地保证当事人的安全，这就要求车辆在行驶时负有更高谨慎注意义务，如不能急刹车、防止大的震动等。但在本案中，院方却因己方责任发生了交通事故，当然震、碰难免，处理事故所需的时间实际上亦延误了患者治疗，院方的违约行为明显。（3）本案中当事人以合同违约提起诉讼更加有利。本案发生侵权责任和违约责任的竞合，当事人有权选择请求权。但当事人如果以侵权责任作为判决的理由，则原告负有举证责任，但很明显原告要证明患者死亡与交通事故间的因果关系比较困难，因为患者是危重病人，在致其死亡的各种因素中，哪一个是在事故中造成的，原告方无法举证。但如依违约责任作为判决的理由，则在有违约行为的前提下将举证责任分配给了院方，让院方积极地去寻找证据及有关的鉴定资料，只有院方提供了相应的证据，才能减轻或免除其责任。

即使法院确认医院有一定责任，应当赔偿，院方仅应承担次要责任。根据有关部门的分析，死者原患脑血栓后遗症多年，脑干出血致人死亡的概率达百分之八十五以上，根据死者上车前即发生昏迷的情况，脑干出血及多器官功能衰竭为死亡的主要原因，而交通事故不是死亡的主要原因。因此，某医院应当承担事故的次要责任。

【法条指引】

中华人民共和国民法典

第四百六十九条第一款　当事人订立合同，可以采用书面形式、口头形式或者其他形式。

第五百七十七条　当事人一方不履行合同义务或者履行合同义务不符合约定的，应当承担继续履行、采取补救措施或者赔偿损失等违约责任。

6. 医治不作为是否应当承担民事赔偿责任？

【维权要点】

医治不作为造成患者死亡或者人身受到损害的，医疗机构存在过错的，应承担民事赔偿责任。

【典型案例】

白某在家中突发心脏病。其家人立即打电话给急救中心，请求立即派救护车和医务人员来抢救。但急救中心的救护车和医务人员迟迟未能赶到。无奈之下，白某的家人拦截出租车将白某运往医院。在去医院的途中，白某身亡。白某的家人以急救中心拖延履行抢救危急患者的职责，导致白某因救治不及时而死亡为由，向人民法院提起诉讼，请求依法判决急救中心赔偿白某死亡造成的物质和精神损失共计20万元。

【法官讲法】

根据法律规定，急救中心对心脏病突发的患者不履行医师法规定的抢救义务，导致患者因救治不及时而死亡，构成医治不作为，应当承担法律责任。所谓"医治不作为"，是指负有法定的医疗救治职责和义务的医疗单位及其工作人员不按照法律、法规的规定履行其职责和义务的行为。医治不作为行为是一种危害社会的行为，为法律所禁止。该行为违反了医务工作人员的职业道德规范，没有履行医师法规定的职责和义务，如果造成求治者生命健康和财产受到损害，应当承担民事赔偿责任。

由医治不作为导致患者生命健康受到损害的情况，医疗单位及其工作人员在主观上存在拒绝或拖延履行其法定职责和义务的过错，并与损害后果的发生有因果关系，对患者构成了侵权，按照民法典的有关规定，应当承担民事赔偿责任。根据《医疗事故处理条例》对医疗事故的定义，医疗事故应当是以一种积极的作为形式表现出来的，即指医疗机构及其医务人员在医疗活动中，违反医疗卫生管理法律、行政法规、部门规章和诊疗护理规范、常规，过失造成患者人身损害的行为。因此，医治不作为不属于医疗事故的范畴，不能按照医疗事故处理，由医疗机构依医疗事故的赔偿标准进行赔偿。但这并不意味着医治不作为可以不承担任何法律责任，对这种行为可以参照民法典第1179条规定的赔偿项目和标准进行赔偿。

综上所述，本案中，急救中心在接到患者家属的求救电话的情况下，未积极履行其抢救危急患者的义务，导致白某因抢救不及时而死亡。其行为构成医治不作为，违反了医务工作人员的职业道德规范，没有履行医师法规定的职责和义务，并与白某死亡之间存在因果关系，给白某的家人造成了巨大的物质和精神损失，应当承担民事赔偿责任。

【法条引用】

中华人民共和国医师法

第三条第一款 医师应当坚持人民至上、生命至上，发扬人道主义精神，弘扬敬佑生命、救死扶伤、甘于奉献、大爱无疆的崇高职业精神，恪守职业道德，遵守执业规范，提高执业水平，履行防病治病、保护人民健康的神圣职责。

第二十七条第一款 对需要紧急救治的患者，医师应当采取紧急措施进行诊治，不得拒绝急救处置。

中华人民共和国民法典

第一千一百七十九条 侵害他人造成人身损害的，应当赔偿医疗费、护理费、交通费、营养费、住院伙食补助费等为治疗和康复支出的合理费用，以及因误工减少的收入。造成残疾的，还应当赔偿辅助器具费和残疾赔偿金；造成死亡的，还应当赔偿丧葬费和死亡赔偿金。

第五章 医疗美容侵权责任

1. 医疗美容效果不理想，医疗机构是否应当承担法律责任？

【维权要点】

就医疗整形案件而言，其损害后果通常是整形没有达到应有的效果，甚至影响了本来的容貌美观。目前，对于医疗整形案件的整形效果问题尚没有权威部门进行鉴定，所以，法院确定损害后果的存在只能通过直观现象进行评定。一旦在医疗整形类纠纷中出现了损害后果，而医疗机构又存在过错，那么医疗机构就应承担相应的赔偿责任。

【典型案例】

为治疗右上眼睑早年留下的疤痕，徐某到某医院做疤痕手术，在该院康复病房住院8天，由该院医生傅某为其实施手术。在手术前后，某医院均未给徐某拍照。因手术效果不理想，徐某再次到某医院咨询，该院激光室医生胡某向其介绍了两种治疗方法，一种为上睑疤痕切除术，另一种为高能超脉冲整形激光器疤痕消除术，并称后者效果较好，一次可以做彻底。徐某遂选择了用激光器进行手术。胡某为徐某右上眼睑疤痕和外眦部实施了手术。在手术前，胡某为徐某拍了3张照片，分别为正面、侧面和闭眼状态，但未告知徐某手术可能出现的副作用。徐某因术后疤痕未得到改善，到某医院商讨解决，因双方未能达成一致意见，徐某向当地人民法院提起诉讼，称：其慕名到某医院做右眼疤痕消除术，住院8天，复原后发现疤痕未消除，反比原来还深，于是应某医院要求做第二次手术，接待医生称一次可以做彻底。基于对医生的信任，自己在某医院又做了右眼睑疤痕激光术，术前医生为其拍了照片。术后疤痕未改善，比过去还重，且出现了眼角膜干燥，眼角有异物，感到刺痛、流泪等症状，与医生在手术前所做的宣传极不相符，据此请求人民法院依法判决某医院赔偿其各项物质和精神损失共计4万元。

　　某医院答辩称："徐某未到该院门诊挂号看病和手术，该院康复病房非其正式病房，已经发包给个人经营。徐某到该院激光室咨询右上眼睑疤痕治疗一事。医生在检查时发现徐某睁眼时是用一条薄薄的半月牙状铁片支入上睑皮肤，把上睑支撑并提上去，否则不能完全睁开，闭眼时也不能完全闭合。上眼皮肤完全是疤痕，且表面粗糙不平，外眦部为表浅的疤痕伴有色素沉着。右上睑皮肤较左上睑明显不同，硬度适中。医生向徐某介绍了手术切除和超脉冲激光两种治疗方案，供其选择。徐某选择了超脉冲激光手术，并照了术前相。医生按照手术常规为其实施了右上睑疤痕和右外眦部疤痕手术。术后，皮肤看上去明显平滑明亮，疤痕明显改善，尤以外眦部为著。后来，徐某来院复查，右上睑疤痕较术前明显平坦，没有任何色素沉着，外眦部的疤痕几乎已看不出，患者未诉有任何不适，睁眼时也没有流泪现象。在我国医学史上，对于眼部瘢痕的整形，目前只有手术和激光二法。本次手术所采用的高能超脉冲激光仪是从国外引进的，其利用高能量超短脉冲，作用于瘢痕组织的气化，限制向周围皮肤热传递能力，不造成健康组织的损伤，可以使瘢痕减平，从外观上看有所改善，但是不能改变瘢痕的组织结构，一般对表层或真皮浅层的瘢痕可以去除，对真皮深层很难去除，只能是表面的改善，让其接近正常皮肤。徐某的疤痕深达真皮层，很难根治，只能是外观上的有所改善，这一点在术前术后的照片上已有所反映。激光治疗时，我们都放置眼罩保护眼球，不会损伤眼球，徐某眼部疾病是其自身原有的疾病，与我院激光治疗无关。我院对其进行的激光治疗已经取得了应有的治疗效果，不存在医疗失误，无过错，不应承担责任，因此，不同意徐某的诉讼请求。"

　　人民法院在审理本案的过程中查明以下事实：徐某右眼睑目前症状为疤痕处不够平坦，展平上眼睑后可见疤痕面扩大，尤以外眦部为重，伴有色素沉着，直观上看，对徐某面部容貌的整体美观有一定影响。徐某手术时所住的康复病房并非某医院的正式病房，而是由个人承包，独立核算，自负盈亏。另，胡某为徐某手术使用的高能超脉冲整形激光器在运用于疤痕手术中，一般对表层或真皮浅层的疤痕可以去除，但对真皮深层很难去除，只能是表面的改善，而徐某的疤痕属于深达真皮层。某医院提供的该设备使用说明中记载有下列内容："超脉冲手术的副作用并不常见，术后常见红斑""色素沉着并不常见""如果手术中磨削深度掌握不好，使真皮层去除过深时，将会出现疤痕"等。因此，该手术的名称应为疤痕磨削术。为对比手术前后症状，以确定手术效果，法庭曾要求某医院提供手术前后为徐某所拍照片，但某医院仅提交了在第二次手术前为徐某拍的闭眼状态照片，其他照片未向法庭提交。

【法官讲法】

在本案中，徐某提起侵权诉讼，要求某医院赔偿物质和精神损失，判定某医院承担责任的前提条件是具备侵权责任的构成要件，即侵权行为、损害后果、二者之间存在因果关系、某医院具有过错。

首先，关于损害后果的问题。就医疗整形案件而言，所谓损害后果就是整形没有达到应有的效果，甚至影响了本来的容貌美观。目前，对于医疗整形案件的整形效果问题尚没有权威部门进行鉴定，所以，法院确定损害后果的存在只能通过直观现象进行评定。通过徐某面部疤痕看，确实很难看出原疤痕有加重的症状，但疤痕面积扩大、以外眦部为重，伴有色素沉着却是客观存在的，而且这在术前的病历中并无记录，由此可见，如果确属手术后果，则足以认定上述后果为损害后果。

其次，关于某医院的过错问题。徐某作为患者，不是医疗整形的专业人士，对医疗整形的专业问题一无所知，在医患关系中处于弱势地位，从手术的整个过程来看，某医院的过错是比较明显的：（1）徐某第二次前往某医院做手术时，某医院医生胡某示意徐某可做疤痕消除术，误导徐某疤痕可以全部消除，以至于徐某同意接受手术，发生了不理想的后果。而且胡某在徐某咨询时，未如实告知其手术可能出现的副作用，侵犯了徐某的知情权，这对于徐某最终选择接受手术不无关系。（2）徐某在接受第一次手术时，某医院医生傅某违反整形手术的一般操作规程，未给徐某拍术前照片，以至于某医院在辩称手术已经达到应有效果时，没有术前照片作为参照，即整形效果无法查证。

最后，徐某右上眼睑的疤痕为早年留下的，其疤痕应是明显、确定的。而手术后，其面部疤痕已明显超出了原疤痕的范围，且有色素沉着。根据某医院进行手术所使用的设备使用说明中记载的内容："超脉冲手术的副作用并不常见，术后常见红斑""色素沉着并不常见""如果手术中磨削深度掌握不好，使真皮层去除过深时，将会出现疤痕"等来看，出现新疤痕、色素沉着等现象，均有可能是手术造成的副作用。在某医院不能提供照片，无法证实上述疤痕、色素沉着现象在术前即存在的情况下，则完全可以推定上述症状是由手术造成的，即手术行为与损害后果之间存在因果关系。

综上所述，某医院在实施整形手术的过程中存在过错，造成了损害后果，其侵权行为成立，且侵权行为与损害后果之间存在因果关系。因此，本案具备侵权责任的构成要件，应当依法判决某医院承担侵权赔偿责任。根据法律规定，某医院除应当对徐某的医疗费、误工费、交通费、住宿费等经济损失进行赔偿外，还应当对其精神损害给予赔偿。徐某慕名到某医院做美容手术，期待通过手术处理疤痕，使容貌更富有美感，尤其是徐某在某医院激光室医生关于疤痕消除术的误导宣传下，对美容效果期望值过高，而手术结果并不理想，不但没有起到美容效果，反而影响了本来的容貌，此结果与徐某期望反差极大，所以，手术效果给徐某造成了一定的精神痛苦，其要求精神损害赔偿的诉讼请求也应当在合理范围内予以支持。

【法条指引】

最高人民法院关于确定民事侵权精神损害赔偿责任若干问题的解释

第一条　因人身权益或者具有人身意义的特定物受到侵害，自然人或者其近亲属向人民法院提起诉讼请求精神损害赔偿的，人民法院应当依法予以受理。

2. 没有资质的机构从事医疗美容，如何承担损害赔偿责任？

【维权要点】

根据《医疗美容服务管理办法》的规定，医疗美容机构必须经卫生行政部门登记注册并获得《医疗机构执业许可证》，且必须在取得《医疗机构执业许可证》的医疗美容机构，或开设医疗美容科室的医疗机构场地内实施医疗美容项目，而提供服务的范围应限定在卫生行政部门核定的诊疗科目内，未经批准不得擅自扩大诊疗范围。没有相应资质的医疗美容机构从事医疗美容造成就医者人身损害的，应当承担赔偿责任。

【典型案例】

2010 年 10 月，谢某某到某医院进行"英捷尔法勒"隆胸手术，术前谢某某向某医院交纳了 7800 元费用；同年 10 月 10 日，双方在《使用"英捷尔法勒"凝胶注射法隆胸术同意书》及《医院医疗美容整形专科手术协议书》上签字。某医院在手术协议中明确了术前须知的有关内容：患者术后有手术部位肿胀恢复期、切口疤痕反应期、组织康复期因患者年龄、体质、手术部位和手术次数不同而异；患者作美容手术采用硅橡胶等组织代用品，可能出现排异反应，医生与患者都难以预测，如若发生可表现为局部红肿、渗液乃至破溃，系患者体质所致，与手术本身无关，患者应及时就医，尽快治疗；应用英捷尔法勒医用软组织填充材料，少数人会出现血肿、感染、效果不满意等，有时需要补充注射，极个别人甚至可能需要部分或全部抽出该材料。术后，谢某某对隆胸后的形态不满意，于同年 11 月 5 日至某医院就诊，某医院对谢某某双侧乳房进行了调整。次年 2 月 13 日，谢某某又到某医院就诊，某医院病历记载，谢某某对术后的乳房形态还不够满意，某医院再次对谢某某乳房注适应证英捷尔法勒共计 70ml。谢某某因右侧乳房有硬块伴有疼痛，故于 2011 年 10 月 21 日再次到某医院就诊，但未得到解决。2011 年 12 月 19 日，谢某某到某军区总医院门诊就诊，经诊断为"双侧乳房外形欠满意，右侧显著，且可触及多个独立圆形包块（注射物）"，根据要求，建议进行皮下乳腺全部切除手术。人民法院在审理中查明，某医院不具备从事相关隆胸手术资质。谢某某向当地人民法院提起诉讼，要求某医院赔偿手术费、继续治疗费和精神损害费共计 3 万元。

【法官讲法】

医疗美容，是指运用手术、药物、医疗器械以及其他具有创伤性或者侵入性的医学技术方法对人的容貌和人体各部位形态进行的修复与再塑。医疗美容服务包括的内容有：(1) 美容外科：隆乳术、重睑术、隆鼻术、面部除皱术、吸脂术；(2) 美容牙科：牙齿漂白术、瓷贴面技术；(3) 皮肤美容：皮肤磨削术、药物加压治疗；(4) 中医美容：针灸美容。所谓医疗美容损害是指消费者在进行医疗美容过程中，因操作者使用药物不当或技术操作过失或作用材料质量问题，导致消费者容貌等外观损害。这类美容一般是包括使用药物以及手术、物理其他损伤性或者侵入性手段进行的美容。

本案中，谢某某到某医院进行"英捷尔法勒"隆胸手术，术后，出现了乳房变形和注射物渗漏的现象。《医疗美容服务管理办法》第8、9、17条规定，美容医疗机构和医疗美容科室应根据自身条件和能力在卫生行政部门核定的诊疗科目范围内开展医疗服务，未经批准不得擅自扩大诊疗范围。未经卫生行政部门核定并办理执业注册手续的人员不得从事医疗美容诊疗服务。美容医疗机构执业人员要严格执行有关法律、法规和规章，遵守医疗美容技术操作规程。同时，执业医师对就医者实施治疗前，必须向就医者本人或亲属书面告知治疗的适应证、禁忌证、医疗保险和注意事项等，并取得就医者本人或监护人的签字同意，这是医疗机构和医师应履行的告知义务。某医院进行医疗美容服务有擅自扩大诊疗范围，术前又未实施告知的义务及术中有不当医疗行为，根据民法典相关规定应承担侵权责任。

谢某某术后在其他两家医院就诊情况证明，在某医院隆胸后，谢某某出现了注射物渗漏，右乳房处硬块形成的状况，因此该后果与某医院对谢某某实行的隆胸术有直接的因果关系。虽然某医院在给谢某某进行的隆胸手术中，实施的材料合法，但根据使用英捷尔法勒隆胸材料进行隆胸术的规定，实行隆胸术的人员应是经过有关厂家认可、指定的医疗机构。某医院明知自己无实行使用英捷尔法勒凝胶注射法隆胸术的法定资格，但为了谋取商业利益，仍开展了此项业务，擅自扩大诊疗范围，明显违背了作为医疗机构应当具有的职业道德，也违反了卫生法律法规的规定。因为某医院使用英捷尔法勒隆胸材料进行隆胸术未经有关厂家予以认可、指定，当然也不能尽知此手术所可能产生的后果，更不可能告知被手术方，所以所谓"某医院在实施该手术过程前向谢某某告知了有关事项"当然会有所疏漏。某医院当然也无从得知所谓"规范的手术操作规程"，更无法予以实施。况且，并不是医院履行了告知义务，即可免除其责任，对于可以避免而因过失医疗行为造成损害的仍应承担民事责任。所以，某医院举证不能证明其在对谢某某实施隆胸手术中不存在过错，并且也造成了实际的损害后果，应当承担相应的法律责任。

【法条指引】

医疗美容服务管理办法

第八条 美容医疗机构必须经卫生行政部门登记注册并获得《医疗机构执业许可证》后方可开展执业活动。

第十条 美容医疗机构和医疗美容科室开展医疗美容项目应当由登记机关指定的专业学会核准，并向登记机关备案。

第十六条 美容医疗机构和医疗美容科室应根据自身条件和能力在卫生行政部门核定的诊疗科目范围内开展医疗服务，未经批准不得擅自扩大诊疗范围。

美容医疗机构及开设医疗美容科室的医疗机构不得开展未向登记机关备案的医疗美容项目。

3. 医院因人工增高致人损害，怎样确定其赔偿责任？

【维权要点】

由于医疗机构对于"增高术"存在重大误解，对患者没有对症治疗。在整个治疗、护理的过程中，未按医师的职业要求履行义务，故医疗机构存在重大过错，且该过错直接造成了患者的损害后果，应向患者承担赔偿责任。

【典型案例】

张某某到某医院接受人工增高手术，某医院系具有合法行医资质的机构，可进行一般的骨科治疗。入院后，某医院为张某某进行了各项术前常规检查及准备，并向张某某家属交代了手术的有关事项，并由张某某之母在手术同意书上签字同意某医院对张某某施行手术。当日下午，由吴某主刀，某医院医生刘某等三人协助为张某某施行了双下肢延长术。术后两个月，张某某入住某医院处，由某医院对其护理治疗。术后，某医院曾数次到张某某家中观察术后情况，并为其进行了一些护理。同年12月，张某某发现其有足下垂及术后感染的症状，随后即到另一医院治疗，经诊断张某某患左胫骨延长术后针道感染。同年12月30日至2009年2月10日，张某某在该医院住院治疗。张某某术后因双足内翻，双腿、膝、踝关节功能障碍及骨髓炎等病症而到北京、上海多家医院就医治疗，无法正常行走。2009 年 7 月 18 日，张某某向本市中级人民法院申请法医学鉴定。同年 8 月 20 日，法医作出鉴定意见："被鉴定人张某某在下肢延长术后出现右踝关节僵直，功能障碍残疾程度属七级；右踝关节功能丧失 75% 以上，功能障碍残疾程度属八级。被鉴定人张某某双小腿胫骨、腓骨骨折未完全愈合，双下肢不等长及膝关节功能障碍等待治疗终结后，再做鉴定。"

张某某遂诉至法院，要求某医院赔偿医疗费、营养费、交通费和住宿费、误工损失、赔偿其残疾生活补助费、生活自助具费、继续治疗费、精神损失费等各项损失共计人民币 47 万余元。

法院查明：据资料记载，肢体延长术是目前治疗肢体不等长畸形的主要手段，增高术是在骨外固定治疗骨折，矫治骨与关节畸形和治疗双下肢不等长基础上发展起来的一种骨科诊疗技术，其是精湛的肢体延长技术与整形和美容技术的有机结合，与肢体延长术有质的不同。"增高术"技术要求较高，故尚未推广。本案中某医院历史上仅实施过双下肢延长术，并未实施过"增高术"，对于"增高术"应如何实施缺乏实际经验。在给张某某实施的手术中，某医院采取的是延长术的方法，器具选用与增高术的要求也不相符。在手术过程中，术前无讨论，选用的手术方案不明；术后也无特别护理，对于增高术所要求的术后护理中延长的次数和幅度也没有确定；另对张某某及家人亦无相关医嘱。

【法官讲法】

在本案的争议焦点中，某医院对张某某施行的手术医疗行为是否存在过错或过失，该行为与张某某的损害后果之间是否存在因果关系，也即某医院对张某某是否构成侵权。因此，本案应以侵权行为构成的四要件为标准，评判某医院的行为。

根据查明的事实可以发现，首先，某医院在主观上有重大过错，具体表现为：(1) 将"肢体延长术"与"增高术"混淆。某医院并没有实施过"增高术"，对于"增高术"的内涵及要求并无了解，但某医院主观地将"肢体延长术"理解为"增高术"，将治疾的手段应用于增高。(2) 具体施术者对张某某存在隐瞒其实际手术技能的故意，而某医院对此亦未能尽其注意义务。某医院从未实施过"增高术"。但其并未将该真实情况向张某某告之，其向张某某表达的信息，使张某某足以信赖其手术技能并同意让其为自己实施"增高术"，某医院作为治疗单位，对于所聘医师之真实技术状况不做必要了解，故对张某某也没有尽到应尽的告之义务。

其次，对于某医院在整个医疗行为过程中是否存在过错的问题。某医院没有在术前对手术方案进行过讨论，也无法证明其手术符合规范要求，对术后护理有明确的护理要求及规范并实施了符合手术要求的护理，因此，可以认定某医院在手术过程中，未尽其职业义务，具有明显过错。另外，很重要的一点在于，某医院因其主观认识上的过错，对张某某错施"双下肢延长术"。

最后，关于张某某的损害后果，可以认定，张某某遭受的是生命健康权和身体权的双重损害。张某某由肢体健全的正常人变成了残疾人，其双腿经过手术后，丧失了原有的正常功能，这是一种当然的身体权伤害；但身体权又是包含于生命健康权之中的，故张某某所遭受的是生命健康权与身体权的双重侵害。通过审查张某某所遭受的损害后果完全是由某医院的手术行为直接造成的，故某医院的行为与张某某损害后果之间存在直接因果关系。综上，可以认定，某医院的行为已构成了对张某某的侵权，张某某的侵权之诉成立，依据法律规定，某医院应按照张某某的实际损失承担赔偿责任，并向张某某赔偿精神损失费。

【法条指引】

中华人民共和国民法典

第一千二百一十八条 患者在诊疗活动中受到损害，医疗机构或者其医务人员有过错的，由医疗机构承担赔偿责任。

第一千二百一十九条 医务人员在诊疗活动中应当向患者说明病情和医疗措施。需要实施手术、特殊检查、特殊治疗的，医务人员应当及时向患者具体说明医疗风险、替代医疗方案等情况，并取得其明确同意；不能或者不宜向患者说明的，应当向患者的近亲属说明，并取得其明确同意。

医务人员未尽到前款义务，造成患者损害的，医疗机构应当承担赔偿责任。

4. 因医疗美容受损，应当如何提起诉讼？

【维权要点】

医疗美容与生活美容在从事美容的资质、美容的方式方法上都有显著区别，因医疗美容纠纷诉至法院可以提起医疗服务合同纠纷或者医疗损害责任纠纷、健康权纠纷之诉。

【典型案例】

吴某某于 2007 年 2 月 1 日去某医科大学附属的三级甲等医院下属的美容、整容康复浦东分院实行双侧隆胸美容手术，手术中不慎造成吴某某的左侧胸膜被割破，导致吴某某左胸外伤性气胸，住院治疗至同年 3 月 22 日出院。吴某某要求赔偿隆胸手术费、营养费、假体费、误工费、住院医疗费及经济损失共计人民币 12 万元。因双方对赔偿问题的意见不一，吴某某于 2008 年 4 月向人民法院提起诉讼。

【法官讲法】

这是一起施行双侧隆胸美容手术，术中不慎造成吴某某左侧胸膜被割破，导致吴某某左胸外伤性气胸引起的医疗事件，因吴某某与某医科大学附属的三级甲等医院双方对赔偿问题意见不一，吴某某诉讼至人民法院，在人民法院主持调解下，双方当事人自愿达成协议，由某医科大学附属的三级甲等医院赔偿吴某某隆胸手术费、营养费、假体费、误工费、住院医疗费等共计人民币 57913. 9 元而结案。

然而在美容损害纠纷事件中，医疗美容和生活美容的区别是什么，消费者因美容受损如何提起诉讼，对此我们作以下两点分析：

日常生活中所说的"美容"可以区分为"医疗美容"与"生活美容"，虽然都是美容，却有很大区别。"医疗美容"，是运用手术、药物、医疗器械以及其他具有创伤性或者侵入性的医学技术方法对人的容貌和人体各部位形态进行的修复与再塑。如，文眉、做双眼皮、光子嫩肤、瘦脸针、抽脂、祛斑等。从事医疗美容服务的机构应有卫生行政部门的审批，有符合医疗手术标准的消毒隔离条件，从业人员都应具备相应的医学美容资质。[1]

"生活美容"，是运用手法技术、器械设备并借助化妆、美容护肤等产品，为消费者提供人体表面无创伤性、非侵入性的皮肤清洁、皮肤保养、化妆修饰等服务的经营性行为。如，洗面、敷膜、精油按摩、修眉等。生活美容不会实施侵入人体皮下组织的创伤性行为，服务机构仅需工商注册登记，从业人员无医学美容资质要求。[2]

医疗美容损害是指消费者在接受医疗美容时，因操作者使用药物不当或美容用品质量缺陷或技术操作过失，导致的容貌毁损、器官伤害等损害后果。与医疗技术服务有关的常见的医疗美容损害主要有：（1）瘢痕疙瘩出现。正常人在皮肤损伤后均会出现瘢痕增生，但这种瘢痕增生是有限度的，且随着时间的增长而软化、褪色和缩小。但是有瘢痕疙瘩体质的人，皮肤损伤后则出现过度的瘢痕增生，形成不规则的形状，严重影响容貌或组织功能。（2）继发感染。由于美容器械、填充物或手术消毒不充分，导致美容部位不仅出现炎症反应，且因炎症瘢痕影响导致美容的效果不佳甚或形象破坏。（3）继发并发症。由于美容填充物的质量存在缺陷，或者有排斥反应，美容手术一段时间后，出现手术部位塌陷、变形、非炎性肿块、溃烂等并发症。以上所列均为美容损害导致医疗纠纷的常见原因。

因医疗美容纠纷诉至法院可以提起医疗服务合同纠纷或者医疗损害责任纠纷、健康权纠纷之诉，原告起诉时应该明确选择合同之诉还是侵权之诉。在合同之诉中，原告应首先证明其与被告之间存在合同法律关系，而在侵权之诉中应首先证明有损失存在而非合同关系的有无。因生活美容纠纷诉至法院可以提起服务合同纠纷或健康权等一般人身损害赔偿之诉，但不能提起"医疗"类诉讼。

本案因施行双侧隆胸美容手术，不慎割破左侧胸膜导致左胸外伤性气胸，是医疗美容中罕见的并发症。医疗机构对损害事实予以确认，因此，应对医疗美容对患者造成的损害进行赔偿。

---

〔1〕 鲁为主编：《医疗损害责任纠纷诉讼指引与实务解答》，法律出版社2014年版，第136页。

〔2〕 鲁为主编：《医疗损害责任纠纷诉讼指引与实务解答》，法律出版社2014年版，第136页。

【法条指引】

医疗美容服务管理办法

第二条第一款　本办法所称医疗美容，是指运用手术、药物、医疗器械以及其他具有创伤性或者侵入性的医学技术方法对人的容貌和人体各部位形态进行的修复与再塑。

5. 美容纠纷中违约责任与侵权责任的竞合，应当如何处理？

【维权要点】

消费者到美容机构进行美容时，由于美容机构不适当行为或其他原因而造成消费者的财产或人身受到损害，由此美容机构往往构成违约和侵权两种责任。在两种责任竞合的情况下，受害者可以根据身体伤害的严重程度、举证责任的便利程度、赔偿数额大小以及诉讼时效等因素考虑要求美容机构承担违约责任或者侵权责任。

【典型案例】

2009 年 6 月 6 日，苗某去上海某俱乐部经营的美容店进行面部换肤美容，付款 1000 元，约定美容 3 次。美容店未对苗某进行皮肤测试，就施行美容操作，6 月 6 日和 9 日两次美容后，苗某面部即出现了红斑，6 月 14 日苗某再次美容后，面部出现了水泡，以后四肢、躯干均出现皮疹。6 月 19 日，苗某去上海市皮肤病防治所治疗。之后，苗某与美容店交涉，美容店预付了 800 元医疗费，并于 6 月 21 日和 24 日，两次陪同苗某去华山医院治疗。医院诊断为：多形红斑。苗某面部、颈部、胸部等处皮肤仍留有色素沉着，还在继续治疗中。苗某已花费医疗费 855.60 元、营养费 60 元、误工损失费 3001 元、法医鉴定费 350 元、专家会诊费 50 元。为保全证据，苗某拍照以说明身体有关部位受损情况，花费拍照费 60 元及为就医花费交通费 800 余元。审理中法院委托上海市高级人民法院进行法医学活体检验，鉴定意见为：苗某皮肤损害与 2009 年 6 月 6 日使用的化妆品有因果关系，可酌情休息 3 周、营养 3 天左右，必要时可继续治疗。目前，苗某面部等处皮肤色斑尚未消退。苗某原是单位业务员，由于容貌受损，不再外出洽谈业务。

另，美容店提供给苗某使用的美容膏，未按规定用中文标明产品的名称、生产者、产地、生产企业卫生许可证；特殊用途化妆品生产批准文号、禁忌说明等。经向有关专业医院了解，原告继续治疗皮肤色斑尚需花费1万~2万元。

【法官讲法】

消费者到美容院进行美容，双方达成协议后，便在消费者与美容院之间成立了美容服务合同。按照合同，消费者有向美容院支付美容服务费的义务，美容院则有义务按照约定向消费者提供合格、满意的服务。司法实践中的美容纠纷经常是美容院一方不适当履行引起的。所谓不适当履行，属违约行为的一种形态，是指合同当事人履行了合同义务，但是其履行行为有瑕疵，或是其交付的标的物不符合合同约定的数量、质量要求，或是其提供的服务与合同条款不符。这种不适当履行，常常产生加害给付的后果，即由于这种有瑕疵的履行，造成合同对方的财产或人身损害。在美容纠纷中，经常表现为由于文眉、做双眼皮、面部换肤等美容手段不成功而毁人容貌。所谓美容纠纷，是指消费者到美容机构进行美容时，由于美容机构不适当行为或其他原因而造成消费者的财产或人身受到损害所产生的纠纷。[1]

加害给付同时符合违约责任和侵权责任的构成要件，从而在法律上形成这两种责任的竞合。责任竞合是指某种违反民事义务的行为，符合多种民事责任的构成要件，从而在法律上导致多种责任形式存在并相互冲突的现象。[2] 违约责任和侵权责任的竞合包括以下含义：

1. 责任竞合是由同一行为引起的。这个行为既构成违约行为又构成侵权行为。

2. 引起责任竞合的同一行为同时符合违约责任的构成要件和侵权责任的构成要件。如果该行为虽然既构成违约行为又构成侵权行为，但由于存在免责事由，免予承担违约责任或免予承担侵权责任，则不发生两种责任

---

[1] 参见《中国消费者》杂志社编：《维护消费者权益金袋鼠丛书·美容消费篇》，中国劳动社会保障出版社2003年版，第123页。

[2] 参见魏振瀛主编：《民法》，北京大学出版社2003年版，第733页。

的竞合。

3. 两种责任之间是一种选择的关系，不能并存，即不能同时适用，只能择一适用。由于行为人的一个违法行为，受害方产生两个请求权，这两个请求权只能择一行使。

既然受害方对两种请求权只能择一行使，而这两种民事责任在诸多方面差异很大，那么如何选择则对受害方利益影响甚巨，需要对这两种责任进行一下比较。

1. 两种责任的构成要件不同。违约责任不要求损害后果，只要违反了合同的约定，又不存在免责事由，即有违约责任的适用；而在侵权责任的构成要件中，损害事实的存在是必备的要素。在这种比较之下，受害方主张违约责任于己有利。

2. 归责原则的不同。违约责任适用过错推定，即法律首先推定违约行为系出于违约方的过错，除非他能证明自己没有过错；而侵权责任则适用过错原则，只有侵权行为人主观有过错才承担侵权责任。

3. 举证责任不同。与归责原则的不同相联系，违约责任中需要由违约方承担举证责任证明自己没有过错；而侵权责任中则一般需要由受害方承担举证责任证明侵权行为人有过错。就此看来，受害方主张违约责任比较有利。

4. 责任形式和赔偿范围不同。违约责任的责任形式包括继续履行适用定金罚则，支付违约金和赔偿损失、赔偿范围只限于直接的实际财产损失，不包括人身伤害赔偿和精神损害赔偿；侵权责任的责任形成包括赔偿损失、停止侵害排除妨碍、消除影响、恢复名誉、赔礼道歉。赔偿范围包括直接和间接的财产损失，并且包括对人身伤害和精神损害的赔偿。就二者的赔偿范围的区别来看，受害方主张侵权责任更有利于保护自己的合法权益。

5. 特殊诉讼时效不同。违约责任和侵权责任的一般诉讼时效均为2年，但在某些特殊情况下，二者的诉讼时效不同。依照我国法律规定，身体受到伤害要求赔偿的，侵权责任的诉讼时效为1年，出售质量不合格的商品未声明的违约责任的诉讼时效也为1年。受害方主张诉讼时效较长的民事责任对自己较为有利。

综上，在违约责任和侵权责任竞合的情况下，受害方应结合民事纠纷的具体情况，斟酌分别主张两种责任对自己的利益关系作出决定。

具体到美容致损纠纷，其中的美容"毁容"案件消费者主张美容院承担侵权责任比较有利，原因主要在于：美容"毁容"案件造成消费者人身伤害，并且常常给其造成精神痛苦，需要一定的治疗，影响其工作。消费者主张侵权责任，可以要求美容院返还美容服务费、医疗费、赔偿营养费、因误工减少的收入，并可要求给予精神损害赔偿费。此外，消费者因有实际身体损害存在，证据明显，美容院的过错很易查明，虽然1年的诉讼时效较短，但实际上，美容所受伤害宜尽早进行鉴定，留下证据，以免因时间过长身体恢复举证困难，这样看来，这种较短诉讼时效倒是保护消费者的有力措施。

对于美容纠纷中未造成身体伤害的情况，如进行换肤美容未见任何效果，但皮肤未被换肤用品伤害，这时消费者主张违约责任则是最好的办法。因违约责任不要求有损害事实，只要美容院采取的美容措施未达到向消费者约定的预期效果，即构成违约责任。同时，违约责任适用过错推定，由美容院负举证责任，诉讼时效适用2年的规定，对消费者都比较有利。在赔偿范围问题上，因不存在人身伤害，也无精神损害；又无因误工减少的收入等间接损失，故消费者主张赔偿直接损失的违约责任极少。

本案中，在苗某与上海某俱乐部的美容服务合同中，由于美容院的履行行为有瑕疵，导致苗某容貌受损；并因此支出了医疗费等费用，且给苗某造成极大精神痛苦，在法律上存在着违约责任与侵权责任的竞合。通过以上分析，很明显苗某向美容院主张侵权责任比较有利，可得到医疗费、营养费、就医交通费、误工损失费、拍照费、继续治疗费及精神损失费的赔偿。

【法条指引】

中华人民共和国民法典

第一百八十六条 因当事人一方的违约行为，损害对方人身权益、财产权益的，受损害方有权选择请求其承担违约责任或者侵权责任。

第一千二百一十八条 患者在诊疗活动中受到损害，医疗机构或者其医务人员有过错的，由医疗机构承担赔偿责任。

6. 医疗美容受害人是否可以要求经营者承担无过错责任？

【维权要点】

美容者在受到损害的情况下，可以根据消费者权益保护法要求经营者承担无过错责任。

【典型案例】

焦某某原为甘肃省某县文工团歌唱演员。某日，焦某某看到 A 市某芙蓉宾馆大门旁竖有"芙蓉美容美发中心"的广告牌，上有"整容"项目，便去该宾馆三楼咨询，受到该中心经理杨某和邹某某的接待。邹某某介绍自己是 A 市某医疗中心的医师，与焦某某商定为其做颧颊部皮下增生组织去除术和眼角小疤痕去除术。之后，焦某某向邹某某交纳了手术定金人民币 50 元，邹某某为其开具了盖有"某整形美容口腔医疗中心医疗收款专用章"字样印章的门诊收据。两天后，焦某某又交纳了手术费人民币 2550 元，由芙蓉宾馆美容美发中心的杨某经理为其开具了相同式样的门诊收据。手术费及定金共计人民币 2600 元，由邹某某收取。焦某某于交手术费当天前往该医疗中心由尚未向 A 市卫生行政部门申请取得行医许可证的邹某某为其做了约定的整容手术。术后经加压包扎，焦某某回到住处。此后数天焦某某遵医嘱在 A 市某区先锋诊所作静脉滴注治疗。焦某某在自我护理过程中曾自行用"创可贴"贴在手术部位。同年 12 月 3 日拆完线，焦某某感到颧颊部皮肤肿胀、疼痛，遂向邹某某反映并向有关部门投诉。2005 年 12 月 12 日经 A 市中级人民法院法医检验，证实焦某某双侧颧颊部皮肤肿胀、质硬，表面凹凸不平，双侧颧颊局部肿硬范围均为 3.5 × 4.5cm，检验结论为：双下眼睑重度外翻，双下眼睑缘瘢痕形成，双眼结膜炎和双侧颧颊部软组织术后反应，显著影响容貌。

邹某某系 B 市口腔医院医生，2003 年 7 月 28 日被该院聘为整形美容、口腔医疗主治医师。后邹某某为到 A 市发展整形医疗业务，但尚未向 A 市卫生行政部门申领有关行医许可证。

A 市某区人民法院根据邹某某的申请，于 2006 年 5 月 15 日委托 A 市卫生局就本案有关医疗技术问题进行鉴定，该局下属 A 市医疗事故技术鉴定委员会于 2006 年 7 月 1 日作出如下结论：焦某某颧颊部皮肤红肿的原因与双颧颊部皮下增生组织去除有关，也与术后护理不当或不良刺激（如化妆品、敷药等）有关，根据焦某某多次手术后的疤痕反应，可能本身为疤痕体质，因此目前颧颊部皮肤不易修复或修复后达不到目的。焦某某于是向人民法院提起诉讼，要求邹某某退还其手术费，赔偿其医药费、交通费、误工费、诉讼费、继续治疗费和精神损害赔偿一共 70 万元人民币。

【法官讲法】

这是一起因整形美容而引起的赔偿金额较大的民事案件，具有一定的典型性。但是对于本案赔偿责任的认定有以下几点值得商榷。

首先，从判决中可以看出，法院之所以认定邹某某承担主要赔偿责任，原因之一是：邹某某未经当地卫生行政主管部门批准，无证对外行医，是非法行为。非法行医，是指未取得医生职业资格的人无证行医，包括不具备开业行医条件的人擅自无证行医，也包括虽具备开业行医条件（如虽有医生技术资格，但未取得医生职业资格的人），未取得卫生行政主管部门核发开业行医执照而擅自开业行医。[1] 固然，本案中邹某某非法行医的行为破坏的是我国卫生行政管理制度，同时可能会给前来治疗的患者带来危险，但邹某某以前是一名医生，而且是一名主治医生，因此她是具备一定的行医能力的，只不过还缺乏一种形式上的资格而已。邹某某非法行医的行为并不是造成损害的原因，而是她为焦某某动手术的行为才是造成损害的主要原因，这两者之间是有区别的，对于邹某某无证行医的行为应当追究其行政责任，但对于她动手术给受害人造成损害的行为则应要求其承担民事赔偿责任。

其次，本案判决认定邹某某为焦某某做的美容手术失败，是造成损害的主要原因。但是，我们仔细阅读案例就会发现，A 市医疗事故鉴定委员会做出的鉴定意见是：焦某某皮肤红肿的原因与邹某某施行手术有关。仅仅是"有关"而已，这一结论并不能证明邹某某在手术过程前或手术过程中有过失，也不能证明邹某某的手术失误或者失败。也就是说，这一鉴定意见充其量只能反映出手术与损害结果的因果关系，并不能说明行为人是否有主观过错，但是法院仍判决邹某某承担主要赔偿责任。因此，从判决

---

〔1〕 参见睢素丽、单国军编著：《医疗事故处理解析》，法律出版社 2003 年版，第 9 页。

书的字面上看，邹某某承担的是一种过错责任，但实际上这是一种无过错责任。所以，本案直接适用的规定，则无须认定邹某某是否有主观过错，只要经营者在提供服务时造成消费者身体损害，就应承担侵权赔偿责任。

整形美容行业要求技术性强，同时利润丰厚。但是由于消费者往往寄予很高的信赖和期望，并且涉及面部容貌，因此整形美容所造成的损害相对于其他伤害更具有挫伤性，它不仅损害了消费者的容貌、身体，对消费者的心理、精神往往也造成了伤害。因此，不仅应从公平、公正的原则出发对受害方给予合理的经济补偿，包括身体损害和精神损害赔偿，还应体现对不负责任的提供服务方的惩戒，警诫他们慎重执业，不可因牟取暴利而草率从业，给他人的身体、心理造成难以愈合的创伤。因此，应当给予精神损害赔偿。

【法条指引】

中华人民共和国消费者权益保护法

第十一条　消费者因购买、使用商品或者接受服务受到人身、财产损害的，享有依法获得赔偿的权利。

第四十条第三款　消费者在接受服务时，其合法权益受到损害的，可以向服务者要求赔偿。

7. 没有美容资格的机构提供美容服务，是否构成欺诈？

【维权要点】

美容中心在没有美容美发执业资格证书和没有合法的开业手续的情况下，为让消费者交纳有关费用，而提供美容服务，具有欺诈的故意。消费者可以要求美容中心双倍返还医药费用，造成人身损害的，还可以要求赔偿相应损失。

【典型案例】

陈某到某市美容中心做面膜护肤美容。做完后，回家不到一个小时脸便红肿，像被火灼伤一样疼痛难忍，整晚无法入睡。第二天，陈某找美容中心要求赔偿，但双方协商不成，陈某便投诉到区消费者协会。在消协调解中，美容中心老板坚持说：做药物面膜有的会皮肤过敏，有的不会，过几天就会好。陈某认为：美容中心老板事前应该将可能引起皮肤过敏的情况向消费者讲清楚，同时在店堂内还应将中草药面膜护肤的效果加以明示。陈某调查后得知，该中草药专业美容中心无合法的开业手续，美容中心工作人员没有美容美发执业资格证书。因此陈某向法院提起诉讼，要求美容中心双倍返还医药费用，并要求美容中心赔偿护理费、交通费、误工费和伤残补助费以及一定的精神损失。

【法官讲法】

这是我们在生活中经常能遇到的美容不成反遭毁容的事件。在本案中，美容厅老板的行为已构成美容损害，应负赔偿责任。

美容损害赔偿的双方当事人的权利义务的内容，既有对人的容貌损害的适当的经济赔偿，又包括对容貌受损而带来的精神损害的适当的经济补偿，就此案而言：（1）美容手术没有达到一定的技术标准。美容厅老板为陈某做美容术后，导致严重的毁容后果，是因为美容厅老板没有正确使用技术和药物。（2）出现美容损害的结果，在本案中，美容厅老板的美容使陈某的容貌没有达到一般审美标准，也就是说不能被一般人所接受、所认可，所以已构成了美容损害。（3）美容损害赔偿是指公民的肖像权等受到不法侵害，致使受害人的人格等受到非财产性质的损害，给受害人造成了精神上的痛苦。本案中，由于美容手术给陈某造成精神上的极大痛苦，而且这种痛苦会相伴终生，所以陈某要求对方赔偿精神损失，获取一定的精神抚慰金，是理所应当的。

如果美容院没有经过登记核准，或者不具备相应的资质，或者实施美容手术的人员没有医师资格，那么美容院为顾客做美容就属于欺诈行为，依据消费者权益保护法的有关规定，美容院应双倍返还受害者手术费用。构成欺诈行为必须具备以下三个条件：其一，一方有欺诈的故意。其二，一方欺诈的目的是使对方实施民事法律行为。其三，对方当事人因受欺诈才作出错误的意思表示与之实施民事行为。[1] 本案中的美容中心无合法的开业手续，属欺诈行为。首先，某美容中心明知自己没有美容资质而为陈某提供美容

---

〔1〕 参见王利民主编：《中国民法案例与学理研究》，法律出版社 1998 年版，第 290 页。

服务，具有欺诈的故意；其次，某美容中心实施欺诈的目的是让陈某交纳有关费用；最后，陈某因受美容中心欺诈而接受了美容服务并交纳了费用。

陈某可根据消费者权益保护法第41条、第49条的规定，获赔双倍返还的费用，并要求美容中心赔偿护理费、交通费和误工费等。

【法条指引】

中华人民共和国消费者权益保护法

第四十九条　经营者提供商品或者服务，造成消费者或者其他受害人人身伤害的，应当赔偿医疗费、护理费、交通费等为治疗和康复支出的合理费用，以及因误工减少的收入。造成残疾的，还应当赔偿残疾生活辅助具费和残疾赔偿金。造成死亡的，还应当赔偿丧葬费和死亡赔偿金。

第五十一条　经营者有侮辱诽谤、搜查身体、侵犯人身自由等侵害消费者或者其他受害人人身权益的行为，造成严重精神损害的，受害人可以要求精神损害赔偿。

第五十五条　经营者提供商品或者服务有欺诈行为的，应当按照消费者的要求增加赔偿其受到的损失，增加赔偿的金额为消费者购买商品的价款或者接受服务的费用的三倍；增加赔偿的金额不足五百元的，为五百元。法律另有规定的，依照其规定。

经营者明知商品或者服务存在缺陷，仍然向消费者提供，造成消费者或者其他受害人死亡或者健康严重损害的，受害人有权要求经营者依照本法第四十九条、第五十一条等法律规定赔偿损失，并有权要求所受损失二倍以下的惩罚性赔偿。

8. 手术失误造成容貌受损，应当承担什么责任？

【维权要点】

医疗美容机构在诊疗过程中，手术时技术操作失误导致患者受损的，应当承担赔偿责任；因容貌受损给消费者造成精神和心理的损害的，对受害人还应当给予精神赔偿。

【典型案例】

何某经人介绍到王某负责的美容门诊部行双眼重睑术。王某为何某做了检查并建议做双眼重睑术。何某表示同意后，王某即给何某施行了手术，术中切除了何某上眼睑部分皮肤及脂肪。手术后，何某的眼睛一直红肿不消且眼睑不平整，何某多次找王某咨询治疗，未见恢复。双方因此发生了争执。何某即向消费者权益保护委员会投诉，该委员会委托省美容协会请有关专家进行会诊，并提供了专家会诊意见。经消委会调解，王某愿意赔偿何某人民币5000元。何某不同意而未能达成协议。双方意见分歧较大，何某于2000年4月13日向市中级人民法院提起诉讼。请求法院判处王某赔偿其所支付的治疗费，今后治疗费、误工费、精神损害赔偿费等共计242680元，并承担案件诉讼费及律师代理费。

诉讼中，人民法院委托有关机构进行医疗事故技术鉴定。该鉴定委员会鉴定认为：（1）手术为王某施行，术中切除了患者4mm上睑皮肤及脂肪；（2）患者睁眼时，双眼重睑线在内外侧不重合，双上睑形态术前术后有明显差异；（3）患者非疤痕体质；（4）患者上眼睑皮肤较薄，原则上施行手术时不宜切除上睑皮肤和脂肪；（5）患者目前双上眼睑形态异常属于术后所致。有鉴于此，该鉴定委员会作出"何某医疗属二级乙等医疗技术事故"的鉴定意见。

【法官讲法】

本案中，何某自愿到王某处做双眼重睑美容术，某美容门诊部自愿为其服务，进行检查并施行手术。双方基于平等自愿的基础，基于"双眼重睑美容术"这一事实，在两者间形成了美容医疗服务与被服务的法律关系。这一法律关系的形成，使得美容医疗服务机构与美容消费者之间的权利义务关系也随之形成。这种权利义务关系要求，美容医疗服务机构有义务按美容消费者的要求和约定为美容消费者提供技术合格、安全可靠、服务质量优质的医疗美容手术服务；同时，也要求美容消费者在美容医疗服务机构提供合格、安全、优质的服务后，有义务按照约定支付酬金。双方对法定的义务，都必须认真履行和遵守，如违反，应承担相应的法律责任。

本案中何某已按约定支付了双眼重睑美容术的酬金，美容门诊部有义务按照约定，为何某提供合格、安全、优质的美容服务。相反，正是美容门诊部在手术过程中的技术失误，才造成了何某的容貌受损，存在缺陷的损害后果。该损害后果经鉴定已经构成二级乙等医疗事故。因此，美容门诊部未能认真履行双方约定中自己应付的义务，依法应承担相应的赔偿责任。

医疗美容行业由于其利润丰厚、客源不断的特点，吸引了众多医疗或非医疗人士，无论技术是否达标，纷纷投身于此。而在医疗美容服务行业中，广大的美容服务消费者往往基于一种对美容医疗机构的期望和信赖，不惜重金以求达到美容所追求的目标。在这种美容消费服务关系中，医疗美容机构往往居于主动地位。

本案中何某支付了双眼重睑手术费，接受了美容门诊部的医疗美容服务，两者之间即建立起了一种消费与服务的关系，也是一种消费与经营的关系，即何某为美容消费者，美容部门为经营者。根据我国消费者权益保护法第 11 条、第 35 条、第 41 条的规定，消费者在接受服务时，其合法权益受到损害的可以向服务者要求赔偿，享有依法获得赔偿的权利；经营者提供服务时，造成消费者或其他受害人人身伤害的，应当支付医疗费、误工费、生活补助费、赔偿金等费用。对于美容医疗纠纷损害赔偿案件，承担赔偿损失的民事责任时应注意两点：其一，经卫生行政部门批准和经工商行政部门核准登记从事美容营业，给美容者造成损害的，可按有关规定处理；其二，未经任何部门批准，擅自从事美容服务的单位和个人，属无照行医，给美容者造成损害的，应负赔偿责任。[1] 为此，本案中，何某要求法院判令王某返还手术费用，承担美容损害而引起的治疗费、误工费、交通费、鉴定费等护理支出费用的请求于法有据，予以支持。鉴于医疗美容损害行为本身与其他损害行为相比有其特殊性，医疗美容的损害行为，不仅造成了消费者容貌、器官的有形损害，同时，还给美容消费者造成极大的精神和心理的损害。因此，对受害人还应当给予精神赔偿。

---

[1]　参见丁涵章、程永键、黄伟彩编著：《医疗纠纷百问百答》，杭州出版社 1999 年版，第 250—251 页。

【法条指引】

中华人民共和国消费者权益保护法

第十一条 消费者因购买、使用商品或者接受服务受到人身、财产损害的，享有依法获得赔偿的权利。

第三十九条 消费者和经营者发生消费者权益争议的，可以通过下列途径解决：

（一）与经营者协商和解；

（二）请求消费者协会或者依法成立的其他调解组织调解；

（三）向有关行政部门投诉；

（四）根据与经营者达成的仲裁协议提请仲裁机构仲裁；

（五）向人民法院提起诉讼。

第四十条 消费者在购买、使用商品时，其合法权益受到损害的，可以向销售者要求赔偿。销售者赔偿后，属于生产者的责任或者属于向销售者提供商品的其他销售者的责任的，销售者有权向生产者或者其他销售者追偿。

消费者或者其他受害人因商品缺陷造成人身、财产损害的，可以向销售者要求赔偿，也可以向生产者要求赔偿。属于生产者责任的，销售者赔偿后，有权向生产者追偿。属于销售者责任的，生产者赔偿后，有权向销售者追偿。

消费者在接受服务时，其合法权益受到损害的，可以向服务者要求赔偿。

参考书目

1. 蔡永民、李功国、贾登勋主编：《民法学》，人民法院出版社、中国社会科学出版社 2006 年版。

2. 郭卫华、常鹏翱编著：《人身权法典型判例研究》，人民法院出版社 2002 年版。

3. 吴在存、刘玉民、马军编著：《民事审判技能》，中国民主法制出版社 2013 年版。

4. 鲁为主编：《人身损害赔偿纠纷诉讼指引与实务解答》，法律出版社 2014 年版。

5. 鲁为主编：《医疗损害责任纠纷诉讼指引与实务解答》，法律出版社 2014 年版。

6. 李克、宋才发主编：《精神损害赔偿》，人民法院出版社 2006 年版。

7. 周信、宋才发主编：《最新人身侵权疑难案例解析》，南海出版公司 2006 年版。

8. 宋才发、刘玉民主编：《大众维权 600 问——民事卷》，中国发展出版社 2006 年版。

9. 宋才发、刘玉民主编：《大众维权 600 问——商事行政卷》，中国发展出版社 2006 年版。

10. 黄薇主编：《〈中华人民共和国民法典〉释义及适用指南》，中国民主法制出版社 2020 年版。

11. 何君、田源主编：《侵权赔偿纠纷裁判思路与裁判规则》，法律出版社 2017 年版。

12. 杨立新主编：《中华人民共和国侵权责任法精解》，知识产权出版社 2010 年版。

13. 王利明主编：《中国民法典学者建议稿及立法理由·侵权行为编》，法律出版社 2005 年版。

14. 周友军主编：《侵权责任法专题讲座》，人民法院出版社 2011年版。

15. 王利明主编：《侵权责任法热点与疑难问题解答》，人民法院出版社 2010年版。

16. 张新宝主编：《精神损害赔偿制度研究》，法律出版社 2012年版。

17. 杨立新、朱呈义、薛东方：《精神损害赔偿——以最高人民法院精神损害赔偿司法解释为中心》，人民法院出版社 2004年版。

18. 庞标主编，郝惠珍、郭晓慧：《侵权赔偿疑难对策——人身损害、财产损害、精神损害》，中国法制出版社 2010年版。

19. 吴春岐主编：《案例解说：精神损害责任认定与赔偿计算标准》，中国法制出版社 2010年版。

20. 北京市高级人民法院编：《审判前沿——新类型案件审判实务》，法律出版社 2010年版。

21. 北京市高级人民法院编：《审判前沿——新类型案件审判实务》，法律出版社 2011年版。

22. 北京市高级人民法院民一庭编：《北京民事审判疑难案例与问题解析》，法律出版社 2007年版。

23. 金启洲：《民法相邻关系制度》，法律出版社 2009年版。

24. 韩光明：《财产权利与容忍义务——不动产相邻关系规则》，知识产权出版社 2010年版。

25. 王俊主编：《相邻关系纠纷案件审判要旨》，人民法院出版社 2005年版。

26. 最高人民法院民法典贯彻实施工作领导小组主编：《中华人民共和国民法典人格权编理解与适用》，人民法院出版社 2020年版。

27. 最高人民法院民法典贯彻实施工作领导小组主编：《中华人民共和国民法典侵权责任编理解与适用》，人民法院出版社 2020年版。

28. 最高人民法院民法典贯彻实施工作领导小组主编：《中华人民共和国民法典婚姻家庭编理解与适用》，人民法院出版社 2020年版。

29. 人民法院出版社编：《最高人民法院司法观点集成（2017—2020年增补本）》，人民法院出版社 2020年版。

30. 唐德华主编：《〈医疗事故处理条例〉的理解与适用》，中国社会科学出版社 2002 年版。

　　31. 黄鉴主编：《医疗纠纷问答》，中国人口出版社 2003 年版。

　　32. 刘作凌、刘学敏编著：《医疗事故认定与法律处理》，湖南人民出版社 2003 年版。

　　33. 官以德、孙建、方道茂主编：《医疗事故与医疗纠纷处理》，人民法院出版社 2000 年版。

　　34. 王喜军、杨秀朝编著：《〈医疗事故处理条例〉实例说》，湖南人民出版社 2003 年版。

　　35. 梁书文、周剑平主编：《最新医疗事故损害赔偿及配套法律法规行政解释司法解释与典型案例》，中国人民公安大学出版社 2001 年版。

　　36. 张莹主编：《医疗纠纷审判案例评析》，第二军医大学出版社 2003 年版。

　　37. 雎素丽、单国军编著：《医疗事故处理解析》，法律出版社 2003 年版。

　　38. 马原主编：《医疗事故处理条例分解适用集成》，人民法院出版社 2003 年版。